高等院校经济与管理核心课经典系列教材

销售管理

(修订第二版)

李先国 主编

首都经济贸易大学出版社
·北京·

图书在版编目(CIP)数据

销售管理/李先国主编. —2版(修订本). —北京:首都经济贸易大学出版社,
2011.11

(高等院校经济与管理核心课经典系列教材)

ISBN 978-7-5638-1333-9

Ⅰ.①销… Ⅱ.①李… Ⅲ.①销售管理—高等学校—教材 Ⅳ.①F713.3

中国版本图书馆 CIP 数据核字(2006)第 013435 号

销售管理(修订第二版)
李先国 主编

出版发行	首都经济贸易大学出版社
地 址	北京市朝阳区红庙(邮编 100026)
电 话	(010)65976483 65065761 65071505(传真)
网 址	http://www.sjmcb.com
E-mail	publish@cueb.edu.cn
经 销	全国新华书店
照 排	首都经济贸易大学出版社激光照排服务部
印 刷	北京大华山印刷厂
开 本	787 毫米×980 毫米 1/16
字 数	375 千字
印 张	21.5
版 次	2006 年 7 月第 1 版 **2011 年 11 月修订第 2 版** 2013 年 1 月总第 6 次印刷
印 数	14 001 ~ 17 000
书 号	ISBN 978-7-5638-1333-9/F·776
定 价	36.00 元

图书印装若有质量问题,本社负责调换
版权所有 侵权必究

出版总序

经济领域竞争的实质,是人才的竞争;而人才的培养,有赖于教育,尤其是培养高素质专业人才的高等教育。目前直至今后相当长的一个时期内,我们还缺乏一大批理念先进,勇于创新,善于管理,精通业务,既熟悉现代市场经济运行规则,又精通专业知识,适应国内经济发展和国际竞争需要的高级经济类、管理类专业人才。

教育是当代科技生产力发展的基础,是科学技术转化为现实生产力的条件,是培养高素质专门人才和劳动者的根本途径,也是实现管理思想、管理模式、管理手段现代化的重要因素。

人才的培养离不开教材,教材是体现教学内容的知识载体,是进行教学的基本工具,更是培养人才的重要保证。

教材质量直接关系到教育质量,教育质量又直接关系到人才的培养质量。因而,教材质量与人才培养质量密切相关。

正是由于教材质量在实施科教兴国的发展战略中具有十分重要的作用,我们在策划与组织编写本套教材的过程中倾注了大量的心血、人力和物力。

我们希望奉献给广大教师、学生、读者的是一套经得起专家论证和实践检验的经济与管理类各专业核心课精品系列教材。

在策划和编写本套教材的过程中,我们始终贯彻精品战略的指导思想,使之具有如下特点:

第一,以全面推进素质教育为着眼点,以教育部《普通高等教育教材建设与改革的意见》为指导,面向现代化,面向未来,面向经济全球化,充分考虑学科体系和知识体系的完备性、系统性和科学性,同时兼顾教材的实用性和可读性,以适应教学和教材改革的需要,适应国内外经济发展的需要,适应培养高素质、创新型、复合型专业人才的需要,并力求教材具有体系新、内容新、资料新、方法新的特点。

第二,在广泛调查研究的基础上,通过多所国内著名高等院校一批有着丰富教学经验的专家教授论证和推荐,优化选题,优选编者。参加本套教材论证和编写的专家教授分别来自北京大学、清华大学、中国人民大学、中国政法大学、对外经济贸易大学、复旦大学、上海交通大学、首都经济贸易大学、东北财经大学、西南财经大学、中南财经政法大学、上海财经大学、天津财经大学、武汉大学、南开大学、天津商学院、南京大学、华中科技大学、北京科技大学、厦门大学、北京工商大学、四川大学、中央财经大学等多所国内著名高等院校。

第三,在选择教材内容以及确定知识体系和编写体例时,注意素质教育和创新能力、实践能力的综合培养,为学生在基础理论、专业知识、业务能力以及综合素质的协调发展方面创造条件。在确定选题时,一方面考虑了当前经济与管理类各相关学科发展和实践的迫切需求,一方面又贯彻了教育部关于专业核心课的设置及素质教育的要求;除传统课程外,在充分学习和借鉴国外经典教材的基础上,编选了部分带有前沿性、创新性的专业教材,以利于中外高等教育在课程设置方面的接轨。

第四,考虑到培养复合型人才的实际需要,本套教材突破了原有的较为狭隘的专业界限和学科界限,在经济学和管理学两大一级学科的统领下,广纳多个分支学科的基础课、专业基础课、专业主干课教材。这些分支学科和专业包括工商管理、经济学、金融学、人力资源管理、物流学、广告学、会计学、市场营销、电子商务、国际经济与贸易、旅游管理、行政管理、信用管理等。从纵向上看,各学科、各专业的教材自成体系,完整配套;从横向上看,各学科、各专业的教材体系又是开放式的,相互交叉,学科与专业之间没有明确的界限,以便于各院校、各专业根据自身的培养目标设置课程,交叉选用。

本套教材自身也是开放式的。我们将根据学科发展的需要、教学改革的需要、专业设置和课程调整的需要、中国经济建设的需要,不断加以补充和完善。

本套教材不仅是一大批专家教授多年科研成果和教学实践的总结,同时在编写体例上也有所突破和创新,希望它的出版能够对我国经管专业高级专业人才的培养有所帮助。

出版者

第二版前言

本书自出版以来,销售管理理论和实践得到进一步发展,这为我们提供了一些新的素材,一些高校同行和企业销售经理针对本教材的建设提出了一些建设性意见。结合理论界的最新研究成果和营销实践特别是中国销售管理实践的新发展,我们对本书进行了修订。

本书第2版基本沿袭了第1版的基本框架,对有关章节的内容进行了重要调整,主要思路体现在:

(1)使本书体系结构更加完善。将第3篇"销售实务管理"更名为"销售业务管理",这样更加切合实际。全书14章调整为12章,去掉了与其他学科教材有内容交叉的两章"商务洽谈管理"和"客户信用管理",将"交叉销售管理"与"客户开发管理"的内容进行了整合,修订为"销售过程管理"和"客户关系管理",使全书脉络更加清晰。其他章也增加或减少了部分节或对部分节的位置进行了调整。

(2)吸收了销售管理领域的最新研究成果。对第1版中一些陈旧的内容予以删除,增加了一些新的内容。客户关系管理是销售管理理论和实践发展最快的领域,所以对有关章节的内容进行了调整,增加了客户关系管理领域的新成果。新增设"客户关系管理"一章,内容方面增加"挖掘客户价值"和"管理重点客户"两节。

(3)增补和更新了正文中的专栏"阅读材料"和每章后的"案例讨论"。阅读材料便于读者更好地理解教材的内容,案例讨论能使读者思考和掌握本章的主要内容。阅读材料和案例讨论主要取材于中国国内的销售管理案例,有利于读者更好地将销售管理理论与中国营销实践相结合。

本书由中国人民大学商学院李先国负责全书修订的框架设计和

总纂定稿。参加本书第 2 版修订的有：中国人民大学李先国、杨晶，广东商学院彭雷清，湖南大学胡志勇，北京工商大学罗朝能，中华女子学院任锡源，广东金融学院刘志梅。中国人民大学江红红、何新宇、赵咏涛、王忠华、蔺媛媛、凤陶、赵建峰、张海涛、温慧生、汪昆、张茜、李妍嫣、许华伟、黎学深、蔡玉元、雷达、乔迪、段祥昆、肖文戈、张倩、刘雪敬、杨亮等参与了个别章节的修订与案例收集工作。本书的再版得到了国内同行、专家和出版社编辑们的大力支持和帮助，他们提出了很多宝贵意见，在此一并表示衷心感谢。书中不当之处敬请大家批评指正，以便我们在下次更好地修订此书（E-mail：rdlxg@126.com）。

李先国

前 言

销售管理是市场营销管理的一门分支学科,研究企业销售及其管理活动过程的规律和策略。销售管理课程是市场营销专业学生必修的专业主干核心课程。笔者十几年来一直从事销售管理方面的教学与研究,试图建立适合市场营销专业学生以及企业实践和培训所需要的销售管理教材的框架体系。本书的出版,希望能对销售管理研究体系的建立与教材的建设做出一点贡献。

全书共分三篇,按照先后顺序,由理论到实践,从销售规划管理、销售人员管理以及销售实务管理对销售管理工作的各环节进行详细论述。

第一篇是"销售规划管理"。销售规划管理的首要工作应该是对企业的销售业务通盘考虑,制定销售规划。这部分主要从销售计划、销售区域设计、促销组合设计、销售促进四个方面予以阐述,包括第一至第四章。

第二篇是"销售人员管理"。制定了销售规划,就得组建销售队伍,对销售人员进行管理。销售队伍的建设与管理是销售经理的主要职责之一。销售人员是企业与客户之间的桥梁,优秀的销售人员能识别和解决客户的疑难,建立起与客户之间的良好关系。这部分主要阐述销售人员的选拔、销售人员的培训、销售人员的激励、销售人员的考评等内容,包括第五至第八章。

第三篇是"销售实务管理"。制定了销售规划,也按照要求组建了销售队伍,企业往往就要面对销售实务的问题了,也就是要面对技术层面的问题了。如何让销售人员对销售过程的步骤与基本策略了如指掌?如何建立与客户之间的良好关系,提升客户的价值呢?这

销售管理

部分将一一做出回答,并主要论述客户开发管理、商务洽谈管理、销售终端管理、客户信用管理、客户服务管理和交叉销售管理,包括第九至第十四章。

本书是市场营销和工商管理专业学生、MBA 营销研究方向学生、销售部经理、市场部经理、企业管理人士及对销售管理有兴趣的有识之士的理想读物,也可作为企业营销人员、中高层管理人员的专业培训教材。

中国人民大学商学院李先国任本书主编,负责全书的框架体系设计和总纂定稿。参加编写的主要人员有:中国人民大学李先国、杨晶,广东商学院彭雷清,广东外语外贸大学王卫红,中华女子学院任锡源,广东金融学院刘志梅,中国人民大学张海涛、温慧生、汪昆、张茜、李妍嫣。在本书的编写过程中得到了中国人民大学纪宝成教授、郭国庆教授、吕一林教授,北京大学杨岳全教授、符国群教授,云南财贸学院吴健安教授,华南理工大学龚振教授,浙江财经学院靳明教授,湖南大学胡志勇教授的大力支持和帮助,他们提出了很多宝贵意见,使本人受益匪浅,在此一并表示衷心感谢。同时,书中参考和引用了大量文献,在此向原作者致以诚挚的谢意。书中不当之处敬请读者批评指正,提出宝贵意见。欢迎各界人士共同探讨销售管理这一重要课题(E-mail:rdlxg@126.com)。

李先国

目 录

绪论 ··· 1

第一篇　销售规划管理

第一章　制订销售计划 ·· 9
　第一节　销售计划体系 ·· 9
　第二节　进行销售预测 ··· 13
　第三节　确定销售配额 ··· 21
　第四节　编制销售预算 ··· 31
　　本章小结 ··· 35
　　案例讨论　新年了,销售计划怎么做? ································ 36
　　思考题 ··· 39
第二章　销售区域设计 ··· 40
　第一节　划分销售区域 ··· 40
　第二节　建立销售组织 ··· 43
　第三节　开发销售区域 ··· 47
　　本章小结 ··· 57
　　案例讨论　A饮料公司在某区域的销售组织进化 ··················· 57
　　思考题 ··· 62
第三章　促销组合设计 ··· 63
　第一节　促销沟通决策 ··· 63
　第二节　广告促销设计 ··· 69
　第三节　公共宣传设计 ··· 81
　第四节　直复营销设计 ··· 86

· I ·

本章小结 91
　　案例讨论　白酒产品的促销 92
　　思考题 93
第四章　销售促进决策 94
　第一节　销售促进概述 94
　第二节　销售促进决策流程 98
　第三节　销售促进策略 102
　　本章小结 114
　　案例讨论　J服装品牌的赠品促销 114
　　思考题 118

第二篇　销售人员管理

第五章　销售人员的选拔 121
　第一节　销售人员战略规划 121
　第二节　销售人员的招聘 126
　第三节　销售人员的甄选 131
　　本章小结 138
　　案例讨论　C公司销售代表的选拔 138
　　思考题 140
第六章　销售人员的培训 141
　第一节　销售人员培训计划 142
　第二节　销售环境分析 149
　第三节　顾客分析 152
　第四节　销售活动分析 160
　第五节　成功销售人员的特质 164
　　本章小结 168
　　案例讨论　IBM公司怎样培训销售人员 169
　　思考题 170
第七章　销售人员的激励 171
　第一节　激励理论 171

第二节　销售竞赛激励 …………………………………… 175
　　第三节　不同类型销售人员的激励 ……………………… 179
　　　本章小结 …………………………………………………… 183
　　　案例讨论　某公司的销售竞赛计划 ……………………… 183
　　　思考题 ……………………………………………………… 184

第八章　销售人员的考评 …………………………………… 185
　　第一节　销售人员的绩效考核 …………………………… 185
　　第二节　销售人员的薪酬制度 …………………………… 194
　　　本章小结 …………………………………………………… 202
　　　案例讨论　年终分红的结果是背叛？…………………… 203
　　　思考题 ……………………………………………………… 204

第三篇　销售业务管理

第九章　销售过程管理 ……………………………………… 207
　　第一节　寻找客户 ………………………………………… 207
　　第二节　拜访客户 ………………………………………… 212
　　第三节　处理异议 ………………………………………… 221
　　第四节　促成交易 ………………………………………… 232
　　　本章小结 …………………………………………………… 241
　　　案例讨论　小老板王强的生意经 ………………………… 242
　　　思考题 ……………………………………………………… 243

第十章　销售末端管理 ……………………………………… 245
　　第一节　货品管理 ………………………………………… 245
　　第二节　终端管理 ………………………………………… 254
　　第三节　窜货管理 ………………………………………… 260
　　　本章小结 …………………………………………………… 266
　　　案例讨论　窜货市场如何快速走向规范化 ……………… 267
　　　思考题 ……………………………………………………… 270

第十一章　客户服务管理 …………………………………… 271
　　第一节　全面客户服务 …………………………………… 271

销售管理

　　第二节　评估服务质量……………………………………… 277
　　第三节　处理客户投诉……………………………………… 285
　　第四节　提高客户忠诚……………………………………… 288
　　　本章小结…………………………………………………… 296
　　　案例讨论：犯错的顾客也是对的？………………………… 297
　　　思考题……………………………………………………… 298
第十二章　客户关系管理………………………………………… 299
　　第一节　建立客户关系……………………………………… 299
　　第二节　挖掘客户价值……………………………………… 309
　　第三节　管理重点客户……………………………………… 318
　　　本章小结…………………………………………………… 327
　　　案例讨论：从戴尔公司看电子商务时代的客户关系管理 …… 327
　　　思考题……………………………………………………… 329
主要参考文献…………………………………………………… 330

绪 论

一

销售管理学是一门研究企业销售及其管理活动过程的规律和策略的应用学科。近年来，随着市场营销学在国内的普及应用和企业销售管理实践的发展，国内对销售管理的研究也越来越深入，销售管理在企业市场营销管理中的作用也越来越重要了。

与市场营销学一样，销售管理学也是在 20 世纪初产生于美国。最早的市场营销实际上研究的是推销、广告与促销技巧等方面的内容。那时美国哈佛大学在内的几所大学开设的课程为"分销学"或"分销管理学"。1905 年俄亥俄大学詹姆斯·E.海杰蒂开设了《产品销售学》课程，后更名为《分销与管理产业》。1921 年哈佛大学的哈里·R.托斯德出版了《销售管理中的若干问题》一书，开始引领销售管理的研究，成为销售管理学的开山鼻祖。后来美国威斯康星大学的爱德华·D.琼斯、俄亥俄大学的詹姆斯·E.海杰蒂等把销售管理的研究推向了更高的层次。

20 世纪 50 年代，西方学者对销售管理的研究进一步深入与细化，零售管理、分销与物流管理、采购管理从销售管理分化出去。在 20 世纪 70 年代，销售管理方面的学者和研究人员开始进行实证研究，并开发了理论模型来解释销售人员的行为和动机。后来西方学者进一步提炼和升华销售管理知识的基础，顾问式销售哲学、战略性管理思维、人力资源管理思维被引入到销售管理学。销售管理研究的内容也涉及销售队伍管理、销售管理分析与决策、推销与销售管理、客户关系管理、销售领导力、销售伦理与法律、销售管理软件等，相继出版了一批研究成果，并很快被其他国家广泛引进。本世纪初我国陆续引进了《推销与销售管理》、《销售管理》、《销售团队管理》、《销售管理分析与决策》等教材。

二

通过对销售管理的研究,我们已经形成了一个独特的框架,该框架将销售管理的工作描述为三个相互联系的、连续的过程,每个过程都影响着决定销售人员业绩的不同因素。可以将销售管理看做一个系统工程,从宏观到微观包括几个子系统:销售规划管理、销售人员管理、销售业务管理。这也是本书的框架结构。

(一)销售规划管理

销售管理的第一个子系统是销售规划管理。销售规划管理主要包括:制订销售计划、销售区域设计、促销组合设计、销售促进决策(见图1)。

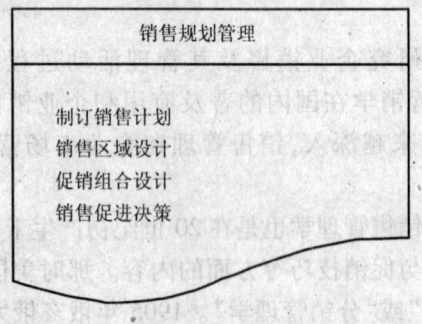

图1 销售规划管理

1. 制订销售计划。计划是管理的起点,没有完善的计划,管理工作就无从谈起。销售计划是销售管理的基石,销售管理过程就是销售计划的制订、实施和评价过程。制订务实可行的销售计划能够真实地反映企业的营销管理水平。销售计划是指在销售预测的基础上,设定销售目标额,进而为能具体地实现该目标而实施销售任务的分配作业,随后编定销售预算,来支持未来一定期间内的销售配额的达成。销售计划的中心,就是销售收入计划。销售计划体系包括:进行销售预测,确定销售目标,分配销售配额,编制销售预算和制订实施计划等方面的内容。

2. 销售区域设计。制订好销售计划后,就要设计销售区域,包括对销售区域的划分、建立区域销售组织、制定销售区域开发战略。销售区域是指在一段给定的时间内,分配给一个销售人员、一个销售分支机构或者一个中间商的一群现实及潜在顾客的总和。划分销售区域可以给企业的销售管理带来诸多好处。

3. 促销组合设计。设计好销售区域后,要设计促销组合,考虑如何综合运用多种促销方式。企业的促销工具多种多样,但归纳起来主要有人员推销、广告、销售促进、公共宣传和直复营销。广告促销设计包括一系列的决策过程,它涉及广告目标、广告预算、广告媒体、广告定位、广告主题、广告表达、广告制作、广告时间、广告效果测定等方面的内容。公共宣传作为促销的重要手段之一,在树立企业形象,提高产品的知名度,刺激目标顾客对企业产品的需求,增加销售等方面,起着十分重要的作用。直复营销是一个与市场营销相互作用的系统,它利用一种或多种广告媒介对各个地区的交易及可衡量的反应施加影响。

4. 销售促进决策。销售促进是促销组合中被广泛运用的短期效果非常明显的一种方式,需要特别加以重视。它是指企业运用各种短期诱因,鼓励购买或销售企业产品或服务的促销活动。销售促进是企业销售的开路先锋与推进器,历来被各企业视为促销利器。销售促进方式包括以消费者或用户为对象的推广方式,以中间商为对象的推广方式以及以推销人员为对象的推广方式。企业销售促进的决策流程包括:建立销售促进目标,选择销售促进工具,制订销售促进方案,试验、实施和控制销售促进方案,评估销售促进效果。

（二）销售人员管理

销售管理的第二个子系统是销售人员管理,销售人员管理包括销售人员的选拔、销售人员的培训、销售人员的激励和销售人员的考评(见图2)。

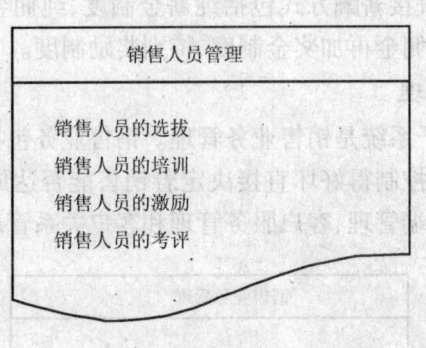

图2　销售人员管理

1. 销售人员的选拔。销售人员战略规划,是指根据企业的营销战略及企业内外部环境的变化,预测未来的销售任务对销售人员数量和素质的要求,满足这些要求而提供销售人力资源的过程。销售人员战略规划强调了销售人员的战略作用,强调企业的销售人员不论是数量上还是质量上既要与企业的营销战略匹配,又要适应企业环境的变化。销售人员的招聘和企业的营销战略的实施密切相关。企业营销战略的成功实施很大程度上取决于企业招聘的销售人员的素质。

2. 销售人员的培训。许多企业在招募到新的销售人员之后,立即派他们去做实际工作,企业仅向他们提供样品、订单簿和销售区域情况介绍等。这些企业担心培训要支付大量费用、薪金,会失去一些销售机会。但事实证明,训练有素的销售人员所增加的销售业绩要比培训成本更大。那些未经培训的销售人员,工作业绩并不理想,他们的销售工作很多是无效的。企业培训销售人员的程序包括:培训需求分析、制订培训计划、实施培训计划、评估培训效果等。

3. 销售人员的激励。激励是对销售人员进行管理的重要内容。绝大多数销售人员都需要激励,良好的激励能使销售人员保持高昂的斗志和良好的精神状态,使他们的潜力得到更充分的发挥,把销售工作做得更好。激励在管理学中被解释为一种精神力量或状态,起加强、激发和推动作用,并指导和引导行为指向目标。一般来说,组织中的任何成员都需要激励,销售人员更是如此。企业可以通过环境激励、目标激励、物质激励和精神激励等方式来提高销售人员的工作积极性。在实际工作中,销售竞赛是一种有效的激励手段。

4. 销售人员的考评。销售人员的绩效考核主要包括:收集考核资料、建立绩效标准、选择考核方法和进行具体考核。建立绩效标准的方法有两种:为每种工作因素制定特别的标准,例如访问的次数;将每位销售人员的业绩与销售人员的平均绩效相互比较。绩效考核的方法有横向比较法、纵向分析法、尺度考核法等三种。绩效考核后需要建立薪酬制度。经济性直接薪酬方式包括纯薪金制度、纯佣金制度、薪金加佣金制度、薪金加奖金制度、薪金加佣金再加奖金制度、特别奖励制度。

(三)销售业务管理

销售管理的第三个子系统是销售业务管理。销售业务包括销售过程中往往会发生的很多活动,这些活动被控制得好坏直接决定着销售能否达成。我们将这些活动概括为销售过程管理、销售末端管理、客户服务管理和客户关系管理(见图3)。

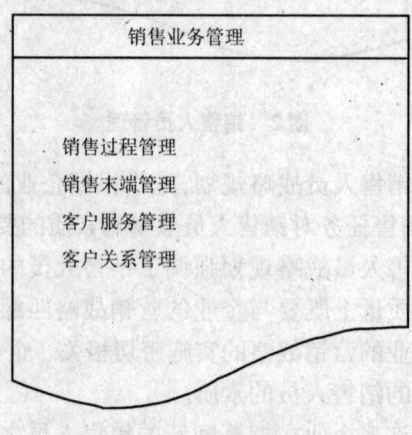

图3 销售业务管理

1. 销售过程管理。企业仅靠现有客户是无法获得持续发展的,任何企业都离不开对新客户的开发,同时适时淘汰信用较差的客户。企业的成长与客户开发的数量相关,若仅维持与老客户的关系,业绩的成长将非常缓慢。销售过程管理包括对寻找客户、拜访客户、处理异议和促成交易等环节的管理。

2. 销售末端管理。管理销售末端主要是指对销售流程的最后环节涉及的货品、零售现场和窜货进行管理。要想提高发货水平,订货控制是关键。销售人员处理订单是否准确、迅速,存货和缺货的比率如何,能否保证不间断地供应等,都取决于订货的计划管理和控制。发货管理是指将企业生产的产品交到客户手中的过程。商品退货会即时减少企业的营业额,降低利润,企业应检讨商品竞争力与加强营业管理,提高营运绩效,努力减少退货。终端管理的主要内容包括终端陈列、终端促销、终端辅导等。根据窜货不同的表现形式和形成原因,企业应采取相应的治理窜货问题的对策。

3. 客户服务管理。客户服务是销售活动中必不可少又极其重要的组成部分。服务的方式、服务的内容、服务的质量等不但直接关系到当前的销售效益,也影响到以后销售的深入和发展,所以服务日益成为竞争的焦点而受到人们的极大重视。销售人员必须把客户服务摆在重要的位置上,不断增加服务内容,改善服务态度,提高服务质量。客户服务是在合适的时间、合适的场合,以合适的价格、通过合适的渠道,为合适的客户提供合适的产品和服务,使客户的合适需求得到满足,价值得到提高的活动过程。

4. 客户关系管理。客户关系管理(Customer Relationship Management,CRM),是指通过培养企业的最终客户、分销商和合作伙伴对本企业及其产品更积极的偏爱或偏好,留住他们并以此提升企业业绩的一种营销策略。CRM 系统最基本的功能,主要是满足市场、销售和服务部门的需求。对应于这三个部门,CRM 有相应的系统,这些系统有相应的功能。企业实施 CRM 系统可以使用不同层次的模式。进行客户关系管理需要建立客户关系,挖掘客户价值,管理重点客户等。

三

销售管理是供应链管理中重要一环,是实施供应链管理的基础。随着市场竞争的加剧,越来越多的企业与供应商、销售商组成供应链,以此来提高核心竞争力,在市场竞争中争取主动,因此,这种供应链内部的企业与供应商的协作模式在销售管理中将会有更广泛的应用。

在完整的供应链中,最终产品的制造企业通常处于核心地位,由供应商提供原料,由销售商负责产品的销售。而制造企业只将主要精力集中于自己的竞争力——最终产品制造,这种外包型的管理模式被认为是当前最有效率的制造企业经营管理模式。制造业企业的产品价值的实现要靠销售活动来进行,如果没有顺畅的销售渠道,企业的生产经营活动就要受到很大影响。

在模型中(见图4),制造企业的销售部门对整个销售过程进行组织、控制和协调,它是企业与销售商联系的纽带。生产和技术部门通过企业内部的管理信息系统,根据销售商和客户的订单编制生产计划。销售商通过信息交流,将需求信息发给企业,企业根据销售商的要求来组织生产并控制产品质量。这个模型的要点是以信息交流来实现降低库存,以降低库存来推动管理优化,畅通的信息流是实现这个模型的必要条件。实现此模型的关键是畅通无阻的信息交流和企业与销售商的长期合作。

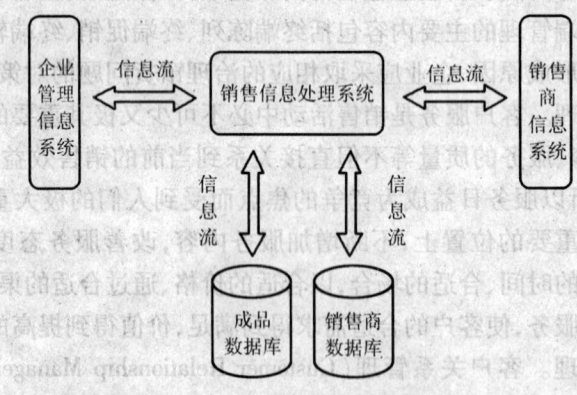

图4　基于供应链的销售管理模型

供应链中销售管理与一般企业销售管理的主要区别在于企业与销售/分销商之间并不是简单的买卖关系。由于供应链协作关系的特点,使这些销售/分销商与企业在一定程度上形成了一种互相依存的关系。一方面,企业的产品销售主要靠销售/分销商的推广,因此,必须对销售/分销商予以足够的关怀与支持;另一方面,销售/分销商也会主要销售某个厂商的产品,依靠厂商的产品质量、价格等方面的优势实现自己的利润,因此,对企业的生产也提出自己的要求并反馈意见。

订单驱动是基于供应链的销售管理的一个重要特点。订单按来源可分为客户订单与销售商订单。对制造企业而言,这两种订单并没有本质的区别,都需要进行排产。当分销与直销并存时,制造企业接收的既有客户订单也有销售商订单;当采用完全的分销方式时,订单的传递是从客户到销售商,再到制造企业,此时,顺畅的信息交流渠道就显得尤为重要。

基于供应链的销售管理模型的利用解决了供应链中核心企业与销售商之间的联系问题,通过协作机制使企业与销售商之间可以最大限度地实现合作,达到共赢的目的。

第一篇 销售规划管理

第一篇

第一章

制订销售计划

本章学习目标

- 熟悉销售计划体系的内容
- 掌握制订销售计划的方式
- 能使用多种方法进行销售预测、销售配额和销售预算

销售管理从销售计划开始,销售管理过程就是销售计划的制订、实施和评价的过程。企业的销售活动离不开销售计划的指导和控制,制订销售计划至关重要,制订务实、可行的销售计划的能力反映企业的营销管理水平。

一般来讲,销售计划分年度、季度、月度计划。计划一定要切实可行,有人做过一个形象的比喻——跳起来摘桃,各计划执行部门必须经过较大努力才能达到;计划做的太高了也没有意义,执行部门无论如何也达不到,做计划也没有什么意义了。做完计划后,必须将计划分解,公司销售管理部门要对计划落实情况进行跟踪,如果实际完成量达不到计划量,各销售管理部门就要分析原因,通过促销、价格调整等手段,使实际销量达到计划量,如果实际销量还是达不到,就必须调整销售计划。

本章主要阐述如何制订销售计划,首先介绍销售计划体系的内容,然后就销售计划的主要组成部分销售预测、销售配额和销售预算进行详细阐述。

第一节 销售计划体系

销售计划是指在进行销售预测的基础上,设定销售目标额,进而为能具体地实现该目标而实施销售任务的分配,随后编定销售预算,来支持未来一定期间内的销售配额的达成。

一、销售计划体系的内容

销售计划体系的内容主要包括如下几项(见图1-1)。

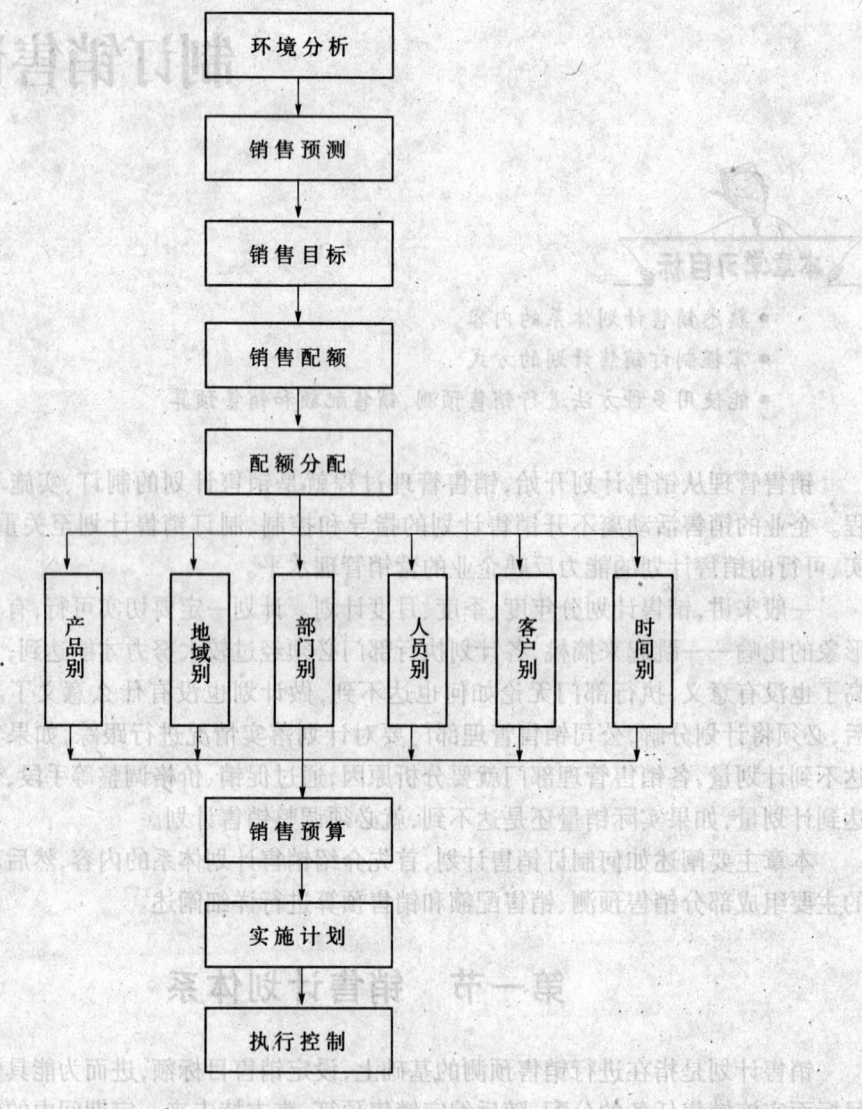

图1-1　销售计划体系的内容

(一)分析营销环境

对当前的社会经济状况、行业发展动态、市场状况、竞争对手及产品、销售渠道和促销工作等,必须进行详细的分析,然后,市场销售部门开始进行销售预测。这种预测要求调研部门必须和其他部门相配合。

(二)进行销售预测

在进行环境分析的基础上,掌握整个业界的动态,预测整个市场需求,然后再根据整个业界的预测值,做出企业的销售预测。

(三)确定销售目标

销售部门应当把前一计划期的执行情况、对营销现状的分析和预测结果三者结合起来,提出下一计划期切实可行的销售目标。

(四)分配销售配额

根据销售目标,考虑经营者、各部门主管以及第一线负责人所提供的销售额建议,决定下年度总的销售配额。同时,为了保证能实际付诸行动,也必须分配销售配额。销售配额可以按"时间别"、"部门别"、"地区别"、"产品别"、"客户别"、"人员别"等来分配。

(五)编制销售预算

参考销售收入目标额、销售配额,估计销售费用额,编制销售预算。

(六)制定销售策略

确立目标以后,企业各部门要协同制订出几个可供选择的销售策略方案,以便从中进行评价选择。评价各个销售策略方案,权衡利弊,从中选择最佳方案。

(七)制订实施计划

计划一经制订,就要由各部门贯彻执行,以实现销售目标。在计划实施中,要明确各个部门、小组及个人的具体职责和任务。应该制订指标额度,层层分解,予以落实。还应健全销售机构和组织,严密实施计划。要对计划进行具体的说明,使执行人员能心领神会,从而得以有力地贯彻实施。具体的说明内容包括:执行计划的步骤,各步骤的负责人,每一步所需资源、时间及每一步骤必须完成的最后期限。

(八)进行执行控制

在执行计划过程中,要按照一定的评价和反馈制度,了解和检查计划的执行情况,评价计划的效率,也就是分析计划是否在正常执行。通常,市场会出现意想不到的变化,甚至会出现意外事件,如自然灾害等。此时,销售部门要及时修正计划,或改变策略,以适应新的情况,保证销售计划的顺利实施,并最终实现销售目标。

二、制订销售计划的依据

企业制订销售计划的依据主要有：

第一，社会经济发展现状。社会经济发展状况是企业一切活动的经济背景，企业在制订销售计划时必须密切予以关注。经济背景包括国家的经济方针和政策、利率水平、社会购买力、经济增长率、市场动态等资料和数据。

第二，行业发展现状及动态。行业是由生产同类产品的企业构成的，与企业处于同一行业中的其他企业都是该企业的竞争者。因此，企业必须关注行业发展现状及趋势，包括行业的生产规模和结构及行业所处的市场规模和结构，主要竞争对手的市场占有率、竞争策略，行业的发展前景、技术水平等，并据此制订销售计划。

第三，企业的总体计划。企业的计划从时间上包括长期计划、中期计划和短期计划；从内容上还包括财务计划、生产计划、产品开发计划等。销售计划必须与其他计划相协调，并以此作为制订时的依据。

第四，企业的销售管理能力。企业在制订销售计划时，应使计划与企业的销售管理能力相配合，做到人尽其才，物尽其用。因此，企业在制订销售计划时，必须考虑销售人员的数量、销售业绩和销售能力、销售业务培训等因素。

第五，企业的促销方案。企业的促销方案会影响企业的销售量。企业在制订销售方案时，还必须考虑整体促销方案及具体的促销手段和措施。

第六，企业销售历史。企业历年的销售情况是企业制订销售计划的重要参考和依据，因此还要考虑企业近年的销售额、销售成本、销售利润等变化的情况和趋势。

三、制订销售计划的方式

制订销售计划的方式有两种——"分配方式"与"上行方式"。分配方式是一种由上往下的方式，即是自经营最高层起，往下一层层分配销售计划值的方式。这种方式是一种演绎式的决定法。上行方式是先由第一线的销售人员估计销售计划值，然后再一层层往上呈报，此种方法属于归纳式的方法。

由于二者各具优点，所以不易判断何者为佳。分配方式的缺点是，位处第一线的人员欠缺对计划的参与感，不易将上级所决定的计划视为自己的计划。反观上行方式，其缺点在于部属所预估之数，不一定合乎整个企业的发展目标，故往往无法被采纳。所以，究竟采用何种方式，应视企业内部情况而定。

在下列情况下，宜采用分配方式：①高阶层对第一线了如指掌，而位处组织末梢的销售人员，也深深信赖高阶层者；②第一线负责者信赖拟订计划者。

当第一线负责者能以全公司的立场分析自己的所属区域,而且预估值是在企业的许可范围内时,则宜采用上行方式。

分配方式需彻底执行,如果发现部门负责人缺乏接受销售目标的能力,就应毅然决然地调换他人负责。

无论采用何种方式,订立销售计划时,需有良好的体制。一方面,最高阶层者对销售目标应有明晰的观念;另一方面,也要观察第一线人员对目标的反应,二者双管齐下,然后再决定下年度的销售计划。

如欲使计划的制订更见效率,可以将"分配方式"与"上行方式"结合起来使用,二者密切配合,也有利于销售计划的实施。

第二节 进行销售预测

制订销售预测是整个企业全部运作规划的关键因素,人事、生产、采购、财务以及其他所有部门都要根据销售预测编制下一个时期的工作计划和工作要求。销售预测在制订销售计划中发挥着重要作用,可以帮助销售经理确定部门预算,确定销售队伍的规模和销售人员的层级架构和薪酬,并对销售指标和销售人员的报酬产生影响。错误的预测会误导企业销售计划的制订。例如,预测过于乐观,企业可能因收入不足、开支太多而蒙受巨大损失;预测过于悲观,企业可能无法满足巨大的市场需求,这意味着企业不得不放弃很好的盈利机会,眼睁睁地看着对手获得更大的市场份额。并且,企业制订的销售预测计划常常影响到员工的绩效表现。企业给员工制定的销售预测过高,员工可能感觉无论如何都完成不了,从而放弃努力;企业给员工制定的销售预测让员工能够轻易达到,则丧失了挑战性,不能发挥和进一步挖掘员工的工作积极性和创造性。

一、销售预测的影响因素

过去的销售业绩是决定未来销售状况的主要参考因素,因为其反映了企业销售水平的高低,但其绝不是唯一的决定因素。在进行销售预测和选择最合适的销售预测方法之前,必须考虑许多对销售预测产生影响的不可控因素和可控因素。只是这些因素对于不同的企业,在不同的时间和地方,其影响的重要程度不太一样。下面将详细分析各个影响因素,并结合实践来给出相应的营销建议。

(一)不可控因素

不可控因素是指那些会对企业未来销售产生影响,但企业又无法采取措施加以控制的因素。这主要包括:

1. 市场需求的变化。市场需求，是外界因素之中最重要的一项。如流行的趋势、爱好的转变、生活形态的变化、人口的移动等，均可成为产品（或服务）需求在质与量方面的影响因素。需求的变化是非常复杂的，人们很难控制，甚至很难准确预测。因此，必须时刻分析消费者的需求变化，尽量能比竞争对手早一点，或者更准确地把握住消费者的需求动态。对于企业来说，平时就应尽量收集有关目标市场的资料、市场调查机构的资料、购买动机调查等统计资料，以掌握市场的需求变化。

2. 经济的发展趋势。销售收入深受经济变动的影响，尤其近年来石油等资源问题造成的影响，导致许多企业销售收入波动。因此，为了正确预测，需特别注意资源产业的未来发展，政府及财经界对经济政策的见解，GNP、工业生产增长率、经济增长率等相关因素的变动情况。例如，戴姆勒－克莱斯勒公司2002年8月在德国斯图加特宣布，由于受恐怖袭击事件的影响，该公司原计划2002年在美国实现12亿~17亿欧元销售收入的目标可能无法完成。

3. 同行业竞争的动向。销售额的高低，深受同业竞争者的影响。古人云："知己知彼，百战不殆。"为了生存，必须掌握竞争对手在市场上的所有活动。例如，其市场重心置于何处？产品的组合价格如何？促销与服务体系如何？等等。切忌单纯依赖业界的二手现成资料，最好能亲自观察加以确认，或从销售活动中去收集第一手信息。

4. 经济政策法规、消费者团体的动向。关注政府的各种经济措施以及消费者关心的各种问题。1996年4月国家工商总局正式批准41家多层传销企业，1996年下半年国家工商总局核准500多家单层传销企业后，1997年1月10日国家工商总局颁布国内首部专门规章《传销管理办法》，后因非法传销泛滥，并引发较为严重的社会问题，1998年4月国务院办公厅发文全面禁止传销经营活动。在这几年的时间里，采取传销或者直销模式的企业受到了巨大影响。1998年，除安利、雅芳、玫琳凯、特百惠、尚赫、完美等10家外资传销企业获得"店铺＋人员推销"方式的许可外，其他原传销企业一律被要求转变为其他经营方式。由此可见，政府对企业的销售预测影响巨大。

（二）可控因素

可控因素是指那些会对企业未来销售产生影响，而且企业本身又可以加以控制的因素，具体包括：①营销活动政策。这是由产品政策、价格政策、销售途径政策、广告及促销政策等的变更，对销售额所产生的影响。②生产状况。要考虑生产状况是否能与销售收入配合，以及今后是否有问题。③销售政策。如变更市场管理内容、交易条件或付款条件、销售方法等的影响。④销售人员。销售活动是一种以人为核心的活动，所以人为因素对于销售额的实现，具有相当深远的影响力等。可控因素是导致同一市场环境里的企业有不同命运的原因,因而企业应当非常重视对可控因素的度量、设计和监管,在制定销售预测时要考虑到可控因素的影响,以及如何通过调节可控因素来影响销售预测的制定。

二、销售预测的方法

成功的销售预测依赖于科学的预测方法,销售预测方法主要包括定性预测和定量预测两种。定性预测方法不需要太多数学和统计学的分析工具,主要根据经验判断而定,分为经济意见法、销售人员意见汇总法、购买者意见调查法等。定量预测方法是通过对以往的销售记录的分析,借助数学和统计学的分析工具做出对未来的预测,具体包括时间序列分析法、相关和回归分析法等。到底采取哪种方式没有统一的标准,应视实际情况而定,实际中最好还是将定性与定量方法相结合。

（一）定性预测法

1. 经理意见推测法。经理意见推测法是依据经理人员的经验与直觉,利用多个人或所有参与者的意见得出销售预测值的方法,它是最古老和最简单的预测方法之一。

经理意见推测法的优点是简单快捷,不需要经过精确的设计即可简单迅速地加以预测。所以,当预测资料不足而预测者的经验相当丰富的时候,如推出新产品、进入新市场、公司新成立时,这是一种最适宜的方法。也正因为上述原因,经理意见推测法在中小企业中特别受欢迎。

这种方法也有不足之处。首先,由于此法是以个人的经验为基础,不如统计数字那样令人信服,所以其获得的预测值,也就难免令人置疑;其次,采用经理意见法往往需要许多经理通过讨论来得出结果,会耗费较多的精力和时间;最后,高层经理和情绪强烈的管理人员可能比更了解产品的管理人员对最终预测产生更大的影响。但是,经理意见法依然有其价值。当无法依循时间系列分析预测未来时,这种预测方法确实可以发挥作用,弥补统计资料不足的遗憾。

2. 销售人员意见推测法。销售人员最接近消费者和用户,对商品是畅销还是滞销及商品花色、品种、规格、式样的需求等都比较了解。所以,许多企业都通过听取销售人员的意见来推测市场需求。

这种方法是先让每个参与预测的销售人员对下年度销售的最高值、最可能值、最低值分别进行预测,算出一个概率值,最后再将不同人员的概率值求出平均销售预测值（如表1—1）。

表1-1 销售人员意见推测法

业务员	预测项目	销量	出现概率	销量×概率
甲	最高销量	2 000	0.3	600
甲	最可能的销量	1 600	0.5	800
甲	最低销量	800	0.2	160
甲	期望值			1 560
乙	最高销量	2 100	0.2	420
乙	最可能的销量	1 400	0.5	700
乙	最低销量	900	0.3	270
乙	期望值			1 390
丙	最高销量	2 700	0.2	540
丙	最可能的销量	2 400	0.6	1 440
丙	最低销量	2 200	0.2	440
丙	期望值			2 420

如果公司对三位销售人员意见的信赖程度是一样的,那么平均预测值为:

$$(1\,560 + 1\,390 + 2\,420) \div 3 = 1\,790(单位)$$

这种预测方法的优点是:
- 简单明了,比较容易操作。
- 销售人员经常接近购买者,对购买者意向有较为全面、深刻的了解,对市场比其他人有更敏锐的洞察力,所作预测值可靠性较大、风险性较小。
- 适应范围广,无论对大型企业还是中、小型企业,无论是工业品经营还是副食品经营,都可以应用。
- 销售人员直接参与企业预测,从而对企业上级下达的销售定额有较大的信心去完成。
- 运用这种方法,也可以获得按产品、区域、顾客或销售人员来划分的各种销售预测值。

但是,这种预测方法也有一些缺点:
- 销售人员可能对宏观经济形势及企业的总体规划缺乏了解,因而其预测可能因没有较多考虑到外部因素而使预测与实际偏差太大。
- 销售人员受知识、能力或兴趣的影响,其判断总会有某种偏差,有时受情绪的影响,也可能估计过于乐观或过于悲观。
- 有些销售人员为了能超额完成下年度的销售定额指标,获得奖励或升迁的机会,可能会故意压低预测数字。

销售人员意见推测法虽然有一些不足之处,但还是被企业经常运用。因为销售人员过高或过低的预测偏差随着参与预测的销售人员数量的增多可能会相互抵消,预测总值仍可能比较理想。另外,有些预测偏差可以预先识别,或者采取事后修订的方法加以弥补,如将销售人员的预测值根据实际情况放大或缩小一定百分比。

3. 购买者意见推测法。购买者意见推测法是通过征询顾客或客户的潜在需求或未来购买商品计划的意见,了解顾客购买商品活动的变化及特征等,然后在收集消费者意见的基础上,分析市场变化,预测未来市场需求。

这种方法的优点是发挥了预测组织人员的积极性,而且征询了消费者的意见,毕竟顾客是未来产品销量的决定力量,从而使预测的客观性大大提高。这种方法主要用于预测市场需求情况和企业商品销售情况。

这种预测方法有多种形式,如可以在商品销售现场直接向消费者询问商品需求情况,了解他们准备购买商品的数量、时间,某类商品需求占总需求的比重等问题;也可以利用电话询问、邮寄调查意见表,提出问题请顾客回答,将回收的意见进行整理、分类、总结,再按照典型情况推算整个市场未来需求的趋势;还可以采取直接访问的方式,到居民区或用户单位,询问他们对商品需求的要求,近期购买商品的计划,购买商品的数量、规格等。具体采用何种方式调查,要依调查对象数量而定。如果调查对象数量较少,可以采用发征询意见表的方式全部调查;如果调查对象数量较多,可以采用随机抽样或选取典型的方式进行调查。

在预测实践中,这种方法常用于生产资料商品、中高档耐用消费品的销售预测。要使这种调查预测比较有效必须具备两个条件:一是购买者的意向明确清晰;二是购买意向真实可靠。因此,调查预测时,应注意取得被调查者的合作,要创造条件解除调查对象的疑虑,使其能够真实地反映商品需求情况。这种预测法一般准确率较高,但观察两年以上的需求量情况,可靠性程度比短期预测要差一些。因为时间长,市场变化因素多,消费者不一定都按长期计划安排购物。

(二)定量预测法

1. 时间序列分析法。时间序列是指各种经济指标统计数字,按时间先后顺序排列而成的数列。时间序列分析法,就是将经济发展、购买力增长、销售变化等同一变数的一组观察值,按时间顺序加以排列,构成统计的时间序列,然后运用一定的数学方法使其向外延伸,预计市场未来的发展变化趋势,确定市场预测值。因此,时间序列分析法也叫历史延伸法或外推法。

运用时间序列法进行预测,必须以准确、完整的时间序列数据为前提。为了让时间序列中的各个数值正确地反映研究预测对象的发展规律,各数值间具有可比性,编制时间序列要做到:总体范围一致;代表的时间单位长短一致;统计数字的计算方法和计量单位一致。

市场的时间序列每个观察值的大小,实际上是影响市场变化的各种不同因素在既定时刻发生作用的综合结果。从这些影响因素发生作用的大小和方向变化的时间特性来看,这些因素造成的时间序列数据的变动分为四种类型。

(1)长期变动趋势(T)。它表示时间序列中数据的变动不是意外的冲击因素引起的,而是随着时间的推移而逐渐发生的。它描述了一定期间经济关系或市场活动中持续的潜在稳定性,即它反映观察目标(预测目标)所存在的基本增长趋向、基本下降趋向或平稳发展趋向的模式。

(2)季节性变动(S)。季节性变动归因于一年内的特殊季节或节假日。它反映了在一年中,经济活动和市场活动或多或少具有规律性的变化。例如,我国每年春节所在月份里,商品零售额达到最大值;冷饮销售最高峰出现在每年夏季。这就是说,季节性变动基本上是每年重复出现的周期性变动。

(3)周期变动(C)。周期变动也称随机变动。它表现为整个市场经济活动水平的不断的、周期性的、但又是非定期的变动。由于竞争,市场会出现一个扩张时期,紧接着是一个收缩时期,再接下来又是一个扩张时期等变化,这样的周期变动通常在同一时期内影响到大多数经济部门,如住宅建筑、汽车行业的发展。此外,在时间序列中,影响周期变动的也可能是货币政策和政府政策的改变。

(4)不规则变动(I)。不规则变动也称随机变动,它是指时间序列数据在短期内由于随机事件而引起的忽大或者忽小的变动。例如,战争、自然灾害、政治的或社会的动乱等所导致的不规则变动。

在上述各类影响因素作用下,使历史的时间序列数据的变化,有的具有规律性,如长期趋势变动和季节性变动;有的就不具有规律性,如不规则变动(偶然变动),以及循环变动(从较长时间来观察也有一定的规律性,但短期间的变动又是不规律的)。时间序列分析法,就是要运用统计方法和数学方法,把时间序列数据作为随机变量 $X_j(j=1,2,\cdots,n)$ 分解为 T,S,C,I 四种变动值,也就是说,T,S,C,I 四种变动的综合作用构成时间序列 X。一般综合作用有两种方式:

乘法模型方式,即

$$X = T \times S \times C \times I$$

加法模型方式,即

$$X = T + S + C + I$$

一般情况下,按乘法模型方式或加法模型方式求得的预测值只是过去历史发展规律的结果。由于迄今为止人们尚未找到一种可供使用的定量分析方法来精确分析循环变动和不规则变动值,而只能通过定性分析来做估计,对季节变动和长期趋势变动做调整。因此,实际应用中将时间序列分析法定量预测的乘法模型方式和加法模型方式分别采用简化形式,即

$$X = T \times S$$
$$X = T + S$$

运用时间序列分析法进行市场预测,首先,应绘制历史数据曲线图,确定其趋势变动类型;其次,根据历史资料的趋势变动类型以及预测的目的与期限,选定具体的预测方法,并进行模拟、运算;最后,将量的分析与质的分析相结合,确定市场未来发展趋势的预测值。

2. 回归和相关分析法。诸事物彼此之间,均存在直接或间接的因果关系,同样,销售量亦随某种变量的变化而变化。当销售与时间之外的其他事物存在相关性时,回归和相关分析(Regression and Correlation Analyses)对于销售预测是非常有用的。

例如,人均收入增加,则社会消费总量会增加;房地产市场火热,则家居建材销售也会随之增加……相关分析,正是依靠掌握与销售(或需求量)之间存有重要因果关系的某种变量,通过统计方式,寻求二者之间的关系,并借此求算未来预测值的方法。此种预测方式与回归分析法相同。

相关分析在决定销售是否与某种或某些变量相关时是有用的,相关的程度可以通过相关系数(r)来衡量。

相关系数的值域范围为 $-1 \sim +1$,符号表示在销售与另一变量之间关系的方向,具体数值表示相关程度。负的相关系数表示销售与另一变量间的关系是变动方向相反。例如,如果分析新房地产开工数与利率关系,那么,两者将是负的相关系数。当利率上升时,新房地产开工数会下降。正的相关系数表示两个变量同方向变动,如当收入上升时,家具的购买量将会增长,因此,收入与家具购买量两个变量之间有正的相关系数。

关系的强度是通过相关系数的值来表示的,计算出的相关系数越接近于1,表示变量之间的关系越强;相关系数为0,表示两变量之间没有相关关系存在。

回归分析试图判断在因变量(销售量)和一个或多个自变量之间是否存在某种偶然的关系,如果发现了某种关系,那么,因变量(销售量)的值可以根据自变量的特定的值来加以预测。回归分析有多种形式,但最简单的是直线回归。在这里,自变量(x)与因变量(销售量,以 y 表示)的关系被假定为线性关系。

与相关分析一样,回归分析也是强有力的预测方法,但要注意确保潜在的被分析关系正在起作用,且这种关系将在整个预测期内持续。

一般而言,相关分析法多用于行业需求量的预测,另外,亦可用于业界销售量的预测,但是,如果发现企业对市场缺乏影响力,就必须以时间数列分析法为主体来预测销售。因此,若欲得知整个业界(包括大小企业)需求量的预测值,宜并用时间数列分析法与相关分析法。

三、销售预测的流程

销售预测的过程主要包括确定销售目标、初步预测、依据可控和不可控因素调整预测、比较预测和目标、检查和评价等阶段。

第一步,确定预测目标。这主要包括:①预测目的是什么?②将被如何使用?③是否用于计划开发的新市场?④预测是否需要体现对先进的控制?⑤是否用于个人销售配额的设定?

第二步,初步预测,即初步预测未来的销量。

第三步,依据内部可控因素调整预测。这主要包括:①与过去相比,预测期内的工作将有何种变化?②整个营销战略是否会改变?③有无新产品推出?④价格策略是什么?⑤促销费用如何安排?⑥销售渠道有无变化?等等。

第四步,依据外部不可控因素调整预测。这主要包括:①一般经济条件是改善了,还是恶化了?②是否有重要对手加入?③竞争对手的营销策略有何动向?

第五步,比较预测和目标。这主要包括:①预测和目标是否一致?②预测不能满足目标时,是降低目标值,还是进一步采取措施实现原来的目标?

第六步,检查和评价。这主要包括:①做出的销售预测不是固定不变的,随着市场及企业内外环境的变化,或者调整目标,或者采取措施来实现企业的销售目标。②另外,必须有一个反馈制度使一些重大的变化能够在销售预测和决策中反映出来。

四、提高预测准确性的措施

既然是预测,就不可能与实际情况完全一致,预测差异是不可避免的。无论工作人员多么努力,预测结果都会与实际销售之间存在差异。如果预测小于实际销售,就可能满足不了客户需求,造成客户服务效果较差或需付出相当高的成本来应对客户需求;如果预测大于实际销售,就会造成产品积压,导致大量的资源浪费。

既然预测差异必然存在,那么关键就是如何消除或尽量减少预测差异带来的影响。虽然"预测零差异"在现实生活中很难实现,但有很多措施可以减小预测差异,提高预测的准确性。

(一)选择合适的预测方法

对一些产品和市场而言,某些预测方法要优于其他方法。选用最合适的方法直接关系到预测的准确性。例如,对于产业市场而言,客户比较集中,可以让销售人员广泛深入地参与产品的销售预测工作,因为他们清楚地了解客户方面的所有变化。而对于消费者市场而言,由于客户多而且分散,销售人员不可能深入了解所有顾客。这种情况下,企业可以主要依靠模型和趋势分析来进行预测,而销售人员的主要工作就是提供和核对分析用的信息资料。在选择预测方法的时候,决策的逻辑性是非常重要的,但这也不是绝对的,各企业可以根据自己的实际情况而定。

（二）适当调整计划

预测的错误来自两个方面,有些预测超过实际需求而有些预测小于实际需求。大家往往只反映超出预测部分,而一个好的计划体系同时也要反映小于预测的信息,只有计划体系同时对两个方面做出反应,执行人员才有机会及时处理。

（三）预留部分应急能力

许多客户的需求在最后一刻发生变化,这使企业往往措手不及。一种比较好的办法是概要地做出综合性计划并预留一部分能力来处理应急事务。

（四）提高企业的灵活性

一些企业以交叉培训、建立小型工作单元、模块化产品设计或利用迅速切换型设备等方式来增加灵活性,这些都是在低成本情况下增强响应能力的措施。

（五）压缩运转周期

缩短响应时间,便可缩短"预测屏蔽期",加速对市场的反应,预测准确性可以得到提高。实行"持续改进"与"即时生产"是缩短周期的正确方法,各企业可以使用这类技术来加快订单录入、采购、计划安排、制造、开票、发运的速度,这样可以大大降低成本,提高顾客满意度。

（六）加强供应链管理

供应链指的是相关供应商、制造商、分配中心、经销商、零售商、消费者之间的联系,每一级供应链都会产生下一级需求,客户将未来需求通知制造商,制造商将制造计划通知其供应商。客户也逐渐意识到与供应商分享需求计划可以帮助供应商提高预测准确性。有了来自客户的更可靠的信息,供应商可以更有效地进行各项管理,不断改善对客户的服务,在客户与供应商之间建立起相互信赖的合作伙伴关系。双方信任并努力帮助对方,必然会给双方带来巨大的回报,这在技术上可以通过电子数据交换（EDI）方式得以实现。

第三节　确定销售配额

销售配额是分配给销售人员在一定时期内完成的销售任务,是销售人员需努力实现的销售目标。确定销售配额的目的是明确责任,建立激励制度的基础,使销售计划落实到人员行动上来。

销售配额是销售经理计划销售工作的最有力的措施之一,有助于销售经理规划每个计划期的销售量及利润,安排销售人员的行动。销售配额可以用来衡量销售人员、销售小组或整个销售区域完成任务的状况,如果运用得当,它可以有力地激励每个销售人员更好地完成任务。总之,销售配额的设置有利于销售经理及销售人员有效地计划、控制、激励销售活动,以实现整个企业的销售目标。

一、建立销售配额体系的原则

销售配额是对销售工作的数量考核指标。销售配额体系是销售管理的重要职能,但是有了销售配额体系不一定能保证销售人员完成任务。因此在设计销售配额时,必须使之能够激励销售人员完成个人和企业的销售目标。

建立销售配额体系应体现以下原则:

第一,公平性。好的销售配额应该让销售人员感到公平。销售配额给每个销售人员的工作负荷应该都一样。但是,这并不意味着销售配额必须相等,因为不同的销售区域市场潜力不同,竞争程度也不同,而且销售人员本身也存在着能力的差别。

第二,可行性。配额应该可行并兼顾挑战性。如果目标定得太高而无法实现,销售人员就会失去积极性;但同时,目标基数也不能定得太低,否则就起不到对销售人员的激励作用。

第三,灵活性。配额要有一定的弹性,能够依据环境的改变而变化。只有这样才能保持销售人员的士气。

第四,可控性。配额要有利于销售经理对销售人员的销售活动进行检查,以便采取措施纠正偏离销售目标的行为。

第五,易于理解。配额的制定和内容必须能被销售人员理解和接受,否则就起不到激励作用。

二、销售配额的类型

企业使用的销售配额通常有四大类型:销售量配额、财务配额、销售活动配额、综合配额(如图1-2)。任何一个具体的销售工作都可以选择那些与工作密切相关的配额。

(一)销售量配额

销售量配额是最常用、最重要的配额,一般用销售额来表示,用销售量单位数表示的情况比较少。因为前者是衡量生产活动的常用指标,而且容易为销售人员和管理者

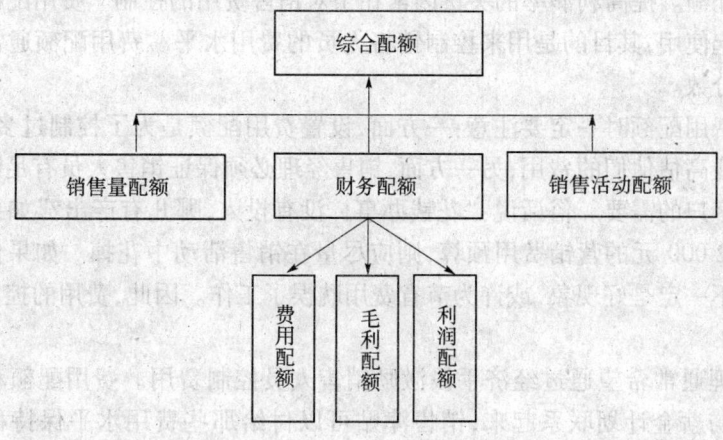

图 1-2 销售配额的类型及其关系

所理解。

最容易、最经常使用的设置销售量配额的方法是:以该地区过去的销售量为基础,以市场应该增长的百分比来确定当年的配额。如果当年期望的市场增长率为 9%,每个销售人员的配额就是上年的配额加上 9%,即是上年配额的 109%。

销售经理在设置销售配额时必须考虑以下因素:

- 区域内总的市场状况。
- 竞争者的地位。
- 现有市场占有率。
- 市场涵盖的质量(一般取决于该市场销售人员的主观评价)。
- 该地区过去的业绩。对过去的数据进行调整以适合人员、区域及企业政策的要求。
- 新产品推出的效果、价格调整及预期的经济条件。

(二)财务配额

财务配额强调的是,企业应更重视利润而不是销售量。财务配额有助于改变销售人员不顾利润而尽可能多推销的自然倾向。如果销售人员在盈利少、容易卖的产品上花费太多的时间和精力,就会大大降低企业的盈利能力。例如,销售人员往往乐于把精力花在易销售的产品和老客户身上,但是,这些产品和客户往往利润率很低,而费用与那些难销的产品或新客户却是一样的。因此,财务配额可以激励销售人员开发更有效益的客户,销售更有效益的产品。财务配额主要有费用配额、毛利配额、利润配额三种。

1. 费用配额。提高利润率的关键因素在于对销售费用的控制。费用配额总是与销售量配额一起使用,其目的是用来控制销售人员的费用水平。费用配额通常被表示为销售量的百分数。

在设置费用配额时一定要注意:一方面,设置费用配额是为了控制过多的费用,而销售人员往往高估他们的费用;另一方面,销售经理必须保证销售人员有足够的资源来有效地配合客户的需要。俗话说:"花钱办事!没有投入,哪儿有产出?"如果一个销售人员每月有 2 000 元的营销费用预算,则应尽量在销售活动中花掉。如果他的花费少于这个数并不一定是好现象,或许为节省费用耽误了工作。因此,费用的控制应该是适度的。

销售经理通常希望通过经济手段激励销售人员控制费用。费用配额和销售配额一样紧紧地与薪金计划联系起来,销售津贴可以付给那些费用水平保持稳定的销售人员。

用销量额百分比法设置销售费用配额也存在一些问题。费用并不总是随销售量的改变而改变的。根据顾客终身价值理论,忠诚的客户能为企业带来更多的长期价值的同时,还能降低企业的营销费用。因而那些聪明的销售人员更善于维护老客户,并提升其客户忠诚度。在这种情况下,销售人员的营销费用自然会下降。开发新客户的成本常常很高,成功的几率却相应较低。因而,用销量额百分比方法来设置销售费用配额在一定程度上会妨碍开发新客户,迫使销售人员将过多的注意力放在老顾客身上。

2. 毛利配额。如企业的产品多,各产品实现的利润不同,就可以采用毛利配额。有时,企业用这些指标来替代销售配额,强调利润、毛利额的重要性。

毛利配额可以帮助说明销售任务的完成状况。如销售人员甲完成销售量 100 万元,而销售人员乙完成了 80 万元,仅从销售量上看销售人员甲完成得比较好,但甲的费用为 30 万元,乙的费用为 5 万元,从毛利角度来看,乙的毛利高,业绩要好一些。

设置毛利配额,可以使销售人员集中精力提高毛利。然而毛利是很难控制的,通常销售人员不负责产品定价,无法控制生产成本,在这种情况下,销售人员无法完全对销售毛利负责。有些企业对销售人员公开生产费用信息,并用一定的手段让销售人员随时了解费用状况,从而能够灵活掌握与顾客议价时的价格策略。

3. 利润配额。很多经理认为利润配额是体现目标的最好形式。利润等于毛利减费用,利润配额与管理的基本目标直接相连。这种方法能够强化销售人员的成本概念,这里的成本概念有两层含义,一是产品的生产成本,以免销售人员为了达到一定的销售量而不计成本地给予客户折扣等;二是营销成本,有利于培养销售人员筛选潜力客户的意识。

利润配额也有一些缺点,销售人员无法控制影响利润的因素,因此无法完全对自己的业绩负责。以利润为指标评价销售人员的工作是不公平的,合理地计算销售人员产生的净利润是非常困难的。销售人员的净利润取决于所出售的产品、每种产品的毛利、出售这些产品所花费的费用,这些因素使得利润配额的管理很困难,需要大量资料,而且要取得这些资料需要大量的时间,在这种情况下,业绩的控制很困难。

(三)销售活动配额

利用销售活动配额可以避免对销售额的过分依赖。在设置合适的销售活动配额时,销售经理必须首先决定销售人员的最重要的活动,这些活动主要包括:

- 日常性拜访。
- 吸引新客户,获得新客户的订单。
- 产品展示。
- 宣传企业及产品的活动。
- 为消费者提供服务、帮助和建议。
- 培养新的销售人员。

设立和控制适当的活动指标可以大大促进充分平衡的销售工作,这种指标对宣传性销售人员特别有用。建立销售活动配额可以让销售人员对他们的日常活动和活动路线做出更好的计划,从而更加有效地利用他们的时间。销售活动配额也使得销售经理便于控制销售人员的时间使用,即在不同销售活动中的工作时间分配。

使用销售活动配额时也会遇到一些问题,如员工参与人数多,资料信息必须从销售人员报告中获得,而销售人员使用这些报告时可能偏重数量忽视质量。另外,由于无法直接实现销售收入,很难对销售人员产生激励。通常情况下,销售活动配额与销售配额一齐使用并配以一定的津贴奖励,可以提高销售人员的积极性,有效地完成销售活动配额。

(四)综合配额

综合配额是对销售量配额、财务配额、销售活动配额进行综合而得出的配额。综合配额以多项指标为基础,因此更加合理。设置综合配额远比设置销售目标复杂,因为它要用到权重这个概念。权重表示对管理而言各配额的重要性。

综合配额在销售经理讨论销售人员的业绩时,可以全面地反映销售工作的状况。表1-2给出一个例子:销售经理赋予销售额、净利润和新客户的比重分别是5、3、2,总和是10。两位销售人员在销售额的表现上水平相当,但是,由于李四在净利润和新客户这两项指标上表现得比较突出,所以,李四以81分的成绩超过张三的76分。

表1-2　销售人员综合配额表

项目	配额	实际销售额	完成百分比	权重	完成比×权重
销售人员：张三					
销售额	200 000	180 000	90	5	450
净利润	100 000	70 000	70	3	210
新客户	20	10	50	2	100
					760
销售人员：李四					
销售额	300 000	270 000	90	5	450
净利润	150 000	120 000	80	3	240
新客户	25	15	60	2	120
					810

得分：张三——760/10=76
　　　李四——810/10=81

三、确定销售量配额的依据

在所有销售配额中,销售量配额应用得最为广泛。在此主要讨论确定销售量配额的依据,其他配额的确定方法基本相同。总体来说,确定销售量配额主要应考虑:

(一)区域销售潜力

销售潜力是企业期望在特定区域内取得的在行业预计总销售额中所占的比重。对很多企业而言,销售预测常常是把各个区域的估计值加总的结果。例如,假设区域A的销售潜力是100万元,或者占企业总潜力的10%,那么,管理层就可以把此数额作为指标分配给区域的销售人员。所有销售区域销售指标的总和应该等于企业的销售潜力。

但是,有些情况下,企业不可能直接把销售潜力作为指标分配给销售人员,而是需要进行调整。

首先,对于年龄比较大而且在企业工作了很长时间的销售人员,或者是刚刚加入企业的新的销售人员,分配给他们的配额应该小于销售潜力,这样可以让他们更好地适应周围的环境,树立自信心,保持高昂的士气。

其次,对大部分销售人员而言,管理层下达的配额应该略高于区域的销售潜力,而且通过有效工作很可能实现甚至超越该配额。因为这样会激发销售人员的积极性,鼓励他们努力开拓市场。但是,配额也不能定得太高,如果高出销售潜力太多,销售人员无法完成,他们就会感到泄气和绝望,从而就不会采取什么努力措施了。

(二)历史经验

在过去一定期间销售的基础上,管理层依据主观判断的增长比例来确定销售人员的销售配额。这种方法的优点是计算简便、成本低廉。如果企业使用这种方法,至少应该用前几年的平均销售量,而不是以前一年的销售量作为配额设定的基础。如果仅以一年的销售量为基础,偶发事件或者突发事件将会对销售配额产生很大的影响。

但是,仅依靠历史经验确定销售配额有一定的局限,因为它没有注意到销售区域的销售潜力会发生变化,比如经济衰退、消费者观念发生变化、新的竞争对手加入等。所以,应该在以往经验的基础上,多考虑一下区域市场可能发生的变化。

(三)经理人员的判断

有一些经理简单地以企业的销售预测为基数,如企业预测的结果是提高5%的销售量,则对每一个员工都分配5%的销售增长。这种方法虽然简单、费用低、易管理、易理解,但是忽略了地域状况及销售人员的能力差别。有的新建区域尽管销售量小,但其销售增长率要比一些已成熟的销售区域的销售增长率大得多,因此新的销售区域提高5%的销售量是很容易的,而成熟区域要提高5%的销售量则是很困难的。

使用这种方法隐含着这样的假设:前期设置的销售配额是完全合理的。但实际上,前期的配额可能过高或过低。用这种方法设置配额可能影响销售人员的士气,他们会认为这样的定额不公平,甚至会隐瞒订单,把它放到下一个销售期。

另外,在制定销售配额时一定要考虑区域的销售潜力。销售潜力可以反映企业销售额的成长机会,但销售潜力的预测费用高、时间长,并且具有主观性。

四、分配销售配额的方法

(一)产品别分配法

产品别分配法是指根据销售人员销售的产品类别来分配目标销售额。采用这种方法的前提条件是:培养尽可能多的忠诚客户。因为,如果消费者经常改变消费需求,变换所消费的产品,就很难判断某种商品的消费者大体上有多少人,产品别分配法也就失去了意义。所以,必须进行市场调查,及时准确地了解消费者需求的变动情况,从而采取一系列措施来满足消费者的需求,创造一大批品牌忠诚者。这样,产品别分配法也就有据可依了。

(二)地域别分配法

地域别分配法是指根据销售人员所在地域的大小与顾客的购买能力来分配目标销售额。这种方法的优点在于可以对区域市场进行充分的挖掘,使产品在当地市场的占有率逐渐提高,因此,比较容易为销售人员所接受。其缺点在于很难判断某地区所需商品的实际数量,以及该地区潜在的消费能力。所以,在分配目标销售额时,必须考虑各个地区的经济发展水平、人口数量、生活水平、消费习惯等因素。

(三)部门别分配法

部门别分配法是指以某一销售部门为目标来分配目标销售额。这种方法的优点在于强调销售部门的团结合作,能够利用销售部门的整体力量来实现目标销售额;其缺点在于过于重视销售部门目标达成,而忽视了销售人员个人的存在。因此,当企业将目标销售额分配到各个销售部门时,应该考虑这个销售部门所辖地区的特性。例如,销售区域的大小、市场的成长性、竞争对手的情况、潜在顾客的多寡等。

(四)人员别分配法

人员别分配法是指根据销售人员能力的大小来分配目标销售额。这样做有利于激励能力高的销售人员继续努力,鼓励能力比较低的销售人员提高其销售能力。但是,该方法也容易使销售人员队伍产生等级之分,使能力高的销售人员产生自满情绪,使能力不够的销售人员产生自卑感,从而产生内部矛盾。

(五)客户别分配法

客户别分配法是指根据销售人员所面对的顾客的特点和数量的多少来分配目标销售额。这种方法充分体现了"以客户为导向"的思想,可以使销售人员把重点放在客户身上,有利于客户的深度开发和忠诚客户的培育。但是,该方法会使销售人员为了业绩而只注重老客户的维护,忽视新客户和准客户的开发。

(六)时间别分配法

时间别分配法是指将年度目标销售额平均分配到一年的 12 个月或四个季度中。月别分配法的缺点在于忽略了销售人员所在地区的大小以及顾客的多寡,而只注重目标销售额的完成,从而无法调动销售人员的积极性。但按时间别分配的优点在于简单易行,容易操作,目前有许多企业还是比较乐于采取这种方法。如果能将时间别分配法与商品类别分配法、地区分配法和客户分配法结合起来使用,效果会更好一些。

总之,在实际操作中,以上这些方法尽量不要单独使用,应该将两个或两个以上的方法结合起来使用,从而实现扬长避短、优势互补。

五、确定销售人员的销售目标

销售人员在进行工作前必须首先确定出自己的销售目标。在采用分配方式决定企业的销售计划时,企业通常是先确定本企业的总销售目标,然后再进行分解;而在采用上行方式决定企业的销售计划时,企业通常是先确定销售人员的个体目标,然后再进行综合。不管是哪种方式,销售人员都必须参与到自己销售目标的确定过程中来,发挥自己的主观能动性。只有同上级密切配合,结合自己的实际,制定出合理的可以促进自己奋进的销售目标,才能有效地激励销售人员努力工作,并实现销售人员自身与企业利益的最大化。

销售人员往往有这样的倾向:哪个企业底薪高就去哪里,哪个企业提供的职务高就去哪里,哪个企业的工作轻松就去哪里,哪个企业的提成高就去哪里……但由于跳槽频繁,这些销售人员最后往往无所作为。究其原因,是因为他们没有一个明确的目标。

1953年美国耶鲁大学对当时在校的学生进行了一项调查统计并加以跟踪,30年后发现,60%原本没有目标的学生,最后失业而靠救济生活;27%目标模糊的学生,最后只能勉强糊口;10%当时有短期目标的学生,最后都成了企业的高层;而那3%的有明确的短期目标、长期目标的学生,最后都成了顶尖级的企业家或行业的高层领导。

如果销售人员发自内心渴望成功、渴望财富,这时,他就应该认真选择一个目标。因为,新生活是从设定目标开始的。

在非洲西撒哈拉沙漠里,有一个名叫比塞尔的小村庄。多年前,这里是一个不为人知、与世隔绝的小村落。当地人很少走出村庄,外面的人也很少来到这个村庄。后来,有一个叫肯莱文的欧洲青年,来到了比塞尔,建议他们走出沙漠。当地一个叫阿古特尔的青年,年富力强,上进好学,在肯莱文的建议下他费尽周折,历尽磨难,最后一次终于用三天时间走出了沙漠。在此之前,比塞尔人曾多次试图走出沙漠,但每一次都又绕回原地。原来,比塞尔人没有使用任何导航工具,由于人两侧肌肉发达程度有差异,会在不知不觉中走出一个朝左拐的弧形,而且拐的幅度会越来越小,最后走成一个像卷尺的螺旋状,回到起点。阿古特尔把外面的人带进来,又把里面的人带出去。多年以后,比塞尔成了一个远近闻名的旅游胜地。比塞尔人在村子中央的小广场上,树立了一个阿古特尔的铜像,铜像的基座上镌刻着一句话:新生活从选定目标开始。

成功的销售人员头脑里会有明确的销售目标,其他平庸者则只有愿望。但仅仅有一个明确的销售目标还不够,销售人员确定销售目标时,还必须遵循一些原则:

(一)具体明确

销售目标要清晰明确,内容要具体、全面。合理的销售目标体系是目标设定的核心问题。销售人员都会为一个具体而明确的目标全力以赴,竭尽所能。而一个不具体、不明确的销售目标,只会让销售人员为退缩找借口。例如,一个明确具体的销售目标可能是"我要成为我们公司最好的销售人员,每个月销售额应该达到公司总销售额的10%"。

惠特曼一生致力于写一本叫《草叶集》的书,结果成为美洲最伟大的诗人;海伦·凯勒一生专注于学习写作,尽管她从小就又聋又哑又瞎,但她最终成为世界著名的作家之一;亨利·福特一生致力于生产廉价小轿车,虽然他只受过四年小学教育,而且白手起家,但他的努力使他成为那个时代最富有的人。这就是生活中的一项真理,只有拥有具体而明确目标的人,才会时时受人尊敬和注目,才会成就伟大的事业。

(二) 量化显示

销售目标要量化,能够量化的要尽量量化(可以用数量、质量和影响等标准来衡量)。例如,销售人员制定销售目标的时候不要假大空,看起来很振奋人心,实际上没有可操作性,更没法进行检验和考核,那么就起不到督促自己的作用了。

例如,某人有一个目标是扩大人际关系网,但"多认识人"或"增加影响力"的目标是无法衡量和实施的,他需要找一个实际的、可衡量的目标。这时,他就可以要求自己每周和一位有影响力的人吃饭,在吃饭的过程中,要这个人再介绍一个有影响的人给你。衡量这个目标的标准是"每周与一人吃一餐、餐后再认识一人"。

(三) 切实可行

制定的销售目标必须切合实际,不能太高,也不能太低,要具有挑战性和可完成性,经过销售人员的努力可以达到。

例如,某销售人员前面制定了每个月销售额应该达到公司总销售额10%的目标,而实际上他现在的销售额才是公司总销售额的0.05%,那么他的这个目标就定得有些盲目,几乎不能达到。如果他现在的销售额已经是公司总销售额的8.5%了,那么他的这个目标就可能是比较切实可行的了。

(四) 协调一致

销售人员的个人销售目标要与企业的战略和目标一致。个人的销售目标必须与公司的总体战略目标、策略清楚地相连,成为全公司的战略管理系统的一部分。只有这样,才能保证个体的目标与企业的目标一致,不至于导致两者的矛盾或个人的销售目标不被企业通过。

为什么要求确定销售人员个人的销售目标时,需要及时同上级沟通?这正是出于对企业整体战略的考虑,保证企业的战略能够得到销售人员的坚定贯彻。

(五) 时间限制

销售目标要有时限,要有合理的时间约束(一年、半年,还是一个月)。时限不能太长,也不能太短,预计届时可以出现相应的结果。制定销售目标的时候设定一个时间限制是很有必要的,这样才能不断督促并检验销售人员的成果。例如,销售人员可以制定自己的目标为本季度销售额比上个季度增加10%,这个目标就符合了时限性的要求。

没有时限的销售目标,不是一个有效的目标。销售人员可能轻而易举地为自己找到实现不了目标的借口,使销售目标的实现之日变得遥遥无期。

销售人员确定的销售目标只有真正符合了上述五项原则,才能真正起到作用。

销售人员所确定的销售目标应该是一个体系,不仅要包括长远目标、年度目标,还要包括季度目标、月目标,并且能够把明确的目标细分成每日的行动计划,根据事情的发展情况不断调整自己的目标,并严格地按计划办事。比如要达到目标,每天要完成多少拜访?要完成多少销售额?今天拜访了哪里?明天的拜访路线是哪里?每天销售人员心里都应该对目标清清楚楚。

日本保险业的销售大王原一平,给自己的目标和计划就是每天拜访20个客户,如果哪天没有达到,他就一定不吃饭也要坚持晚上出去。就是凭了这种坚韧不拔的精神,使他当之无愧地成为顶尖的销售大王,同时也给他自己带来了巨大的财富。

此外,目标也需要进行有效的管理。只有对目标进行有效的管理,才能保证销售人员真正达到目标。目标管理源于美国管理专家杜拉克,他在1954年出版的《管理的实践》一书中,首先提出了目标管理和自我控制的主张,认为"企业的目的和任务必须转化为目标。企业如果无总目标及与总目标相一致的分目标来指导职工的生产和管理活动,则企业规模越大,人员越多,发生内耗和浪费的可能性越大"。概括来说,就是让企业的管理人员和员工亲自参加工作目标的设定,在工作中实行"自我控制",并努力完成工作目标。

第四节 编制销售预算

销售预算是一种为了获得预计的销售水平而分配资源和销售努力的销售财务计划。编制销售预算和监控实际的消费支出是销售经理的主要职责之一。

企业销售量的增加并不必然带来理想的利润,在当今激烈的市场竞争环境下,销售经理除考虑销售量的增长外,还必须考虑获得这些增长的成本。销售预算是对获得未来销售量所需成本的财务计划。这种计划的基础是销售预测。销售额中扣除为达到销售额的所有成本费用就是企业的利润。

一、销售预算的编制流程

编制销售预算涉及组织中各个部门和上下级关系,不同组织的预算过程和方式可能差别很大。有的单位采取自下而上的方式,有专门的预算部门协助高级领导人审批下级各部门的预算方案;有的单位则采取自上而下的方式,上层先有一个预算的总设想,高层领导人再向下级提出一些预算要求,便于下级在制订预算草案时了解所制订的预算的可行性。

由于这两种方法各有利弊,在实践中,往往把它们结合起来运用。具体过程如下(如图1-3):

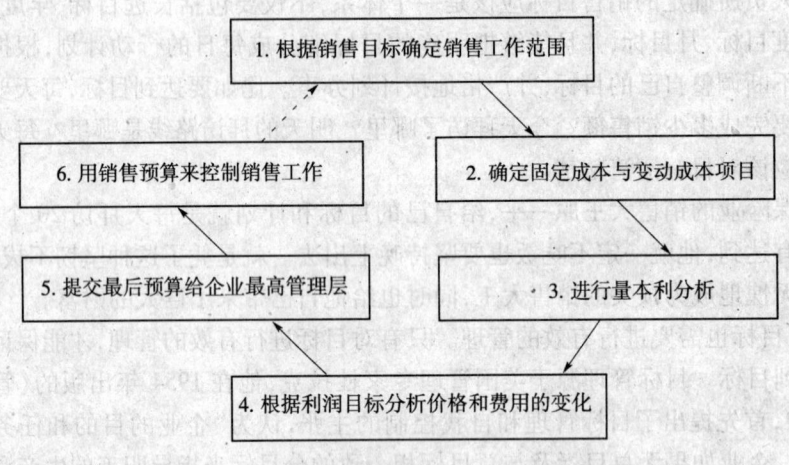

图1-3 编制销售预算流程

(一)根据销售目标确定销售工作范围

销售经理应该根据已经制定的销售目标来确定为了达到既定的销售目标应该采取哪些措施。例如,确定潜在顾客和他们的需求,设计产品,生产产品和为产品定价,通过各种方式与顾客沟通,招聘、培训销售人员等。另外,必须开发具有销售管理潜能的人才。企业的核心销售人员,如销售经理和销售明星不会在短期内就成熟起来,所以,必须花费较长的时间和较多的费用来培训他们。

(二)确定固定成本与变动成本项目

在一定销售额的范围内,不随销售额增减而变化的成本称为固定成本,随着销售产品数量增减而同步变化的成本称为变动成本。

主要的固定成本包括销售经理和销售人员的工资、销售办公费用、培训师的工资、被培训销售人员的工资、例行的展销费用、保险费、一些固定税收、固定交通费用、固定娱乐费用、折旧费等。

变动成本通常包括提成和奖金、邮寄费、运输费、部分税收(增值税)、交通费、广告费和销售促进费等。

(三)进行量本利分析

区域销售经理在被分配年度销售和利润目标后,必须保持对达到目标过程的控制。

这种控制最好按月进行。量本利分析法是一种有效的分析方法。

盈亏平衡点(BEP)是量本利分析法中最重要的概念,是指为了使收入能够弥补成本(包括固定成本和变动成本)的最低销售量。其计算公式如下:

$$BEP = FC \div (P - VC)$$

式中,BEP 为盈亏平衡点;FC 为总固定成本;P 为单位产品售价;VC 为单位产品的变动成本。

通过调控变动成本和固定成本,就可得知它们对利润的影响。

(四)根据利润目标分析价格和费用的变化

根据上一步骤,销售经理需要知道各种行动对企业盈亏平衡点的影响。

当企业的价格、成本、销售量处于盈亏平衡点时,销售收入刚好弥补所有的成本费用,企业处于零利润的状态。这只是一个理论上存在的状态,很少有企业刚好处于这种点上,但有些企业接近这种状态,也可以认为是处于盈亏平衡点,以便于分析和管理。

如果销售经理想要知道各种行动对利润的影响,可以通过试验各种因素和成本的变化,来检测其对盈亏平衡点和利润的影响。

(五)提交最后预算给企业最高管理层

量本利分析之后,销售经理要确定为达到最高管理层确定的销售额和利润目标所必需的成本费用。他需要知道各种变量的变化对利润的影响,还应该了解哪种变化是可行的。

(六)用销售预算来调控销售工作

从一定意义上讲,量本利分析是一个预测工具,因为它预示了成本费用变化对盈亏平衡点和利润的影响。这种方法同样可以用于评估和作为控制工具。当实际费用发生时,销售经理可以根据不同的变量对目标影响的重要性来分析偏差发生的原因,进行有针对性的调控。

二、确定销售预算的方法

销售经理在确定销售预算水平时,应根据企业的历史、产品的特点、营销组合的方式和市场的开发程度等多方面因素来确定采用何种方法。不同企业采用的预算方法多种多样,这里介绍几种常用的方法,可根据实际情况加以选择。

(一)销售百分比法

用这种方法确定销售预算时,最常用的做法是用上年的费用与销售百分比,结合当年的销售预测量来确定销售预算;另外一种做法是对最近几年的费用—销售百分比进行加权平均,将结果作为当年的销售预算。这种做法往往忽视了企业的长期目标,不利于企业大胆开拓市场。例如,企业为增加销售额需要增加新的销售人员,但短期内这种决策的效果显示不出来,有可能增加费用,为了不影响短期业绩,许多企业可能不增加销售人员。而从长期来看,增加人员可以提高销售量,提高市场占有率,有可能减少费用。有时只重视短期目标可能导致销售量下降→费用下降→销售量下降的恶性循环。因此,还需要更为灵活大胆的预算管理方法。

(二)标杆法

标杆法是以行业内主要竞争对手的销售费用为基础来确定自己的销售预算。同意用这种方法的销售经理都认为销售成果取决于竞争的实力,用这种方法必须对行业及竞争对手有充分的了解。要做到这一点,需要及时得到大量的行业及竞争对手的资料,但通常情况下,得到的资料都只能反映往年的市场及竞争水平状况,所以用这种方法分配销售预算有时不能达到超越竞争对手的目的。

(三)边际收益法

这里的边际收益指每增加一名销售人员所获得的效益。由于销售潜力是有限的,随着销售人员的增加,收益的增加会越来越少,而每个销售人员的费用是大致不变的,因此,存在这样一个点,增加一个销售人员,其收益和费用接近,再增加销售人员,费用反而比收益要大。边际收益法要求销售人员的边际收益大于零。边际收益法有一个很大的缺点,即在销售水平、竞争状况和市场其他因素变化的情况下,确定销售人员的边际收益是很困难的。

(四)零基预算法

这种方法假定在一个预算期内每一项活动都从零开始。销售经理提出销售活动必需的费用,并且对这次活动进行投入产出分析,优先选择那些对组织目标贡献大的活动。这样反复分析,直到把所有的活动按贡献大小排序,然后将费用按照这个序列进行分配。这种方法的缺点是有时贡献小的项目可能得不到费用;另外,使用这种方法需经过反复论证才能确定所需的预算。

(五)目标任务法

目标任务法是销售经理根据由预测设定的目标,确定实现目标必须完成的任务,并估计完成这些任务需要花费的成本,然后根据总公司利润目标来审查这些成本是否合理。如果成本过高,销售经理就应该换一种实现目标的方式,或者调整最初的目标。将这一过程重复几次,直到管理层对目标以及实现目标的方式感到满意为止。

目标任务法是一种非常有用的方法,可以有效地分配实现目标的任务。很多企业都采取目标任务法或目标任务法的演变形式。这种方法要求数据充分,因而管理工作量较大,但直观易懂。

(六)投入产出法

这种方法是对目标任务法的改进。目标任务法是一定时间内费用与销售量的比率,但有时有些费用投入后,其效应在当期显示不出来,从而无法真实反映费用销售量比率。投入产出法不强调时间性,而是强调投入与产出的实际关系,因此一定程度上克服了目标任务法的缺点。

本章小结

市场瞬息万变,为了抵御市场变化带来的波动,最为可行的办法是加强企业自己的计划性,企业的营运过程应该严格置于周密的计划管理之下。计划是管理的起点,没有完善的计划,管理工作就无从谈起。

销售计划是指在进行销售预测的基础上,设定销售目标额,进而为能具体地实现该目标而实施销售任务的分配作业,随后编定销售预算,来支持未来一定期间内的销售配额的达成。销售计划的中心就是销售收入计划。

销售计划的内容主要包括如下几项:进行销售预测;确定销售目标;分配销售配额;编制销售预算和制订实施计划。

销售预测是整个企业全部运作规划的关键因素,人事、财务以及其他所有部门都要根据销售预测编制下一个时期的工作计划和工作要求。销售预测在制订销售队伍计划中发挥着重要作用,可以帮助销售经理确定部门预算,并对销售指标和销售人员的报酬产生影响。

销售配额是分配给销售人员在一定时期内完成的销售任务,是销售人员需努力实现的销售目标。制定销售配额的目的是明确责任,建立激励制度的基础,使销售计划落实到人员行动上来。

销售配额是销售经理计划销售工作的最有力的措施之一,有助于销售经理规划每个计划期的销售量及利润,安排销售人员的行动。销售配额可以用来衡量销售人员、销售小组或整个销售区域完成任务的状况,如果运用得当,它可以有力地激励每个销售人员更好地完成任务。总之,销售配额的设置有利于销售经理及销售人员有效地计划、控制、激励销售活动,以达成整个企业的销售目标。

销售预算是一种为了获得预计的销售水平而分配资源和销售努力的销售财务计划,编制销售预算和监控实际的消费支出是销售经理的主要职责之一。

企业销售量的增加并不必然带来理想的利润,在当今激烈的市场竞争环境下,销售经理除考虑销售量的增长外,还必须考虑获得这些增长的成本。销售预算是对获得未来销售量所需成本的财务计划。这种计划的基础是销售预测。销售额中扣除为达到销售额的所有成本费用就是企业的利润。

新年了,销售计划怎么做?

李杰是一家方便面企业的销售经理,自他担任该职务3年以来,每年的销售工作计划便成为他的"必修课"。他的销售计划不仅文笔生动,描述具体,而且还往往理论联系实际,策略与实战并举,数字与表格齐下,很好地指导了他的营销团队,使其按照年度计划有条不紊地开展市场推广工作,在不断修订和检核的过程中,取得了较好的引领效果。那么,李经理的年度销售计划是如何制订的呢?它又包括哪几个方面的内容?

(一)市场分析

年度销售计划制订的依据,是过去一年市场形势及市场现状的分析,而李经理采用的工具便是目前企业经常使用的 SWOT 分析法,即企业的优劣势分析以及竞争威胁和存在的机会。通过 SWOT 分析,李经理可以从中了解市场竞争的格局及态势,并结合企业的缺陷和机会,整合和优化资源配置,使其利用率最大化。例如,通过市场分析,李经理很清晰地知道了方便面市场的现状和未来趋势:产品(档次)向上走,渠道向下移(通路精耕和深度分销),寡头竞争初露端倪,营销组合策略将成为下一轮竞争的热点等。

(二)营销思路

营销思路是根据市场分析做出的指导全年销售计划的"精神"纲领,是营销工作的方向和"灵魂",也是销售部需要经常灌输和贯彻的营销操作理念。针对这一点,李经理制定了具体的营销思路,其中涵盖了如下几方面的内容:①树立全员营销观念,真正体现"营销生活化,生活营销化"。②实施深度分销,树立决战在终端的思想,有计划、有重点地指导经销商直接运作末端市场。③综合利用产品、价格、通路、促销、传播、服务等营销组合策略,形成强大的营销合力。④在市场操作层面,体现"两高一差",即要坚持"运作差异化,高价位、高促销"的原则,扬长避短,体现独有的操作特色等。这一营销思路的确定,充分结合了企业的实际,不仅翔实、有可操作性,而且还与时俱进,体现了创新的营销精神,因此,在以往的年度销售计划中,都曾发挥了很好的指引效果。

(三)销售目标

销售目标是一切营销工作的出发点和落脚点,因此,科学、合理的销售目标制定也是年度销售计划的最重要和最核心的部分。那么,李经理是如何制定销售目标的呢?①根据上一年度的销售数额,按照一定增长比例,比如20%或30%,确定当前年度的销售数量。②销售目标不仅体现在具体的每一个月度,而且还量化到人,责任到人,并细分到具体市场。③权衡销售目标与利润目标的关系,做一个经营型的营销人才,具体表现就是合理细分产品结构,将产品销售目标具体细分到各层次产品。例如,李经理根据方便面产品 ABC 分类,将产品结构比例定位在 A(高价、形象利润产品):B(平价、微利上量产品):C(低价、战略性炮灰产品) = 2:3:1,从而更好地控制产品销量和利润的关系。销售目标的确认,使李经理有了冲刺的对象,也使其销售目标的跟踪有了基础,从而有利于销售目标的顺利达成。

(四)营销策略

营销策略是营销战略的战术分解,是顺利实现企业销售目标的有力保障。李经理根据方便面行业的运作形势,结合自己多年的市场运作经验,制定了如下的营销策略:

1. 产品策略。坚持差异化,走特色发展之路,产品进入市场,要充分体现集群特点,发挥产品的核心竞争力,形成一个强大的产品组合战斗群,避免单兵作战。

2. 价格策略。高质、高价,产品价格向行业标兵看齐;同时,强调产品运输半径,以 600 公里为限,实行"一套价格体系,两种返利模式",即价格相同,但返利标准根据距离远近不同而有所不同的定价策略。

3. 通路策略。创新性地提出分品项、分渠道运作思想,除精耕细作,做好传统通路外,集中物力、财力、人力、运力等企业资源,大力度地开拓学校、社区、网吧、团购等一些特殊通路,实施全方位、立体式的突破。

4. 促销策略。在"高价位、高促销"的基础上,开创性地提出了"连环促销"的营销理念,它具有如下几个特征:①促销体现"联动",牵一发而动全身,其目的是大力度地牵制经销商,充分利用其资金、网络等一切可以利用的资源,有效挤压竞争对手。②连环促销方式至少两个以上,比如销售累积奖和箱内设奖同时出现,以充分吸引分销商和终端消费者的眼球。③促销品的选择原则求新、求奇、求异,通过富有吸引力的促销品,实现市场"动销",以及促销激活通路、通路激活促销之目的。④服务策略上倡导,细节决定成败,在"人无我有,人有我优,人优我新,人新我转"的思路下,在服务细节上狠下工夫,提出了"5S"温情服务承诺,并建立起"贴身式""保姆式"的服务观念,在售前、售中、售后服务上,务求热情、真诚、一站式的服务等。

(五)团队管理

在这个模块,李经理主要锁定了两个方面的内容:

1. 人员规划,即根据年度销售计划,合理进行人员配置,制订人员招聘和培养计划。例如,2006 年销售目标 5 亿元,公司本部的营销员队伍要达到 200 人,这些人要在什么时间内到位,落实责任人是谁等,都有一个具体的规划明细。

2. 团队管理上,明确提出打造"铁鹰"团队的口号,并根据这个目标,采取了如下几项措施：①健全和完善规章制度，从企业的"典章"、条例这些"母法"，到营销管理制度这些"子法"，都进行了修订和补充。例如，制定了《营销人员日常行为规范及管理规定》《营销人员"三个一"日监控制度》《营销人员市场作业流程》《营销员管理手册》等等。②强化培训，提升团队整体素质和战斗力。例如，制订了全年的培训计划，培训分为企业内训和外训两种，内训又分为潜能激发、技能提升、操作实务等。外训则是选派优秀的营销人员到一些大企业或大专院校、培训机构接受培训等。③严格奖惩，建立良好的激励考核机制。通过定期晋升、破格提拔、鼓励竞争上岗、评选营销标兵等形式，激发营销人员的内在活力。李经理旨在通过这一系列的团队整合，强化团队合力，真正打造一支凝聚力、向心力、战斗力、爆发力、威慑力较强的"铁鹰团队"。

（六）费用预算

李经理所做的销售计划的最后一项，就是销售费用的预算。例如，李经理所在的方便面企业，销售目标是5亿元，其中，工资费用500万元，差旅费用300万元，管理费用100万元，培训、招待以及其他杂费等费用100万元，合计1 000万元，费用占销售目标额的2%。通过费用预算，李经理可以合理地进行费用控制和调配，使企业的资源"用在刀刃上"，以求企业的资金利用率达到最大化，从而不偏离市场发展轨道。

李经理在做年度销售计划时，还充分利用了表格这套工具。例如，销售目标的分解、人员规划、培训纲目、费用预算等都通过表格的形式予以体现，不仅一目了然，而且还具有对比性、参照性，使以上内容更加直观和易于理解。

年度销售计划的制订，李经理达到了如下目的：

1. 明确了企业年度营销计划及其发展方向。通过营销计划的制订，李经理不仅理清了销售思路，而且还为其具体操作的市场指明了方向，实现了年度销售计划从主观型到理性化的转变。

2. 实现了数字化、制度化、流程化等基础性营销管理。不仅量化了全年的销售目标，而且还通过销售目标的合理分解，细化到人员和月度，为每月营销企划方案的制订做了技术性的支撑。

3. 整合了企业的营销组合策略。通过年度销售计划，确定了新的一年营销执行的模式和手段，为市场的有效拓展提供了策略支持。

4. 吹响了打造"铁鹰"团队的号角。通过年度销售计划的拟订，确定了"铁鹰"打造计划，为优秀营销团队的快速发展以及创建学习型、顾问型的营销团队打下了一个坚实的基础。

（资料来源：崔自三.中国营销传播网，2005-12-13）

问题：请分析李经理的销售计划，考虑其还有没有需要完善的地方？

第一章 制订销售计划

 **思考题**

1. 销售计划的内容主要包括哪些?
2. 制订销售计划的一般过程是什么?
3. 有哪些因素影响销售预测?
4. 如何进行销售预测?
5. 销售经理在分配销售配额时可使用哪些方法?
6. 销售预算的编制流程是怎样的?

第二章

销售区域设计

本章学习目标

- 了解划分销售区域的若干原则、方法和流程
- 熟悉设计销售组织结构的几种形式
- 掌握制订简单的划分销售区域的方案
- 能够针对某一销售区域的开发提出战略性的建议

第一节 划分销售区域

销售区域也称区域市场或销售辖区,指在一段给定时间内,分配给一个销售人员、一个销售分支机构或者一个中间商(批发商和零售商)的一群现实及潜在顾客的总和。

一、销售区域的划分原则

企业一般将总体市场分为多个细分市场,一个销售区域可以被认为是一个细分市场。通过估计每一个细分市场的潜力及企业自身优势,选择目标市场,确定企业在竞争中的定位。

区域划分的理想目标是使所有区域的销售潜力和销售人员的工作负荷都相等。不过,这两个目标在现实中很难同时达到,只是一种理想的状态。但这并不意味着销售区域的划分没有原则可以遵循。在实际过程中,销售区域的划分应遵循以下基本原则:

其一,公平性原则。销售区域划分的首要原则是公平合理、机会均等。这一原则主要体现在两个方面:所有销售区域应具有大致相同的市场潜力;所有销售区域工作量应大致相等。只有当市场潜力相等时,不同区域销售人员的业绩才有可比性;所有区域工作量大致相等则可避免苦乐不均,减少区域优劣之争,提高整个销售队伍的士气。

其二,可行性原则。销售区域划分的可行性原则要求:①销售区域市场要有一定的潜力,销售经理一定要了解市场潜力在哪里,潜力有多大,如何利用才能使市场潜力变成销售需求,实现销售收入;②销售区域的市场涵盖率要高,销售经理一定要明确与客户联系的方式,要与企业的每一位潜在客户进行联系;③销售区域的目标应具有可行性,一定要使销售人员经过努力可以在一定时间内实现该目标。

其三,挑战性原则。销售区域的设置要具有挑战性,使销售人员有足够的工作量,同时保证每个销售区域有足够的销售潜力,以使销售人员通过努力工作能取得合理的收入。

其四,具体化原则。销售区域的目标应尽量数字化、明确,容易理解。销售区域目标一定要明确,销售经理一定要使销售人员确切地知道自己要达到的目标,并且尽量把目标数字化。

二、销售区域划分流程

企业的生存环境是经常变化的,因此,企业必须根据环境的变化而不断地调整销售区域。销售区域的划分过程一般包括以下几个环节(见图 2-1):

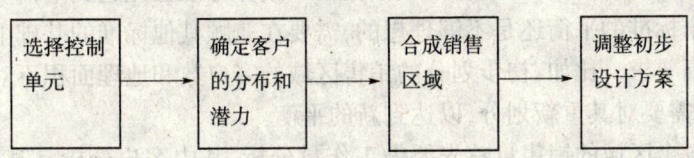

图 2-1 销售区域划分各环节

(一) 选择控制单元

区域设计的第一步是选择控制单元。首先将整个目标市场(如整个国内市场)划分为若干个控制单元,一般可以选择省、市、区、州、县等行政区域或邮政编码区域作为控制单元。

控制单元应该尽量小一点,主要有两个原因:第一,小单元有助于管理层更好地认识区域的销售潜力;第二,小单元便于管理层进行区域调整。但是,控制单元也不能太小,否则会无谓地增加工作量。

划分控制单元的目的是为了按照一定标准将它们组合成销售区域。划分控制单元时常用的两个标准是:现有客户数和潜在客户数。利用现有客户数可以很好地估计目前的工作量,而潜在客户数则只能是预测值。由于实际销售额不能很好地反映工作量及市场潜力,所以一般不用做划分标准。此外,地理面积、工作量等也可以作为划分标准。企业还可以根据本企业的实际情况设计划分控制单元的标准。

（二）确定客户的分布和潜力

选择好控制单元后，管理层就应该在所选的控制单元中确定现有客户和潜在客户的分布情况和潜力。现有客户的识别可以通过以往的销售记录来获得，而潜在客户的识别可以通过外部渠道来实现，比如国家机关或有关机构、杂志、报纸、电视等媒体，分类电话簿，信用评级机构，等等。

识别了客户后，管理层应该评估企业期望从每个客户那里获得的潜在业务量，然后，按照可获得潜在利润的大小对客户进行分类。这为确定基本区域提供了很好的依据。

（三）合成销售区域

销售区域划分的第三步是将邻近的控制单元组合成销售区域。在这一过程中，设计者必须牢记划分标准。如果以客户数量为标准，在将邻近的控制单元组合到该区域中时，一定要考虑各区域之间客户数量的平衡。

依照划分标准将每一个控制单元都组合到相应销售区域之后，就完成了销售区域的初步设计。

在初步设计完成后，各个销售区域依据某一划分标准已经达到平衡。但一般而言，这种基于一个标准的平衡还是不够理想的，需要在兼顾其他标准的基础上进一步调整，使之达到更高要求。比如，初步划分的销售区域的客户数和地理面积不对等，甚至相差悬殊，此时就需要对其重新划分，以达到新的平衡。

要协调各个区域的销售量首先要做工作量分析，其中客户分析是基础。销售经理即使不能对所有客户逐个进行分析，起码要对大客户进行分析，具体的分析方法在本书的客户关系管理部分介绍。

各类客户数量统计出来之后，按照企业客户政策规定的各类客户的访问频率以及每次访问的时间，可计算出整个销售区域的工作量。

（四）调整初步设计方案

要保证市场潜力和工作量两个指标在所有销售区域的均衡，还应对初步设计方案进行调整，使修正后的方案优于初次设计方案。比较常用的有两种方法：一是改变不同区域的客户访问频率，即通过修改工作量的办法来达到平衡，因为市场潜力已经达到平衡了；二是用试错法连续调整各个销售区域的控制单元以求得两个变量同时平衡。如果还要兼顾更多标准，调整过程就更加复杂了。这种情况下一般采用"渐近法"：先将标准排出优先次序，比如先满足工作量大致相等的要求，再考虑客户数或地理面积的平衡。然后遵循上述步骤设计出满足工作量平衡要求的初步方案，再用反复试错的方法满足第二、第三标准的要求，逐步接近目标。手工作业很难做到十分精确，但有了计算机的帮助就不同了。

第二节 建立销售组织

一、确定销售队伍的工作内容

销售人员所承担的工作内容包括：
- 寻找客户：销售人员负责寻找新客户或主要客户；
- 传播信息：销售人员应能熟练地将企业产品和服务的信息传递出去；
- 销售产品：销售人员要懂得"销售术"——与客户接洽、向客户报价、回答客户的疑问并达成交易；
- 提供服务：销售人员要为客户提供各种服务——对客户的问题提出咨询意见，给予技术帮助，安排资金融通，加速交货；
- 收集信息：销售人员要进行市场调查和情报工作，并认真填写访问报告；
- 分配产品：销售人员要对客户的信誉做出评价，并在产品短缺时将稀缺产品分配给顾客。

许多企业对其销售队伍的目标和活动都有比较明确的规定。如某企业指示它的销售人员，要将80%的时间花在现有客户身上，20%的时间花在潜在客户身上；85%的时间用于销售既有产品，15%的时间用于销售新产品。如果企业不规定这样的比例，那么销售人员很可能会把大部分时间花在向现有客户销售既有产品上，因而忽略新产品和新客户方面的工作。

此外，销售人员应该了解如何分析销售数据、测定市场潜力、收集市场情报、制订营销战略和计划，这一点对较高一级销售管理部门的人员来说尤其重要。

二、设计销售队伍规模

销售队伍的规模是否适当，直接影响着企业的经济效益。销售人员过少，不利于企业开拓市场和争取最大销售额；反之，销售人员过多，又会增加销售成本。所以，要做好产品销售，首先要合理确定销售人员的规模。

确定销售队伍规模的方法主要有销售百分比法、销售能力法和工作量法。

（一）销售百分比法

销售百分比法是指企业根据历史资料计算出销售队伍的各种耗费占销售额的百分比以及销售人员的平均成本，然后对未来销售额进行预测，从而确定销售人员规模的方法。

这种方法简单易行，但存在一定的局限性。因为这个销售百分比是根据历史资料计算出来的，随着现代化销售工具和手段的运用，这个比率可能会与以前不一样。所以，用历史数据来指导未来实践可能会出现一些偏差。

（二）销售能力法

销售能力是指企业通过测量每个销售人员在范围大小不同、销售潜力不同的区域的销售能力，计算在各种可能的销售人员规模下，企业的销售额和投资报酬率，以确定销售队伍规模的方法。

销售能力法的分析有三个步骤：

第一，测定销售人员在不同的销售潜力区域内的销售能力。一般来说，销售潜力越大，销售绩效越高。但销售绩效的增加往往赶不上销售潜力增加的步伐。所以，必须通过调查测定各种可能的销售潜力下销售人员的销售能力。

第二，计算在各种可能的销售人员规模下的企业销售额。计算公式为：

$$企业销售额 = 每人销售额 \times 销售人员数$$

第三，依据投资报酬率确定最佳销售人员规模。根据各种可能的销售人员规模下的企业销售额（即销售收入）以及通过调查得出的各种相应情况的销售成本和投资情况，即可计算出各种销售人员规模的投资。计算公式为：

$$投资报酬率 = (销售收入 - 销售成本) / 投资额$$

其中，投资报酬率最高的即为最佳销售人员规模。

这种方法比较复杂，要求必须有足够的地区来做相同销售潜力的估计，运用起来比较困难。另外，研究中忽略了地区内客户的组成、其地理分散程度及其他因素的影响，且将销售潜力作为影响销售绩效的唯一因素。所以，只有当其他因素相同，且各种可能的销售人员规模的销售潜力资料很容易取得时才采用此法。

（三）工作量法

工作量法是指企业根据不同顾客的需要，确定总的工作量，从而确定人员销售规模的方法。

工作量法包括五个步骤：

第一，按年度销售量将顾客分为若干级别；

第二，确定各级别客户每年所需的访问次数；

第三，每个级别客户的数量乘以各自所需的访问次数得出每年总的访问次数；

第四，确定一个销售人员平均每年可进行的访问次数；

第五，将年度总的访问次数除以每个销售代表的平均年访问次数，即可得到所需销售人员数。

这种方式较为实用，但是它没有说明访问次数是如何确定的，也没有把销售队伍规模的扩大当成能为企业带来利润的一种投资。事实上，企业利润同销售队伍的规模、预算等是紧密联系在一起的。

三、销售组织的类型

从企业的各种销售管理模式来看,一般可以分为以下五种类型的销售组织结构(见图2-2)。

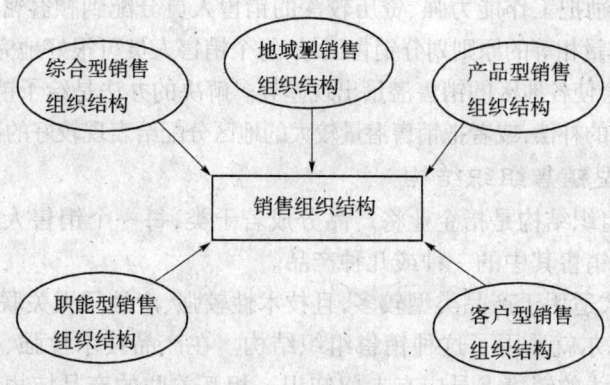

图2-2 销售组织的类型

(一)地域型销售组织结构

地域型销售组织结构是一种最简单的销售组织结构设计的方法,是指企业将目标市场按照地理位置划分为若干个销售区域,每个销售人员负责一个区域的全部销售业务。它具有如下特点:

1.有利于调动销售人员的积极性。由于一个地区有一位销售人员,其职责清晰、任务明确、权利相对集中。这样能激励销售人员努力工作,完成甚至超额完成所规定的工作任务。

2.有利于销售人员与顾客建立长期关系。由于每一个销售人员的销售范围固定,销售区域内与顾客的关系如何将直接影响其销售效果。销售人员会自觉地关心顾客的需要,与顾客建立良好的关系,追求销售的长期效果。

3.有利于节省交通费用。由于每个销售人员的销售范围较小,交通费用自然也相对较少。

在拟定一组销售区域时,不一定是按照行政区域划分,而是可以根据某些原则来划分。这些原则包括:这些地区易于管理;其销售潜力易于估计;这样划分可使出差时间减至最小限度;能为各销售人员提供足够的、相等的工作量和销售潜量。

按地理位置划分销售区域,需要决定销售区域的大小和形状。销售区域可根据销售潜量相等或销售工作量相等的原则来划分。

根据销售潜量相等的原则划分销售区域为各销售人员提供了创造同样销售收入的

机会。如果某区域在销售量上持续出现差异，则可认为该区域销售人员在能力与努力方面存在差异。但由于不同地区顾客的密度是不相同的，所以销售潜量相等的地区在范围大小上是不一样的。这样，分配到顾客密度小的地区的销售人员需要付出更多的努力才能获得同样大的销售量。解决的办法是给予该地区的销售人员额外的工作报酬，或作为一种奖励把工作能力强、资历较深的销售人员分配到顾客密度大的地区去。

根据销售工作量相等的原则划分销售区域，每个销售人员可很好地完成其区域的销售工作任务，但这样会使各地区的销售潜量出现差异。解决的办法是给予销售潜量较低地区的销售人员以适当的补偿，或者把销售潜量较大的地区分配给表现较好的销售人员负责。

（二）产品型销售组织结构

产品型销售组织结构是指企业将产品分成若干类，每一个销售人员或每几个销售人员为一组，负责销售其中的一种或几种产品。

这种划分方式适用于产品类型较多，且技术性较强、产品间无关联的情况下的产品销售，如 IBM 和海尔就采用了这种销售组织结构。在产品技术性强、生产工艺复杂的情况下，不同产品线的销售人员应有专门知识。相互关联的产品应由同一销售人员同时销售，以便于顾客购买。但这些条件并不是绝对的。当企业的产品种类繁多，相互间并无关联的产品被相同的顾客购买时，这种形式就会显示出极大的不足。如美国某医疗用品公司有几个产品部，每个部都配备各自的销售人员。这样，该公司不同产品部门的几位销售人员有可能在同一天去拜访同一所医院，这显然是不经济的。

（三）客户型销售组织结构

客户型销售组织结构是指企业将其目标市场按顾客的属性进行分类，不同的销售人员负责向不同类型的顾客进行销售。

顾客的分类可依其产业类别、规模、分销途径等来进行。很多国外企业都按用户类型或用户规模来划分销售区域，使用不同的销售人员。这种形式的好处是销售人员易于深入了解所接触的顾客的需求状况及所需解决的问题，以利于在销售活动中有的放矢，提高成功率。其缺点是当同一类型的顾客比较分散时，会增加销售人员的工作量，从而增加销售费用，影响销售绩效。因而，顾客式组织结构通常用于同类顾客比较集中时的产品销售。

（四）职能型销售组织结构

销售人员由于其职业特点，一般不能熟悉所有的销售职能活动，但可能是某类销售活动的职能专家，如谈判专家、渠道专家、客户服务专家、客户管理专家、产品展示专家以及广告专家等；另一方面，规模大的公司往往需要大规模的销售人员，而不同职能之间经常不便于协调，因此，必须采用职能型结构。

（五）综合型销售组织结构

综合型销售组织结构是指当企业的产品类别多，顾客的类别多而且分散时，综合考虑地区、产品和顾客因素,按地区—产品、地区—顾客、产品—顾客或者地区—产品—顾客来分派销售人员的形式。在这种情况下,一个销售人员可能要同时对数个产品经理或几个部门负责。

在实际运行中,不同的企业可分别采用不同的划分销售区域的方法,同一个企业在不同时期也可采用不同的模式,甚至可同时使用几种不同的模式。如施乐公司开始是按产品划分销售区域,下设几个销售人员组织,主要的一个部门负责销售影印和复印机设备,其他部门分别负责销售打字机、印刷设备、办公设备等。后来为了避免各个销售部门的销售人员同时访问相同顾客的情况,施乐公司改用按顾客划分销售区域的方法,将销售人员分为四组:①全国性客户经理,以分散在各个地点的机构为较大的客户服务;②主要客户经理,在该地区为主要的客户服务;③客户代表,为具有5 000美元~10 000美元销售潜量的标准商业客户服务;④市场营销代表,为其他客户服务。每个销售代表都需要学会如何向顾客介绍并销售施乐公司的全部产品。

第三节 开发销售区域

销售区域的开发,就是将销售区域管理的各个环节作为一个整体来考虑,制订出完整的战略计划以指导销售实践。

一、销售区域的开发流程

在某个销售区域内,制定其开发方略,主要应当包括这样一些环节(如图2-3):

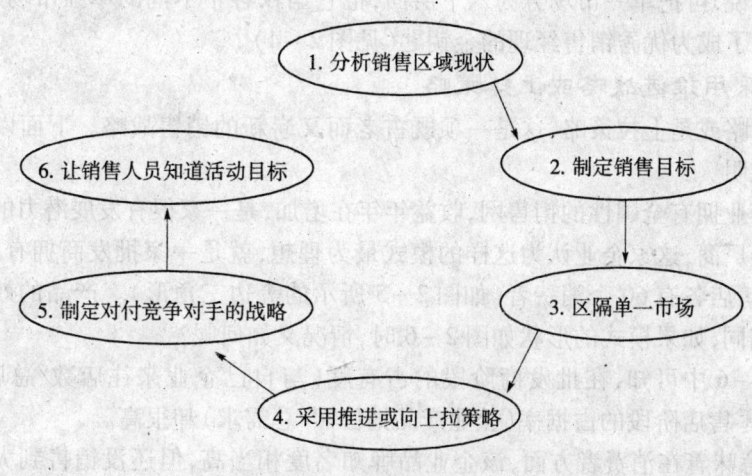

图2-3 销售区域的开发流程

(一)分析销售区域现状

在做任何决策之前,都必须准确地把握销售区域的现状。

首先要了解的是在这个地区内本企业的优势和劣势,以及所面临的机会和挑战;同时,还必须切实地把握与竞争对手的关系。这是指对市场占有率模式的把握,到底是属于分散型呢,还是相对寡头垄断型,必须先认识清楚。

再如,本企业到底是强者还是弱者,也必须先加以确定。同时,也要根据本企业的资料做销售分析,如对自己所有产品的销售额、产品毛利等,都应了如指掌。此外,对信用有问题的顾客与往来客户,每月都要切实分析,掌握其动态。其他如销售金额、销售人员费用、运输距离、毛利金额等,也都要作相关关系分析。

(二)制定销售目标

具体而言,设定销售目标就是对顾客进行地区、行业、性别、年龄的分层,对这些顾客,分别设定销售量及毛利目标,这一点非常重要。

目标如果没有具体地分配到每一个销售人员,就不可能发挥应有的作用,因此目标的分配务必清楚、具体,使销售人员都能随时铭记在心,随时展开行动。同时,还要设法扩大销售、提高毛利、节约销售费用,以期获得最大的成果。

(三)区隔单一市场

一般市场区隔遵循以下原则,对每项原则都要有深刻、清楚的认识,以利于产品的销售。

常见的现象之一是把自己的区域当作单一市场,笼统地一把抓,结果市场的任何一处都无法进入,最终一无所获。

一般来说,可把单一市场分为六个层面,把它当作各个不同的单独市场来处理,这样你就掌握了成为优秀销售经理的金钥匙(见图2-4)。

(四)采用推进战略或上拉策略

推进策略或是上拉策略,这是一项既古老而又崭新的销售战略。下面以某食品厂为例加以说明。

这家企业拥有全国性的销售网,收益年年在增加,是一家很有发展潜力的企业。作为一家制造厂商,这家企业认为这样的模式最为理想,就是一家批发商拥有60家零售店,每家零售店各有60个消费者(如图2-5所示的等边三角形)。产品的效用价值及其他条件相同,如果模式的形状如图2-6时,情况又如何呢?

从图2-6中可知,在批发商阶段的占有度(与自己企业来往店数/总店数)非常低,但是在零售店阶段的占据率(企业产品销售额/总需求)却很高。

这就意味着在消费者方面,该企业品牌知名度相当高,但还没销售到大多数的零售店去。换句话说,批发商的力量很薄弱,在这种情形下,无论是制造厂商还是批发商,

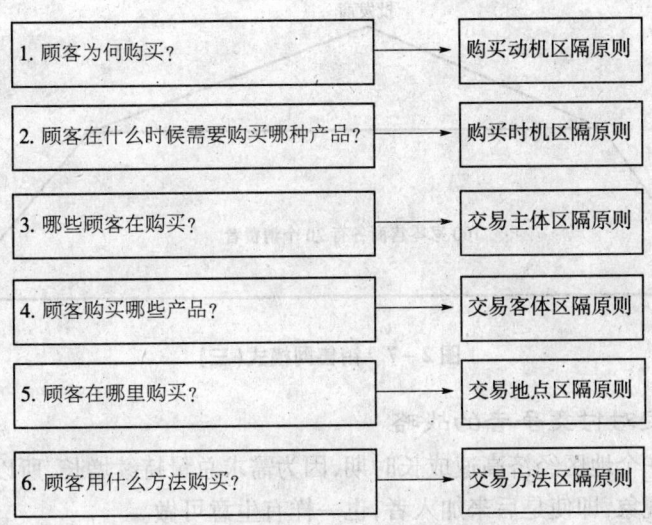

图2-4 区隔单一市场的原则

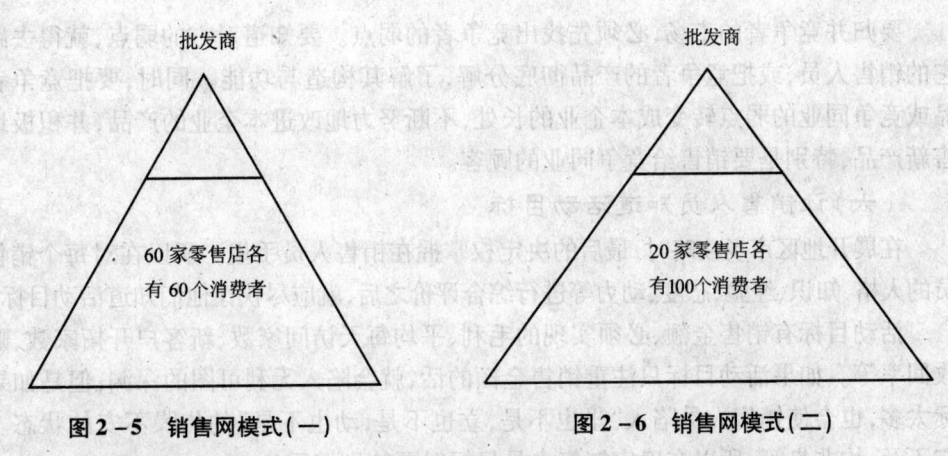

图2-5 销售网模式(一)　　　　图2-6 销售网模式(二)

都要多雇用销售人员,积极地建立销售网,也就是非展开推进策略不可。

再如,其他条件都一样,而企业的销售网模式如图2-7所示,又该怎么处理呢?

图2-7意味着占有度很高而占据率却很低,也就是销售网已经建立了,但产品的知名度却很低。这表明,企业过去在流通阶段已经下过工夫,也就是推进策略相当积极,而向末端消费者或使用者进行宣传,使他们对产品发生兴趣的上拉策略的推进明显不足。因此在这种情形下,应该有效地使用电视或其他媒体,编列预算,实施上拉策略。

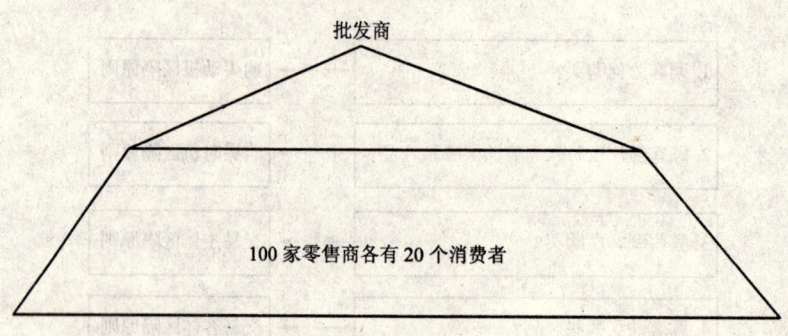

图 2-7 销售网模式(三)

(五)制定对付竞争者的战略

在一国或一个地区经济高速成长时期,因为需求总量持续增长,所以各企业的并行竞争是必然的现象,即使是后来加入者,也一样有生意可做。

但处于需求总量趋于饱和的缓慢成长时期,各企业是不能共存共荣的,取而代之的是弱肉强食。因此,企业必须做的就是去归并比自己脆弱的竞争者所占得的那一部分市场。

要归并竞争者的市场,必须先找出竞争者的弱点。要知道对方的弱点,就得去跟踪它的销售人员,或把竞争者的产品彻底分解,了解其构造与功能。同时,要把竞争者产品或竞争同业的弱点转变成本企业的长处,不断努力地改进本企业的产品,并积极地销售新产品,特别是要销售给竞争同业的顾客。

(六)让销售人员知道活动目标

在展开地区市场攻略时,最后的决定权掌握在销售人员手里。所以在对每个销售人员的人格、知识、经验、态度、动力等进行综合评价之后,就应尽快让他们知道活动目标。

活动目标有销售金额、必须实现的毛利、平均每天访问家数、新客户开拓家数、账款收回率等。如果活动目标只注重销售金额的话,就会陷入无利可图的深渊;但是如果目标太多,也会使销售人员陷入"坐也不是,立也不是,动也不是"的焦躁不安的状态。过与不及,均非良策,所以在确定销售人员目标时要特别慎重。

二、销售区域开发的技巧

在销售区域战略开发的流程中,有如下几个技巧问题应当引起注意。

(一)利用销售地图进行管理

建议设置一间可以用眼睛来管理的作战室,只要踏进这间屋子,虽没有闭路电视,经营的各种情况也可了如指掌。在作战室里,一个重要的管理工具就是销售地图。

1. 销售地图。在黑白地图上填上客户分布情形、竞争者的据点分布情形、交通不便点、重点地区的位置、访问路线、人口、普及率、市场占有率等,这就使这张地图成为销售地图。

2. 销售地图制作程序。把几张厚纸板拼起来。摆上黑白地图。切除地图外围的厚纸板。用胶带把地图周围固定起来。找几个大头针,针头上的颜色各具不同的意义(如:红色表示大客户;橙色表示次要客户;白色表示无需求的客户;蓝色表示冷淡的客户。)把大头针剪成两厘米长。按客户的种类将大头针插在地图上。向蓝→白→橙→红的方向努力,努力开拓,力争使所有针头都变成红色。

（二）开发新顾客的方法

不去开拓新市场而任其自然萎缩下去,一年内就会损失20%的顾客。即使每年开发20%的新顾客,也仅够维持现状,因此开发新顾客是维系企业生存的一项永不休止的活动。无论是路线销售或是直接销售,上述原则皆可适用。因此,对潜在顾客的开发,必须持续不断地展开。开发新顾客的具体方法如下:

1. 积极直进法:无论什么地方,尽管进去,无论是谁,尽快请求见面,培养出销售人员的胆识来。

2. 亲朋开拓法:从自己的父母兄弟开始,向曾经来买过一次的人,以及朋友介绍产品,逐渐扩大顾客范围。

3. 无限连锁法:连锁式地一个个介绍。

4. 关联销售法:对已经买了东西的顾客,再劝他买其他产品。

5. 刊物利用法:刊载本公司消息或本公司产品的报纸、杂志,以及本行业专门刊物等,尤其要多多利用。

6. 聚会利用法:参加同业的集会、同乡会、同学会、讲习会,以便搞好公共关系。

7. 名簿利用法:利用各种团体的会员名录、政府机关名簿、名人录、电话号码簿、同学录等开发客户。

8. 团体利用法:主动参加宗教团体、政治团体、社会团体等,以便认识更多的人,并从中开发客户。

9. 权威人士利用法:这里所谓的权威人士,不是仅指声望、地位很高的人,只要交际广的人都可以利用。

10. 保持联系法:与有关行业保持联系,以便获得相关情报。

（三）用价格以外的要素来竞争

以接近成本的价格来竞争,即使市场占有率提高了,又有什么好处呢?以价格以外的要素来决胜负,才够资格成为营销高手。价格以外的竞争要素主要有:

1. 销售人员的人格与知识性的情报服务。
2. 指导及协助顾客。
3. 完整的技术服务体系。
4. 送货服务的正确时机与迅速性。
5. 产品的稳定供给。

（四）正确处理目标顾客与现有客户的关系

销售经理在销售人员的安排上应该考虑每一个销售地区的业务情况。现有客户较多而具有潜在目标顾客较少的地区，可以考虑安排新客户开发能力较弱的销售人员去负责。在潜在目标顾客较多的地区，应该安排经验丰富、新客户开发能力较强的销售人员去负责。当然，潜在业务量的大小也是一个需要考虑的因素。

销售人员在工作时间的安排上，也需要考虑在现有客户和目标顾客之间分配工作时间的比例。销售经理应该根据与现有客户的业务往来的稳定程度，适当地要求销售人员将时间和精力较多地安排在目标顾客的业务开拓上。但如果销售业务在现有客户的采购中所占的比例不高，那么销售人员在开发新客户的同时，也应该将时间和精力用于增加对这些现有客户的销售上。销售业务的开拓，除了应该着眼于新客户的开发之外，也应该从现有客户身上着手。销售人员应该尽力想办法，做出努力，增加对现有客户的销售数量。

销售经理必须使销售人员懂得如何区分服务性拜访和销售拜访。服务性拜访可能是处理客户的投诉或者提供售后的工作支持，这一类拜访可能不会马上带来销售，但销售人员必须投入适当的时间去处理，因为这是维持与客户关系的一项重要工作。但也有一些服务性拜访可能对销售有直接的帮助，销售经理应该督促销售人员安排合理的时间做好这类客户的拜访工作。

三、销售区域的时间管理

时间就是金钱，销售人员必须善于运用每天的时间，提高效率，追求最大的工作效益。销售人员每天都有很多事情要做，比如，以电话或其他的方法寻找目标顾客，与目标顾客进行面对面的接触开展销售，处理合同、报告等文件，为顾客提供售后服务，还有出差或者等待顾客等许多花费时间的事情。面对这许许多多的工作，如果能够有效地做出计划，减少时间上的浪费，就能够提高工作效率。

销售经理必须了解这些工作时间的花费，这样才能最有效地计划和运用时间资源，从而更有效地安排下属的工作，使销售人员的时间能够最有效地运用到销售工作中去。要帮助销售人员做好工作计划，使每一个顾客都能够得到恰当的照顾，从而增加产品的销量，创造最好的效益。

阅读材料

维尔和伯斯两位时间管理专家花费近3年时间，对257家企业进行了调查，得出如下结论，对销售经理如何分配和管理销售区域的时间很具有启发性。

1. 虽然绝大多数企业都觉察到销售人员利用时间的方法尚有待改进，但是只有近一半的企业(46%)为了改善销售工作，针对自己的销售人员如何使用时间进行过正式调查。

2. 有25%的企业缺少依据购买潜力对各种客户进行分类的办法，这样就不能把销售工作同购买潜力结合起来，所以也不能有效地使用时间。有75%的企业已经采用依据购买潜力进行客户分类的办法，所以能够把握销售工作的重点。

3. 有30%的企业销售人员没有制定销售日程表。销售人员的大部分时间浪费在决定"到哪里去"和"拜访谁"上面，他们没有受过使用销售日程表的训练。

4. 有50%以上的企业没有确定对一个客户进行销售的合理次数，所以它们的销售人员也无法确定自己向那些有购买潜力的客户进行销售的次数，以致对客户销售次数过多或过少的现象仍然存在。

5. 有83%的企业没有确定每次销售所需要的大致时间，结果销售人员没有固定的办法去确定每次销售应该花费多少时间。

6. 有50%以上的企业(51%)没有销售计划；反之，另外的企业已经发现，可以通过事先周密的计划来更有效地使用销售时间，它们注意到了时间的管理问题。

7. 有24%的企业没有确立客户销售目标，缺少目标就难以控制销售人员的活动，而且没有目标也无法知道对一个客户进行销售所必需的次数。要适应客户需求的变化，必须有销售战略的指导，但是如果没有销售目标体系，做到这一点也是不可能的。

8. 有72%的企业没有制定针对每个客户的利润目标。制定利润目标的最主要障碍是难以测定获得利润的可能性，在当前竞争激烈的年代，迫切需要建立测定方法。

9. 有81%的企业使用了销售人员报告制，其中69%的企业还要求销售人员报告每一次销售的情况。但是，很多企业对使用销售人员报告制以外的其他管理措施还没有足够的认识。

10. 有63%的企业没有使用本企业产品指定销售路线图，因此增加了途中奔波浪费时间的可能性。

11. 有77%的企业没有使用计算机协助销售人员进行时间和区域管理。一些企业表示正在使用计算机，然而，更深入的调查发现，计算机目前主要用于进行销售分析，亦即用计算机分析销售与产品、顾客、销售人员、区域之间的关系以及这些因素的综合影响,至于销售人员的各种销售活动和时间利用情况则未被列入该分析系统。这个分析系统也不包括对客户购买潜力的变化、销售的频率等的分析。

时间管理变得越来越迫切了,销售经理必须对销售人员进行时间和区域管理。一般来说,主要包括为销售人员规划拜访路线、确定拜访频率和有效地管理时间等。

(一) 规划拜访路线

中国地域辽阔,一个销售人员往往要负责好几个城市,甚至好几个省的销售工作,出差时间会占销售人员可用的工作时间的相当比例。据统计,大部分销售人员把1/3的工作时间花在路上。因此,销售路线的规划就显得非常重要。中国的交通状况在近年来虽然已经有了很大的改观,但对于大部分的内陆省市和中小城市来说,路线安排仍然是令销售人员头疼的一件事。

为了进行路线规划,销售人员应该把当前顾客和潜在顾客的位置用点在区域地图上表示出来,即绘制销售区域的位置图。销售人员可将所在区域的商业地图备齐,然后绘制出销售人员所在销售区域的地图,再将销售区域内各个当前顾客和潜在顾客一个一个地照实际地理位置标在图上,同时标出竞争对手的经销店和本企业的经销店(用不同的颜色标出)。根据此地图就可以估算出本企业在此辖区内的市场竞争力强弱。

有了销售区域位置图后,销售人员就可比较容易地规划出自己的走访路线。有几个问题必须注意:其一,必须综合考虑,统筹安排,尽量用最少的时间、最少的费用,走访尽可能多的客户。其二,销售人员每一次做出差计划安排的时候,首先要考虑和列出要拜访哪一些客户或者目标顾客?拜访的工作目的是什么?拜访的时机是否适当?然后根据确实需要进行拜访的目标数量和所在地考虑出差日程和路线的安排。其三,制定出差日程和路线的时候需要考虑当地的交通情况,避免因为交通工具的衔接而浪费时间和延误行程。其四,在出差路线的安排上,除非有足够的理由或特殊的原因,否则,应该避免来回的折返,以免浪费时间和差旅费用。合理的差旅路线安排能够节省时间,使销售人员能够将工作时间最大限度地用于与客户的接触,从而增加销售。合理的出差路线安排也可以减少差旅费用的开支,避免销售人员由于过度奔波而导致疲惫和对工作的厌倦。

(二) 确定拜访频率

拜访频率一定要适度。许多销售人员都以为业务量大的客户或目标顾客必须进行频繁的拜访,这个想法并不一定正确。客户采购人员的工作一般都很忙,过于频繁的拜访可能会浪费他们的时间,影响他们的工作,但过少的接触又可能会给竞争对手乘虚而入的机会。所以,在确定拜访频率时必须考虑如下因素:

首先,是否有工作需要。想要留住客户,最关键的是满足对方的需求,既包括产品质量、交货安排、价格、服务等因素,也包括销售人员的拜访次数要恰当,能够满足对方采购工作的需要。

其次,与客户的熟识程度。双方熟识、关系稳固的客户,通过电话的联系也能够解决工作上的需要。通过电话接触,可以节省双方的时间,也可以节约销售人员的交通费用。双方交易稳定,客户需要比较固定,而又没有太多的细节需要洽商或特殊情况需要处理的,可以通过销售协调员进行联系,以减轻销售人员的工作负担。但销售人员仍然需要主动地保持与客户的接触,询问客户是否有销售上或服务上的工作需要协助处理。而且,间隔一段时间之后,销售人员应该安排时间对客户进行拜访,以维系相互之间的交情。

最后,还要考虑客户的订货周期。这就需要销售人员与客户建立良好的关系,对客户的生产经营活动有一个比较全面的了解,从而可以准确地判断出客户什么时候会订货等。

阅读材料

1. 重视自己的时间使用状况,杜绝时间浪费。

每天早晨,应将当天该做的事情,列出清单,分别注明:紧急,重要却不急,可以延缓。工作性质区分不外下述四类,依其特性列出优先次序(如图2-8所示):①紧急性高/重要性高(A);②紧急性低/重要性高(B);③紧急性高/重要性低(C);④紧急性低/重要性低(D)。将其分别排列,并预估可能使用的时间。首先全力完成所有的A项工作,之后再依序完成B,C,D工作。必要时将C,D工作授权或委派属下代办。

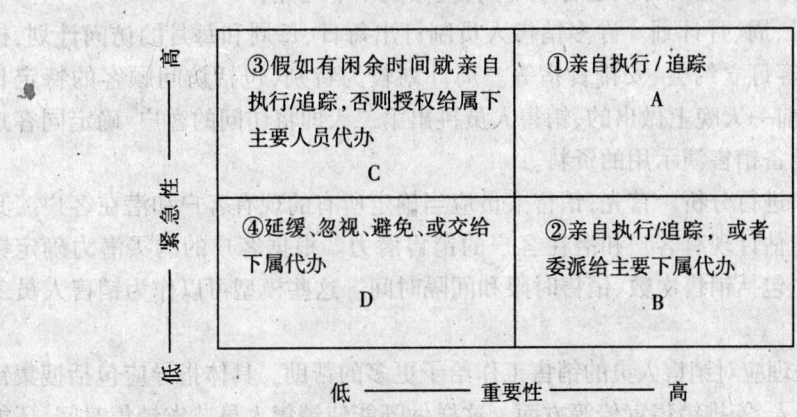

图2-8 时间管理图

排定每天工作优先次序必须使下列各因素取得平衡：
- 紧急性；
- 重要性；
- 与其他工作之间的关联；
- 完成工作所需的时间；
- 人际关系。

2. 将主要重要工作安排在黄金时段中，全力处理——应了解"自己的生理时间"，在自己工作效率最佳的时段，全心全力处理当天最重要的工作。

3. 以简洁合理的方法解决问题——每每遭遇问题之时，应将问题分解为小问题之后，再行解决；不可将问题复杂化，徒增困难，并耗费更多的时间。

4. 充分运用自己的长处——取人之长，补己之短，顺势而上。

5. 精于授权——有帮手时，宜将过分耗费时间但收益不大之事，让他人代办，切实做好追踪工作即可。

6. 精简文书作业——不在文件中翻滚，能当面会谈或电话解决的问题，就随时解决。

7. 井然有序的办公场地——平日疏于或拙于整理办公场所，致使办公场所杂乱无章，浪费大量时间于寻找所需文件或用品。

8. 精于开会技巧——勤于培养开会技巧，使会议成为企业员工意见交流或解决问题之场所，不可使会议成为议而不决、互相攻击的场所。

（三）有效地管理时间

销售人员和销售经理要有效地管理时间，应做到以下几点：

第一，制订日、周、月计划。许多销售人员制订出每日、每周和每月的访问计划，按照计划事先与顾客订立约会、安排食宿等。周计划较为特别，包括访问顾客的特定日期。日计划是在前一天晚上做出的，销售人员挑出第二天即将访问的客户，确定同客户见面的时间，并准备销售演示用的资料。

第二，对客户进行分析。首先，销售人员应当确定所有的现有客户和潜在客户。其次，销售人员应当估计现有客户和潜在客户的销售潜力。根据客户的购买潜力确定销售频度模型，其中包括销售次数、销售时限和间隔时间。这些模型可以作为销售人员工作的标准程序。

第三，销售经理应对销售人员的销售工作给予更多的帮助。具体指导应包括搜集销售情报、识别决策人、安排销售宣传等方面。这样做既能使销售人员节省销售时间，还能使他们的工作更富成效，其结果不仅会使销售人员满意，而且也会使客户更加满意。

第四，必须充分发挥计算机的作用，以充分利用时间。销售频度模型的确定、客户购买潜力及需求的分析、销售路线模型和销售目标的确定等,都可以借助计算机进行系统分析和计算。此外,还应该研究计算机在时间管理方面的作用以及销售人员的区域管理方法。如利用计算机对销售人员的"时间和工作分析表"进行分析,可以帮助销售人员了解现在利用时间的状况,以提高销售效率。

第五,销售经理要指导销售人员安排销售拜访的日程和制定在销售辖区里的行程。日程安排是指确定访问客户、洽谈生意的固定时间。行程安排是在辖区内工作时采用的旅行路线。一些销售组织喜欢为其销售人员设计一个在辖区内旅行的正式路线,在这种情况下,管理部门必须设计出对企业和销售人员而言可行、灵活、有利又能令顾客满意的销售拜访计划。

本章小结

销售区域也称区域市场或销售辖区,指在一段给定时间内,分配给一个销售人员、一个销售分支机构或者一个中间商的一群现实及潜在顾客的总和。划分销售区域可以给企业的销售管理带来诸多好处。

划分销售区域的步骤包括:选择控制单元、确定客户的位置和潜力、合成销售区域、调整初步设计方案。

销售组织的建立是销售管理中的重要内容。一般来说,常见的销售组织结构包括地域型、产品型、客户型、职能型、综合型五种形式。

销售区域的开发流程主要包括六个环节:分析销售区域现状、制定销售目标、区隔单一市场、采用推进战略或上拉战略、制定对付竞争者的战略、让销售人员知道活动目标。时间管理变得越来越迫切了,销售经理必须对销售人员进行时间和区域管理。一般来说,主要包括为销售人员规划拜访路线、确定拜访频率和有效地管理时间等。

案例讨论

A饮料公司在某区域的销售组织进化

一、区域销售组织的起步与区域市场管理

A饮料公司从2000年开始进入某区域,由于在此以前,公司的产品在该区域没有市

场基础和销售基础,所以公司没有投入太多人力物力,只是以一有销售经验的销售经理牵头,并带上三个销售经验丰富的业务主管,以项目组的形式进入该地区,如图2-9所示。

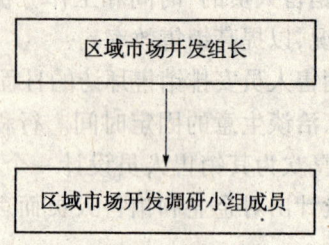

图2-9 区域销售组织的起步

由于还没有经销商经销公司的产品,所以,四人的主要工作任务是进行市场调研,并依据市场调研结果寻找合适的客户。在半年内对市场情况基本熟悉并在区域的五个行政区内各开发出一个客户之后,项目组工作便圆满结束。解散之后,为图持续发展,留下了一位主管继续留守,并进行更进一步的工作。

这种形式虽然是最简单的区域组织结构形式,但却非常实用。它对市场做出了快速及时的反应,同样实现了营销效率的最大化。

二、区域销售组织的沿袭与创新

半年后,在该区域,销售组织开发了新客户,产生了销售,进行了一些销售运作后,公司按常规原则采取了非常典型的地理型区域销售组织的形式。该区域共有五个行政区,每个业务主管负责一个行政区,负责经销商的联络等工作。原来留下的主管担任了该部门的副经理并主持工作。

图2-10是一张传统的地理性区域销售组织图。但是,该公司还依据实际情况和发展目标,走出了传统的束缚,进行了运作功能的调整。

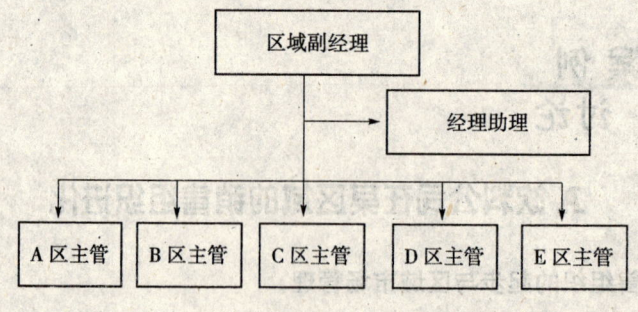

图2-10 地理型区域销售组织

由于对超市卖场渠道的重视,该公司将超市渠道统辖在总部 KA 部管理,区域负责人进行协助管理:所有超市的合作谈判与协议签订、订单传递、账款赊欠与申请、促销计划与安排均在总部,而实际发货、退换货、日常业务沟通、促销活动的实施又完全由区域负责人来执行(如图 2-11 所示)。

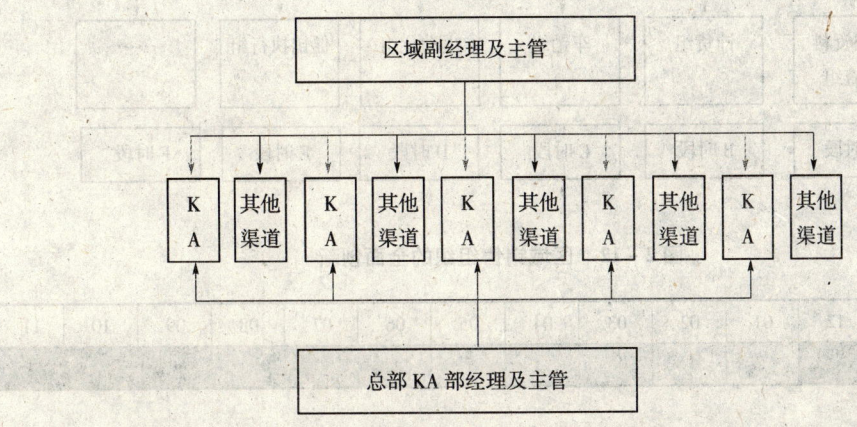

图 2-11　区域销售组织的沿袭与创新

(注:浅色虚箭头代表协助管理)

这种方式实施以后,公司不但没有因为"多头管理"(实际是宏观管理与微观管理相结合)而出现部门扯皮和推诿的现象,反而提高了办事效率,既符合统筹安排又注重了实际操作情况,促进了整体销售。

这种区域销售组织在部分大公司已存在并被良好应用,这种运作更科学化、更细节化。随着国际性大型 KA 组织不断的进入中国市场,很多大公司已采取了针对性的管理和执行方法。这种创新,代表的是一种细致化的管理方向以及个性化的服务水平。

有时候,细致化运作和销售组织之间的分工协作也是一种创新!

三、区域销售组织的全面创新

2003 年,由于公司深化市场管理力度,要对市场进行细分,原来的只对经销商进行服务的销售形式必须改变。公司的目标是要除服务经销商外,还必须掌控每个区域近百个二级批发商,并要对零售终端进行渗透和服务。所以,公司在多次论证的前提下进行了以下销售组织的改革,如图 2-12 所示。

首先来看看该公司对该区域制订的全年计划的部分内容(见图 2-13):

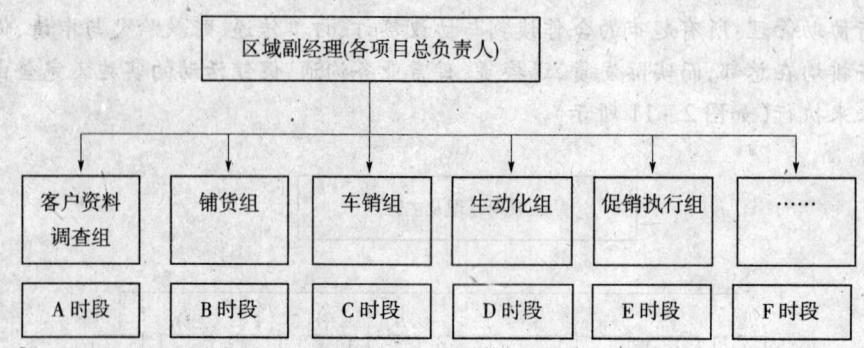

图2-12 区域销售组织的全面创新

| 2002~2003 | 12 | 01 | 02 | 03 | 04 | 05 | 06 | 07 | 08 | 09 | 10 | 11 |

说明：

■ 2002年12月重点：进行市场调查，进行二级批发商和零售终端资料调查登记。

■ 2003年1~2月重点：新品上市，进行新品铺货。

■ 2003年3~5月重点：与经销商一起进行带货车销，并进行二批服务和零售终端拜访服务。

■ 2003年6~8月重点：销售旺季，进行各区域销售跟踪和促销政策的执行。

■ 2003年9~12月重点：生动化开展、陈列活动等。

图2-13 区域销售组织制定的全年计划

从图2-13可以看出，在新产品铺货、带货销售（即车销）、生动化、零售点及二批情况调查上，每个区域均有相同的任务。但是，这几项任务，如果由几个人以项目组或工作组的形式，以团队的力量进行，实际效果会比单枪匹马一个人干好得多。所以，公司按照多功能项目组的区域销售组织设计形式，实行了以下具体操作：

为保证工作不流于形式，更好地将工作开展，公司还采取了人员的合理分工，并将各工作组的组织机构更加合理化。公司采取实施市场调查和车销业务项目时，五个区域分为两个小组；而开展铺货工作与生动化工作时，则是区域内五个行政区域合并为一个组，重点出击。

这种方式聚合了最大的资源，完全做到了不拘形式，突破了人员、时间、空间的限制。每项特别目标的实施均配合得当，全年进度舒缓有度，日常拜访工作又能井井有条。将每项任务拆开，像是一个个生产不同零件的车间，整合起来，又像一条流水线，最后能得到一个非常好的成品。

将工作任务进行拆分并合理整合(见表2-1),这也是一种行之有效的创新!

表2-1 区域销售组织工作任务的拆分与整合

2002~2003年	12月	1~2月	3~5月	6~8月	9~11月
组织形式	市场调查组 每周五天	铺货工作组 每周三天	车销业务项目 每周三天	日常业务及促销执行	生动化项目 每周三天
日常拜访	每周一天	每周三天	每周三天	每周六天	每周三天

通过这样的安排和运作,该区域除取得了区域的有效开拓和管理,销售大幅增长,同时还全面地解决了如下问题:

1. 解决了管理问题。驻外区域销售组织由于在地域上已超出了公司总部管理的范围,所以管理问题一直是公司领导者头痛的问题。业务员对工作的日久生厌,长途距离的寂寞拜访,单枪匹马的无效工作,管理工具的形同虚设……这些都使管理者束手无策。而灵活多变的销售组织架构能让驻外人员对总部少了距离感,对工作有了积极性,对枯燥寂寞的工作产生了热情,并且无形之中也学到了更多的业务技能。

2. 解决了市场问题。通过对平常独自不可能去的边远小镇和小村庄进行调查和走访,建立了零售终端档案,确立了销售关系,极大地开拓了市场,并打击了对手(对手业务员可能几个月才来此区域一次,进行售点拜访就更别提了);开发了大量的二级批发商,销售区域已无空白点;经销商销售更轻松了,同时公司又杜绝了将大批促销政策截留的可能性;重点客户又能够重点对待。市场问题还未产生,就已被有效的销售组织功能的实施抹杀在未然之中。

3. 形成了可持续发展的态势。由于细致化的管理,每个销售环节均能深入进行运作和管理,市场上任何一个环节的不合作使二个市场瘫痪已成为不可能。市场掌握在公司自己手里,这里就是一个长久的市场,是一个可持续发展壮大的市场。

总体看来,除去极个别的业务工作必须按部就班,进行严格的路线拜访外,其他许多业务工作岗位可采取灵活多变的销售组织方式来组合。对企业来说,省掉了大量的聘请调查公司进行市场调查的费用,节省了市场开发的时间,促进了市场细致化管理的进度,提高了员工的工作效率,激发了员工的工作热情,提升了团队合作的能力,加强了市场的管理;对员工来说,丰富了工作内容,使他们有了更为广阔的发展空间;对客户来说,他们明显看到了公司几倍于以前的人员投入,开发并稳固了其销售网络,协助其管理和运作日益复杂的市场。

(资料来源:谭长春.中国营销传播网,2005-01-14)

问题:该公司为什么要进行区域销售组织的创新?其经验是否值得推广?

思考题

1. 划分销售区域时应当遵循哪些原则?
2. 在进行销售区域划分时的主要步骤包括哪些?
3. 企业的销售组织类型主要有哪几种?试比较其各自的优缺点。
4. 销售区域的开发一般包括哪几个环节?

第三章

促销组合设计

本章学习目标

- 了解促销沟通决策流程
- 掌握促销组合的基本方式
- 能够制定简单的广告促销开发流程
- 解释进行公共宣传活动策划
- 解释进行直复营销设计

第一节 促销沟通决策

所谓促销,是指企业向目标顾客传递产品信息,促使目标顾客做出购买行为而进行的一系列说服性沟通活动,它是市场营销组合的四个构成要素之一。促销(Promotion)一词来自拉丁语,原意为"前进"。有人把促销和销售促进(Sales Promotion)混为一谈,还有人把促销简单地理解为派人员去推销,这些都是不准确的认识。实际上,销售促进和人员推销都只是促销的组成部分,促销有着更加广泛的含义。

促销实质上是一种沟通活动。在社会化大生产和市场经济条件下,企业必须与其顾客、供应商、金融机构、政府和社会公众进行广泛的信息沟通活动。在这些沟通活动中,企业最为关注的是与其目标顾客之间进行的说服性沟通。所谓说服性沟通,是指沟通者有意识地安排有说服力的信息,通过特定的渠道,以便对特定沟通对象的行为与态度进行有效的影响。促销在把产品及相关信息传递给目标顾客的同时,试图在特定目标顾客中唤起沟通者预期的意念,从而对目标顾客的行为和态度产生有效的影响。

一、促销沟通决策的流程

一个有效的沟通过程,要求营销沟通者必须做出如下决策:确定沟通对象、决定传播目标、设计沟通信息、选择传播渠道、建立反馈系统(如图3-1所示)。

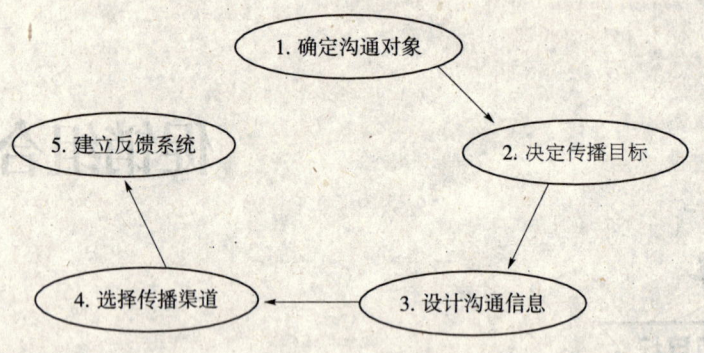

图3-1 促销沟通决策流程

(一)确定沟通对象

营销沟通者必须从一开始就明确其目标沟通对象是谁,因为目标沟通对象将会极大地影响营销沟通者实现有效营销沟通的一系列决策。在营销沟通中,目标沟通对象可能是企业产品的潜在购买者或现有使用者,也可能是购买决策过程的决定者或影响者,还可能是某些个人、团体、特殊公众或一般公众。目标沟通对象是由营销沟通者运用市场细分原理确定的。

在目标沟通对象确定之后,沟通者还必须调查研究目标沟通对象的特征,以作为确定信息传播目标的前提。沟通者的首要任务是调查目前的企业形象,分析评价沟通对象对企业产品及竞争产品的印象。沟通者还须调查特殊的目标沟通对象如何处理收到的信息。西方学者一直在寻找与可说服性有关的沟通对象特征,如:一般认为智力与可说服性呈负相关;有人指出,女人比男人更容易被说服;也有人认为,在自信心与可说服性之间呈曲线关系,那些具有适度自信的人最容易被说服。沟通者应注意寻找与可说服性相关的沟通对象特征,并利用这些特征来指导信息及媒体的选择。

(二)决定传播目标

营销沟通者在确定了目标沟通对象之后,必须确定试图期待目标对象做出何种反应行为。当然,最终反应是购买行为,但在决定购买某一产品之前,顾客大多经过一系列准备阶段,如认识阶段、情感阶段和行为阶段,相应形成一系列的认识、情感和行为反应层次。市场营销人员可能期待从目标沟通对象那里得到认识反应、情感反应或行为反应。但是,目标沟通对象的反应模式、反应组合是不一样的。表3-1表明了四种主要的反应层次模式。所有这些模式都假设购买者要依次经过认知、情感和行为三个阶段。AIDA模式表明购买者要经过知晓(Awareness)、兴趣(Interest)、欲望(Desire)和行动(Action)的连续反应阶段;效果层次模式表明购买者经过知晓、认识、喜欢、偏好、确信及购买阶段;创新采用模式表明购买者经过知晓、兴趣、评估、试用、采用各阶段;沟通模式表明购买者经过展露、接收、认识反应、态度、意图以及行为各阶段。这四种模式通常只存在语义上的差别,实际应用过程中的划分并不十分清楚。

表3-1 购买者反应层次模式

阶段＼模式	AIDA模式	效果层次模式	创新采用模式	沟通模式
认识阶段	知晓	知晓 ↓ 认识	知晓	展露 ↓ 接收 ↓ 认识反应
情感阶段	兴趣 ↓ 欲望	喜欢 ↓ 偏好 ↓ 确信	兴趣 ↓ 评估	态度 ↓ 意图
行为阶段	行动	购买	试用 ↓ 采用	行为

（三）设计沟通信息

在了解到目标沟通对象的反应后,沟通者进而应当设计一个有效的信息。有效的信息设计必须将引起购买者注意、唤起其兴趣、激发其欲望、导致其行动的意识贯穿于整个设计过程。沟通者必须解决以下几个问题:表述什么(确定信息内容)？如何合乎逻辑地表述(确定信息结构)？以什么信息符号进行表述(确定信息格式)？由谁来表述(确定信息源)？信息设计是将沟通者的意图用有说服力的、合乎逻辑的、有情感的、个性化的信息表达方式表现出来的过程,这是一个实践性和操作性极强的工作。

（四）选择沟通渠道

营销沟通者必须选择有效的信息沟通渠道来传递信息。信息沟通渠道可分为两大类,即人员渠道和非人员渠道。人员信息沟通渠道是指两个或两个以上的人相互之间直接进行信息沟通。他们可能面对面,或通过电话、电视媒介,甚至邮寄个人信件等进行信息沟通。人员信息沟通渠道可进一步分为提倡者渠道、专家渠道和社会渠道。提倡者渠道由企业的销售人员在目标市场上与购买者接触所构成；专家渠道由具有专门知识的独立个人对目标购买者进行讲述所构成；社会渠道由邻居朋友、家庭成员与目标购买者的交谈所构成。非人员信息沟通渠道是指不需要人与人的直接接触来传递信息或影响的媒体。非人员信息沟通渠道又可分为大众性的和有选择的媒体、气氛和事件三类。大众性的和有选择的媒体由印刷媒体(报纸、杂志、直接邮寄)、电子媒体(广播、电视、互联网)和展示媒体(广告牌、招牌、招贴等)所构成。气氛是为产生或加强购买者对购买产品的了解而设计的环境。事件是偶然用来对目标沟通者传递特别信息的手段，如举办新闻发布会及开业庆典等。

(五)建立反馈系统

营销沟通者在传播信息后，还必须调查研究这些信息对目标沟通对象的影响。这种调查通常需与目标沟通对象中的一组样本人员接触，询问他们对信息的反应、对产品的态度和购买行为的变化等。营销人员根据反馈信息，决定是否需要调整整体营销战略或某个方面的营销对策。

二、促销基本方式

企业的促销工具多种多样，但归纳起来主要有五种基本方式，即人员推销、广告、销售促进、公共宣传和直复营销。

(一)人员推销

人员推销是指企业派出销售人员亲自向目标顾客进行产品介绍、推广、宣传与销售，与消费者或用户进行面对面的口头洽谈交易的促销方式。

在现代营销观念指导下，人员推销的作用不仅体现在出售现有货物方面，而且体现在配合企业的整体营销活动来满足顾客的需要上。推销人员在与顾客面对面、无拘束洽谈的过程中，能更具体、更全面地了解顾客的要求，收集到更准确的有关信息。另外，推销人员与顾客的关系可从原先单纯的买卖关系向人际友谊与感情方面发展，建立一种亲密的长期合作关系，这是其他促销方式所不能及的。

(二)广告

广告是指企业按照一定的预算方式，支付一定的费用，通过一定的媒体把商品信息传送给广大目标顾客的一种促销方式。在信息化程度越来越高的现代社会中，广告是企业促销活动中最有效和最常用的手段。广告能够迅速而广泛地向消费者和用户提供产品信息，因为广告媒体是大众化的传播工具。广告媒体很多，包括广播、电视、报纸、杂志及其他醒目的有形物体等。

(三)销售促进

销售促进是指企业运用各种短期诱因，鼓励购买或销售企业产品或服务的一种促销方式。销售促进方式包括以消费者或用户为对象的推广方式、以中间商为对象的推广方式以及以推销人员为对象的推广方式。销售促进的最大特点是即期效果明显,在企业推销新产品和服务,或为了与竞争对手进行直接竞争时,销售促进的作用非常显著。

阅读材料

  大凡一个区域市场经理做促销方案时,关键要把握好几个要素:
  一是促销活动背景分析。这要做一个比较详细的市场调查,最好是与经销商的业务代表深入市场,共同调查、共同分析市场情况。更主要的是瞄准竞争对手的促销主题、促销策略、促销形式和促销力度,这样才能有的放矢,打败竞争对手。
  二是要讲明促销目的,是对通路上的渠道促销,还是对终端的消费者促销,还是两者兼而有之。需要说明的是,此处通路上的渠道成员主要指二、三级分销商及终端商、终端上的营业员和服务员等。
  三是促销活动主题设计,这是促销很关键的一环。名正才能言顺,名字好才能好办事,尤其是在广告信息爆炸、产品信息泛滥的时代,要抢占消费者眼球,的确需要一个好的概念,好的概念不仅争夺眼球,而且还能俘获人心。
  四是促销内容的设计,最为关键的一条原则就是:简单、简洁、明了。任何一家成熟公司的区域经理在做促销方案时,都反对把简单的事情复杂化,做方案一定要考虑可操作性,切忌理想化、书生气,以致闭门造车。圈子内有一句话:三分策略,七分执行,就很好地说明了促销方案的内容设计要注重它的可执行性。
  五是促销时间的设计。
  六是要设计好促销活动执行细案和细则,以表格式的东西进行监控。也就是人们常说的几个"W"的问题,什么时间(When)、由谁来做(Who)、做什么(What)、做的结果怎么样等。同时,做好必要的方案执行的培训工作,让销售人员心中都明白促销方案如何执行。
  优秀公司在执行方案过程中,实施全过程监控和跟踪服务,总是叫响一个口号:"跟进、跟进、再跟进"。只有这样,才能从上到下贯彻执行到位,促销方案的执行力才能够得以充分体现;也只有这样,才能及时发现和纠偏存在的问题,发挥促销的最大效果。
  七是要做好促销活动的评估。要既有定量分析,又有定性分析。如此相互结合,才能得到真正的提高。例如,一家酒业公司就很好地利用表格科学地评估促销效果。见表3-2。

表3-2　　　　市场促销活动评估表

评估人：＿＿＿　　审核人：＿＿＿　　填报日期：　年　月　日　　编号：

活动主题及内容：					
活动起止日期		活动效果	□显著	□一般	□没影响
各类赠品、宣传品分配数					
各类赠品、宣传品库存数					
对本品销售的影响(量化)：					
对竞争品的影响：					
消费者的反应：					
酒店/商场终端商反应：					
经(分)销商的反应：					
执行中存在的问题：					
建议与意见：					
销售经理意见：					

说明：1. 此表由驻点业务经理结合市场调查情况负责填写并存档备查，审核人指区域市场执行经理/副经理；
　　　2. 空格不够可另附纸页；
　　　3. 促销活动结束一周内评估上报。

（资料来源：求诸子．中国营销传播网，2005-12-26）

（四）公共宣传

公共宣传是指企业以非付款的方式通过第三者在报刊、电台、电视、会议、信函等传播媒体上进行有关企业产品的有利报道、展示或表演，以刺激人们需求的一种促销方式。公共宣传的主要活动方式是与政府机构、中间商、零售商和社会有影响的专家、学者以及有关的社会团体建立联系，制造各种新闻素材，提供各种咨询服务，通过传播媒体的宣传报道，说明企业对国家、社会及消费者所作的贡献，使社会公众对企业产生良好的印象，提高企业产品的知名度和美誉度。公共宣传的最大特点是潜在效用明显，每一次有利的公共宣传不一定带来企业产品销量的陡增，但它能强化企业产品在社会公众中的形象，使企业长期受益。

（五）直复营销

直复营销源于英文 Direct Marketing，即"直接回应的营销"。它是以盈利为目标，通过个性化和大众沟通媒介向目标市场成员发布发盘信息，以寻求对方直接回应（问询或订购）的社会和管理过程。直复营销的定义有许多种，其中最具权威性和被普遍接受的当属美国直复营销协会的定义。该协会的定义是：直复营销是一个与市场营销相互作用的系统,它利用一种或多种广告媒介对各个地区的交易及可衡量的反应施加影响。

第二节 广告促销设计

广告促销设计包括一系列决策过程,它涉及广告目标、广告预算、广告媒体、广告定位、广告主题、广告表达、广告制作、广告时间、广告效果测定等方面的内容。本节就这些主要问题做进一步阐述。广告促销设计流程如图 3-2 所示。

一、广告目标决策

毫无疑问,广告的最终目标是:通过宣传,在消费者中提高广告商品的知名度,促使消费者在购买同类商品时能优先考虑购买发布广告企业的产品,从而达到扩大市场占有率的目的,使企业赚得更多利润。广告的最终目标虽然相同,但不同企业在不同时期,广告目标各不相同。通常而言,企业的广告目标可以归纳为如下三种类型:

其一,创牌广告目标。此类广告的目的在于介绍新产品和开拓新市场。它通过对产品的性能、特点和用途的宣传介绍,提高消费者对产品的认识程度,着重要求提高消费者对新产品的知名度、理解度和厂牌商标的记忆度。

其二,保牌广告目标。此类广告的目的在于巩固已有市场,并在此基础上深入开发潜在市场和刺激购买需求。它主要通过连续广告的形式,加深消费者对已有商品的认识,使现有消费者养成消费习惯,潜在消费者产生兴趣和购买欲望。广告诉求的重点是保持消费者对广告产品的好感、偏爱和信心。

其三,竞争广告目标。此类型广告的目的在于加强产品的宣传,提高产品的市场竞争能力。广告诉求的重点是宣传本产品较同类其他产品的优异之处,使消费者认识到本产品能给他们带来什么好处,以增强其偏爱度并指名选购。

广告目标应当规定具体的指标和要求,如收视率、知名率、理解率、记忆率、偏爱率等,以作为检查广告效果的根据。

二、广告预算决策

(一)广告预算的方法

确定广告预算的方法主要有量力而行法、百分率法、竞争对抗法、目标达成法及投资利润率法等,以下主要介绍这五种方法。

1. 量力而行法。尽管这种方法在市场营销学上没有正式定义,但不少企业确实一直在采用这种方法,即企业确定广告预算的依据是它们所能拿出的资金数额。也就是说,在其他市场营销活动都优先分配到经费之后,尚有剩余资金再供广告之用。企业根

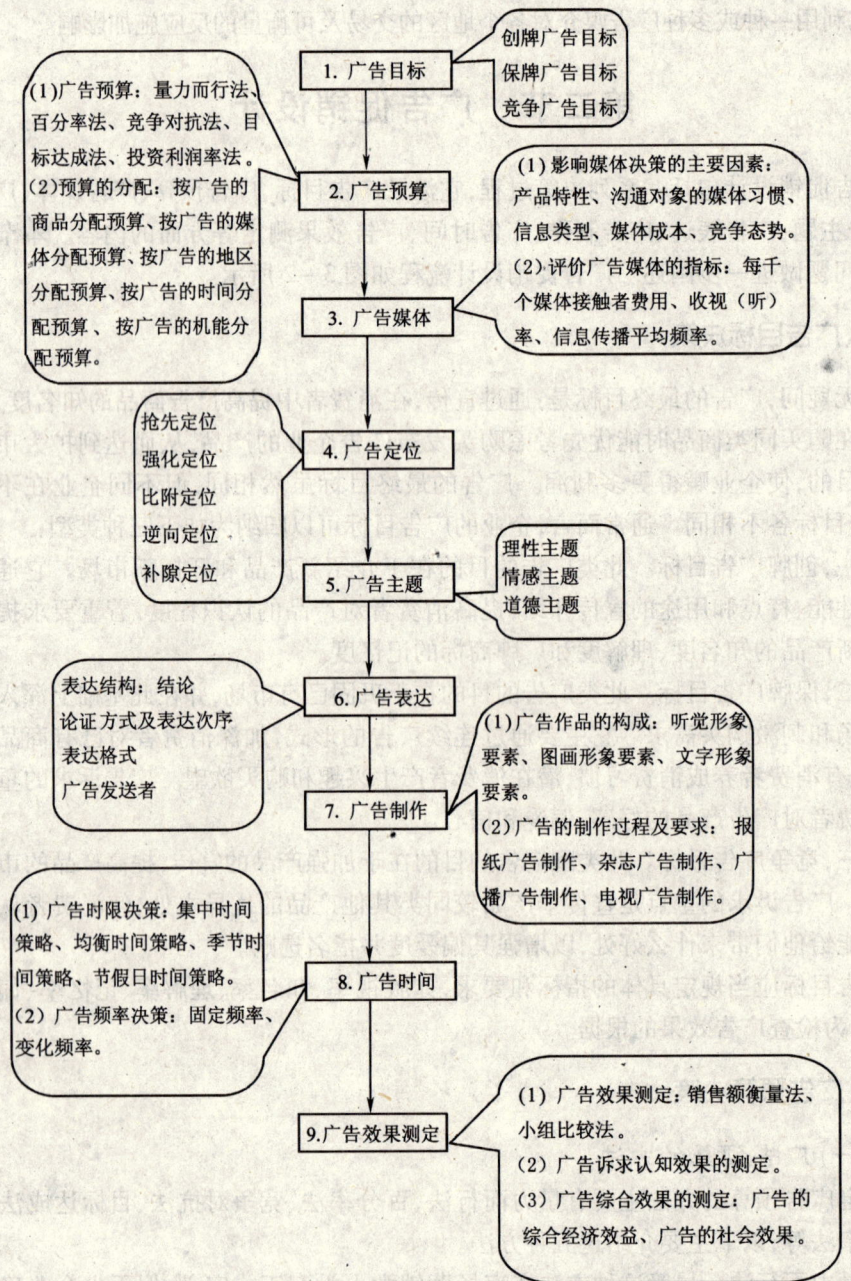

图3-2 广告促销设计流程

据其财力情况来决定广告开支多少并没有错,但应看到,广告是企业一种重要的促销手段,企业做广告的根本目的在于促进销售。因此,企业做广告预算时应着重考虑需要花多少广告费才能完成销售指标。所以,严格说来,量力而行法在某种程度上存在着片面性。

2. 百分率法。百分率法是以一定时期销售额或利润额的一定比率来确定广告费用数额的方法。它又有销售额百分率法和利润额百分率法之分。销售额百分率法即企业按照销售额(上年度销售实绩或次年度预计销售额)的一定百分比来决定广告开支。利润额百分率法即企业按照利润额(上年度利润额实绩或次年度预计利润额)的一定百分比来决定广告开支。后者比前者更为恰当,因为利润是企业经营成果的最终表现。但是,当企业没有利润,出现亏损时,此法就失去了可操作性。

3. 竞争对抗法。竞争对抗法是指企业比照竞争者的广告开支决定本企业的广告预算为多少,以保持竞争上的优势。即整个行业的广告费数额越大,本企业的广告费也越大;反之,则越少。这种方法把广告作为商业竞争的武器,对竞争对手实行针锋相对的宣传策略。采取这种方法的一般都是实力雄厚的大企业。

4. 目标达成法。目标达成法是根据企业的总目标和销售目标,具体确定广告目标,再根据广告目标的要求而制定广告预算。这是一种比较科学的方法,能够适应企业的经营变化而灵活地制定广告预算。

5. 投资利润率法。投资利润率法将广告支出视为一种投资,因而是长期广告战略所采用的预算方法。利用投资利润率法确定广告预算,先要确定因广告促销而预计带来的利润增长额,再从以往的资料中推算出广告的投资利润率,然后计算出广告预算。

(二)广告预算的分配

各个企业均有其不同的市场目标、销售任务、销售范围以及销售对象,因而其广告预算的分配标准也不同,这就直接影响到企业的广告效益。

1. 按广告的商品分配预算。在广告商品种类较少而分布地区又较多的情况下,企业一般按商品来分配广告预算,这样便于集中宣传主要商品种类。

2. 按广告的媒体分配预算。广告媒体费用一般占整个广告预算费用的70%~90%,而广告信息的传播效果又主要是通过媒体效果来体现的,因此,按照广告媒体的不同来分配广告预算是企业常用的方法。它又可分为在不同媒体间的广告预算分配和在同一类型媒体内的广告预算分配。

3. 按广告的地区分配预算。如果商品种类较多而销售地区又较集中,企业一般按广告的不同地区分配广告预算。此时,应根据各个地区对商品的现时需求和潜在需求、市场细分和目标市场的分布以及市场竞争状况等因素合理分配。

4. 按广告的时间分配预算。对于一些季节性强的商品和一些新上市的产品,企业还经常采用按广告的时间分配广告预算的方法。因此,就产生了长期性广告预算和短期性广告预算;突击性广告预算、均衡性广告预算以及阶段性广告预算等不同的时间分配形式。

5. 按广告的机能分配预算。为了便于对广告预算的管理和监督,企业还经常采用按广告的不同机能分配广告预算的方法,如广告预算按广告媒体费、广告设计制作费、一般管理费和广告调研费等进行分配。

三、广告媒体决策

广告媒体种类繁多,包括报纸、杂志等印刷媒体,电视、广播等视听媒体,户外广告、橱窗广告等其他广告媒体。各种广告媒体的性能、传播信息的效果千差万别。广告媒体决策就是在这众多的媒体中做出选择,以最经济的广告支出实现最佳的广告传播效果。

（一）影响广告媒体决策的主要因素

1. 产品特性。不同的产品特性对媒体有不同的要求。技术性能高的,可采用报纸、杂志做详细的文字说明,也可以用电视短片做详细介绍。对于特别需要表现外观和质感的商品,如服装、化妆品,需要借助具有强烈色彩性的宣传媒介,广播、报纸等媒介就不宜采用,而电视、杂志则能更好地表现其视觉效果。

2. 沟通对象的媒体习惯。有针对性地选择为广告沟通对象所易于接受并可方便接触到的媒体,是增强广告促销交易的有效措施。例如,生产玩具的企业若将学龄前儿童作为目标沟通对象,绝不能在杂志上做广告,而最好在电视上做广告。

3. 信息类型。例如,公布明日的销售活动,应在电视、报纸等时效性强的媒体上做广告。若信息的传播对象仅仅局限于某一地区,则在地方性媒体上做广告即可,不需动用全国性媒体。以文字为主的信息,选择报纸、杂志等印刷媒体较适宜;而以画面及动作为主的信息,选择电视广告较适宜。

4. 媒体成本。不同媒体所需的成本不同。电视广告是最昂贵的媒体,而报纸则较为便宜。不过,最重要的不是绝对的成本数字的差异,而是目标对象的人数与成本之间的相对关系。如果用每千人成本来衡量,可能会出现电视广告比报纸广告更便宜的情形。

5. 竞争态势。广告商品竞争对手的有无及其选择媒体的情况和所花费的广告支出的多少,对企业的媒体选择有着显著的影响。如果企业尚无竞争对手,那么它就可以从容地选择自己的媒体并安排广告费用;如果企业竞争对手尚少,还不足以对它产生重大影响,就只需在交叉的广告媒体的选择上予以重视;如果竞争对手多而且强大,在企业财力雄厚的情况下,就可以进行正面交锋,以更大的广告开支在竞争媒体以及非竞争媒体上压倒对方;在企业财力有限,无法支付庞大持久的广告开支的情况下,可以采取迂回战术,或采用其他媒体,或在同样的媒体上避免正面交锋而将广告刊播的日期提前或推后。

（二）评价广告媒体的指标

企业选择广告媒体,依据的是各种广告媒体的评价指标,主要包括以下内容:

1. 每千人媒体接触者费用,即将信息送到 1 000 个广告媒体的沟通对象所需花费的广告预算。在实际工作中,对每千人媒体接触者费用还需进一步分析:①媒体接触者是否均是广告的目标对象;②是否所有媒体接触者都已看到商品广告;③是否不同媒体之间的影响力存在差别。

2. 收视（听）率,即在一个时期内（如一个月）,信息通过媒体传送到家庭或个人的数目占计划传送的家庭或个人的比例。掌握媒体信息传播的收视（听）率,有助于帮助企业认识到,单靠某一种媒体做广告是很难达到预期效果的。在为企业进行媒体选择时,可以同时选用几种能接近消费者的媒体发布广告,使收视（听）率达到预定的要求。

3. 信息传播平均频率,即每一家庭或个人在一定时期内（如 1 个月）平均收到同一广告信息的次数。掌握信息传播平均频率有助于企业在拟订媒体计划时,确定在一定时期利用媒体传播信息的次数,也就是在一定时期内,使广告在消费者眼前重复出现的次数。这样做的目的在于增强媒体传播信息时的诉求认知能力,扩大信息传播的覆盖面。

收视（听）率 R、频率 F 和总收视（听）率 GRP 之间的关系为:

$$GRP = P \times F$$

四、广告定位决策

广告定位策略主要有抢先定位、强化定位、比附定位、逆向定位、补隙定位等。

（一）抢先定位

抢先定位是指企业在进行广告定位时,力争使自己的产品品牌第一个进入消费者的心目中,抢占市场第一的位置。经验证明,最先进入人们心目中的品牌,平均比第二个品牌在长期市场占有率方面要高出许多,而且此种关系是不易改变的。

现代企业营销已进入一个以定位策略为主的时代。在这个时代,只发明或发现了不起的事物并不够,有时甚至还不一定需要,但企业一定要把占据潜在顾客心目中第一的位置作为首要目标。如皮尔·卡丹在法国名牌服装中只能排在中间的位置,但是它在中国内地被认为是法国最有名的服装品牌之一,并拥有广泛的品牌忠诚者,因为它是改革开放后第一个进入中国内地的法国服装品牌。

（二）强化定位

强化定位是指企业一旦成为市场领导者后，还应不断地加强产品在消费者心目中的印象，以确保第一品牌的地位。实行强化定位应做到如下两点：

1. 不断加强消费者最初形成的观念。如可口可乐公司所用的强化广告词是"只有可口可乐，才是真正可乐"。这个策略可适用于任何企业。仿佛可口可乐是衡量其他一切可乐的标准，相比之下，其他任何一种可乐类饮料都是模仿"真正的可乐"。

2. 决不给竞争者以可乘之机。企业家决不能盲目自大，自以为地位稳固，沉浸在自满与自豪之中，忘记周围竞争者的存在，而应密切注视竞争者的动向，时刻掌握竞争优势。

（三）比附定位

比附定位是指企业在广告定位中，不但要明确自己现有的位置，而且要明确竞争者的位置，竞争者的位置与自己的位置一样重要，甚至更加重要。然后，用比较的方法设法建立或找到自己的品牌与竞争者的品牌、自己想要占据的位置与竞争者已占据的位置之间的关系，使自己的品牌进入消费者的心目之中，或用比较的方法在消费者心目中开拓出能容纳自己品牌的位置。如不含铅汽油、无糖汽水等都是新观念相对于老观念的比附定位。我国企业也有运用比附定位策略较为成功的例子。例如，宁城老窖在广告中宣称自己是"塞外茅台"，因而在我国北方拥有较好的声誉。

（四）逆向定位

逆向定位是指企业在进行广告定位时，面对强大的竞争对手，寻求远离竞争者的"非同类"的构想，使自己的品牌以一种独特的形象进入消费者心目之中。

七喜汽水是逆向定位的典范。在充分了解到可口可乐和百事可乐在人们心目中已占有重要位置，并敏锐地洞察到消费者心中对可乐中含有咖啡因而萌发的微小不安后，七喜公司激发出辉煌的定位构思——七喜是非可乐，因为不含咖啡因。把"七喜"与"可乐"进行反衬，树立自身的大反差位置，使七喜成为可乐类以外的另一种选择，从而确立了七喜在饮料市场上的地位，销量逐渐上升为仅次于可口可乐和百事可乐，抢占了一部分饮料市场。

（五）补隙定位

补隙定位是指企业在进行广告设计时，根据自己产品的特点，寻找消费者心目中的空隙，力求在产品的大小、价位和功能等方面独树一帜。只要悉心研究，在广告定位时就能找到企业所需要的消费者心目中的空隙。

五、广告主题决策

一则广告必须鲜明地、突出地表现广告主题，使人们在接触广告之后，很容易理解广告告诉他们些什么,要求他们做些什么。

一般说,广告主题形式有三类:理性主题、情感主题、道德主题。在进行广告主题设计时,一定要符合广告接收者的心理需求,如果不适应顾客的心理需求,这个主题就不是好的主题。

六、广告表达决策

广告主题寓于一定的表达形式之中。如何将既定的广告主题用感情化、性格化、合乎逻辑的表达方式表现出来,是一门不易掌握的、高度灵活的"艺术"。广告表达涉及表达结构、表达格式与广告发送者。

(一)广告表达结构

广告表达结构包括结论、论证方式及表达次序三个方面。

1. 结论。广告可以向接收者提供一个明确的结论,以诱导消费者做出预期的选择,也可以留待接收者自己去归纳结论。在某些情况下,提出一个过分明确的结论会限制人们对这一产品的接受。

2. 论证方式。在产品的广告传播上,是一味地赞誉某一产品,还是在赞誉的同时提及它的某些缺点,对广告的说服效果会产生一定影响。这是两种不同的论证方式,即单向论证与双向论证。采用哪种论证方式使广告更具说服力,取决于广告接收者对产品的既有态度、知识水准和教育程度。单向论证在接收者对产品已先有喜爱倾向时,能发挥很好的效果;双向论证对持有否定态度或具有一定知识水准的接收者更为有效。

3. 表达次序。广告信息传递是首先从最强有力的论点开始,还是留待最后才提出,在采用单向论证时,首先提出最强有力的论点可以立即吸引目标顾客注意并引发他们的兴趣,尤其是报纸广告和杂志广告,由于顾客只是有选择地阅读,所以必须先用强有力的论点来引起他们的注意。在采用双向论证时,表达次序常常会涉及上述问题,应根据实际需要而定。

(二)广告表达格式

有说服力的广告要求为广告信息设计具有吸引力的表达格式,即选择最有效的信息符号来表达信息内容和信息结构。广告表达格式通常受到媒体的制约,主要表现在两个方面。

1. 广告表达格式受媒体自身特点的限制,即受媒体所能提供的信息内容的限制。如有的只能用文字传播,有的则只能用声音传播,而所能传播的又只能是有限的信息内容。广告媒体的自身特点对广告表达格式的限制,要求在选择与媒体相对应的信息符号的同时,注重表达格式因素的个性化、艺术化,从而增加广告的审美价值和性格特征,以增强广告的效果。

2. 广告的表达格式还要受到广告所利用的媒体的时间与空间的制约。例如，报纸、杂志的版面限制，广播、电视的时间限制。广告媒体对广告表达的时间与空间的制约，要求处在特定时空条件下的广告表达格式应当是巨大、醒目、集中、概括、简练、单纯的，从而形成强烈又迅速的广告心理冲击力和召唤力。

（三）广告发送者

广告的说服力还受广告发送者的影响，广告发送者的可信度越强，信息就越有说服力。广告发送者可以利用他们良好的公众形象来影响或改变人们对广告商品所持有的态度。

七、广告制作决策

（一）广告作品的构成

广告作品由视觉形象要素和听觉形象要素构成。视觉形象要素又可分为文字形象要素和图画形象要素两大部分。

1. 文字形象要素。广告文字，是基于推销原理，直接或间接引起读者购买行动的文字。它要求简洁凝练、用词准确、通俗易懂、主旨突出。

不论是通过什么媒介制作的广告，都要简洁凝练，能少说一句的绝不多说一句，能少用一个字的绝不多用一个字，可有可无的话一概删除。用词准确，是指广告语言要用到实处，一语中的，避免使用抽象、空洞、令人费解或含糊其辞的语句，但可多用比喻、拟人、象征等修辞手法来增强表现力，体现准确性。通俗易懂，是指广告语言不是主观的自我表白，它是针对消费者所说的，必须通俗、实用，与生活保持最密切的联系。主旨突出，就是说广告语言一定要全力突出广告主题与销售重点，商品的一般特性可略去不提。什么特性都说出来，反而会因面面俱到而无法给消费者留下深刻印象。

在整个广告中，广告标题、广告正文及广告口号等的创作要求是不一样的。

（1）广告标题。广告标题是表现广告主题的短句子，是一则广告的"眼睛"，位于广告文案的醒目位置。它既要吸引人们的注意力，又要将主要的广告信息传递出来，还要诱导消费者继续阅读广告正文。在广告标题中，可采用强调信息的表现形式，即告诉消费者一个确凿的信息；也可采用判断的形式，如海鸥表广告的标题是"海鸥表——中国计时之宝"；或是采用提问式、号召式、劝勉式、比较式等多种表现形式，但标题的文辞一定要突出精华，展现新意，易懂好记，给人以深刻印象。

（2）广告正文。广告正文是广告说明和介绍商品、服务等内容的主体部分，是广告文字的主要构成部分。广告正文的形式有报道式、证明式、叙述式、对话式、提问式、提示式等。

（3）广告口号，又叫广告标语，被称为"文字的商标"。为了加强消费者对商品或服务的印象，广告中会反复出现一种简短的语言标志。它可以使消费者对该商品、服务产生固定的最佳印象,使人一看到广告口号就联想起广告内容。但是,广告口号与广告标题不可混为一谈,它们是基于不同创作目的、要求而形成的不同的文稿形式。

2. 图画形象要素。图画是广告文字形式的一种必不可少的补充。从创作内容上看,它可以分为几种形式:

(1)直接或局部地展示商品本身。这种类型的画面以表现商品为主,辅以简单的背景衬托。这是图画最基本、最简单的实用表现方式。

(2)以背景烘托为主,即整个图画不以表现商品本身为主,而是以背景环境为主体。

(3)以表现商品使用前后的效果为主体。这种类型多用在对比性画面中,对比的目的在于表现商品的显著特点和使用后的效果。

(4)以使用过程中动态的商品为表现主体,它可以通过使用者的感情与动作,生动地表现出各种心理状态。广告的图画表现形式还有很多种,如名人推荐式;或以夸张、象征的手法展现广告主题等。

无论采用哪一种形式,都要遵循图画表现的基本原则,恰到好处地使用图画的表现技巧。这些原则包括:广告图画的内容与形式要做到和谐统一;在表现内容上要真实,表现形式上要有新意。

3. 听觉形象要素。听觉形象要素一般在广播、电视、录像等广告中使用,包括广告词、音乐、音响三部分。

(1)广告词与报纸、杂志所刊载的广告文稿是有区别的,因为它属于听觉形象要素,是通过声音来传递信息的,因此一定要保持语言的口语化,少用修饰语,要简明易懂,突出重点。它是一种语言艺术,要通过优秀的表达技巧来塑造商品形象。听觉形象要素对广告词的要求应该比广告文字更严格,因为它是转瞬即逝的,稍有失误就会影响整个传播效果。

(2)广告音乐包括广告歌曲、广告器乐曲以及声乐、器乐相结合的各种形式。它具有营造气氛、突出情调的作用,能够引起听众的兴致,使广告生机盎然。另外,有些用语言无法表现出来的细腻情感,用音乐却可以恰到好处地展示出来。音乐选择得当,还能起到突出广告主题的作用。

(3)广告音响包括环境音响、产品音响、人物音响等。它可通过人们的听觉联想产生比画面更丰富、更生动的形象。广告使用的音响,一定要得当,要清晰悦耳,不能出现任何嘈杂、影响广告词的声音。

(二)广告的制作过程

企业应该根据各种广告媒体的不同特点和商品本身的特性、功能等,来选择合适的传播媒介。在广告制作过程中,要尽可能地将某种广告媒介的优势发挥出来,取得理想的宣传效果。

1. 报纸广告制作。报纸广告的制作过程是这样的：先要根据前期的构思，画出广告草图，并制作标题，然后确定标题和广告正文分别采用什么字号、字体。将草图送至广告客户处征询意见并做修改，制成终稿草图。将终稿草图进一步修改，制成广告画稿，送去制版印刷。在报纸广告的制作中，要注意版面选择、广告位置和广告表现形式的变化。

2. 杂志广告制作。杂志广告大多采用彩色广告形式，尤其是摄影广告，所占篇幅最多。在广告的布局上，往往以图片为主，文字短小精悍。杂志每页的内容都纯而不"杂"，对广告的影响较小。杂志广告的设计制作方法灵活多样，有全页广告、折页广告、跨页广告、多页广告等多种版面形式，还可采用更易引起读者注意的立体广告、香味广告等形式。

3. 广播广告制作。广播广告是一种诉诸听觉的广告艺术，它靠声音来传播信息，而声音是转瞬即逝的，所以充分把握其有声无形的特性，是制作好广播广告的关键。

广播广告的广告词一定要求是精练的口语用词，而且要重点突出，不拖泥带水。某些关键句子可以采用播音员重复朗读的形式，以加深听众的印象。广播广告一般在写出广告剧本以后，就进入制作阶段。先选择扮演不同角色的演员，再确定音乐。在演播室里，经过对台词、排练，然后正式录音，进入后期编辑。

4. 电视广告制作。在电视广告的制作过程中，要重视蒙太奇的运用。电视广告拍摄镜头的选取和组合十分重要，不同镜头的衔接会给人带来不同的感受。对于不同的拍摄对象，电视广告可以采用不同的手法。如对于商品实物、商场实景、厂房车间、生产流程等可采用写实手法，还可用夸张的动画形象来增强某些广告的生动性、趣味性，或是以图片的形式让画面凝固下来，给观众以深刻的印象。

电视广告制作的过程可分为准备阶段、拍摄阶段、编辑阶段。准备阶段主要包括完成广告分镜头脚本、确定导演和摄影师等。拍摄阶段主要是各种器材、设备、现场具体拍摄工作的准备。编辑阶段包括后期的编辑、配音、配乐、合成等。

八、广告时间决策

广告时间决策是指对广告发布的具体时间和频率做合理安排。广告时间决策要视广告产品的生命周期阶段、广告的竞争状况、企业的营销策略、市场供求变化等多种因素的变化而灵活运用。广告时间决策运用是否得当，对广告效果的影响很大。它主要包括广告时限决策和频率决策两个方面。

（一）广告时限策略

广告时限策略主要包括：集中时间策略、均衡时间策略、季节时间策略和节假日时间策略等。

1. 集中时间策略。这主要是集中力量,在短时期内对目标市场进行突击性广告攻势的策略。其目的在于集中优势,在短时间内迅速造成广告声势,扩大广告的影响,迅速提高商品或企业的声誉。这种策略主要运用于新产品投入市场前后、新企业开张前后、流行性商品上市前后、广告竞争激烈时,以及商品销量急剧下降时。运用这种策略,一般都采取媒体组合方式,以掀起广告高潮。

2. 均衡时间策略。这是一种有计划地反复对目标市场进行广告宣传的策略,目的是为了持续加深消费者对商品或企业的印象,保持其在消费者头脑中的记忆度,发掘潜在市场,扩大商品知名度。运用该策略应注意广告表现形式要富有变化,要不断给人以新鲜的感觉,广告的频率也要有适当的变化,不要长期重复同一广告内容。

3. 季节时间策略。这主要用于季节性很强的商品广告,一般在销售季节到来之前就要展开广告活动,为销售旺季的到来做好信息宣传准备。销售旺季时,广告活动达到高峰;旺季过后,广告要收缩;销售季节未结束,广告便可以停止。运用这类广告策略,要掌握好季节性商品的变化规律,过早地开展广告活动,会增加广告费;过迟则会延误时机,直接影响商品销售。

4. 节假日时间策略。这是零售企业和服务行业常用的广告时间策略。在节假日之前便开展广告活动。这类广告策略要求广告有特色,并把品种、价格、服务时间以及特殊之处等信息突出地、快捷地告知消费者。

(二) 广告频率策略

广告的频率,是指一定广告周期内广告发布的次数。广告频率可以依据需要,运用固定频率策略和变化频率策略。

1. 固定频率策略。固定频率策略是均衡广告策略常用的频率,以求有计划地、持续地取得广告效果。固定频率策略有以下两种序列类型:

(1) 均匀序列型。这是指广告的频率按时限平均运用,如每旬 10 次,每天 1 次;或每旬 10 次,每隔一天 2 次。

(2) 延长序列型。这是指广告的频率固定,但时间间隔越来越长。例如,广告频率仍然为每天 2 次,但广告发布时间延长到 20 天,时间间隔越来越长。这是为了节约广告费,按照人的遗忘规律来设计的,使时间间隔距离由密到疏。

2. 变化频率策略。变化频率是广告周期内用每特定时段广告次数不等的办法来发布广告。变化频率使广告声势能适应销售情况的变化,它常用于集中时间广告策略、季节与节假日广告时间策略,以便借助广告次数的增加推动销售高潮的到来。变化频率策略有以下三种序列类型:

(1) 波浪序列型。这是广告频率从递增到递减的变化过程,这一过程使广告周期一周内的频率由少到多、又由多到少地起伏变化。波浪序列型适用于季节性、流行性强的商品广告。

(2) 递升序列型。这是广告频率由少到多,至高峰时戛然而止的变化过程。节日性广告常用此法。

(3) 递降序列型。它与递升序列型的变化相反,广告频率由多到少,由广告高峰跌到低谷,在最低潮时便停止。如文娱广告或者企业新开张、大酬宾广告等,均可用此法。

上述各种广告时间决策可视需要组合运用,如集中时间策略与均衡时间策略交替运用,固定频率与变化频率组合运用。

九、广告效果测定

企业在实施广告促销决策之后,会产生一定的广告效果。一个完整的广告投放阶段过后,应对广告效果进行基本评价。广告效果主要表现在三个方面:一是广告的销售效果;二是广告的认知效果;三是广告的综合效果。

(一)广告销售效果的测定

1. 销售额衡量法。这种方法就是实际调查广告活动前后的销售情况,以事前与事后的销售额之差作为衡量广告效果的指数。

(1) 销售量增加比率

$$R = (S_2 - S_1)/P \times 100\%$$

式中,R 为销售增加比率;S_2 为本期广告实施后的平均销量;S_1 为本期广告实施前的平均销量;P 为广告费。R 越大,广告效果越好;R 越小,广告效果越差。

这种方法简单易行,但是如何除去广告效果以外的其他因素导致的销售额增加部分,却是个难题。为了弥补此法的缺陷,在实际销售效果测定中往往参照广告费比率和广告效果比率进行综合测定。

(2) 广告费比率

$$AC = P/S \times 100\%$$

式中,AC 为广告费比率;P 为广告费;S 为销量。AC 越小,广告效果越好;AC 越大,广告效果越差。

(3) 广告效果比率

$$AE = \Delta S/\Delta P \times 100\%$$

式中,AE 为广告效果比率;ΔS 为广告产品销量增加量;ΔP 为广告费用增加量。AE 越大,广告效果越好;AE 越小,广告效果越差。

2. 小组比较法。小组比较法是将同性质的被检测者分为三组,其中两组各看两种不同的广告,一组未看广告,然后比较看过广告的两组效果之差,并与未看过广告的一组加以比较。通常将检测的数字结果用频数分配技术来计算广告效果指数。

（二）广告认知效果的测定

广告认知效果测定的目的在于分析广告活动是否达到预期的信息沟通效果。测定广告认知效果，主要有如下指标：

1. 接触率，即在广告媒体的受众之中，有多大比例的人已接触到该广告。
2. 注目率，即在看过该广告的人之中，有多大比例的人能够辨认出先前已看过这一广告。
3. 阅读率，即在充分看过广告的人之中，有多大比例的人不仅知道该商品和该企业，而且能够借由广告中企业的名称或商标而认得该广告的标题或插图。
4. 好感率，即在看过广告的人之中，有多大比例的人对企业及其商品产生了好感。
5. 知名率，即在看过广告的人之中，有多大比例的人了解了该企业及其产品。知名率的考察往往是通过广告发布前后的对比来进行的。若广告发布后企业的知名率大为提高，说明企业的广告效果十分理想。
6. 综合评分，即由目标消费者的一组固定样本或广告专家来评价广告，并填写评分卷。评分卷中依广告的注意强度、阅毕强度、认知强度、情绪强度等内容分别给出一定分数，所有分数汇总便得到综合评分。通常综合评分以百分制计，分数越高，则表明广告的诉求认知效果越好。

（三）广告综合效果的测定

1. 广告的综合经济效益。影响广告的因素有很多，单纯考虑一两个基本因素，只能近似分析广告的效益，所以还应对广告进行综合经济分析。主要是根据同类广告的大致情况，用百分法，确定影响广告各个因素的满意度值，然后给广告打分，最后进行加权平均而获得广告的综合经济效益。
2. 广告的社会效果。广告的社会效果主要通过对广告活动所引起的社会文化、教育等多方面的作用进行综合测定而得出。

第三节　公共宣传设计

公共宣传作为促销的重要手段之一，在树立企业形象，提高产品的知名度，刺激目标顾客对企业产品的需求，增加销售等方面起着十分重要的作用。本节主要阐述公共宣传决策、与媒体建立关系以及公共宣传活动策划等方面的内容。

一、公共宣传概述

（一）公共宣传的特点

公共宣传实际上是另外一个较大概念——公共关系的一部分。公共关系部门的职员一般都忙于与各种公众打交道,包括股东、雇员、政府机构、民间团体、地方公众等,因而可能会忽略支持产品营销目标的公共宣传。由于公共宣传必须借助某种媒介或公开展示的机构来实现,所以其使用次数是有限的,又是突发性的,但其作用是十分显著的。具体说来,公共宣传与其他促销工具相比,具有如下特点:

1. 可信度很高。由于公共宣传是由第三者写出来的,在新闻媒体上进行报道,体现了企业外公众的利益和看法,顾客认为它是客观真实的。所以,在顾客心目中其可信度很高。

2. 影响面较广。企业的公共宣传会随着新闻媒体的传播而扩散。如果企业的宣传真正具有新闻价值,所有的新闻媒介会抢着报道,效果比广告要好得多。例如,北京第一家搬家公司——利康搬家公司经过新闻媒介报道后,在北京的知名度相当高。

3. 促销效果好。对广告或人员推销不予理睬的顾客,一般不会对企业的新闻报道有反感,因为它是一种新闻活动,顾客在心理上不必担心上当受骗。例如,新产品投放市场之前先以公共宣传的方式披露,就便于帮助销售人员将产品推销给零售商或直接买主。

4. 费用水平低。进行公共宣传,企业无需花钱购买媒介的版面或时间,虽然撰写新闻素材或说服媒介予以采用要有所花费,但这项费用很少。而公共宣传所产生的价值,可能花几百万元的广告费用才能得到。与其他促销工具相比,公共宣传的费用水平是最低的。

(二)公共宣传决策的内容

在考虑公共宣传的使用时机和使用方法时,企业促销部门应该做出如下决策:确定公共宣传目标;选择公共宣传的信息与工具;实施公共宣传方案和评估公共宣传效果。

1. 确定公共宣传目标。企业首先应根据自己产品的特点来确定公共宣传的具体目标。如美国加州葡萄酒制造商曾委托一家公共关系公司为其进行公共宣传,以使美国人确信喝葡萄酒是快乐生活的一部分,进而提高加州葡萄酒的形象和增加市场份额。为此,公关公司确定了以下公共宣传目标:撰写有关葡萄酒的文稿,并设法刊登在最著名的杂志和报纸上;从医学观点出发,指出葡萄酒对身体健康的益处,并请医疗单位予以宣传;分别针对年轻人市场、大专院校市场、政府市场及各种团体拟出特定的公共宣传方案。

2. 选择公共宣传的信息与工具。确定公共宣传目标之后,接下来促销部门应确认企业产品有哪些具有新闻价值的内容可供报道。如果企业可供报道的事件不够充分,宣传人员就应该搞几次有新闻价值的活动,这时宣传人员所做的与其说是找新闻,不如说是创造新闻。这类活动包括举行周年庆典、展览会、博览会、时装表演、捐赠物品、学术讨论会、记者招待会和邀请名人讲话等。有时平凡的创意也能成为大新闻。例如,北京某商场在雨天免费给顾客提供雨伞,要求顾客只是凭觉悟下次光顾商场时再将雨伞送还。尽管会有个别顾客带走两把雨伞,后来送回的雨伞也不多,但这一事件被新闻工作者拍成电视新闻播放后,其意义就十分重大,而这正是商家所看重的。

3. 实施公共宣传方案。从事宣传工作必须慎重。从新闻媒体上发表的事件来看,一般重大新闻很容易被新闻媒介刊登出来。但企业有分量的重要新闻并不多,不一定都能被编辑所采用。所以,宣传人员应与新闻编辑多加强联系,了解编辑所需。只有宣传人员满足了新闻编辑的需要,他们才会采用宣传人员所提供的新闻。

4. 评估公共宣传效果。测定公共宣传的效果是一件比较困难的事情,因为公共宣传通常都与其他促销工具一起使用,很难分清哪些是公共宣传的贡献。但如果在使用其他促销工具之前开展宣传活动,再评价其贡献就容易多了。公共宣传是根据某些沟通对象的反应目标而设计的,所以这些目标可以作为测量其活动效果的基础。一般说来,企业可根据展露次数、知晓—理解—态度方面的变化以及销售额和利润额的变化等来测定宣传效果。具体可参照广告效果测定方法。

二、建立媒体关系

新闻传播媒介对公共宣传有着极其重要的作用。美国公共关系专家斯科特·卡特李普认为,公共新闻宣传是一把双刃剑,它既可以把你捧上天,也可以把你打入地狱。一旦认为某个机构具有新闻价值,那么在记者的眼里,它的一切都值得报道,或者对该机构予以赞誉或者予以诋毁。因此,公共宣传人员必须努力与新闻媒介建立良好的关系,保持与新闻界的联系。

(一)与新闻媒介建立良好关系的原则

企业的公共宣传人员在与新闻媒介打交道时,不能仅仅从自身的需要出发去利用对方,而应真诚地向新闻媒介开放门户,与它们保持经常性接触,并建立起牢固的合作关系和友谊。要达到这个目的,必须遵循以下原则:

1. 熟悉新闻工作规律;
2. 坦率真诚地合作;
3. 及时主动地提供方便;
4. 尊重新闻职业道德。

(二)帮助企业领导面对新闻界

企业领导适当地与新闻媒介接触是大有益处的。这样既可以增加组织代表的权威性,也可使企业领导直接面对新闻记者提出的问题,使新闻记者体验到被尊重的感受。公共宣传人员应该帮助企业领导进行周密的计划与安排,使每次采访活动都成为成功的公共宣传。为此,公共宣传人员可帮助企业领导做如下准备:确定采访目的;进行模拟练习;注意公众形象;掌握语言技巧。

1. 确定采访目的。企业领导接受记者采访,一般应达到三个目的:①树立企业形象。企业领导作为企业代表接受采访,其言行直接影响到企业在人们心目中的形象。企业领导应以企业奋进为表现主题,不要过分突出自己个人的地位和作用。②博得公众好感。企业领导在接受采访时,应以一种平稳、坦诚、亲切的态度和语言博得公众的信任。③推销企业产品。企业领导接受采访正是一次很好的企业产品的宣传机会,但不应过于吹嘘自己的产品,而应把一些推销性词语巧妙地隐藏在随意的对话中。这要求企业领导对自己产品的品牌、性能、特点、价格、销售网点等了如指掌,在采访过程中涉及产品问题时能应付自如。

2. 进行模拟练习。在组织新闻发布会或记者招待会之前,为企业领导进行简单的情况介绍,并向他们提出一些记者可能问到的问题,进行模拟练习,以提高其适应能力。同时,利用录音、录像等设备,让他们学习公众演讲和电视会见技巧。

3. 注意公众形象。接受记者采访使企业领导与公众见面,并由公众来审视企业领导,因此,企业领导应表现出现代企业家的风范,具有良好的公众形象。特别在接受电视采访时,企业领导应注意自己的仪表形态,穿着要得体、自然、大方,面部表情要亲切自然。接受采访时姿势应端正放松,常与记者眼神接触,并把镜头当成观众进行平视,两者兼顾,眼睛转动角度不要太大。在镜头前要从容自如,不拘谨、不退却,也不要双手抱在胸前呈防御状姿势。

4. 掌握语言技巧。企业领导在语言表达技巧方面应掌握以下几点:①把握重点,当说则说,决不越位。既要有效地把主要的观点和信息表达出来,又要巧用欲擒故纵等方法为自己的企业形象及产品服务。②语言详略得当,语调平稳亲切。与记者对话时,应该适时接过话题,扩充内容,有意把交谈引向自己要讲的重点。要表面轻松自然,实则精心加工。③根据地域选用语言。如果是接受中央电视台采访,观众(听众)来自全国,企业领导应尽可能使用普通话。如果接受地方电视台(如广东电视台)采访,可考虑选用当地语言,有时效果可能会更好。

三、公共宣传活动策划

公共宣传活动是指企业经过精心设计和周密计划而开展的具有新闻价值的活动。在当今社会,随着经济的发展,市场竞争的加剧,消费者的日益成熟,公共宣传活动受到越来越多企业的重视,策划公共宣传活动已成为公共宣传人员的一项重要工作任务。

(一)公共宣传活动的目的

成功的公共宣传活动能达到以下几方面的目的:

1. 提高企业或产品的知名度与美誉度;
2. 帮助新产品打开销路;

3. 有助于挽回突发事件的不利影响;
4. 有利于建立良好的社区关系。

(二)公共宣传活动的内容

企业应根据自己行业和产品的具体情况,结合社会环境的变化和社会公众的需求,挖掘本单位有价值的新闻内容,开展公共宣传活动。企业值得向社会传播的新闻内容具体说来主要有以下几类:

1. 企业采用新技术、新设备、新工艺开发、研制出的新产品和取得的新成就,以及这一切给公众或消费者带来的益处。
2. 企业产品质量的改进,产品种类和产品项目的增加,产品功能的增加等。
3. 企业重要的专项活动,如记者招待会、参观、展销;企业的奠基、开业、重大纪念日、各种庆典等。
4. 产品在市场上的反应,企业产值、销售额、利税等方面的重大突破等。
5. 企业在竞争中采取的新决策、新战略或新措施。
6. 企业、产品所获得的各项荣誉,企业为社会福利事业发展做出的贡献和参与社会公益事业所做的努力等。

实际上,只要是具备了新闻价值的事件,都可以成为公共宣传新闻活动的内容。

(三)公共宣传活动的形式

企业开展公共宣传活动应注意与社会热点和公众的心理动向结合起来,这样更容易使活动深入人心。企业开展重大的、专门性的公共宣传活动,只要活动本身符合新闻制造的要求,其形式可多种多样,不拘一格。一般说来,企业开展公共宣传活动主要有以下几种形式:

1. 新闻发布会。新闻发布会又称记者招待会,是企业举行的公开传播重要新闻事件的会议,会上邀请有关新闻机构的记者参加,让记者提问,然后由召集者回答。会议材料的形式有口头发言稿、新闻文稿、背景材料、照片、录像以及实物展示等,有的还当场分发新闻资料。会议地点的选择应主要考虑为记者采访提供各种方便,如有录像、拍摄的辅助灯光,视听辅助工具,及具备幻灯、电影的播放设备等。

2. 赞助活动。赞助是资助的现代形式,赞助活动不仅对社会有利,而且能赢得社会对组织的好感,树立企业的美好形象。赞助活动的主要类型有:①赞助体育运动;②赞助文化娱乐活动;③赞助教育事业;④赞助社会慈善和福利事业;⑤赞助宣传用品的制作;⑥赞助其他活动,如赞助职业奖励、竞赛活动等。

企业赞助的形式有两种,一种是由企业主动选择对象进行赞助,一种是接到请求后再做出反应。企业要想获得更好的信誉,应采取积极主动的形式,选择对象进行赞助。

企业的赞助活动应有计划地进行。应根据企业的赞助方针和政策,制订年度赞助计划,如确定赞助对象的范围、费用预算、赞助形式等。有了具体的赞助计划才能有的放矢,有效地控制赞助范围和赞助规模。对赞助项目要进行审核评定,确定可行性,决定具体的赞助方式和赞助额,选择赞助的最佳时机,制订具体的实施方案,同时必须对每项赞助活动进行效果测定。如果无计划地随意搞一些赞助活动,效果可能适得其反。

3. 特殊纪念活动。每个企业都有一些值得特别纪念的活动,如开业典礼、周年纪念日、产品获奖、新产品试制成功等。利用特殊纪念日制造新闻,是影响公众的极好机会。

4. 展览会或展销会。展览会或展销会是典型的综合运用多种传播手段,并被公共宣传活动所经常采用的形式之一。它主要通过实物、文字、图表来展现企业的成果、风貌和特征。例如,在一次国际展览会上,"中国一条街"展台是由中国国际旅行社总社及广州、贵阳、昆明、成都、南宁、泰安等分社及广州白天鹅宾馆等展位组成。通过展台的展示,使许多访问过中国或到中国旅游过的客人,都会对中国产生美好的回忆。

展览会和展销会是一种直观、形象和生动的公共宣传方式。它综合了多种传播媒介的优点,能以讲解、交谈、宣传手册、介绍材料、照片、录像、幻灯、广播等不同形式吸引观众,达到与公众的双向沟通。它还可以运用实物展示和现场示范表演来进行公共宣传,容易给公众留下深刻的印象。它能当场收到公众的反馈信息,迅速调整自己的活动或行动。展览会或展销会容易造成较大的社会影响,是新闻媒介追踪的对象,很可能成为新闻报道的题材。企业无论是独立举办展览会或展销会,还是参展,都要充分利用机会制造新闻,扩大影响,广泛地与媒介接触,达到树立形象、促进产品销售的目的。

5. 其他。企业还可以组织消费者座谈会、用户洽谈会、企业商品研讨会、企业新产品介绍会等公共宣传活动,制造新闻。如,河南周口味精厂曾经邀请部分高校、研究机构的资深教授、研究员和有关部门领导参加了莲花味精营销战略研讨会,并邀请部分专业新闻记者参加。会后,《经济参考报》等报刊用相当大的篇幅刊登了莲花味精营销战略研讨会的专家发言,更加提高了莲花味精的知名度。

企业还可以在召开股东年会、常务会议、与外商的签字仪式等活动中邀请新闻记者参加,制造新闻。

第四节　直复营销设计

在西方发达国家,直复营销已发展成为一种趋势。1995 年,直复营销在美国创下 10 000 亿美元的销售额,其中,消费品直复营销额几乎占全美国零售额的 9%。范围越来越广的产品和服务都可以通过直复营销来购买。将直复营销作为一种促销方式与传统营销方式相结合销售商品的公司,已遍布美国经济的各个行业。

一、直复营销的优点

由于直复营销人员直接针对每一个目标顾客开展营销活动,因此,它具有广告等促销方式无法比拟的优越性,概括起来有以下几方面:

第一,目标顾客选择十分准确。直复营销人员可以从顾客名单和数据库的有关信息中,挑选出有可能成为自己顾客的人作为目标顾客,然后与单个目标顾客或特定的商业用户进行直接的信息交流。

第二,强调与顾客的关系。直复营销活动中,直复营销人员可根据每一个顾客的不同需求和消费习惯进行有针对性的营销活动。这使直复营销人员更注重与顾客保持良好的关系。

第三,激励顾客立即反应。直复营销人员总是集中全力激励广告接受者立即采取某种特定的行动,并为顾客的立即反应提供一切尽可能的方便。

第四,隐蔽的营销战略。直复营销战略不是大张旗鼓进行的,因此不易被竞争对手察觉。即使竞争对手察觉了自己的营销战略也为时已晚,因为直复营销的广告和销售是同时进行的。

第五,效果可测性。在直复营销活动中,顾客产生的直接反应很容易测定,直复营销人员可立即根据顾客的反应了解产品或服务的不足并不断加以改进。因此,直复营销具有很高的效率,可以避免无谓的浪费。

二、直复营销的主要方式

直复营销媒介是直复营销者投放其发盘以获得其目标市场成员回应的途径或载体。实际上,媒介就是直复营销者进行直复营销广告的载体或通道。与一般营销广告不同的是,直复营销广告是一种直接回应广告。与一般营销广告相似,几乎各种媒介都可以为直复营销所用,只不过直复营销采用的方式和效果评价方式与一般营销广告不同。

典型的直复营销主要有以下几种:电话直销、直邮营销、电视直销、印刷媒介直销、广播直销、网络营销。

(一)电话直销

电话是许多种消费品和企业类产品直复营销不可或缺的工具。随着信息技术的发展,电话已超越了其传统的功能。如今,一些发达国家的企业已经广泛运用各种通信硬件和软件、数据库技术、拨入和拨出 WATS、呼叫中心和自动拨号等新兴技术,电话直销(Telemarketing)也发展成为对电信和信息处理技术综合运用的工具,在优化企业营销组合中扮演着重要角色。

实践中,电话直销通常被作为某个营销沟通计划中的一部分,很少作为唯一的媒介单独使用。换言之,电话直销通常是与其他媒介配合使用的。电话直销的一个主要优点是:企业可以运用它来建立并维持顾客关系,而且,企业不需要与顾客或准顾客见面就可以实现它们之间的互动。

与发达国家相比,我国的企业在这方面确实存在着很大的差距。国内多数企业不重视电话直销的功能,其原因可以简单归结为两点:一是企业的市场导向仍然不强;二是国内的电信服务还有待提高。

(二) 直邮营销

直邮营销是通过向目标市场成员直接寄发载有企业产品或服务发盘的邮件进行信息沟通,目标市场成员通过寄回邮件或打订购电话进行购物。从广义上说,直邮营销包括所有以邮寄发盘信息载体为手段寻求目标市场成员反应(订购或问询)的活动。具体地说,直邮主要包括单独的商品或服务发盘信息的小册子和同时包含众多商品的目录两种形式。

独立的产品或服务发盘邮件是一种广为企业所用的直复营销沟通工具。同时,这种类型的直邮往往也最容易造成收件人反感。该种直邮的特点是产品单一、题材广泛、运用灵活。推广的标的从保险、工艺品到研讨会、计算机软件,种类繁多,不一而足。

(三) 电视直销

电视直销是指通过在电视媒介发布直接反应发盘信息(即直接反应电视广告),以寻求目标市场成员做出回应的直复营销活动。

从商业属性上看,直接反应电视广告与普通电视广告是截然不同的。首先,普通电视广告的目标旨在通知和说服,并不寻求立即反应,而直接反应电视广告除了需要沟通和说服外,最重要的是要促使目标受众立即行动。其次,普通电视广告的目标受众是大众,而直接反应电视广告的目标受众一般是某个特殊群体,而且后者通常会附带电话号码,鼓励目标受众打电话订购或问询。

电视在直复营销活动中的用途主要有三种:①播放直接反应广告或作为其他直复营销媒介的支持性广告;②软推销广告(Infomercials);③在家购物频道(Home Shopping Channel)。这三种直接反应电视广告运作的目的,都在于寻求目标受众的立即订购或为企业寻求销售线索。

(四) 印刷媒介直销

印刷媒介直销通常是指利用杂志、报纸和其他印刷媒介,在这些媒介上做直接反应广告,鼓励目标市场成员通过打电话或者回函订购。这类广告通常又称为直接反应平面广告(Direct Response Space Ads),一般至少包括一种反应机制,例如订购单回执或订购电话等。

杂志是最古老的直接反应媒介之一,许多产品或服务的营销者在利用杂志做直接反应广告。报纸也是一种重要的直复营销媒介。在当今的新媒体(例如电视)没有出现以前,报纸是占主导地位的大众媒介。随着各种新的沟通技术的出现,报纸面临着越来越激烈的竞争,尤其是近年来网络和有线电视的发展,使得报纸正在逐渐失去其历史上的主导传媒地位。而且,报纸出版商本身也在寻求新的传播渠道,纷纷将报纸搬上了互联网,发行报纸的电子版。此外,在印刷媒介大类内部,由于杂志变得越来越具有精确的目标读者指向性和专业性,对报纸也构成了严峻的挑战。

特制印刷媒介广告(Special Print Media Ads)是印刷媒介的另一种形式。这类印刷广告是预先制作好的,通常以报纸或杂志为传递载体,形式主要有内插活页、装订式明信片(Bind in)、插入式明信片(Blow in)等。内插活页一般由四色油光纸制作,直复营销者运用内插活页来获取消费者的留言,邀请对方进一步问询、电话订购或者兑现购物券。装订式明信片和插入式明信片则通常采取回应明信片的形式,这在一些发达国家的杂志中经常能够见到。这类明信片一般是作为同期杂志中该公司广告的支持性工具,明信片中都邀请读者将其寄回企业以索取更多信息、订购商品或者进行电话订购。有时,这种明信片也被独立运用作为订阅杂志的广告。装订式明信片一般随杂志一起装订,而插入式明信片则直接由机器自动插入杂志中夹带传递。它们各自的特点是:前者不够醒目,但牢固而不易丢失;后者易于引起人们的注意,但容易丢失。

（五）广播直销

广播既可以作为直接反应的主导媒介,也可以作为其他媒介的配合。在这一点上,它与电视是相似的。广播与电视的不同之处在于,广播可以在人们做其他事情时(例如开车、工作和行走时)收听,而且广播广告信息的制作和发布非常迅速,这是电视所不具备的特点。

传统上,人们并不认为广播是一种适宜做直接反应广告的媒介,其原因是:人们在收听广播时通常都在做其他事情。这样,人们一般不方便停下从事的活动找到纸和笔来记下地址或电话。当停下活动找到了纸和笔,广告可能已经播放完毕了。因此,受这些方面局限性的影响,许多直复营销者将广播作为一种支持性媒介,在某个直复营销活动中配合其他媒介的直接反应广告,以达到提高反应率或增加影响力的目的。

然而,随着广播行业的发展,广播电台的数量越来越多,专业性也越来越强。有些电台甚至只针对某个特别的或高度细分的小群体,这就为直复营销者寻求精确的目标指向提供了机会。在美国,通过广播直接反应渠道销售的产品种类很多,如床垫、鲜花、无线寻呼、移动电话等产品。

（六）网络营销

网络营销是近几年迅速发展起来的直复营销方式。企业通过在互联网上建立网站或在相关网页发布产品或服务信息来销售产品,并提供反应机制。目标市场成员通过点击相关的回应工具(例如订单)或打电话问询及订购。因此,网络营销的主要信息沟通媒介是网页,其重要特征之一是购物方便迅捷。企业在自己网站上的网页实际上就相当于现实世界中的组织机构或部门,因此,网上营销站点又获得了"网上商城"或"电子商店"等形象的称谓。

三、直复营销设计流程

在准备采取直复营销策略时,直复营销人员必须确定他们的目标、目标顾客、产品策略、各种测试要素以及如何进行效果衡量。

(一)确定直复营销的目标

直复营销的主要目标在于刺激潜在消费者立即采取购买行动。它的成功与否,可以用顾客的反应率来衡量。通常,如果有2%的反应率,就可认为直复营销的销售活动获得了成功。当然,这并不是说其余98%的努力都已浪费,因为直复营销对产品知名度和日后的购买意图会产生影响。而且,并非所有的直复营销人员都要求顾客产生立即购买的反应,因为直复营销的主要作用之一,是为企业的销售队伍提供寻找潜在顾客的线索。

(二)瞄准目标顾客

直复营销人员必须了解现实顾客和潜在顾客的特征。通常,最好的目标顾客是那些近来曾大量购买产品,购买频率高且支出额大的消费者。直复营销人员在选择潜在顾客时,可使用各种细分标准。他们可根据年龄、性别、收入、受教育程度等标准,或根据消费者的生活方式等对消费者进行细分。目标市场一旦确定,直复营销人员就需要获得目标市场上的潜在顾客名单。通常,最佳名单是那些过去购买过企业产品的顾客记录。直复营销人员还可从名单经纪人手中购买名单。一般认为,较好的名单应包含顾客的心理特征、个人资料信息以及简短的地址。

(三)制定产品策略

直复营销人员必须寻求一套有效的产品策略,以迎合目标市场的需要。一般而言,产品策略应包括五个要素:产品、报价、媒体、营销渠道和创新策略。这些要素都是可测试的,因此,产品策略是否可行应通过测试来验证。

(四)测试直复营销的诸要素

直复营销的重要优势之一是可以在真实的市场条件下测试各个要素的效果。尽管直复营销的反应率通常很低,但对各要素都加以测试,往往可以大大提高总反应率和获利能力。值得注意的是,仅仅依据直复营销活动的反应率常常会使决策者低估该活动的长期效果,因为无法统计通过该活动而了解产品的潜在消费者人数。因此,现在有一些企业开始以"认知率"的高低来衡量一次直复营销活动的效果,而不是仅仅依靠反应率。

(五) 衡量活动绩效

若直复营销活动费用已经事先确定,那么直复营销人员可根据估计的总成本事先计算出达到保本所需要的反应率。这个反应率必须扣除退货和呆账损失因素。退货将使原先的直复营销活动前功尽弃,因此,直复营销人员必须认真分析退货的原因,及时对不足之处予以改进。

另外,顾客寿命价值的概念也可用来衡量直复营销活动的绩效。顾客寿命价值的概念是从企业的角度提出的,一个顾客购买某企业的产品越多,购买的金额越大,则对这个企业而言,其寿命价值也就越大。因此,顾客寿命价值并不在于他某一次购买产品的数额,而是他一生中购买该产品的总额,然后再用这个数额扣除企业为争取和维持与该顾客的关系所支出的成本。在估算出顾客寿命价值后,企业就可将其营销努力集中于更富吸引力的消费者身上,并与他们建立良好的关系,以更好地达到企业的目标。

本章小结

促销是指企业向目标顾客传递产品信息,促使目标顾客做出购买行为而进行的一系列说服性沟通活动。它是市场营销组合的四个构成要素之一。

企业的促销工具多种多样,但归纳起来主要有五种基本方式,即人员推销、广告、销售促进、公共宣传和直复营销。

广告是指企业按照一定的预算方式,支付一定的费用,通过一定的媒体把商品信息传送给广大目标顾客的一种促销方式。广告促销设计包括一系列的决策过程,它涉及广告目标、广告预算、广告媒体、广告定位、广告主题、广告表达、广告制作、广告时间、广告效果测定等方面的内容。

公共宣传是指企业以非付款的方式通过第三者在报刊、电台、电视、会议、信函等传播媒体上进行有关企业产品的有利报道、展示或表演,以刺激人们需求的一种促销方式。公共宣传作为促销的重要手段之一,在树立企业形象,提高产品的知名度,刺激目标顾客对企业产品的需求,增加产品销售等方面,起着十分重要的作用。

直复营销是一个与市场营销相互作用的系统,它利用一种或多种广告媒介对各个地区的交易及可衡量的反应施加影响。典型的直复营销主要有以下几种:电话直销、直邮营销、电视直销、印刷媒介直销、广播直销、网络营销。

白酒产品的促销

一、活动背景

2003年受"非典"影响,整个5月份,××贡酒原浆酒代理商常熟大有食品商行的进货额只有7万余元。"非典"疫情有所缓解后,餐饮业生意逐步回升。怎样利用这个时机,做好白酒产品促销呢?

二、活动主题

经过探索与讨论,我们针对原浆酒原汁原味的品质和消费者祈福平安的心理需求,敲定了"喝原浆,送平安"的促销主题。

三、活动内容

1. 消费者每喝一瓶500ml或两瓶250ml ××贡酒原浆酒,平安保险公司赠送1万元家庭财产保险,保期1年。

2. 每一份1万元家庭财产保险,我们支付给平安保险公司10元保险费。

由于平安保险公司家庭财产保险最低保额为3万元,经协商,常熟平安保险公司特意为我们设计制作了一批1万元家庭财产保险。10元保险费由我公司与常熟大有食品商行各承担5元。大有食品商行制成保险单兑现卡,并放入原浆酒盒内,消费者获得兑现卡时填写家庭住址和联系电话等,然后交给我方促销人员,以兑换保单;消费者也可以直接到平安保险公司兑取万元财险保单一张。

四、实施和效果

本次活动于2003年6月5日正式开始实施。我们通过常熟有关报纸媒体、制作宣传单、立牌广告等多种形式在大型商场超市及主要酒店展开全面宣传,辅之以大有食品商行几十名促销人员的口头宣传,在当地消费者中间产生了强烈反响。期间我们重点做了常熟城乡近百家酒店,并做了10余家二级批发商和22家商场超市的促销活动。

活动实施一个阶段后,通过了解,这次促销产生了如下三大效果:

1. 我们抓住"非典"过后餐饮生意势头上升这个时机开展促销,走在同行前面,打了竞争对手一个措手不及,抢占了市场制高点,形成了一定的影响力。

2. 通过这次活动,提高了××贡酒原浆酒在同价位产品中的市场占有份额;较好地提升了公司产品在常熟市场的品牌形象;带动了公司其他产品在市场上的销售。现原浆酒、新瓷贡每天走量100箱左右(1×6),大有食品商行6月份销量是5月份的4倍以上,在本月库存正常的情况下,进货额为税前40.6万元,是5月份的5倍。

3. 在夏季这个不利于白酒销售的季节里,产品销售做到了淡季不淡,为公司产品在常熟市场下半年的进一步上量和产品线的延伸打下了基础。

五、经验与不足

1. 经验:白酒终端营销抓住酒店这个龙头是关键。这次活动在酒店收到的效果非常好,起到了推动市场拓展的积极作用。通过对酒店的走访了解,消费者对喝一瓶酒,得1万元家庭财产保险这种物超所值的促销相当感兴趣。当人们对小礼品、刮卡之类的促销已司空见惯时,这类活动收到了出奇制胜的效果。

2. 不足:这次活动在商场超市的反应比较平淡,商场超市举行买赠活动频繁,不少厂家搞的活动欺诈行为较多,多数购物者都怀有一种猜疑心理,并且商场超市的消费者购物一般都是自己消费,比较谨慎,像原浆酒这种高档酒,消费者一般都是在一年3次大的节假日送礼时购买,所以其效果不大明显。

启迪:体验式促销的真谛就在于体验的提供者们必须持续策划更新的体验,使消费者对商品保持新鲜感,从而舍得花钱再次体验。

常熟市场"买原浆,送平安"的促销形式,看似平常简单,其实则是一种全新的体验营销,它打破了酒类终端诸如赠送打火机、钥匙扣、刮刮卡等千篇一律的促销形式。消费者在购买和使用原浆酒过程中,既有"原汁原味"的美酒功能体验,又有"平安是福"的情感体验,从生理到心理都留下了一次难忘的记忆。

此促销案例给终端实践者提供了一些新的思路和启示:以消费者心理需求为中心,找好"主题概念",开展体验式促销,不断地给客户以惊奇和惊喜,是酒类终端革命的关键。

(资料来源:求诸子. 中国营销传播网,2005-12-26)

问题:请评价此次促销活动,还有哪些方面需要进一步完善?

思考题

1. 简述促销沟通的模式。
2. 简述促销的基本方式。
3. 简述广告定位决策的不同方法。
4. 衡量公共宣传活动新闻价值的标准有哪些?
5. 直复营销的特点有哪些?主要有哪几种形式?

第四章

销售促进决策

- 掌握销售促进的功能和特征
- 熟悉销售促进决策流程
- 熟练运用销售促进的基本策略
- 能够制订简单的销售促进方案
- 可以针对某一销售促进活动进行正确评价

第一节 销售促进概述

由于市场竞争的日趋激烈,企业越来越多地运用一些销售促进的手段来刺激中间商和消费者的购买行为,达到带动销售的目的。

销售促进是企业销售的开路先锋与推进器,历来被各企业视为促销利器。销售促进在鼓励试用、改变购买习惯、刺激购买数量、刺激潜在需求、吸引中间商、推广新产品、宣传附送品、防范竞争者、巩固品牌形象等方面具有独特的功效。正如美国促销协会主席威廉姆·A.罗宾逊所说,广告创造有利的销售环境后,销售促进就可以将商品推进输送管道中。

一、销售促进的特征

销售促进与其他促销方式相比较,具有下述明显特征:

(一)非连续性

销售促进一般是为了某种即期的促销目标专门开展的一次性促销活动。它不像广告、人员推销、公共宣传那样作为一种连续的、常规性的促销活动出现,它着眼于解决一些更为具体的促销问题,因而往往是非规则、非周期性地使用和出现的。

（二）形式多样

销售促进的方式多种多样,如优待券、竞赛与抽奖、加量不加价、集点优待、折价优待、包装促进、回邮赠送、付费赠送、退费优待、零售补贴、免费样品、POP（购物现场陈列）广告等。这些方式各有其长处和特点,企业可根据不同的产品特点、不同的市场营销环境、不同的顾客心理等条件灵活地加以选择和运用。

（三）即期效应

销售促进往往是在一个特定的时间里,针对某方面的消费者或中间商提供一种特殊优惠的购买条件,能给买方以强烈的刺激作用。只要方式选择运用得当,其效果能很快地在经营活动中显示出来,而不像其他促销方式那样需要一个较长的周期。因此,销售促进比较适合于那些突击式的、需要短期见效的促销目标。

二、销售促进的功能

销售促进具有如下几方面的功能：

（一）沟通功能

卖主可通过各种销售促进的方式,使消费者尤其是潜在消费者体验到产品的实际效用,获得对该产品的了解,达到加强与消费者沟通的目的。在传递商品信息方面,广告的作用固然不可低估,卖方可以通过广告媒介把商品信息传递给在家中、在工作场所以及在旅途中的广大潜在顾客。但是,在购买行为发生的特定时间和空间,广告的效果可能消失。在这种情况下,卖主如果在特定的购买地点和购买时间及时运用适当的销售促进手段来通知、提醒、刺激可能的买主,就可以促使他们立即购买,实现现实交换。也就是说,销售促进比广告在销售上能产生更快的反应。

（二）激励功能

卖主可以运用销售促进手段来吸引产品的新试用者和报答忠于本企业的老顾客。这是因为卖主可向买主提供某些额外的利益,如样品的赠送和价格上的让利,从而刺激消费者试用和购买。在品牌繁多、竞争激烈的产品促销和新产品进入市场的过程中,销售促进手段的运用是十分必要的。有的企业采取欲取先予的战术,先让消费者免费试用新产品样品,以引起消费者对新产品的兴趣。这种方式虽然成本较高,但往往收效也较快。还有的企业采取退款优待的方式来鼓励消费者对新产品的第一次购买,即消费者从零售店按正常价格购买商品,然后把某种购买凭证（如标签）寄给制造商,便可以收到制造商寄回的一定数额的退款。实践证明,这些方法是行之有效的。

(三)协调功能

制造商在销售产品过程中与中间商保持良好关系,并取得他们的合作是至关重要的。制造商可以运用多种销售促进方式来影响中间商,并协调与中间商的关系。例如,通过向中间商提供购买馈赠、陈列馈赠来鼓励订货;通过向零售商提供交易补贴来弥补零售商制作产品广告、张贴商业通知或布置产品陈列时所支出的费用;通过批量折扣、类别顾客折扣、经销竞赛等方式来诱导中间商更多地购买等。这些措施能调节中间商的交易行为,使中间商做出有利于自身的经营决策,并与制造商保持稳定的购销关系。

(四)竞争功能

销售促进可以有效地抵御和击败竞争者。当竞争者大规模地发起促销活动时,如不及时采取针锋相对的措施,往往会大面积地失去已占有的市场。在应付竞争方面,有许多销售促进工具可供选择,如采用减价赠券或减价包装的方式来增强企业经营的同类产品对顾客的吸引力,以稳定和扩大自己的顾客队伍;采用购货累计折扣优待的方式来促使顾客增加购物数量和提高购货频率等。

阅读材料

如果要在极短时间内刺激客户的消费神经,销售促进是一个值得尝试的方法。

一般来说,银行广告志在长远,塑造品牌费尽心力,但对短期销售效果却影响不大。而银行销售促进作用则立竿见影,尤其能迅速吸引品牌忠诚度不高的客户,因为他们往往更在意一时的优惠价格或赠品。银行销售促进的对象,主要是尚未接受金融产品和服务的潜在客户、已经接受其他银行同类产品的客户,以及是本行新推出的金融产品和服务的尝试者。

为了争夺或巩固市场份额,银行常通过销售促进来弥补其他促销方式的不足。据美国麦克康尼公司的调查统计,美国每四家银行中至少有一家尝试过馈赠式的销售促进手段,其中只有5%的银行对促销结果不满意。

在美国,虽然销售促进的费用远少于广告费的支出,但促销手段却是五花八门。优惠手段从存款额达到15万美元的储户赠送一辆奔驰450小轿车,到向1 200美元家庭装修贷款者赠送地毯等。

英国银行业和客户同样对银行促销活动感兴趣。如英国银行和房屋互助协会为拓展青少年市场,给在比赛中获胜的孩子免费赠送"储蓄罐"。一些信托组织甚至很早就给有婴儿的客户赠送小孩衣服。英国的许多银行为拓展学生市场,常赠送半价车票等价值仅3~4英镑之间的低价值赠品。这种促销活动与其说是在争取小朋友市场,不如说是讨年轻夫妇客户的欢心。这在一定意义上要比送钱更让人感到温暖。

(资料来源:银行家营销网)

三、销售促进的主要方式

销售促进方式包括以消费者或用户为对象的促销方式,以中间商为对象的促销方式以及以推销人员为对象的促销方式。

(一)对消费者的促销方式

对消费者的促销方式主要包括样品、优惠券、现金折扣(折让)、赠奖(礼物)、竞赛(包括竞赛、抽奖以及游戏)、惠顾回报、免费试用、产品保证、连带促销以及POP(购买现场陈列)和示范表演等一系列方式。这一类促销活动的对象是消费者,也是最终购买者,因此是最直接的促销方式,使用频率非常高。采用这种促销方式的直接作用是促进消费者的购买,增加产品销售量。本章第三节对这些促销方式有详细的介绍,这里不再赘述。

(二)对中间商的促销方式

对中间商的促销方式主要包括批量折扣、现金折扣、购买折让、合作广告津贴、经销商销售竞赛、免费咨询服务、为经销商培训销售人员、展览会、联合促销等。采用这些方式的主要目的是,调动中间商的销售积极性,以期进一步扩大产品销售。对于一次购买数量巨大或多次购买数额达到一定水平的中间商免费提供一定的产品,通过让利来刺激经销商更多地进货。对经销商开展销售竞赛,通过设立销售奖金,奖励购买额领先或比例增加最大的经销商,以推动中间商大量进货,多次进货。厂商还经常给中间商一些交易馈赠和礼品,从而鼓励订货。在举办商品陈列会以后,可将部分陈列品馈赠给零售商。有的厂商还给予经销商交易补贴,用以弥补零售商在制作产品零售广告、张贴商业通知或布置产品陈列时所支出的费用。另外,制造商有时会提供商品使用手册、示范影片及派人辅导等方式的促销资助。这种资助一方面替零售商支付了额外费用;另一方面加深了中间商对商品的了解,使中间商能更好地推销其产品并回答顾客的问题。这些措施能有效地协助中间商,加强与中间商的关系,达到制造商与中间商共存共荣的目的。

(三)对销售人员的促销方式

对销售人员的促销方式主要包括推销竞赛、红利提成、特别推销奖金、免费旅游奖励等。采用这些方式的目的是,鼓励推销人员积极推销新产品,积极开拓新市场;同时也可用于对过时、积压和滞销商品的推销。

第二节 销售促进决策流程

销售促进流程主要包括：确定销售促进目标；选择销售促进工具；制订销售促进方案；试验、实施和控制销售促进方案以及评估销售促进效果。

一、确定销售促进目标

一般来讲，销售促进目标是从总的促销组合目标中引申出来的，而它在总体上又是受企业市场营销总目标所制约的，是这一总目标在促销策略方面的具体化。在不同类型的目标市场上，销售促进的具体目标是各不相同的。针对消费者而言，目标可以确定为鼓励大量购买和重复购买；吸引潜在购买者试用；说服竞争者的品牌使用者放弃原有品牌而改用本企业产品。针对中间商而言，销售促进的目标可以确定为吸引中间商购买新的产品项目和提高购买水平；鼓励非季节性购买；对抗竞争者的促销活动；建立零售商的品牌忠诚和获得进入新的零售网点的机会。针对推销人员而言，销售促进的目标可以确定为鼓励对新的产品或型号的支持；刺激非季节性销售；鼓励更高的销售水平等。企业促销部门要通过对多种因素的分析，确定一定时期内销售促进的特定目标，并尽可能使其数量化且现实可行。

二、选择销售促进工具

销售促进的工具是多种多样的，各有其特点和适用范围。一个特定的销售促进目标可以采用多种销售促进工具来实现，所以应对多种销售促进工具进行比较选择和优化组合，以实现最优的促销效益。在选择销售促进工具时主要应考虑以下因素：

第一，市场类型。不同的市场类型对销售促进工具有不同的要求。例如，消费者市场和中间商市场的需求特点和购买行为就有很大差异，所选择的销售促进工具必须适应企业所处的市场类型的特点和相应的要求。

第二，销售促进目标。特定的销售促进目标往往对销售促进工具有着较为明确的条件要求和制约，从而规定着销售促进工具选择的范围。

第三，竞争情况。应考虑企业自身的实力、条件、优势与劣势以及企业外部环境中竞争者的数量、实力、竞争策略等因素，选择最适合自己的、最有效的销售促进工具。

第四，促销预算及每种销售促进工具的成本效益。企业市场营销费用中有多少用于促销，促销预算中又有多大份额用于销售促进，往往对销售促进工具的选择形成一种硬约束。另外，每种销售促进的成本效益以及不同种销售促进工具组合的综合效益也是有差别的。

三、制订销售促进方案

在确定了销售促进目标和工具后,接下来就要制订具体的销售促进方案。在制订具体方案时要做出如下几方面的决策:

(一)激励规模

销售促进对象的激励规模要根据费用与效果的最优比例来确定。要取得销售促进活动的成功,一定规模的激励是必要的,关键是要找出最佳的激励规模。最佳激励规模要依据费用最低、效率最高的原则来确定。只要销售促进工具选择适当,有一定的激励规模就可以了,如果激励规模过大,虽然会促使销售额上升而产生较多的销售利润,但效率将相对递减。例如,企业选择一种或几种刚上市的新产品实行有奖销售,激励效果会是不错的,但如果所有经营品种都这样做,就可能得不偿失了。一般来说,一定的最小激励规模才足以使销售促进活动开始引起足够的注意;当超过一定水准时,较大的激励规模以递减的形式增加销售反应。通过考察销售和成本增加的相对比率,企业营销人员可以确定最佳激励规模。国外一些大公司专门设立一名销售促进经理,主要研究过去各种销售促进活动的成本与效益,科学地计算合理的激励规模,而后提出建议,品牌经理根据实际情况,采取适当规模的激励措施加以实施。

(二)激励对象

这种激励是面向目标市场的每一个人还是有选择的针对某部分人?这种范围控制有多大?哪类人是主攻目标?这种选择的正确与否会直接影响到销售促进的最终效果。通常,某种赠品可能只送给那些寄回包装物的购买者;抽奖可能限定在某一范围内,而不允许企业员工的家属或某一特定年龄以下的人参加。企业在选择激励对象时,要尽量限制那些不可能成为长期顾客的人。如,发放以购物凭证为依据的奖券就是鼓励已经购买这种商品的顾客,限制没有买过此商品的人。当然,限制面不能太宽,否则又会导致只有大部分品牌忠诚者或喜好优待的消费者才有可能参与,不利于目标顾客范围的扩大。

(三)送达方式

企业营销人员还必须研究通过什么送达方式让激励对象来参与,才能达到理想的效果。企业要根据激励对象,以及每一种渠道方法的成本和效率来选择送达方式。如,赠券这种促销工具就有四种送达方式:附在包装内、邮寄、零售点分发和附在广告媒体上。每一种途径的送达率和费用都不相同。再如,赠送试用样品可用下列方式来配送:邮寄,通过经特别训练的人挨户分发,通过牛奶配送员或其他地区性的路线送货人员分送,促销人员店内发送,附于其他产品包装上。每种方法各有其优点,企业应从费用与效果的关系角度仔细斟酌,反复权衡选择最佳的送达方式。

(四)活动期限

任何销售促进方式,在实行时都必须规定一定的期限,不宜过长或过短。如果销售促进活动的期间过短,可能使一些潜在顾客错过机会而无法获得这项利益,这时他们可能无暇顾及或来不及重新购买该产品,达不到预期的效果。如果持续时间过长,又会引起开支过大和损失刺激购买的力量,并容易使企业产品在顾客心目中降低身价。具体的活动期限应综合考虑产品的特点、消费者购买习惯、促销目标、竞争者策略及其他因素,依实际需求而定。

(五)时机选择

从何时开始,以及具体的销售促进日程的安排也是值得研究的问题。一般来讲,销售促进时机的选择应根据消费需求的时间特点,结合总的市场营销战略来定,日程的安排应注意与生产、分销、促销的时机和日程协调一致。在不同地区推出销售促进活动应与地区营销管理人员一道根据整个地区的营销战略来研究与决定。如,某饮料生产企业在开拓某地市场时,10月份才开始做广告促销和开展大量的销售促进活动,这就属于在时机选择上的失误,因为一般来说,10月已开始进入饮料销售的淡季。它应在每年饮料销售旺季到来之前及旺季中的4～9月开展销售促进活动,这样效果会很显著。

(六)预算及其分配

销售促进活动需要较大的支出,事先必须进行筹划预算。销售促进预算可以通过两种方式来确定:

1. 自下而上的方式,即营销人员根据全年销售促进活动的内容、所运用的销售促进工具及相应的成本费用来确定销售促进预算。销售促进成本由管理成本(如印刷费、邮寄费和促销活动费)加激励成本(如赠奖或减价等成本)乘以在这种交易中售出的预期单位数量而组成。

就一项赠送折价券的活动来讲,计算成本时要考虑到只有一部分消费者使用所赠送的折价券来购买。就一张附在包装中的赠奖来讲,其成本必须包括奖品采购和奖品包装成本等。

2. 确定销售促进预算的方式,是按照习惯比例来确定各项销售促进预算占总预算的比率。在不同市场上,对不同品牌的费用预算百分比是不同的,并且还要受到产品生命周期的各个阶段和竞争者销售促进预算的影响。

对于一个经营多品牌产品的企业来说,应当考虑销售促进活动中各品牌产品效益的结合问题。如,一次邮寄多种赠券给消费者,就可以节省邮寄及其他相关费用。在配套产品的销售促进活动中尤其要全面权衡,有时甲产品的销售促进费用较高,可能出现亏损,但它能给乙产品带来收益,并足以弥补甲产品的亏损。

从销售促进实践来看,有一些销售促进预算工作的失误值得引起我们的注意。这主要表现为三个方面:第一,缺乏对成本效益的考虑。第二,使用过于简单化的决策规划。沿用上年的预算开支数字,按预期销售的一定百分比计算,维持对广告支出的一个固定比例,或利用"剩余法",即将总的促销预算减去当期的广告支出,剩余的才用于销售促进。第三,广告预算和销售促进预算分开制定,而不是结合起来综合考虑。

四、试验、实施和控制销售促进方案

销售促进方案制订后一般要经过试验才予以实施。通过试验明确所选用的销售促进工具是否适当,刺激规模是否最佳,实施的方法效率如何等。一些大公司常在选定的市场区域中,对不同的策略进行试验。面向消费者市场的销售促进能够较容易地进行试验,如可邀请消费者对几种不同的可能优惠办法做出评价,给出评分,也可以在有限的地区范围内进行试验。对于每一项销售促进工作都应该确定实施和控制计划。实施计划必须包括前置时间和销售延续时间。前置时间是开始实施这种方案前所必需的准备时间,主要包括:最初的计划和设计工作,包装修改的批准以及材料的邮寄或者分送到家;配合广告宣传的准备工作和销售点材料;通知现场推销人员;为个别分销店建立地区的配额;购买特别赠品或印刷包装材料;预期存货的生产及发放;等等。销售延续时间是指从开始实施优惠措施起到大约95%的采取此优惠措施的商品已经到达消费者手中为止的时间。这段时间可能是一个月至几个月,主要取决于活动持续时间的长短。在实施计划的制订及执行过程中,应有相应的监控机制做保障,应有专人负责控制事态的进展,一旦出现偏差或意外情况应及时予以纠正和解决。

五、评估销售促进效果

销售促进活动结束后,应立即对其进行效果评估,以总结经验教训。很多企业忽视这一工作,即使有的企业试图评估,可能也只是做少量工作而已,有关销售促进活动获利性的评估少之又少。其实,评估销售促进效果是销售促进决策的重要一环,它对整个市场营销战略的实施具有重要意义。

对销售促进效果评估的方法依市场类型的不同而有所差异。企业评估对零售商销售促进的效果时,可根据零售商销售量、商店货档空间的分布和零售商对合作广告的投入等进行测定。企业在评估对消费者销售促进活动的效果时,可用以下四种方法进行测定:

第一,销售绩效分析。它是最普通、最常用的一种方法,即对销售促进活动前、活动

期间和活动后的销售额或市场份额进行比较分析,根据数据变动来判别。在其他条件不变的情况下,增加的销售额或市场占有份额就归因于销售促进活动的影响。

第二,消费者固定样本数据分析。它也可用来评估消费者对销售促进的反应。多德森(Joe A. Dodson)、泰伯特(Alice M. Tybout)和布莱恩·斯特恩塔尔(Brian Sternthal)曾对消费者固定样本数据进行了专门研究,发现优待活动通常促进了品牌转移,其比率则视具体的优待形式而定。通过媒体送出的赠券引起了大量的品牌转移;降价的效果就没这样明显;而附在包装内的折价券则几乎对品牌转移没什么影响。尤为引人注意的是,在优待活动结束之后,消费者通常又恢复购买原来偏好的品牌。

第三,消费者调查。它是在目标市场中找一组样本消费者面谈,以了解事后有多少消费者能回忆起这项销售促进活动,他们如何看待这次活动,有多少人从中受益,对他们后来的品牌选择行为有什么影响等,并可以进一步采用某些标准对消费者进行分类来研究更为具体的结果。这种方法常用来研究某种销售促进工具对消费者的影响。

第四,实验研究。它是指通过变更刺激程度、优待期间、优待分配媒体等属性来获得必要的经验数据,供比较分析和得出结论。优待属性的改变与地理区域的变换相搭配,可以了解不同地区的销售促进效果。同时,运用实验研究还需做一些顾客追踪调查,以了解不同优待属性引起消费者的不同反应水平的原因及其规律,为改进销售促进活动、提高其效果提供依据。

第三节 销售促进策略

随着企业销售促进活动的增加,各种销售促进策略被广泛地运用。主要的销售促进策略可以归纳为10类:赠送优待券、折价优待、集点优待、退费优待、竞赛与抽奖、赠送样品、付费赠送、包装促销、零售补贴和POP广告。

一、赠送优待券

赠送优待券是指企业向顾客用邮寄、放在商品包装中或以广告等形式附赠一定面值的优待券,持券人可以凭此优待券在购买某种商品时免付一定金额的费用。运用优待券促销在美国较为普遍。特别是对于年龄较大、受教育程度较高,且居住在都市地区的已婚夫妇较具成效;相反,对于年轻、单身、受教育程度较低的消费者则效果较差。当然,这并不意味着优待券只适于前一类人,它几乎受到所有人群的青睐。在我国,优待券对于工薪阶层来讲,也是很具有吸引力的。

优待券可分为两大类,即零售商型优待券和厂商型优待券。

(一)零售商型优待券

零售商型优待券只能在某一特定的商店或连锁店使用。通常,此类型优待券由总经销者或零售店策划,并运用在平面媒体广告、店内小传单或 POP 广告上。运用此类优待券,绝大部分是以吸引消费者光临某一特定商店为主要目的,而不是为了吸引顾客购买某一特别品牌的商品。另外,它也被广泛用来协助刺激对店内各种商品的购买欲望。虽然零售商型优待券的种类繁多,但不外乎下列三种:

1. 直接折价式优待券,即某特定零售店在特定期间内,针对某特定品牌,可凭券购买以享有一定金额的折价优待。这种促销方式也可运用在多量购买上。

2. 免费送赠品优待券,即买 A 产品可凭此券免费获赠 B 产品。

3. 送积分点券式优待券,即购买某商品时,可获赠积分点券,凭这些积分点券可在该零售店兑换自己喜欢的赠品。一般此券的价值常由零售商自行决定。

(二)厂商型优待券

厂商型优待券是由产品制造商的营销人员所规划和散发的,通常可在各零售点兑换,并获得购买该品牌商品的折价或特价优待。厂商型优待券因散发方式的不同又可分为以下四类:

1. 直接送予消费者的优待券。它通常是通过挨家挨户递送,或用邮寄方式直接送到消费者手里。它既可采用单独寄送,也可附带介绍或宣传性资料一起寄送。另外,还可采用在街头散发;置于展示台上任人自取;通过商店"欢迎取用"告示牌来吸引顾客索取;委托促销或直销公司代送等方式发送。

联合邮寄是这类优待券较为常见的一种送达方式。如,美国唐纳利营销公司的一项主要业务就是负责汇集各种优待券,然后列出一份邮寄名单,再将优待券分别装在信封内投邮寄出。另外,该公司还负责印制厂商产品详细情况的优待小册子统一发送。在我国,像房地产公司、家用电器公司、维修公司和装饰公司等也逐渐开始采用联合邮寄方式。

2. 媒体发放的优待券。通过媒体散发的各种类别的优待券,因传播媒体读者对象的不同,应选择对口的媒体。现在,我国消费者在报纸、杂志、周末或周日附刊等印刷媒体上均能看到中外公司的各类优待券。

3. 随商品发放的优待券。这是为消费者再次购买时提供优惠的一种形式。它包括"包装内"和"包装外"两种方式。前者是指将优待券直接附在包装里面,当运用此方式时,商品的盒子或纸箱上常以"标贴"的方式特别标明,以吸引消费者的注意。后者是指在包装上某处附有优待券,它可以印在包装标签上或印在纸箱上。需要注意的是,在食品类商品使用包装内优待券时要特别小心,在优待券的形式、规格、纸张材料、印刷方式等方面均应符合规定,因为食品管理的规定极为严格。

另外,某商品的优待券可以放在其他不同类别的商品包装内或包装上,称为"交叉取胜"。此方式多用于相互依存的商品。如某品牌咖啡在其包装内或包装上附一张优待券,凭此券购买咖啡伴侣可享受优惠;又如在午餐盒上附一张兑换舞会门票的优待券等。"交叉取胜"优待券常被同一厂商对不同商品互相搭配采用,有时则由不同厂商的产品联合采用。

4. 特殊渠道发放的优待券。近年来,市面上出现了数种小型但却成长迅速的优待券发送方式,在零售业中尤其流行。较常见的有:将优待券印在收银机打出的收款条背面、商店的购物袋上、蛋桶盒上、冷冻食品包装袋上、街头促销宣传单上等可利用的地方。这类优待券散发渠道多,运用灵活,但正因其发放方法新颖,缺乏长期的记录轨迹可循,所以运用时要慎重。

二、折价优待

折价优待也是企业常用的销售促进策略之一。折价优待是指企业在一定时期内调低一定数量商品的售价,或者说是适当地减少自己的利润以回馈消费者的销售促进活动。企业之所以采用折价优待,主要是为了与竞争品牌的价格相抗衡。同时,折价优待可积极地增加销售,扩大市场份额。从长远角度来讲,折价优待也可增加企业利润。大部分厂商惯用折价优待来掌握已有的消费者群,或利用这一促销方式来抵制竞争者的活动。通常,折价优待在销售点上能强烈地吸引消费者的注意,并能促进购买欲,提高销售点的销售,甚至可刺激消费者购买一些单价较高的商品。

折价优待的运用方式灵活多样,不胜枚举,但较为常用的方式有下列几种:

第一,标签上的运用。在商品的正式标签上可以运用锯齿形设计、旗形设计或其他创意,将折价优待显著地告知消费者。比如,汉斯番茄酱提供每罐 4 美分的折价优待,其折价标贴清晰易懂。

第二,软质包装上的运用。通常情况下,将折价标示运用在软质包装上不太容易,而且容易出问题,所以在设计制作时应请教有经验的设计师,以便少走弯路。

第三,套袋式包装上的运用。当几个商品包装在一起做折价促销时,可以将折价金额标示在套袋上。此方式常在香皂、口香糖、糖果等类商品上采用。

第四,买一赠一时的运用。提供两个以上的商品开展折价促销,比如"买一送一""买二送三"等,深受消费者的喜爱,并能吸引消费者积极参与。现在,国内商家越来越多地采用开架型自助式售货,营销人员也越来越相信消费者多数是在店门口或货架前才做购买的决定,所以,折价优待在现今的营销活动中日益成为促销的重要手段。

三、集点优待

集点优待,又叫商业贴花,指顾客每购买单位商品就可以获得一张贴花,若筹集到一定数量的贴花就可以换取这种商品或奖品。消费者对集点优待的偏好不一,但总的说来,其仍不失为一种重要且具影响力的促销手段。此促销手段的最终目标是让顾客再次购买某种商品,或再度光顾某家商场。

集点优待与其他促销方式最大的差别在于时间上的拖延。消费者必须先购买商品,再收集点券、优待券或购物凭证,在一定的时间后,达到了符合赠送要求的数量,才可获得赠品。

通常,如果消费者参加了某一集点优待活动,他就会积极地去收集点券、标签或购物凭证,以兑换赠品。此时,他自然不愿意转而购买其他品牌的商品。可见,集点优待对解决某些促销问题很有效力,尤其是对建立再次购买及保护现有使用者免受竞争品牌的干扰等更具成效。

集点优待通常可分为两大类:

(一)厂商集点优待

厂商集点优待包括点券式、赠品式和凭证式集点优待。

1. 点券式集点优待,主要是厂商鼓励消费者多购买其产品,给予某特定数量的点券,消费者凭这些点券可兑换各种不同的免费赠品,或是凭此点券再买商品时可享受折价优待。以厂商立场推出积分券、优待券等的集点优待,已不像从前那样广泛受到消费者喜爱,但仍有些厂商喜欢以该方式促销,且效果较好。如,美国某食品的促销活动就是运用此法,其方式是在每包食品中均有一张点券,消费者不断地收集点券,当达到某一数量时,即可核对赠品手册以兑换自己喜爱的赠品。该活动已持续数年之久,效果显著。

2. 赠品式集点优待,是指在包装内、包装上附赠品的集点优待方法。例如,微风牌洗衣粉就曾在包装上附送毛巾等赠品达数年之久,并且不同的容量包装附不同的赠品,消费者因而可以通过购买不同的包装收集到成组的赠品。

3. 凭证式集点优待,是指消费者提供某种特定的购物凭证即可获得厂家提供的某种特定优待,如奖金、赠品等。例如,广州泰奇八宝粥厂于1997年上半年推出了奖金总额为500万元的集点优待活动。其累积奖是:如果拉开拉盖,里面只印有其中一个优点的请保留好,只要继续集够5个以上不同优点的拉盖,便可将上面所印的奖金额累加起来向厂家兑奖。如果集齐8个不同优点的拉盖,可按照上面所印的奖金额累加获双倍奖金。如果拉开拉盖上面印有泰奇八宝粥8个优点——天然、方便、饱肚、解渴、滋润、有益、卫生、实惠,即可获"特别大奖"5 000元。这一活动使泰奇八宝粥在两广地区的销售业绩上升了38.5%。

当营销人员想建立品牌忠诚度时,采用集点优待方式促销更见成效。通常,有时效性限制的集点赠送,比持续不断的积分赠送更受包装性商品厂家的欢迎。因为运用这种方式促销,可让厂家有机会得以建立消费者对本产品的兴趣,进而达到吸引新消费群及潜在顾客的目的。

（二）零售商集点优待

零售商集点优待包括赠品式、积分券式和积点卡式集点优待。

1. 赠品式集点优待,是在零售店或专卖店运用的集点优待,以吸引顾客。这种促销方式在食品店及超级市场用得较普遍,其方法是利用成组的赠品来广泛招徕生意。比如,有一家食品店曾推出陶瓷餐具组赠送活动,每周从全套餐具中推出一种以超低价特卖,消费者为得到不同餐具只得每周光顾一次,如此最终方能集成全套餐具组。此外,为了向顾客提供更周全的服务,对在特价品之外的其他组合配件也减价供应,以方便顾客选购。这是一个较为典型的成功例子。

2. 积分券优待,是根据在零售店购物的一定消费金额为基准赠送的。当消费者收集积分券达到某一数量时,即可依赠品目录兑换赠品。

3. 积点卡式优待,是指零售商根据某个特定标准向顾客发放积点卡,顾客根据其不同的累积购买量享受不同的优待。如,北京当代商城发行网络卡,每年消费5 000元的顾客可获得5%的优惠,每年消费5万元的顾客可获10%的优惠,每年消费10万元的顾客可获15%的优惠,但购置某些特殊类商品如家用电器只累积不优惠。

四、退费优待

退费优待是指企业根据顾客提供的购买某种商品的购物凭证给予一定金额的退费,以吸引顾客,促进销售。20世纪80年代,美国最热门的促销方式之一即为退费优待,因为当时正值通货膨胀,几乎所有的消费者都在寻求使有限的预算达到扩大消费的方法,退费优待自然颇受欢迎。该方法运用起来非常简单。通常厂商为优待顾客,在其单独购买某种商品或某几种商品时,会给予某种定额的退费。退费数额小到商品售价的百分之几,大到几乎商品价格的全额,各不相同。另外,退费优待可用在同一厂商的同类型商品上,也可与其他厂商的商品联合使用。

退费优待适用于各行各业,而且效果明显;同时,退费优待也适用于绝大部分的商品,只是其中有些商品及商品类别较其他商品的反应更好一些。经验证明,销售速度缓慢、产品差异化小、冲动式购买的商品,虽不常购买,但只要一买,常用得很快,再购率也高,这种类型的商品运用退费优待效果最好。而对于高度个性化的商品、经久耐用的商品,则不宜采用此方式。

有些厂商在促销过程中,运用全额退费优待,但事实上该方式只适用于较低价格的商品。而更多的营销人员喜欢采用退还某一固定金额作为退费优待的方式。退费优待运用得较多的主要有以下几种形式:

其一,单一商品购买优待。例如,美国人为了特别强化低价商品的重复购买,常提供退费优待,退还的金额很少低于1美元。为单一商品购买而提供的退费优待,常偏重于个人化理性购买型商品,或高价位的食品、药品、健康和美容用品等,甚至有的汽车厂商对购买新车给予500~1 000美元的退费优待。

其二,同一商品重复购买优待。此种方式是指两次或两次以上购买同一种商品时所采用的退费优待。比如,Snow Crop果汁,是依顾客购买的橙汁数量的差别提供不等的退费优待,即买3罐退50美分,买5罐退1美元,买12罐退3美元,其促销效果较好。

其三,同一厂商多种产品的购买优待。通常,厂商在举办这种促销活动时,提供不同的产品系列,以便顾客任意选购所需商品,并同时收集不同的标签,从而获得相应的退费优待。

其四,相关性商品的购买优待。将相关性商品合并在一起提供退费优待,是产品促销技巧中最普遍的一种方式。比如,巧克力饮料公司与鲜奶公司合办退费优待,只要顾客买了巧克力饮料公司的饮料后,再去购买鲜奶时就可获得50美分的退费优待。此种优待方式的关键在于促销人员创意如何以及经费的多少。

五、竞赛与抽奖

竞赛与抽奖是指企业通过某种特定方式,以特定奖品为诱因,让消费者深感兴趣、积极参与并期待中奖的一种销售促进活动。为了使奖品能够吸引消费者,从普通商品到金银珠宝、彩电、汽车等,几乎都被营销人员选为奖品。实践证明,竞赛与抽奖的促销效果明显,因为它可以为消费者提供意想不到的收入机会。竞赛与抽奖促销方式目前在美国已相当规范,受到严格的法律条文的约束。我国在20世纪90年代,从商店、工厂到金融界,从大中城市到小城市,纷纷盛行"巨奖销售"之风。但因我国尚处在初期的探索阶段,加上法律不完善,目前还存在许多问题,但这一方式将会随着竞争的加剧而为企业界大量地采用。

美国广告代理商协会认为,竞赛是一种请消费者运用和发挥自己的才能以解决某一特定问题或完成某一特定任务的活动。的确,在现实中经常可以见到这样的竞赛方式,比如针对某些商品写一首诗,或给产品命名,或为广告配乐加上最后几个音符等。然后在所有来件中,依程度优劣或摇号选出优胜者。

通常,竞赛活动的参与者必须提供购物凭证或必须符合某些合理的必备条件。因此,竞赛通常需要具备三个要素,即奖品、参与者的才能和学识以及某些参加条件限制,并以此作为评选优胜者的依据。

美国广告代理商协会认为,抽奖不是针对部分具有才能的消费者而举办的,获奖者是从所有参加的来件中抽出的,也就是说,奖品的获得全凭个人的运气。可见,抽奖活动的优胜者通常是从所有来件中抽出的,而不需特别的才能和学识。参加者只要填好姓名、身份证号码或其他一些个人资料即可。

抽奖最为流行的两种方式是:一种是直接式抽奖,即从来件中直接抽出中奖者;另一种是兑奖式抽奖,即由厂商事先选定好数字或标志,当一组奖券送完或到指定的日期后,由媒体告知消费者,参加者若持有已选定的数字或标志即中奖。

当前较为流行的兑奖式抽奖方式是运用一种印有号码或特殊标志的卡片,参加者获卡片后,可在指定的期限内将卡片上显示的数字或标志与厂商选定的数字或标志相对比,符合者即中奖。"健力宝"饮料和"绿得"八宝粥是国内运用此抽奖方式的早期代表,其促销规模之大,效果之好是人所共知的。

另外,还有一种受欢迎的抽奖类别,被称为"计划性学习"。参加者必须首先详细阅读举办活动的宣传材料,以便获得符合参加条件的答案,然后即可在商品标签、包装或广告上回答某些问题,最后再由厂商在所有给出正确答案的参加者中抽出幸运中奖者。这一方式在家电类产品和保健营养类产品中运用较多。这主要是因为这类产品竞争激烈,厂商可运用这种既简单效果又好的方式进行品牌识别。

六、赠送样品

将产品免费送达消费者手中的销售促进方式称为赠送样品。在绝大部分的促销方法中,消费者常需完成某些事情或符合某些条件,才可取得商品或获得馈赠。免费赠送样品则不同,消费者无须具备什么条件即可得到商品。实践证明,免费样品是吸引消费者试用其产品的好方法,特别是在新产品介入市场时运用较为有效。

但并非所有的商品均适合使用赠送样品的方式来进行销售促进。对于高度特殊性的商品或诉求的市场小又有选择限制时,赠送样品的促销效果往往不佳;而当产品差异性或特点优越于竞争品牌,并值得向消费者进行披露时,赠送样品效果较好。据经验得知,大众化消费品最适合于运用此方法。因此,当广告都难以详尽表达产品的特性时,通过赠送样品来推广介绍产品效果明显,因为只要展示产品的利益,即可获得消费者的认可。

此外,在新产品上市进行广告宣传之前的 4～6 周,先举办赠送样品促销活动,不仅可有效地刺激消费者的兴趣,还可提高其尝试购买的意愿。但有一点必须注意,那就是要保证货源充足、渠道顺畅,以避免出现消费者需要使用产品时却购买不到的情况,因为这会挫伤购买者的积极性。

赠送样品按发送方式的不同可分为7种：

第一，直接邮寄。直接邮寄即将样品通过邮政部门邮寄，或利用民间专门的快递公司或促销公司，直接送到潜在消费者手中。此方式除了邮寄费用昂贵以外，有时会受到一定程度的限制。例如，新建小区、边远地区等，快递公司可能无法及时服务到位，这样就会影响宣传效果。尽管如此，运用直接邮寄可以认为是样品发送的较好方式，因为调查表明，直接邮寄的效果是优待券的3~4倍，尝试购买率可达70%~80%。

第二，逐户分送。逐户分送即将样品以专人方式送到消费者家中的促销方式。通常是通过运送公司或委托专业的样品促销和直销服务公司执行。一般是将样品放在门外、客户信箱内，或是交给应门的消费者。此种方式因直接面对消费者，无中间的转递，所以效果很好。如1996年夏，宝洁公司与湖北省统计局联手委托大学生将150万袋40克包装的汰渍洗衣粉派送到武汉市150万户居民家中，使汰渍洗衣粉在武汉洗衣粉市场的占有率由30%提高到50%左右。

第三，定点分送及展示。定点分送及展示即选择在零售店里、购物中心、重要街头、转运站或其他人流汇集的公共场所等地点，将样品直接交到消费者手中的促销方式。同时，要向消费者宣传有关产品的销售信息，使消费者更加了解产品。此法若再搭配送优待券或其他购买奖励，则效果更加显著。如，北京的"酱王牌"面酱，就是通过此种方式让消费者认知其新产品的。另外，西安的"太阳牌"锅巴在产品刚上市时，也是通过赠送品尝打开了全国市场。

第四，联合或选择分送。它是由专业的营销服务公司来规划各种不同的分送样品方式，以便将产品有效地送到各个选中的目标消费者手中，比如新娘群体、军人、学生、婴儿、母亲或其他一些特定的消费群体等，据其个别需求将相关却不是竞争性的商品集成一个样品袋送到他们手中。此法构思巧妙，样品袋组合精致，送得贴切自然，所以特别受到受赠者的喜爱。另外，此法是针对特定对象分送组合样品，其最大的优点在于它能既迅速又直接地接触目标顾客，并因各品牌分摊费用而使成本无形中降低许多。

第五，媒体分送。这是指部分消费品可经由大众媒体，特别是通过报纸、杂志将免费样品送给消费者。如果样品体积小且薄，就可附在或放入媒体里分送给各订户。此法的最大长处在于它能送到家庭和机构内部，同时能够传播商品信息。但是，此种方法制作成本较高，因此并不经济实用，尤其是分送样品的媒体在我国主要是集体订阅，对家庭引起的尝试购买率较低，所以不是一种理想的样品分送方式。

第六，凭优待券兑换。此方式是指消费者凭邮寄或媒体分送的优待券可到零售店兑换免费样品，或是将优待券寄给厂商，来换取样品。这一促销方式效果往往不错，但是费用也比较高，因为厂商要支付零售点的样品兑换处理费或样品邮寄费。

第七,入包装分送。这是指选择非竞争性商品来附送免费样品的方法。该样品通常被认为是此商品的赠品。许多实例说明,因该商品消费对象的购买及尝试意愿往往不能充分地展现,所以此法的运用效果往往偏低,但费用也较低。如,某药品公司与剃须刀公司联合,将一种感冒药样品装入剃须刀内,这一促销方式使双方相得益彰,各享其利。

七、付费赠送

付费赠送是指企业为吸引消费者而采取的只要消费者在购买某种特定商品的同时提供赠品的部分费用即可获得赠品的销售促进方式。付费赠送在一些西方国家的公司中沿用至今,但已发生了较为明显的变化。比如,以往消费者认为最好的付费赠品应在 1 美元以下,而今某些赠品价值却已提升到 35～50 美元或者更多。在赠品的选择上,也要力争吸引每位消费者。这种促销方式已在特定对象的细分市场上获得了良好的销售业绩。

成功的付费赠送促销活动,关键在于所提供的赠品只能从此次赠送中获得,而很难从别处寻找。因此,越来越多的营销人员极力挖掘独特的赠品,特别是流行又时髦的商品,因为这类商品特别受欢迎,促销效果也好。

八、包装促销

举办包装促销活动最主要的目的,就是希望凭借特殊的包装在零售店的货架上显示其独特的一面,以吸引消费者。特别是当商品差异性不大时,这一促销方式更具有突出的效果。通过包装内、包装上、包装外或可利用的包装等来进行促销,在激励消费者尝试购买方面特别见效。尤其是当消费者因赠品而买了本产品,经试用后深感满意时,自然会继续使用,从而成为这一商品的忠实顾客。

包装促销可分为以下几种具体方式:

第一,包装内赠送。包装内赠送是指将赠品放在产品包装内附送。此类赠品通常体积较小、价位较低,但目前也有将大规格、高价位的商品,如餐具、酒具等附在装电冰箱的箱体内赠送的。

第二,包装上赠送。包装上赠送是指将赠品附在产品上或产品包装上。包装上赠品的种类较多,比如用橡皮筋将赠品与商品扎在一起,或用透明成型包装,也有的将优待券、折价券等印在包装盒上或纸箱上,以便消费者剪下来使用。

第三,包装外赠送。当赠品体积较大,无法与产品包装在一起时,即可在购物的零售店内,将赠品摆放在产品附近,以便消费者购物时一并带走。

第四,可利用包装赠送。此促销方式的最大特点是,产品通常被装在容器内,当产品用完后,此容器可再被用来装其他东西,成为一个很好的储物罐。这类赠品在药品、保健品和饮料类产品中用得相当普遍。

九、零售补贴

制造商激励零售商积极促销的惯用法宝是零售补贴,又称为零售折让。其运作方式是短期特别销售奖励。通常,制造商为鼓励零售商大量进货并积极配合商品促销活动,特别给予其降低进货价的优待。此种降价折扣,也促使零售商的售价能跟着降低,从而给消费者提供实质性的优惠。据消费行为调查报告显示,有25%以上的消费者是属"折价购买型"的,即在商品打折时才会购买,或是非等到大降价时才会采取购买行动。由此可见,零售补贴对于制造商和零售商而言,均是备受重视的重量级促销手段。

零售补贴种类很多,但都可归纳为两大类:一种是无条件补贴,即不对零售店做任何硬性规定,纯粹只是提供折扣,以使其创造销售佳绩。这样一来,有些零售店就会主动降价以优待消费者,而有些则不一定降价,对此制造商并无强制性要求。另一种零售补贴则为有条件补贴,常需零售商做出某种承诺才能享受到补贴或折让。通常条件是,制造商要求零售商务必须调低商品零售价,或将补贴用于优待消费者。

需要指出的是,这里所阐述的零售补贴是假设制造商直接出货给零售商,并未通过中间的经销商或地区代销商。当然,绝大部分情况是制造商拟订零售促销方案,提供给经销商,再到零售商,有时经销商可能会增加商品折扣,有时可能根本未将折价优待提供给零售商。在此,为了避免双重折让混淆理解,特以单纯渠道来阐述问题,以便于理解和把握。

(一)无条件补贴

无条件补贴有以下几种:

1. 一次性购买补贴。所谓一次性购买补贴,是指在某期间内进货即享有折扣优待。比如,制造商提供零售商的购买补贴为每进货一箱即给15元,但限定必须达到某一定数量时,如一次进货20箱以上才能得到此补贴,或是与去年同期的平均进货量相比,超过的部分每箱给15元补贴。补贴可从应付款中扣除,或给予进货折让现金。

通常,一次性购买补贴的目的相当简单,即达成铺货率或降低零售价,也常用来抵制竞争者,以及刺激零售店提前进货以控制预期可能的竞争品牌的折价促销。因此,制造商常常没有特殊限制性要求,补贴实施迅速而直接,零售商可获得实质的好处,却无需对消费者降价。所以,一次性购买补贴方式受到零售商的普遍欢迎。

2. 凭发票扣抵补贴。购买补贴是指达到一定的购买量方可享受补贴,而凭发票扣抵补贴则是限制在一定期间内才可享受补贴。此类补贴简便易行,深受制造商及零售商的喜爱。有时制造商还可说服零售商在折价期间降价优待消费者。有时凭发票扣抵补贴,也可能造成零售商借机囤货,即利用折让优待大量进货,享受高额利润,而后再慢慢销售。

3. 免费附赠补贴。所谓免费附赠补贴,是指制造商在零售商进货达一定数量时,为体现优待而加赠一"免费"产品。最典型的例子是买一箱送一个。此种免费附赠常有时间限制,但并不限于一次的订购。在赠送优待期限内,当下次再订货,累计达到优待数量时也可享受免费赠送。

制造商特别偏好免费附赠,因为此种促销方式送自制的产品,成本花费较低。制造商偏爱免费附赠的另一个原因,在于特定期间内为激励零售商而实行多买多送,零售商获赠越多,借此赠品售出所提的利润就越多,因而可促使零售商调低售价以回馈消费者。

4. 延期付款。按促销技术而言,此方式不应属于零售补贴的促销类别,但若看结果,则仍可算是一种折让方式。所谓延期付款,简言之即零售商可以先进货,过一段时间后方付款。比如,零售商于6月1日进了7 500元的货,由于制造商给予延期付款优待,该零售商可以延到8月1日付2 500元,9月1日再付2 500元,最后的2 500元于10月1日付清。此方式的特色是零售商无须先付货款,可等到商品卖出后,再慢慢分期摊还,即制造商给予了零售商以充分的财务支援,却不计利息。

制造商之所以运用延期付款方式,是因为制造商无须另外花钱对零售点促销即可将库房中的存货送至零售商的仓库中,以节省库存管理费。此外,这一促销方式对季节性产品的流通特别有效。比如,暖气机制造商可在4,5,6月份送货给零售商,然后到10,11,12月才收款。如此,可确保零售商在销售旺季来临时有货可卖,制造商也可借此事先安排生产线按计划生产,以避免供需失调。

(二) 有条件补贴

有条件补贴又可分为以下几种:

1. 现金折让。此种促销方式的搭配条件最为简单,只要零售商根据要求大量进货,增加货架陈列位置,购买全系列产品并给予显著展示等,制造商均会同意给予双方认同的现金折让(如每箱折现多少,或总价折多少百分比等)。凡是零售商配合,切实执行合约所列事项的,制造商即会开出折现支票,以回报零售商的支持。

举办现金折让优惠活动对制造商的最大好处是,零售商必须达成某些事先议妥的配合工作,才会获得折现优待。

2. 广告补贴。此种补贴运用方式与现金折让类似,零售商也需要达成某些配合要求,才能获得折价补贴。广告补贴与现金折让的最大区别是零售商获得累计折让额度,而不是取得现金。此外,还必须实施一些配合行动,如商品减价、刊登报纸广告或在货架上标示折价告示牌等。通常广告补贴会提出要求零售商必须为促销商品刊登哪些媒体广告、具体时间及版面大小。

制造商之所以实行广告补贴，就是为鼓励零售商在店内多举办广告活动，并进而争取或稳固经销场所，从而达到抑制竞争者促销的目的。

3. 大批展示补贴。此促销方式与广告补贴类似，只是搭配的条件是必须在店内展区展示或提供特别的货架陈列。该方式虽不易为店方所接受，却也有其独特之处。

当运用大批展示补贴的优待时，对消费者是否需要给予特别优待，完全由零售商自行决定。至于展示的做法，最常采取的方式是把商品大批陈列在过道两端，或在货架外另开特区展示，以提高销售量。此外，零售店当然会再搭配一些陈列物、告示牌、海报等以加强店头宣传，以取得制造商的促销补贴。

4. 点存货补贴。点存货补贴是最特殊的一种补贴方式，其主要目的是鼓励零售商将经销商仓库中或自己库房中的商品尽量陈列于店头的货架上，以减轻库存压力，并增加销售机会。运用此促销策略的原因是，零售商库房空间小，无法储存太多商品，所以当零售店大量进货时，必然得扩大陈列，并积极促销。

点存货补贴的进行方式为：促销期间通常约30~90天，在活动开始时盘点存货量，再加上进货量，到活动结束时再清点所余库存，其差额即是应付补贴的销货量。此促销方式极易执行，制造商只要依照自己的销售数量支付补贴，不必费心于运送、销售辅助等事宜，因而备受其喜爱。然而其不利之处在于，制造商无法强迫零售商参加；而且更不利的是，可能会出现零售商大量进货，但在销售上却毫无进展的现象。

5. 恢复库存补贴。当点存货补贴促销结束后，若想有效解决零售点不积极再进货而增加库存的问题，举办恢复库存补贴是一个好办法。即双方基于"折让"的默契，制造商借此激励零售商增加进货，以恢复到促销活动前的库存量为标准。

不论制造商还是零售商，双方均乐于采用恢复库存补贴的奖励方式，因为制造商可借机多卖些产品，而零售商则可以较低价进货以恢复原先的库存量。

十、POP 广告

POP 广告（Point of Purchase Advertising）是指在超级市场、百货商场、连锁店、药房、杂货店等零售点的橱窗里、走道旁、货架、柜台、墙面甚至天花板上，悬挂、张贴、摆放的以消费者为宣传对象的彩旗、海报、标贴、招牌、陈列品等广告物。

使用 POP 广告，通常是为了弥补媒体广告的不足，以强化零售终端对消费者的影响力。因而在超级市场、百货商店、一般商店的很多商品都是通过 POP 广告，在制造商和零售商的共同努力下，抓住购买点上消费者的心理，促使其采取购买行为的。

根据制作者的不同，POP 广告通常可分为零售店自制自用的和由制造商或营销公司制作提供零售点使用的两种。从零售店橱窗上张贴的某商品清仓甩卖的粗糙标示牌,到全套精美的一系列强化店面的广告活动,都属于零售店自行制作的POP广告。制造商或营销商也常制作大量的POP广告品供零售店使用,如多灵多、太阳神、乐百氏等品牌制造商均为各铺货点制作过各式各样的POP广告,以强化零售店的宣传效果。

本章小结

销售促进,是指企业运用各种短期诱因,鼓励购买或销售企业产品或服务的促销活动。销售促进是企业销售的开路先锋与推进器,历来被各企业视为促销利器。

与其他促销方式相比较,销售促进具有下述特征:非连续性、形式多样、即期效应。销售促进具有如下几方面的功能:沟通功能、激励功能、协调功能、竞争功能。

销售促进方式包括以消费者或用户为对象的推广方式,以中间商为对象的推广方式以及以推销人员为对象的推广方式。我们可以把销售促进策略归纳为10类:赠送优待券、折价优待、集点优待、退费优待、竞赛与抽奖、赠送样品、付费赠送、包装促销、零售补贴和POP广告。

企业销售促进的决策流程包括:建立销售促进目标,选择销售促进工具,制订销售促进方案,试验、实施和控制销售促进方案,评估销售促进效果。

J服装品牌的赠品促销

对于大众型休闲服饰品牌而言,最为痛苦的莫过于新品上市即要进行打折销售。面对现今市场中消费者"不打折,不购物"的消费怪圈,每一位商家都会无比的头痛。打折销售不仅仅让品牌商的利润流失殆尽,也让消费者对品牌产品增加了不信任感,无形中也削弱了品牌在市场中的价值。

赠品销售也是终端常用的促销方式之一,但很多消费者却认为赠品促销不实惠、不直接。能够让消费者产生此种想法的赠品促销活动一方面是因品牌商对赠品设置未把握好;另一方面,也是品牌商没能够将赠品的价值进行充分的调动,致使消费者对赠品无动于衷。赠品促销的核心是销售主题,一个绝妙的销售主题不仅能够增加赠品的深层内涵，也能够使赠品与产品间、品牌间促成更为紧密的购买联想与消费体验。

2004年8月，又是服装品牌开始进行秋季销售的季节，各个服饰品牌也开始为新品上市进行最后的冲刺，各种促销活动陆续上演。J品牌是广州一家中型休闲服饰企业，2003年进入H城市，通过自营与代理的形式进行品牌经营。在进入2004年8月的秋季销售月时，我们建议其在"快乐生活、快乐工作"的营销主题下，制作一期以赠品为形式的市场促销活动，希望通过赠品促销的方式在众多"新品打折"的品牌商之中，走出一条既不影响商家利润与代理商所得，又能够在消费群中增加品牌亲和力的道路。

促销主题：快乐生活、快乐工作

促销意义：通过赠品的特殊性，使之与秋季产品进行关联。通过有意义的赠品促销，既能够提高产品的销售量，又增加品牌在消费者之中的认知度，并能够通过赠品的形式提高主题与品牌的鲜明度，丰富消费者的购买联想与消费体验。

促销方式：为了形成普遍效应，我们希望赠品能够人人有份，无论是否购买服装都能够让进入专营店的顾客满意而归，因此我们将促销赠品分为三个级别：①来者都有份；②购买就有喜；③多购得大礼。

在主题与赠品设置之初，考虑到现今消费者对于赠品不感兴趣的原因无非来源于：要么赠品无新意，随处可见，何必买一件对自己无所谓的东西；要么关联性太差，赠品既不能代表什么，也不能显示什么，令人提不起兴趣。因此，在针对"快乐生活，快乐工作"这个销售主题时，我们期望能够通过不仅有新意的赠品提高消费者对J品牌的关注程度，而且还希望能够通过赠品表达出"什么是快乐？什么是自我？"这个生活疑问。因此，在进行完市场初期调研后，我们发现J品牌的消费群体基本上具有以下特点：

主力消费层介于18~25岁之间，较为年轻，比较喜欢新、奇、特的事物；

生活及部分工作时间会通过即时通信软件（如：QQ、MSN、聊天室等）进行交友与沟通；

对于快乐的理解往往是：在不能为所欲为的环境下，能够表现自我心情、表达个人情感就是一种很好的快乐宣泄方法；

生活需要时尚元素的点缀，最好能够有代表现时代、代表自我个性的产品进行装饰；

购买力低，装饰性物品需要小巧且内涵丰富，既能够让其他人羡慕，又不致花费过高。

……

在基于以上几点的考虑之后，我们开始寻找适合J品牌营销主题的赠品。经过一段时间调查之后，市场中的商品符合我们要求的较少：要么价格较高，购买成本过大；要么无法进行二次包装，不能将J品牌的标志进行加注。因此，我们决定自制赠品。其优点在于：赠品既是市场中"绝无仅有"的，而且还能体现品牌风格，并能够更加自如地对赠品进行个性化设计。因希望每位顾客都有一份，所以也需要赠品的制作成本一定要低廉。为此，我们洽谈了两家制造企业：一家是橡胶制品企业，向他们定制气球，要求在各色气球之上一面胶印笑脸的图案，另一面胶印J品牌的标志。另一家是塑料制品企业，向其定制塑料胸牌，要求以黄色为底，直径为8厘米的硬制塑料凸面圆盘，一面贴有五种"脸"型（源自QQ及MSN的心情图标，分为兴奋脸、摆酷脸、痛苦脸、郁闷脸、奋斗脸，五种一套）和品牌标志、服务电话及星期一至星期五的不同文字环绕在圆盘四周，圆盘的背面则贴有不干胶及固定别针。因为制作数量多（共一万个），气球的制作成本仅为几分钱，而塑料胸牌则不到六角钱。之后，我们又向一家化学产品租赁商那里借来一个氢气罐。万事俱备，只等秋装上市开始了。

2004年8月中旬开始，J品牌的秋季服装开始整体上市，我们的赠品促销计划也开始有条不紊地进入实施阶段。根据我们的指导方针，在一个周末的早晨开始了我们的秋季产品赠品促销经营计划：

只要进入J品牌专营店的顾客或是只是在店前路过的青年人，我们便让位于专营店门口的店员为其免费发放一个带有笑脸图案、充满氢气的J品牌气球。于是随着人群的陆续增多以及索要人数的增加，那些红红绿绿、各种不同颜色飘飞的氢气球开始在繁华的商业街中不停地跳跃，每一位获赠顾客手中的气球都成了J品牌在商业街中免费的宣传旗。

对于只是购买了一件服装或价格较低产品的顾客（一般在50元以上），我们则送他们一套5枚一组的"心情胸牌"。这一组"心情胸牌"即可以用背后的别针别在胸前，也可以将它们贴在自己的办公桌上、电脑前以及水杯、坐椅甚至墙上。

而对于购买多件商品或价格较高的商品时（一般在150元以上），我们则送他们每个脸型不同的五组"心情胸牌"，顾客可以根据他（她）每天、每时的不同心情，佩带（或贴上）不同的心情牌，比如：周一第一天上班比较郁闷，可以选择标有"星期一"的第四个"郁闷脸"，周五要休息了，比较高兴，可以选择标有"星期五"的第一个"兴奋脸"等。不同的脸型代表不同的心情，不用张扬也不用诉说，看到什么胸牌就知道心情如何。既使将它们一一贴在办公桌前或家中，也是一组既可爱又能够缓和工作疲劳的"幽默"组图。

在J品牌推出这组新奇的赠品之后，很受年轻消费者的喜爱，他们将喜爱转化为了消费：一方面所赠予的饰品在市场中绝无仅有且新奇可爱，较低的一次消费就能够得到，"在哪买衣服不是买呀"（顾客语）；另一方面，赠品以及赠品所赋予的含义与我们所推出的"快乐生活，快乐工作"的主题相吻合。主题一经推出，在两天的周末假期中就成为H城市中最为瞩目的销售明星。同时，为了配合宣传工作，我们也邀请了一些大众媒体的记者进行参观:这种新奇组合方式以及顾客极高的购买热情成了第二天媒体报道的热点,既提高了品牌知名度,也在无形中为产品销售起了推波助澜的作用。

一般来讲,由于秋冬季产品较为厚重,在品质及用料上也更加注重,所以其价格也相对春夏季服装而言会较高,从而为营销终端带来较为可观的经营利润。通过这种赠品营销的方式,不仅避免"打折销售"为品牌经营带来的利润流失,而且还丰富了品牌形象,获得了市场差异化的经营。

经过这次促销活动我们总结认为,一个完美的赠品促销活动应注意以下几点:

1. 赠品应与所销售的产品及产品主题相吻合。只有将赠品与产品相联系,才能够使顾客产生消费联想。如果产品在营销过程中具有完善的营销主题,那么赠品与产品间的联系将会更加紧密。

2. 赠品最好为市场中少见或是与同类竞争对手不同的商品。如果所赠的商品是市场中较为常见或容易购买的商品,不仅不会提高消费者的关注度,而且还会增加经营者的经营压力。

3. 赠品最好是顾客能够经常使用,且能够保持长久的商品。赠品可以说是品牌的另一种延伸,它可以将品牌带到消费者的生活及工作环境中,长时间地使用或保持。这不仅可以帮助顾客增加他(她)的回忆率,而且也能够通过这种展示的形式吸引更多的目标消费群。

4. 赠品应有价值感,也许成本较低但应让顾客认为"物超所值"。对于大众型休闲服饰品牌而言,过高的赠品成本只能带来经营上成本支出过大,但低价值的赠品又无法引起顾客的兴趣。所以,赠品的设置虽然需要成本低廉,但要让顾客感觉"物超所值"。

5. 对于大众型休闲服饰品牌而言,其赠品获得人群应更具有广泛性。大众型休闲服饰不同于奢侈品,它所面对的顾客群更为广泛、消费人群也较为众多。赠品营销,一方面是帮助品牌更好地进行产品销售而进行的一种促销方法;从另一个角度来看,它也是深入式推广的展示方法之一。

问题:请分析此次赠品促销活动的特点。服装还可采用哪些促销策略?请另外设计一种促销形式。

思考题

1. 销售促进的基本功能有哪些?
2. 销售促进决策一般包括哪几个环节?
3. 常见的销售促进方式有哪几种?分别举例说明。

第二篇 销售人员管理

第二篇

第五章

销售人员的选拔

- 理解销售人员战略规划
- 掌握销售人员招聘的程序
- 掌握销售人员甄选的程序

从某种意义上讲,企业销售管理的成功取决于企业能拥有什么样的销售人员,因此,销售人员的选拔是销售管理的重要环节。在选拔销售人员前,先要进行销售人员战略规划,即确定企业销售人员的数量及素质要求。招聘环节和甄选环节在完成销售人员战略规划后进行。国内外大公司一般都设有人力资源部,把人力资源特别是销售人力资源当作一项重要资产来管理。

第一节 销售人员战略规划

一、销售人员战略规划的含义

所谓销售人员战略规划,是指根据企业的营销战略及企业内外部环境的变化,预测未来的销售任务对销售人员数量和素质的要求,满足这些数量及素质要求而提供销售人力资源的过程。

由此可见,销售人员战略规划是以企业战略为导向,强调销售人员的战略作用,强调企业的销售人员不论是数量上还是质量上既要与企业的营销战略匹配,又要适应企业环境的变化。同时,销售人员战略规划不仅要预测企业对销售人员的需求,还要满足这一需求,包括如何获取销售人员、如何使销售人员与职务相匹配、如何培训销售人员、如何激励销售人员、如何开发销售人员。此外,由于企业的营销战略是个动态调整的过程,因此企业的销售人员战略规划也应该随着营销战略的调整而调整。更值得注意的是,销售人员战略规划不仅要满足企业对销售人员的数量要求,更侧重于满足企业对销售人员的素质要求。例如,若企业的营销战略是开拓新市场,则启用的销售人员应更具有开拓精神;若企业的营销战略是维系已有的大客户,则启用的销售人员应具有管理客户关系的综合素质。

因此,销售人员战略规划是企业整个销售管理活动的核心。因为宏观上销售体系的建立、微观上销售活动的进行都需要销售人员去完成,从这个意义上看,具有良好素质的销售人员是企业竞争优势的来源。

二、销售人员战略规划的方法

销售人员战略规划主要包括数量规划和素质规划两方面。

(一)销售人员数量规划

销售人员数量规划是依据未来企业销售模式、销售流程和组织结构等因素,确定未来企业各级销售组织销售人员编制及各职类职种人员配比关系或比例,并在此基础上制订企业未来销售人员需求计划和供给计划的过程。销售人员数量规划的实质是确定企业目前有多少销售人员,以及企业未来需要多少销售人员。数量规划分为定性方法和定量方法。

1. 定性方法。定性方法包括德尔菲法和微观集成法。

(1)德尔菲法(专家评估法)。德尔菲法即听取专家对未来发展的分析意见和应采取的措施,并通过多次反复以达到在重大问题上的较为一致的方法。通常经过四轮咨询,专家们的意见可以达成一致,而且专家的人数以 10～15 人为宜。德尔菲法分为"背对背"和"面对面"两种方式。背对背方式可以避免某一权威专家对其他专家的影响,使每位专家独立发表看法;面对面方式可以使专家之间相互启发。

(2)微观集成法。微观集成法可以分为"自上而下"和"自下而上"两种方式。

"自上而下"是指企业高层销售管理者先拟定组织的总体用人目标和计划,然后逐级下达到各具体职能部门,开展讨论和进行修改,再将有关意见汇总后反馈回高层销售管理者,由高层销售管理者据此对总的预测和计划做出修正后,公布正式的目标和政策。

"自下而上"是指由销售组织中的各个部门根据本部门的需要预测将来某时期内对各种人员的需求量,然后进行横向和纵向的汇总,最后根据营销战略形成总体预测方案。此法适用于短期预测和组织的生产比较稳定的情况。

2. 定量方法。销售队伍的规模是否适当,直接影响着企业的经济效益。销售人员过少,不利于企业开拓市场和争取最大销售额;反之,销售人员过多,又会增加销售成本。所以,做好产品销售,要合理确定销售人员的规模。确定销售队伍规模的方法主要有销售百分比法、销售能力法和工作量法(在第二章"销售区域设计"中已有论述)。

(二)销售人员素质规划

销售人员素质规划是依据企业营销战略、业务模式、业务流程和企业对员工行为要求,设计各职类职种职层人员的素质模型。销售人员素质规划是企业开展遴选销售人员、使用销售人员、培训销售人员和开发销售人员的基础和前提条件。

销售人员素质规划有两种表现形式:任职资格标准和素质模型。

在竞争日益激烈的时代,企业竞争优势来源于建立一个持续比竞争对手制造更好的产品与服务,并能更快适应外部环境变化,通过不断学习,及时调整行动的组织,而所有这一切的实现都依赖于组织中的核心资源,即组织中的人力资源。因此,企业获取核心竞争力的源泉在于持续构建人力资源所具备的核心专长与技能,这种核心专长与技能能够为顾客创造独特的价值,并且是竞争对手在短时期内难以模仿与复制的。在这里,核心专长与技能即为素质,也是对组织中从事不同工作的员工所具备的动机、个性与品质、自我形象、社会角色、价值观以及知识与技能的描述。

所谓素质模型,就是为了完成某项工作,达成某一绩效目标,要求任职者具备的一系列不同素质要素的组合,其中包括不同的动机表现、个性与品质要求、自我形象与社会角色特征以及知识与技能水平等。

阅读材料

素质的分类

按素质构成要素分类	按组织所需的核心专长与技能分类
Ⅰ.基础素质	Ⅰ.通用素质:是核心价值观、文化等的反映,为全体员工所共有的
Ⅱ.特殊素质	Ⅱ.可迁移素质:指某些岗位的通用素质(如:管理者素质)
	Ⅲ.专业素质

(资料来源:彭剑锋.人力资源管理概论.1版.上海:复旦大学出版社,2003)

任职资格标准要反映企业营销战略及销售运行方式对各职类职种职层人员的任职行为能力要求;素质模型则反映各职类职种职层需要何种行为特征的人才能满足任职所需的行为能力要求。

企业如何建立销售人员素质模型呢?

1. 准备阶段。准备阶段需审视以下两个问题：

（1）企业的营销战略是什么？制订并实施战略计划的关键环节有哪些？因为企业试图要建立的素质模型必定源于企业营销战略，并且是能够支撑战略有效实施的核心素质。

（2）与实施营销战略计划的关键环节相关的核心职位有哪些？对这些关键职位的考查有助于进行素质模型研究。

2. 选定考查的职位。这个步骤一般可以通过收集分析组织结构图或对企业高层进行访谈的方式进行。

3. 选定绩优标准。对选定的职位制定一些客观明确的标准与规则，用来确定与衡量什么样的绩效是优秀的，什么样的绩效是较差的，从而为该职位所需素质的研究提供基础。继而，根据绩优标准与企业员工的实际考核结果，甄选该职位的素质模型研究样本：一组为具备胜任能力但是业绩不够突出的人；另一组为绩优人员。

4. 任务要项分析。依据工作分析的方法，将目标职位的绩优标准分解细化成一些具体的任务要项，以此来发现并归纳驱动任职者产生高绩效的行为特征。

5. 行为事件访谈。采用结构化的问卷对优秀和一般的任职者分两组进行访谈，通过对比分析访谈结论，发现那些能够导致两组人员绩效差异的关键行为特征，继而演绎成为特定职位任职者所必需的素质特征。

6. 信息整理与归类编码。将通过行为事件访谈获得的信息与资料进行归类，找出并重点分析对个人关键行为、思想和感受有显著影响的过程片断，发现绩优人员与绩效一般的人员处理片断时的反应与行为之间的差异，识别导致关键行为及其结果的、具有区分性的素质特征，并对其进行层次级别的划分。

三、销售人员的素质要求

销售人员是企业开拓市场的先锋，是企业形象的重要代表，所以必须具备一定的基本条件。现代企业十分重视销售人员的素质，一个理想的销售人员应具备以下素质：

（一）强烈的敬业精神

销售工作是一项很辛苦的工作，有许多困难和挫折需要克服，有许多棘手的问题需要去面对，这就要求销售人员必须具有强烈的事业心和高度的责任感，把自己看成是"贩卖幸福"的人，有一股勇于进取、积极向上的劲头，发扬为人民服务的精神，过千山万水，进千家万户，尝千辛万苦，讲千言万语，想千方百计，以达到开拓市场的目的。

（二）敏锐的观察能力

市场和顾客的情况是很复杂的，不仅差别很大，而且受许多因素的制约。一个有敏锐观察能力的销售人员，能眼观六路，耳听八方，及时发现和抓住市场机会，揣摩顾客的购买意图和购买心理，提高销售的成功率。

(三) 良好的服务态度

销售人员不仅是企业的代表,也应是消费者的顾问。销售人员应真正树立"用户第一""顾客是上帝"的思想,想顾客之所想、急顾客之所急,积极为顾客服务。只有这样,才能较快地赢得顾客的信任。

阅读材料

你认为一个成功的销售人员应该具有什么样的素质?以下是某公司对销售人员的素质要求。

1. 影响他人 2. 成就取向 3. 主动积极 4. 人际理解 5. 客户服务 6. 自信
7. 关系建立 8. 分析思维 9. 概括思维 10. 信息寻求 11. 专业知识

(四) 说服顾客的能力

销售人员要能熟练地运用各种销售技巧,成功地说服顾客。要熟知销售工作的一般程序,了解顾客的购买动机和购买行为,善于展示和介绍自己的产品,善于接近顾客,善于排除顾客的异议,直至达成交易。要做到这些,首先必须相信自己,相信自己的产品,相信自己所代表的企业。只有这样,才能产生积极性和动力,继而获得成功。

(五) 宽广的知识面

销售人员经常与各种各样的顾客打交道,需要具有宽广的知识面。知识面在一定程度上决定了销售人员的销售能力。所以,销售人员应有旺盛的求知欲,善于学习并掌握多方面的知识,这样知识运用起来才会游刃有余。一般来讲,一个优秀的销售人员应该具备以下几方面的知识:

1. 产品知识。销售人员必须全面了解所销售商品的技术性能、结构、用途、用法、维修与保养知识;不同规格、型号、式样的差别;本行业中的先进水平;产品性能的发展趋势;现有用户的反应;使用中应注意或避免的问题;与竞争对手产品相比的特征及其他有关的商品知识。如果销售人员对所销售的商品都缺乏全面的了解,是不可能得到顾客信任的。

2. 企业知识。销售人员应掌握本企业的历史背景、其在同行业中的地位、生产能力、产品种类、技术水平、设备状况、企业发展战略、定价策略、销售政策、交货方式、付款条件、服务项目等。

3. 用户知识。销售人员应了解谁是产品的购买决策者,其购买动机和购买习惯如何,对交易条件、交易方式和交易时间有什么要求。例如,一位销售人员与一个购买小组谈了多次一直未能成交,后来了解到购买设备的决策权不在那位年长一些的总工程师手里,而在更年轻一些的副厂长手中,于是销售人员积极与那位副厂长联系,终于达成了交易。

4. 市场知识。销售人员应熟悉现实顾客的购买力情况及分布规律,了解潜在顾客的需求量及分布规律,能够研究和分析目标市场环境的变化。

5. 语言知识。语言是销售人员与顾客沟通的工具。根据客户对象的不同,必要时应掌握普通话、方言、外语以及语法修辞、语言技巧等。如某企业出口菠萝罐头,将"碎块"一词译成"破破烂烂";还有一出产名酒的厂家,将"古老的中国名酒"译成"陈腐的中国名酒",这些都让外商瞠目结舌。

6. 社会知识。销售人员应了解市场所在地区的经济地理知识和社会风土人情,以及与销售活动有关的民族、宗教、心理等多方面的知识。这些知识越丰富,越有利于销售。如香港居民十分忌讳不吉利的字眼,据说瑞士产的西马牌手表销量不好是由于"西马"与"死妈"同音。又如,和日本人谈话,盯着对方的眼睛被认为是失礼的;而在美国,与人谈话时不注视对方的眼睛,则被认为是不礼貌的和狡猾的。

7. 美学知识。爱美是人类的天性,任何一位顾客都是追求美的。所以销售人员还必须具有一定的美学知识。现代企业的销售人员尤其应该懂得工业美学,包括符合标准化、系列化、通用化的正规美,显示水平的功能美,合乎人体要求的舒适美,反映科学的性能美,体现先进的工艺美,标志成果的色彩美,合乎逻辑的比例美,标准力学的结构美,反映宇宙的和谐美等。

第二节 销售人员的招聘

销售人员的招聘和企业的营销战略的实施密切相关。企业营销战略的成功实施很大程度上取决于企业招聘的销售人员的素质。例如,企业的营销战略若是保持与现有顾客的关系,则招聘的销售人员应具有与顾客保持良好关系的能力;企业的营销战略若是开发新市场,则招聘的销售人员应具有开拓新市场的能力。因此,销售人员的招聘、甄选过程和所雇用的销售人员的类型都必须与企业的营销战略保持高度的一致。

一、企业招聘的途径

销售人员的来源主要有两个:一是从企业内部选拔业务能力强、素质高的人充实到销售部门;二是从企业外部招聘。从企业外部招聘主要有以下几种途径:

其一,从大专院校及职业技工学校招聘。这是招收应届毕业人才的主要途径。各类大专院校培养中高级专门人才,职业技工学校培养初级技工人才。用人单位可以有选择地去物色人才,派人到各有关学校召开招聘洽谈会。为了让学生增进对企业的了解,鼓励学生毕业后到本企业来工作,招聘主持人应当向学生详细介绍企业情况及工作性质与要求,最好印发企业简介小册子,或制成录像带,印制介绍图片进行宣传。

其二,人才交流会。各地每年都要组织几次大型的人才交流洽谈会。用人单位可花一定的费用在交流会上摆摊设点,由应征者前来咨询应聘。这种途径的特点是时间短、见效快。

其三,职业介绍所。许多企业利用职业介绍所来获得所需的销售人员。如果有详细的工作说明,让介绍所的专业顾问帮助遴选,能使招聘工作简单化,也可以找到不错的人选。

其四,各种广告。最常见的招聘广告为报纸的分类广告,可吸引众多的应聘者,但合格者所占比例一般较低。如果详细限定申请人的资格,则申请人数会大大减少,合格者的比例会提高,因而可节省一定的招聘费用。

另一种广告刊登在各类专业杂志上,一般效果较好,能招聘到较高级的销售人员。还有电视招聘广告,大中型企业或前景特别诱人的企业可利用这一途径招聘到优秀的人才。

其五,内部员工介绍。许多规模较大、员工众多的企业可以定期让内部员工动员自己的亲属、朋友、同学、熟人加入企业的外勤销售行列。利用这种途径有许多优点。由于被介绍者已对工作及企业的性质有相当的了解,工作时可以减少因生疏而带来的不安和恐惧,从而降低退职率。而且,因新加入者与原职工比较熟悉,一般有要把工作做好的责任感,相互容易沟通,能提高团队作战的效率。

其六,行业协会。行业组织对行业内的情况比较了解,并且经常访问制造商、经销商、销售经理和销售人员,如内地有中国市场协会、高校市场营销研究会,香港特区有香港管理专业协会的市场销售研究社,企业可通过它们的介绍或推荐而获得希望转职的销售人员。

其七,业务接触。企业在开展业务的过程中,会接触到顾客、供应商、非竞争同行及其他各类人员,这些人员都是销售人员的可能来源。

其八,网络招聘。随着互联网的发展,越来越多的企业通过网络招聘。网络招聘的优点是成本低,不易于被竞争对手发现。但是利用网络招聘并不是所有的招聘流程都在网上进行,通常企业利用互联网完成简历收集、筛选工作,而面试、测验等程序并不通过网络进行。

其九,猎头招聘。猎头公司专门为企业招聘高级人才,这种招聘途径能给企业招到在大众人力资源市场上很难招到的高级人才,同时招聘过程也较隐蔽,但是其成本也较高。

二、网络招聘

网络招聘主要通过以下程序。

首先,确定需要招聘的职位及数量。企业首先要确定通过网络招聘的职位及数量。通常而言,网络招聘更适用于招聘中低级人才,而高级人才往往通过猎头公司获取。

其次,选择发布招聘信息的网站。企业既可以在公司自己的网站上发布招聘信息,也可以选择行业网站、门户网站以及专门的人才网站发布招聘信息。企业可以通过比较各个网站的点击率、浏览页面的受众构成、各种网站的成本等多个因素进行综合考虑。

再次，决定发布信息的构成。招聘信息的构成包括内容、刊出方式、应聘方式、招聘期限及其他注意事项等。所谓刊出方式是指在广告中是否载明企业名称及职位、应聘者须具备的条件等信息。刊出方式包括表明式和隐蔽式两种。

最后，发布信息，收集简历，为下阶段的遴选做准备。

三、利用报纸招聘

利用报纸进行招聘是企业最常用也是较容易采取的一种途径。一般中小型企业或新成立单位的招聘广告多刊登在报纸上。利用报纸进行招聘存在以下问题：广告篇幅狭小，内容单调；位置不明显，各类广告夹杂在一起；费用不低，并有不断上涨的趋势；招聘来源数量不好估计，应聘人员素质差别较大。

为了解决以上问题，提高招聘效率，追求成本与效益的最佳组合，企业必须对刊登媒体的选择、版面位置及大小、刊出的日期、刊出的内容及广告词等进行严格的把关。主要应注意以下几点：

第一，刊登媒体的选择。各单位应尽量选择当地发行量大、广大读者喜闻乐见的报纸刊登广告。如北京地区的《北京晚报》深得人心，许多家庭都购买。

第二，版面位置及大小。招聘广告一般刊登在分类广告版，其他版面虽价格一样但一般效果较差，除非受见报时间的限制，否则企业一般不愿在其他版面刊登招聘广告。版面设计要引人注目，版面越大必然越能引起人们的注意力。位置则以右上角及左上角为最佳。

第三，刊出日期。刊出日期一般在周六、周日效果更好。因为国内各种报纸有一种倾向，周末版知识性、趣味性强，更具可读性，销量也大。从读者方面看，双休日有较多的闲暇时间，可仔细阅读。

第四，刊登内容。企业的声誉及形象、工作内容、所提供的职位，常常是吸引读者的关键。如要招新人则强调不必有经验，并可在收入、职务及机会上多予以说明。如要招有经验者则可注明应征职位或有升迁机会。通常注明收入的底薪及发展机会会吸引更多的有心人前来应聘。文字要求明确、真实可靠。切勿做虚假或欺骗广告。

第五，刊出方式。在刊登招聘广告时，一般有两种方式：

其一，表明式招聘广告。即在刊登的广告词上载明企业名称及职位、应聘者须具备的条件，甚至说明"条件不够者请勿前来应聘"。一般此类广告应聘者数量较少，但素质较高。不过招聘主管应注意一个基本原则，即：先求应聘者数量的增加，再求应聘者素质的提高。

其二,隐蔽式招聘广告,即不写明招聘企业名称及职位。只表明某公司欲招聘男女员工若干名、升迁机会佳、收入高、待遇好,凡有干劲、能吃苦耐劳者均可报名。把工作机会写出,但不明确地说明,有意者只有亲自联系,才能获知详情。这是一般小型企业担心企业及职位不够吸引人而采取的做法。

第六,应聘方式。招聘广告一般应明确告知应聘者如何应聘。销售人员的应聘与一般内勤人员的应聘方式是不同的。内勤人员应聘一般先寄证书、简历、成绩单等相关资料,审核通过后再通知口试或笔试,常需经过许多关的测验。外勤销售人员应聘则通常以口试为主,一些较具规模的企业也有笔试测验。应聘方式主要有:

其一,先寄回函,再安排面试。让应聘者寄上简历,写明联系电话、地址及可以面试的时间,以便安排面试。其他一切待面试时再说。

其二,电话联系即来面试。招聘广告上注明电话及地址,以便应聘者查询有关事项。此时,接电话的人员需告知大略情况,不必详细说明,但要问清对方的姓名、联系电话、地址及可能来面试的时间。一切待面试时再说,以免一些人稍作打听即予放弃或不敢前来应聘。

其三,见报即来面试。这是指明见报当天或一周内持有关证件资料前来面试,过期不候。

第七,招聘期限。招聘期限依计划不同而稍有差别,不宜过短或过长,一般以一周至一月为宜,一周以内可能会有许多愿意应聘者抽不出合适的时间。应聘期限至少应包括一个周末,并且招聘期限内的休息日正常工作,因为很多人是在有工作的同时寻找未来适合自己的工作,他们只有周末才有时间。

第八,其他注意事项。除上述事项外,在通过报纸进行招聘时,还应注意以下事项:

其一,准备要充分,各项事宜应安排得井井有条,以免给应聘者留下不良的印象。预先要估计应聘人数及预定录用人数,以便安排工作人员、场地、介绍资料等。

其二,招聘地点一般就在本企业,但也有约定其他地点,甚至租用宾馆、饭店、旅馆进行面试的。用人单位应根据自己的声誉、资金实力等条件决定招聘场地。

其三,面试室的布置要使人有舒适高雅的感觉,气氛要亲切宜人,最好把企业的产品、目录、样品、销售业绩报表及图示都陈列出来,给人以身临其境的感受。

其四,每次刊登招聘广告要做好资料的收集及各项记录,如刊登媒体、刊出日期、版面位置及大小、文稿、费用、应聘人数、录用人数等,以便评估分析。通过分析评估,总结经验教训。

四、招聘工作的关键要点

招聘销售人员不仅是填补企业的职位空缺,更是向社会传达企业形象的过程。销售主管在进行招聘工作时,应本着积极、自信和友善的态度,明白自己的任务就是吸收、训练并开发那些适应企业特殊工作岗位的人的潜力。也就是通过招聘的方式与程序,来吸引更多的人,使他们个人及整个组织都能够成功。但是被吸收进来的人并非都会成功,这是值得深思的问题。下面的方法能帮助我们把招聘工作做得更好:

- 招聘工作也是销售工作。不仅要把工作机会告诉别人,而且要把观念、目标、成果、未来发展机会也销售给别人,把所有销售技巧都运用到招聘工作上来。
- 让应聘者感到与你一起工作会很愉快。要关心他人,显得开朗、体贴、亲切。要随时检查自己的态度和行为,如有不当之处,立即予以纠正。
- 做好准备,不断练习自己的招聘技巧。反复多次地演练招聘面试的内容与技巧,有时不妨把面试内容录下来,反复播放,纠正自己的缺点,不断练习,直到完全熟练为止。
- 制定能达成并切合实际的招聘目标。如,每次计划招多少人,要使多少新人成为有销售能力的人。
- 要能与人交换或分享意见。随时向那些成功的销售主管虚心学习或与他们交换心得体会。
- 以现身说法的方式来吸引别人加入工作行列。让所有与你接触的人都知道你喜欢自己的工作。表现出你是一位成功的销售主管,拥有十足的信心,并以自己的工作为荣。把自己的外表、交通工具收拾得整洁干净,把有关事务处理得有条不紊。
- 要有正确的观念和态度。招聘是提供给别人良好的工作机会,不要认为是求别人替你做什么,这样才能积极努力地去做。
- 分配好每天的工作时间及内容。把自己的工作时间安排妥当,不要因为招聘而耽误了销售,需要使两方面的工作都能顺利开展。
- 使每个适合销售工作的人都能积极、热心、充满活力地认同并从事自己的工作,获取应有的报酬,并以这种态度、精神、活力感染别人,吸引别人。
- 遇到挫折切不可心灰意冷。有时会出现招聘效果不佳的情况,此时应强迫自己坚持下去,分析自己的薄弱之处,直到成功为止。
- 不能有"来者必用"或"先做做看再说"的想法。滥用新人会得不偿失,不利于组织的稳健发展。
- 建立和健全招聘新人的做法及制度。面试不能完全凭主观直觉的判断。
- 要求应聘者填写履历表并予以查证,问明转职原因。那些在其他企业有违纪行为的人,有可能会在你的企业故伎重演或旧病复发。
- 招聘时多问少说。最好先对工作性质及企业状况进行基本介绍,然后试探对方的感觉及反应如何,以确知应聘者的意向及选择的态度。
- 避免过多的承诺。有些主管在招聘时常不自觉地承诺,如录用后会委以何种新职务或被指派去开发某个新的地区。但如果企业认为被聘者表现不佳,对其不满意,必然会产生矛盾。

- 人不可貌相。有些主管太相信自己的眼光及判断能力。事实上,真正做好工作靠的是决心与实力,与外表、性别、年龄、身材、装束等因素没有太大的关联性。
- 少用竞争者的销售人员。聘用竞争者的销售人员会造成客户的迷惑或困扰。认为在别家能干,转换企业也必定能表现优秀是一种短视且危险的想法。
- 不要任用那些只懂技术,只了解产品性能,却对销售毫无兴趣或无心学习的人。
- 不要只想任用那些自己喜欢或欣赏的人,要知道,招聘是要寻求有销售潜力的人。
- 那些果敢、积极又有决心在销售工作上成功的人,才是最好的人选。

第三节 销售人员的甄选

要组建一支高效率的销售队伍,关键在于选择有能力的优秀的销售代表。一般的销售代表与优秀的销售代表的业务水平有很大差异。在美国,一项对500多家企业调查的结果表明,27%的销售人员创造了52%的销售额。除了销售效率上的差别外,选用不当的销售代表还会造成巨大的浪费。在上述企业任职的16 000名销售代表中,只有68%的人表示坚持工作到当年的年底,而留下来的人中只有50%的销售代表是企业希望在下一年继续聘用的。

销售人员的甄选过程与企业的营销战略密切相关。公司需要与应聘者潜质的相互吻合对销售队伍管理的战略与策略都至关重要。甄选销售人员的问题集中在:①选择合适的甄选工具;②有效地运用甄选工具挑选应聘者。

常用的甄选工具有申请表、个人面试、测验、推荐信、调查等。每种甄选工具的成本、适用情况都不一样,企业应结合具体情况使用。一般来说,单独使用某种甄选工具只能得到有限的信息,因此,企业往往将多种甄选工具结合使用。同时,这些工具通常只能淘汰那些明显不合格和挑选能力非常强的候选者,最终确定企业需要聘用的人还是需要管理者做决定,企业的管理者在甄选过程中的作用不可忽视。

甄选销售人员的程序因企业不同而异。最复杂的甄选程序包括八个步骤:填申请表→测验→面试→调查→体检→销售部门初步决定→高层主管最后决定→正式录用。每个步骤通过后才能进入下一个步骤,以确保选出优秀的销售人才。下面对几个重要步骤进行详细分析。

一、填申请表

申请表由求职者通过网站填写或在招聘现场填写,一般包括:个人基本资料、教育背景、工作经验等。发给申请表后,要让申请人据实填写,必要时需出示有关证件资料。

申请表的作用主要在于:①可据此初步断定申请人是否具备工作所需的一般条件或资格;②可以此作为面试时提问的导向;③便于对申请人所提供的各项资料进行全面衡量。

申请人填完申请表后,负责招聘的人可根据申请表的资料进行初步淘汰。衡量时,可用一些必备条件如年龄、学历、工作经验等,必备条件缺乏者即予淘汰,必备条件具备者再综合考虑。具体可建立一种记分制度,分数高者优先。

二、测验

目前许多大企业在招聘素质较高的销售业务人员时,都采用测验这一形式。测验能以更客观的方式,了解应聘者的个性及能力,并能以定量的方式区分出各申请人在各种特性上的高低,便于比较衡量。

(一)测验的类别

按测验的内容来分主要有以下几类:

1. 专业知识测验。这主要是对应聘者进行销售知识方面的测验,旨在衡量应聘者是否具备所需的销售基本知识。这种测验可以用笔试,也可用口试。

2. 心理素质测验。这主要是对应聘者进行智力、个性、兴趣等心理特征的测验。这些心理特征对销售工作具有重要影响,有时甚至关系到销售工作的成败。心理素质测验又包括智力测验、个性测验、兴趣测验及素质测验。

智力测验主要测定应聘者的智力系数,如记忆、思考、理解、判断、辩论等。

个性测验主要测定应聘者的脾气、适应力、推动力、感情稳定性等方面的个性。

兴趣测验主要测定应聘者学习或工作方面的兴致所在,以便在录用指派工作时尽量满足他们的意愿。

素质测验主要测定应聘者的销售才能、社交才能等方面的潜在素质,以便在安排职位时作为参考。

3. 环境模拟测验。这主要是采取模拟工作环境的各种情况的办法,看应聘者在各种销售工作压力之下做出何种反应;同时,应聘者也可由此推测自己能否适应这种工作环境。主要方式有销售实习法、挫折处置法、实地试验法。

(1)销售实习法是指提供给应聘者有关资料,要求应聘者表演如何向购买者进行销售,然后由主持测验人做出评判。

(2)挫折处置法是指由面试人利用批评、阻碍或表示应聘者已经落选等方式给出一种挫折的情形,就如同在销售工作中遇到挫折一样,看应聘人如何应对和处理。

(3)实地试验法是指让应聘人随同销售人员一起工作,使其能了解实地工作环境,面对真正的顾客。销售人员可以看出应聘人接待顾客的能力及对待工作的兴趣与态度等。

(二)进行测验时应注意的问题

进行测验时应注意的问题主要有:

1. 测验仅是甄选程序中的一环,并不能因此而减少其他的甄选工作环节。
2. 测验工作必须由测验设计、管理与分析的专门人才来执行与指导。
3. 测验管理必须标准化。每次执行时的程序及环境都必须相同,否则,测验成绩可能会发生较大差异,不具有可比性。
4. 测验材料要严加保管,以保证资料的正常运用及延续价值。如果测验材料落入了行将参加测验人员之手,则失去了它的意义。
5. 对于测验的内容及其结果必须不断地加以分析和研究,通过不断改进来提高测验的科学性及实际价值。
6. 对测验的结果需加以审慎鉴定。测验成绩可视为对应聘者的一个客观而定量的衡量,但要注意测验的各种限制,其结果有时不完全可靠。据一般统计的结果,测验成绩与工作效果的相关系数,最高只能达到 0.70。

三、面试

(一)面试的类别

1. 非正式面试。非正式面试是在事前毫无计划及准备的情况下进行的,实际上是一种临时讨论。这种方法一般效果不好,特别是面试人多的时候会出现混乱,甚至会毫无收获。所以,一般正式的甄选工作不宜采用这种方式。
2. 标准式面试。标准式面试是与非正式面试相对应的另一种极端,也叫记分面试或组织面试。即事先安排一整套结构严格的面试问题,并配有记分标准,视申请人的不同回答来记分。这种方法缺乏弹性,适应性不强,不利于发挥面试的作用。
3. 导向式面试。导向式面试是上述两种方式的折中方案。即只规定提问若干典型问题,由主持人灵活掌握,引导应聘者回答各有关方面的问题,根据需要,深浅适度,从而获知其较全面的情况。这种方法又叫典型面试或引导面试。很多企业采用这种面试方式。
4. 流水式面试。流水式面试是指每一个应聘者按次序分别与几个面试人面试。面试结束后,各面试主持人聚集一起,汇合并比较各面试人的观察与判断。这种方法能对应聘人所具有的各种特殊兴趣予以全面考查,一般不会有所疏漏。此法具有较大的优越性,近年来为许多企业所采用。

(二)面试的作用

面试是整个甄选工作的核心部分,几乎任何一次人事招聘都少不了这个环节。面试是一次有目的的谈话,其目标是增进相互了解。面试的作用可从以下几点来说明:

1. 核对申请表上的信息,询问更多的相关情况。对申请表上的信息有不明白或怀疑之处，均可利用面试加以讨论与验证，还可借此了解申请表没有反映的更多的情况，如兴趣、爱好等。面试人可据此估计应聘人的潜能。

2. 面试人可对企业及未来工作的情况做一介绍，使应聘人员对企业及工作有更详细的了解，并澄清以前可能误解的地方。

3. 听取应聘人员对工作设想的见解。要求应聘人说明"假设我现在面对顾客，将这样销售自己的商品"，面试人可借此判断应聘人的思维、态度、声音及谈话能力。

4. 通过申请者的表现，判断他未来实际工作的情形。面试即面对面的交谈，实际上是销售工作中最重要的部分。应聘者可以把自己视同一件商品，向客户即招聘主持者销售自己，这样才能使面试产生较好的效果。可以说，面试是对应聘人员的最真实的考验。如果能说服招聘主持者，就一定是有用之才。

（三）面试的阶段

面试按深浅程度来分可分为两个阶段，即初始阶段和深入阶段。

初始阶段主要谈一些最基本的、最一般的问题，如工作经验、家庭背景、住址变迁、以往所受的奖励及处罚、失业多久、因何失业、最近身体状况等。深入阶段主要就工作的动机、性质及行为等方面进行实际的探讨。

（四）面试的技巧

1. 面试主持的技巧。面试人是面试的召集者，也是面试的主持者。面试人在面试的准备及实施过程中应总结出一些经验，运用一些技巧，以提高面试效率，达到面试目的。以下几点可供参考。

（1）未雨绸缪，成竹在胸。面试者要事先确定需要面试的事项及范围，写下会谈的纲要，包括问话的次序及方式，并进行合理的安排及组合，把想问的话及方式与自己希望获知的资料加以配合。在面试开始之前还要详细了解应聘者的资料，从中发现应聘者的个性、社会背景及其对工作的态度、以后的发展潜力。对应聘者的资料了解得越多，越能在面试时运用自如。

（2）常规发问，切入正题。面试者应该以应聘者预料得到的常规问题开始发问，如工作经历、文化程度等，然后再慢慢地过渡到正题部分。

（3）察言观色，烘托气氛。要密切注意应聘者的行为及反应，避免有太紧张的压迫感，不使应聘者提供的资料受到扭曲，应尽量创造和谐自然的环境。面试者不可对应聘者进行人身攻击及自尊心的打击，对所问的问题、问题间的变换、问话时机以及对方的答复都要多加注意。

（4）面试记录，适可而止。对面试要有所记录，这是很必要的，但不要一直不停地记，这样反而会遗漏一些重要的信息，也会给对方以束缚之感。有经验的人会尽量少地做当面记录，只记录一些必要的信息，如希望的收入、待遇、可上班日期等，其他大部分内容只是记在心上，待面试完毕后立即做简要的记录。如果应聘者对做记录的做法十分敏感或感到不安，更应尽量少做记录。

(5)态度和缓，以静制动。试探对方时要态度和缓，细心地听，力求多了解。在应聘者停下来的时候，要安静地等待，不要暗示他回答自己的问题。观察他的举止，注意他的音调、回话的态度和反应，对你想知道的问题要问得仔细。对他提供的资料要有信心，不要表现出优越感或不耐烦，更不要争论、说教或教训别人。

(6)言辞诚恳，掌握进程。面试人要掌握进程，控制谈话，不要让谈话变成你单方面发问，或者任由对方滔滔不绝地谈论他的销售经验。

(7)予人机会，圆满结束。在结束之前，要确定你是否问完了所有预先计划的问题；同时给对方一个机会，看有无遗漏之处要加以补充，有无需修正之处，然后再圆满结束面试。

2.面试发问的技巧。一般说来，面试人发问的方式及问题，可以决定从应聘者那里得到什么资料及多少资料，所以，面试者应运用一些发问的技巧来影响面试的方向及进行的步调。主要发问技巧有以下几种：

(1)开放式发问，即希望应聘者自由地发表意见或看法。开放式发问又分为无限开放式发问和有限开放式发问。前者的问话没有特定的答复范围，目的只是让对方讲话，如"请你谈谈自己的工作经验吧"。有限开放式发问即对回答的范围和方向有所限制，如"你在原来那个公司完成工作任务时常常遇到的困难是什么?"开放式发问一般在面试开始阶段或讨论某一方面问题的起始阶段运用。

(2)封闭式发问，即希望对方就问题做出明确的答复。封闭式发问要比开放式发问更深入、更直接。典型的封闭式发问就是只让对方回答"是"或"否"。比如，"如果延长时间，是否会有助于你顺利完成销售任务?"封闭式发问可以表示两种不同的意思。如果在对方答复后立即提出一些与答复有关的封闭式问题，即表示面试者对他的答复十分注意。但是如果一直问些封闭式问题就表示面试者不想让对方多表示意见，或对他的答复不感兴趣。

(3)诱导式发问，即以诱导的方式让对方回答某个问题或同意某种观点，如"你对这一点怎么看?"或"你同意我的观点吗?"运用诱导式发问时一定要把握好分寸，否则，会给应聘者以紧张感，使其被迫回答一些他认为面试者想听而并非自己真正想说的话，从而使面试主持人不能获得有价值的信息。

3.面试追问的技巧。如果应聘者回答问题不完全或不正确，面试人还要进行追问。下面介绍一下如何分析答复的不完全程度及其原因所在，以及应该采取怎样的追问方式。一般来说，追问的技巧有以下两种：

(1)探询式追问的问法有"为什么"，"怎么办"，"请再往下说"，"真是这样吗"，"你为什么这样想"，或一些非语言的表情、手势。

沉默也是探询式追问的方式之一,但时间的掌握很重要。据研究,如果鼓励对方再多谈下去,最有效的方法是在对方谈话中断时,保持3~6秒钟的沉默,这样对方会很自然地往下说。有时对方在回答问题时,绕着谈话主题兜圈子,提供的信息没有价值;有时对方答非所问或避而不答。此时,先要分析一下原因,是应聘者误解了问题、不了解问题、没听懂问题,还是不想回答,然后再用探询式追问,要求对方做更进一步的说明。

(2)反射式追问,就是把对方所说的话再重述一遍,以此来考验对方的反应及其真实意图。例如,当对方认为公司提供的待遇不合理时,就可以问他(她):"依工作的性质、任用条件及其他因素来考虑,你认为这样的待遇不合理吗?"当对方回答问题不完全或值得怀疑时,就要用反射式追问,鼓励应聘者对其尚不完整的答复加以说明或引申,以确认对方全面而真实的想法。

(五)面试的评估

面试主持人应对面试的结果做明确的评估,以便决定是否淘汰该应聘者,如合格,则进入下一阶段的挑选。评估方法多利用一种面试记录评估表,就表内的各项内容加以评分,最后做出全面评价(见表5-1)。

表5-1 销售工作应聘者面谈评估表

应聘人员: 时间:

评估项目	评估标准	评估等级			
		优	良	中	差
仪表	外表整洁,身体健康				
口才	吐字清楚,用词恰当,表达清晰,逻辑性强				
知识	大专及以上学历,知识丰富				
经验	专业工作经验及同类工作经验丰富				
智慧	思路敏捷,考虑周到,分析合理,理解力强				
进取	上进心强,不过分计较地位、权力				
诚意	言必由衷,态度明朗,不易动摇,毫无做作				
毅力	不屈不挠,不轻易变更工作				
说服	辩论有力,能引人注意,激发兴趣,使人领悟				
友情	能唤起他人同情,建立亲密友谊				
成熟	目标明确,责任心强,认识现实,自律性强				
抱负	谋求发展,发挥潜能,争取最好工作成绩				
综合评估					
评语:					
招聘面谈人:		职位:			

阅读材料

行为事件面试

行为事件,指的是访谈内容的关注点。

传统面谈,海阔天空、无所不谈,标准化行为事件访谈关注的是应聘者在过去工作生活中的所作所为。这些是发生在应聘者个人身上完完整整、有来龙有去脉的案例,是面试中我们应该关注并收集的重点。

面试时,经常会有应聘者说,我是我们公司去年的销售冠军或排名前列。单纯看这项业绩似乎很不错,但这个销售冠军到底有多少分量呢?能说明他具备多少我们需要的能力呢?这就需要我们刨根问底,从其获得销售冠军的来龙去脉问起。

"STAR"这个词很好地解释了行为事件来龙去脉的内容。构成"STAR"的四个字母,分别代表了行为事件的不同信息:

S是英文"Situation"的首字母,意思是指应聘者当时所面临的情境,如接受任务时的行业状况,公司的销售目标与销售策略,所在区域的现状等。

T是"Task"的首字母,指的是应聘者当时的岗位及职责,具体接受的某项任务要求。

A是"Action"的首字母,指的是应聘者当时接受任务后采取的行动措施。

R是"Result"的首字母,意思是说应聘者当时采取的行动措施后达到了什么结果,任务完成到了什么地步。

一个完整的行为事件,首先必须包含一个完备的STAR信息,任何一个部分缺失,这个行为事件都是不完整的,我们就要想办法弥补上缺失的信息。

应聘者完整讲述了某件事情的背景、面临的任务,以及自己的行动和后果,这些信息才构成了一个完整的事件,我们才能据此进一步分析他的相关能力素质。

(资料来源:丁成莉:《市场营销案例》2010年第5期)

四、调查

在笔试与面试合格后,就可对应聘人所提供的资料进行查证,以确认资料的真实性。可向申请人所提供的咨询人或其他与之有关的单位及个人查询,但要注意咨询人与申请人之间的关系,以便考虑其保证的真实性。

(一)调查的主要方式

1. 拜访咨询人。派人专门拜访咨询人,迅速有效地获取各种有关资料予以查核。
2. 电话联系。直接用电话询问咨询人,便利又快捷。但对方可能怀疑访问者的身份，不愿在电话中告诉详情，所以这种方式具有一定的局限性。

3. 利用信函调查。这种方式获取资料的速度较慢，并且多数咨询人不愿在书面上说别人的缺点或不足。

（二）调查的主要内容

1. 通过咨询应聘者以前的工作单位或客户，以获取应聘人过去工作的真实情况，看实际情况是否与其所提供的资料一致。

2. 通过咨询应聘者的大学老师或同学，来查证应聘者的人品。

3. 通过咨询当地的信用调查机构或其他公司的同类专业工作者，以查核应聘者的信用状况、经济情况及有无案底。

经历了前面四个甄选过程后，经过体检，企业的管理者就可以决定是否雇用应聘者了。如果决定雇用，企业就应该通知应聘者，并劝导应聘者接受此工作。此外，企业还需要对新入职者提供一定的入职培训，使其顺利地融入企业的文化和实际业务中。

本章小结

销售人员战略规划，是指根据企业的营销战略及企业内外部环境的变化，预测未来的销售任务对销售人员数量和素质的要求，满足这些要求而提供销售人力资源的过程。销售人员战略规划强调了销售人员的战略作用，强调企业的销售人员不论是数量上还是质量上既要与企业的营销战略匹配，又要适应企业环境的变化。

销售人员的招聘和企业营销战略的实施密切相关。企业营销战略的成功实施很大程度上取决于企业所招聘的销售人员的素质。

甄选销售人员的问题集中在两方面：①选择合适的甄选工具；②有效地运用甄选工具挑选应聘者。

C公司销售代表的选拔

C公司是一家跨国企业，经营业务以研制、生产、销售农药为主。随着公司业务的扩大，销售部门逐渐感觉缺少销售人员。2003年初始，公司总经理把销售部门的经理于欣和人力资源部门经理李建华叫到办公室,商量招聘一些销售代表。

在走出总经理的办公室后,人力资源部经理李建华开始一系列工作,在招聘渠道的选择上,人力资源部经理李建华设计了两个方案:在本行业专业媒体中做专业人员招聘,费用为3 500元,好处是对口的人才比例会高些,招聘成本低;不利条件是企业宣传力度小。另一个方案是在大众媒体上做招聘,费用为8 500元;好处是企业影响力度很大;不利条件是非专业人才的比例很高,前期筛选工作量大,招聘成本高。经考虑,他初步选定第一种方案。但总经理看过招聘计划后,认为公司在中国内地处于初期发展阶段,不应放过任何一个宣传企业的机会,于是选择了第二种方案。

在一周内的时间里,人力资源部收到了800多份简历。李建华和人力资源部的人员在800份简历中筛出70份有效简历,经筛选后,留下5人。于是李建华来到销售部门经理于欣的办公室,将此5人的简历交给了于欣,并让于欣直接约见面试。部门经理于欣经过筛选后认为可从两人中做出选择——李楚和王智勇。他们将所了解的两人资料做了如下比较:

李楚,男,企业管理学士学位,32岁,有8年的销售经验,在此之前的两份工作均有良好的表现,可录用。

王智勇,男,企业管理学士学位,32岁,7年人事管理和销售经验,以前曾在两个单位工作过,第一位主管评价很好,没有第二位主管的评价资料,可录用。

从以上的资料可以看出,李楚和王智勇的基本资料相当。但值得注意的是:王智勇在招聘过程中,没有前一个公司主管的评价。公司通知俩人,一周后等待通知。在此期间,李楚在静待佳音,而王智勇打过几次电话给人力资源部经理李建华,第一次表示感谢,第二次表示非常想得到这份工作。

销售部门经理于欣在反复考虑后,来到人力资源部经理室,与李建华商谈何人可录用。

李建华说:"两位候选人看来似乎都不错,你认为哪一位更合适呢?"

于欣:"两位候选人的资格审查都合格了,唯一存在的问题是王智勇的第二家公司主管给的资料太少,但是虽然如此,我也看不出他有何不好的背景,你的意见呢?"

李建华说:"很好,于经理,显然你我对王智勇的面谈表现都有很好的印象。人嘛,有点圆滑,但我想我会很容易与他共事,相信在以后的工作中不会出现大的问题。"

于欣:"既然他将与你共事,当然由你作做最后的决定。"

于是,最后决定录用王智勇。

王智勇来到公司工作了6个月,在工作期间,经观察,发现王智勇的工作不如期望得好,指定的工作他经常不能按时完成,有时甚至表现出不能胜任其工作的行为,所以引起了管理层的抱怨。显然他对此职位不适合,必须对此种情况加以解决。

然而，王智勇也很委屈：在来公司工作了一段时间，招聘时人力资源部门所描述的公司环境和各方面情况与实际情况并不一样。原来谈好的薪酬待遇在进入公司后又有所减少。工作的性质和面试时所描述的也有所不同，且没有正规的工作说明书作为岗位工作的基础依据。

（资料来源：http://www.china-qg.com/viewarticle.asp?ID=4068&category=article，有改动）

问题：你认为是什么原因导致了这种情况的出现？应如何改进？

思考题

1. 什么是销售人员战略规划？
2. 企业招聘销售人员的途径有哪些？
3. 人员推销决策包括哪些内容？
4. 某销售经理说："不用这么认真对待销售人员的甄选过程，差不多就行了，不适当的人选可以通过培训、健全的薪酬和监督管理来纠正。"你是否同意这种观点？为什么？
5. 你认为面试存在局限性吗？如何消除、减少或弥补它的局限性？
6. 如果公司让你组织一个销售人员的面试，你该如何做？

第六章

销售人员的培训

本章学习目标

- 掌握销售人员培训的流程
- 掌握销售人员培训需求的分析过程
- 制订销售培训计划的方法
- 能分析销售机会
- 能分析销售风险
- 理解销售方格与顾客方格
- 能进行销售活动分析
- 理解成功销售人员的特质

在当今竞争激烈的市场上,顾客对供应商的产品和服务质量的要求越来越高。面对这些压力,公司在战略上更加重视与顾客建立长期伙伴关系。销售人员应与顾客建立良好的关系,并为顾客的难题提供解决方案,而不仅仅是推销产品或服务。因此,销售过程应更注重互动和特定的前景。销售人员需要更加了解客户所面临的问题,需要更加了解产品知识,需要更加深入到客户所面临的问题中去。这种战略对销售人员的素质提出了更高的要求。

公司营销战略和目标确立了销售培训目标的基础,销售培训目标必须与公司营销目标一致。例如,提高20%市场占有率的营销目标需要一个不同于通过为现有顾客更好服务而维持市场占有率的培训计划。

第一节 销售人员培训计划

一、分析培训需求

在制订培训计划前,先要对培训需求进行估计。需求估计就是明确销售机构对培训的需求,以及制定为满足这些需求而需要达到的目标。对培训需求进行估计时需要考虑不同类型销售人员的具体需求。首先应该估计新招聘销售人员所需要的初步培训和后续培训。其次,应该随时对现有销售人员的培训需求进行估计。最后,销售经理的工作职责要求他随时估计不同人员对培训的需求,以保证自己所管理的人员能够得到具体而全面的培训。

(一)组织分析

培训主管首先根据销售机构的目标和战略计划作为制定培训目标的基础和指导原则。公司的目标是什么?为实现这些目标销售机构必须执行哪些战略和策略?通过这些问题的回答,培训人员可以制定出针对销售员的具体培训目标。玛氏公司(M&Ms)的培训主管布鲁斯·斯卡盖认为,一项成功的培训工作必须坚持以下四项原则:

1. 价值:培训的重点必须放在那些能够获得最大回报的绩效领域。实际绩效与理想绩效之间的差异越大,那么获得改进的几率也越大。

2. 重点:培训和开发的重点应该放在数量有限的关键绩效领域,这些重点不应该随着时间的变化而发生变化。

3. 规模效应:培训和开发的关键目的是实现回报的最大化。因此应该尽可能地为每一个人提供培训和开发自身潜力的机会。

4. 持续性:培训应该是一个持续性的过程,在这个过程中,应该尽可能地采取多种手段强化对被培训人的学习能力。不存在一劳永逸式的培训和开发。

企业的培训主管可以用表6-1这个框架理解各种关键的培训需求。

表6-1 各种关键的培训需求

销售目标/目的	关键性绩效领域	能力需求	所需求的资源
销售额增长 X%	提高关键客户 X,Y 和 Z 的销售额	改善绩效所要求的知识、信息、技能	人员、资金和设备

这个框架把销售机构的目标和关键绩效领域与培训和开发需求或者说能力需求联系在一起,从而为销售管理部门和培训部门提供了一个如何为改善劳动生产率和对资

(二)业务分析

在企业的业务上,培训主管可以通过对职位说明书和任职条件的分析,确定在培训中应该重点强调的具体能力。同时,还要分析和了解实际绩效水平,以确定销售机构是否达到了预定的目标,并在此基础上,确定哪些部门或哪些人需要培训。

困难分析可以揭示和分析销售人员所遇到的问题。通过这一分析可以反映出销售人员可能遇到的各种问题。例如,销售人员在向顾客介绍公司产品特点的时候可能会遇到顾客的否定,或者顾客已经开始购买另一家竞争对手的新产品,而销售员无法说服顾客自己的产品不比竞争对手的产品差。

(三)销售人员分析

对销售人员工作任务的分析是对具体工作行为做出的定义,这些行为是那些即将参加培训程序的人员为实现工作目标而必须实施的。行为目标为培训人员和被培训人员确定了培训程序的目标。这种方法适用于所有的销售人员,无论是新销售员还是有经验的老销售员都不例外。

(四)顾客分析

世界上著名的3M公司的培训部门通过对顾客进行调查,从具体的关键技能角度出发预测公司销售机构对培训的需求。公司向特定的顾客群体发放调查问卷,由顾客对每一种技能相对于维护双方销售关系所具有的重要性、销售人员实施每一项技能的具体情况进行评价。顾客的反馈报告可以总结出他们对每一名销售人员的印象和看法,顾客的看法与销售员实际表现之间的差异,说明了销售人员在哪些方面还需要通过培训加以改进。根据顾客调查结果,确定出每一名销售员最需要改进的三个方面,由销售员及其销售经理以这三个方面为突破点共同制定具体的培训课程。

(五)评价需求

需求分析是制订培训程序计划的基础。需求分析是一个对培训程序不断进行调整以适应具体情况和具体需求的过程。这个过程包括以下步骤:

1. 确定某一职位的具体要求(职位说明书);
2. 确定绩效目标和实际结果之间的差异(评估);
3. 确定差异存在的原因;
4. 对培训程序进行调整(如果必要的话);
5. 制定培训目标;
6. 实施培训程序;
7. 评价培训程序;
8. 对培训程序进行调整(如果必要的话)。

（六）收集培训信息的来源

培训经理既可以从公司的人力资源部门获取培训信息,也可以从竞争对手和顾客那里获取。一般来说,企业可以通过以下途径收集培训信息:

1. 对销售人员发放调查问卷;
2. 对顾客发放调查问卷;
3. 采访销售人员;
4. 销售会议期间进行测试;
5. 销售现场进行观察;
6. 对销售额、利润和销售活动报告进行分析。

二、制订培训计划

对培训需求进行分析后,企业可以制订培训计划。培训计划需要明确以下问题:培训目的、培训时间、培训地点、培训方式、培训师资、培训内容、培训方法等。培训计划的设计应考虑到新人培训、继续培训、主管人员培训等不同类型培训的差异。

（一）培训目的

培训目的有许多,每次培训至少要确定一个主要目的。总的说来,培训目的包括:发掘销售人员的潜能,增加销售人员对企业的信任,训练销售人员工作的方法,改善销售人员工作的态度,提高销售人员工作的情绪,奠定销售人员合作的基础等。最终目的是提高销售人员的综合素质,以增加销售,提高利润水平。

（二）培训时间

培训时间可长可短,可根据需要来确定。确定培训时间需要考虑:①产品性质。产品性质越复杂,培训时间应越长。②市场状况。市场竞争越激烈,培训时间应越长。③人员素质。人员素质越差,培训时间应越长。④要求的销售技巧。要求的销售技巧越高,需要的培训时间也越长。⑤管理要求。管理要求越严,则培训时间越长。

（三）培训地点

依培训地点的不同可分为集中培训和分开培训。集中培训一般由总公司举办,培训企业所有的销售人员。一般知识和态度方面的培训,可采用集中培训,以保证培训的质量和水平。分开培训是由各分公司分别自行培训其销售人员。有特殊培训目标的可采用此法,可以根据销售实践来进行。

（四）培训方式

培训方式有在职培训、个别会议培训、小组会议培训、销售会议培训、定期设班培训和函授等。各企业可根据实际情况选择适宜的方式。

(五) 培训师资

培训师资即确定由谁来进行培训。一般来说,销售培训人员有三种主要来源:公司的专职培训人员、公司的销售机构人员和公司的外部培训专家。

公司的专职培训人员负责建立、管理和协调公司的销售管理部门以及销售机构的培训与开发计划。通常,培训主管和培训人员同人事部门相互分离。他们与所有的管理部门和现场组织保持联系。培训主管一般要向公司的高层管理人员,比如说销售总经理报告工作。

高级销售代表以及大区和地区的销售经理是销售机构的主要培训人员。这些人拥有多年的销售经验,有助于被培训人员更快地与指导教师建立起良好的关系并熟悉学习材料。

来自公司外部的培训人员可以是销售培训的销售顾问,也可以是来自某一外部培训机构的培训教师。一些大学也为销售人员提供培训。

(六) 培训内容

培训内容常因工作的不同需要及受训人员所具备的不同才能而有所差异。培训内容一般包括:①企业的历史、经营目标、组织机构、财务状况、主要产品和销量、主要设施及主要高级职员等企业概况。②本企业产品的生产过程、技术情况及产品的功能用途。③目标顾客的不同类型及其购买动机、购买习惯和购买行为。④竞争对手的策略和政策。⑤各种销售术、公司专为每种产品概括的销售要点及提供的销售说明。⑥实地销售的工作程序和责任,如适当分配时间、合理支配费用、如何撰写报告、拟定有效销售路线等。

(七) 培训方法

销售培训的方法主要有以下几种,具体包括:

1. 课堂培训法。这是一种正规的课堂教学培训方法。一般由销售专家或有丰富销售经验的销售人员采取讲授的形式将知识传授给受训人员。这是运用最广泛的培训方法,主要优点是费用低,并能增加受训人员的实用知识。缺点是此法为单向沟通,受训人获得讨论的机会较少,讲授者也无法顾及受训人的个别差异。

2. 会议培训法。这种方法一般是组织销售人员就某一专门议题进行讨论,会议由主讲老师或销售专家组织。此法为双向沟通,受训人有表示意见及交换思想、知识、经验的机会。

3. 模拟培训法。这是一种由受训人员亲自参与并具有一定实战感的培训方法,并为越来越多的企业所采用。具体做法又可分为实例研究法、角色扮演法、业务模拟法等。实例研究法是一种由受训人分析所给的销售实例材料,并说明如何处理实例中遇到的问题的模拟培训法。角色扮演法是一种由受训人扮演销售人员,由有经验的销售人员扮演顾客,"销售人员"向"顾客"进行销售的模拟培训法。业务模拟法是一种模拟多种业务情况,让受训人在一定时间内做出一系列决定,观察受训人如何适应新情况的模拟培训法。

4.实地培训法。这是一种在工作岗位上练兵的培训方法。新来的销售人员在接受了一定的课堂培训后即可安排到工作岗位上,由有经验的销售人员带几周,然后逐渐放手,让其独立工作。这种方法有利于受训者较快地熟悉业务,效果很好。

三、实施培训计划

培训主管掌握以下培训实施要领,有助于增强培训效果。

(一)注意受训者的销售反应能力

培训主管要在不同的场合下不断试探受训者在销售方面的反应,下面几个方面可供参考。

1.受训者能否适当地介绍产品的优点及好处,使客户了解而产生需要;
2.受训者能否判别客户对其说词的反应及购买信号;
3.受训者能否判断客户的借口或拒绝,是表示对产品有兴趣或真正的不喜欢;
4.受训者能否在介绍产品中不断设法成交,并将介绍及解说一直朝取得订单的目标引导而不是在绕圈子或磨时间。

以上要点都是培训主管在每天结束训练后要检查的事项。培训主管可能会问:"你觉得某位客户可能购买吗?"也可能要求受训者解释某些做法的原因。具有意义的讨论,可以打开互相沟通的渠道,激发一些创新的做法。

(二)建立双方的责任感

要注意受训者能否准时参加安排的训练。如果三次以上迟到或无故不到,培训主管处理时态度要坚决,并指明准时是纪律,也是责任。因为有人督导时还有松懈的表现,单独作业时更会出问题。有效地运用时间是新的销售人员需要培训的一项重要技能。

(三)养成写报告的习惯

培训主管要强调写报告的重要性及责任。培训主管必须为受训者树立好榜样,每天都按时把评析表做好,也让受训者体会到及时完成报告是一种有益的习惯。报告或分析表送达、寄出前,培训主管最好再细读一遍。

(四)注意受训者的可塑性及学习态度

在评估受训者的进展状况时要注意下列几个要点:

1.受训者能否提出足够的问题?
2.已经以建设性方式指正或检查过的错误,是否再犯?

3. 能否不断地设法增强自己的产品知识及心态的积极性,并改进自己的销售方式?
4. 能否每天研读资料以求全面绩效的增加?

(五)建立积极、乐观、自信的心态

高昂的士气、积极的态度,是从事销售工作获得成功的重要因素。而培训主管的做法、看法及态度对受训者有很大的影响力。积极的想法或心态会产生积极的行动效果;反之,消极的心态就会产生消极的结果。培训主管如能巧妙地加以辅导,可使受训者在感受方面得到适当的纾解及沟通。多做建设性的辅导,可以诱导受训者迈向积极的方向。

为受训者指点一个新方法或提供一种新观念,可以增强他的信心,使他运用积极的行动方案来取代消极的行动方案;同时也建议受训者多阅读些励志方面的书,使他们在潜意识中充实积极的想法。

培训主管要在受训者的思想及态度方面产生影响力,否则便不能算尽职或成功。

(六)处理士气的不稳定

有时候,受训者辛苦一天回家后,会觉得自己浪费了一天却毫无所获,因为一张订单也没拿到。受训者无可避免地认为这是一种失败。培训主管要设法减低没有收获的一天对受训者不利的心理影响。例如,可以说每天能够拜访多少个客户已是难能可贵,而且这些努力不会白费,累积下来就会有成果,终有收获的一天。

(七)说明销售的平均数法则

这是一个销售成功的方程式,称为平均数法则。即:

$$拜访介绍的次数 + 积极的态度 + 不断进步的推销技巧 = 订单数$$

任何成功的销售主管都知道这一方程式的真实性及妙用。等式左边的三项中变数最大的是积极的态度,因为销售技巧在短期内不会变化太大,但态度却可能改变而且变化很大。态度之所以常会改变,是因为没有销售经验的人只有在拿到订单后才会有信心和成功的感受。

培训主管要协助受训者做好心态的调整及准备,譬如在拜访多次却仍无收获时,可告诉对方,根据经验每拜访多少次或多少客户,至少就会有一个人购买。这样可使受训者不致泄气,始终保持高昂的斗志。

四、评估培训效果

销售培训评价所涉及的工作包括收集与培训程序目标有关的数据,对这些数据进行计算和分析,以确定培训程序的有效性。整个过程包括以下四个步骤:

(一)确定需要衡量的内容

在确定需要衡量的内容时,全部销售培训人员应该对需要衡量的组成部分、群体以

及个别项目进行评价的重要性达成一致。

1.需要衡量的组成部分。根据唐纳·克柏屈格的"四阶层评估模型",培训评估分为四个层面:

(1)反应:针对参与者对课程及学习过程的满意度进行评估;

(2)学习:针对参与者完成课程后,所保留的学习成果进行评估;

(3)行为:针对参与者回到岗位后,其行为或工作绩效是否因培训而有预期中的改变进行评估;

(4)效益:针对培训的整体投资报酬率进行评估。

2.需要评价的群体。为了保证培训程序的有效性和实用性,评价必须涉及培训程序的每一个要素——从培训程序的设计、到培训程序的实施,一直到取得实际工作绩效结果为止。通过对以下要素进行评价可以达到上述目的:

(1)程序:培训程序中所包含的题目是否应该保持一致?

(2)培训人:培训人是否胜任工作,并成功地完成了自己的工作?

(3)被培训人:被培训人对培训程序的反应如何?

(4)实际工作结果:培训是否对被培训人的工作绩效产生了实际的影响?

3.需要衡量的项目。根据培训目标可以获得需要衡量的具体项目。只要涉及实际的资金支出,管理人员就可以从资金数量的角度加以考虑。需要衡量的具体项目在各个公司之间可能会有所不同。但是,大多数公司会衡量培训对销售额、利润和顾客满意度产生的影响。

(二)确定收集信息的方法

培训人员可以使用5种基本的数据收集技术。这5种方法是问卷调查法、面谈法、测试法、观察法和公司数据法。

1.问卷调查法是培训人员最常使用的数据收集工具。这是一种易于实施和管理的方法。问卷调查法的优点在于,培训人可以收集销售人员的感觉、看法、思想和信仰。一般情况下,人们不愿意在公众场合表达个人的观点,但是却倾向于采取书面形式表达自己的真实感受,在可以采取匿名形式的情况下,这种倾向性更强烈。

2.面谈法有助于收集深层次的信息。面谈法的优势在于它的灵活性。提问人可以根据被访问人所关心的问题调整自己的提问方式。通过这种方法很可能获取有价值的信息。

3.测试是确定被培训人掌握培训内容程度最有效的一种方法。通过测试可以对培训程序的总体以及各组成部分进行评价。因此,培训人可以根据测试的结果对培训程序的各组成部分加以调整或重新设计。

4.观察法对于培训人来说是最有价值的评价手段之一。培训人员深入工作现场了解被培训人在工作中利用他们在培训中所学到的东西。在这个过程中,培训人可以请教现场销售经理的意见和看法。

5. 公司数据具体包括绩效评估结果、顾客满意度指数以及销售数据等,这种方法在整个评价过程中都是一种不可或缺的信息收集方法。

（三）确定衡量方法

分析评价培训效果的具体方法很多,大致分为两类:定性方法和定量方法。

1. 定性方法。一般来说,要比较完整、全面地把握信息,至少应从以下几个方面进行分析评价:

（1）学员对培训计划的反应程度。他们是不是喜欢这项培训计划？他们觉得这项计划是否有价值？他们愿意花时间、精力全身心投入吗？

（2）通过培训,是否学到了预期应该学到的基本原理、基本方法和基本技能？

（3）通过培训,学员的工作行为是否有了某些良性的变化？

（4）分析评价培训工作所带来的最终成果。

2. 定量方法。定性分析法有其局限性,如果辅以定量分析方法,效果将更加显著。定量评价方法很多,比如成本—收益评价法、机会成本法、边际分析法、假设检验法等等。具体如何定量评价可以参考有关书籍。

（四）分析数据,确定培训结果,得出结论并提出建议

培训人员在使用正确的方法收集到合适的信息之后,就可以对培训结果做出结论,并为以后的培训提出改进意见。在很多情况下,不需要对培训程序做出调整。如果销售培训人员能够通过这种方法对培训程序做出有利的评价,那么他们就可以进一步强调培训部门在公司中的重要性,提高培训部门的地位,争取更多的费用预算。如果销售经理或培训主管能够证明公司通过这笔投资可以获得良好的回报,那么他们就需要进一步改善培训程序的质量,从而提高销售人员的劳动生产率。

第二节　销售环境分析

销售人员销售商品的活动离不开现实的交易场所,离不开销售环境。衡量销售环境有两个维度:复杂度和变化度。如果销售环境既复杂又急剧变化,则对企业销售活动的影响更大。销售环境的变化可能给企业的销售活动带来风险,也可能给销售活动创造机会。企业分析并研究销售环境,其目的就在于以此来辨别出各种环境因素对销售活动的影响,以便捕捉销售机会,避免销售风险,提高销售绩效。

一、销售环境的构成

销售环境是指影响企业销售活动及其目标实现的各种因素和动向,分为宏观环境和微观环境。宏观环境包括政治环境、技术环境、经济环境和社会环境。微观环境是指对企业服务其顾客的能力构成直接影响的各种力量。销售环境对企业销售活动的作用有时是直接的,有时是间接的。销售环境对企业销售活动的直接作用主要表现为:企业销售活动的某一侧面或某一层次因市场环境条件的变动而立即发生相应的变化,往往不经过任何中间环节。而间接作用表现为市场环境发生变化时,企业销售活动虽没有立刻发生变化,但间接力量的传导会把市场环境的变化传导到企业的销售活动中去,从而使企业的销售活动相应地发生不同程度的变化。

企业之间竞争的形式多种多样。竞争既存在于卖者之间,也存在于买者之间和买卖双方之间,而不同的竞争形式又有不同的竞争内容,因此形成产品、经营、信誉、信息竞争。在为谋求有利的产销条件而展开的抗衡、较量中,企业既可以通过价格手段谋求有利的市场地位,也可以借助非价格的手段(如销售、广告、服务等)获取市场优势,从而形成价格竞争与非价格竞争。

种种竞争形式及相应的竞争内容构成了企业一般的竞争环境。随着商品经济的发展,竞争以更多的形式,在更广泛的时间和空间展开。因此,企业所面临的竞争有日渐激烈的趋势。在这种形势下,企业销售人员要时刻注意竞争环境的变化,分析销售机会,规避销售风险。

二、销售机会分析

(一)销售机会的含义

销售人员必须充分把握随时出现的各种销售机会。所谓机会,是指由于环境的变化而为人们提供的实现某种目的的可能性。销售机会是指在销售过程中,由于环境经常发生变化,给销售人员提供的实现其销售目的的一种可能性的统称。

一般而言,销售机会具有以下特征:

1. 平等性。在同一领域从事销售活动的销售人员,所面临的市场竞争环境是基本相同的。由于客观环境的变化给每个销售人员带来的机会基本相同,因此可以说,机会面前人人平等。在这种情况下,要及时并充分地把握机会,创造销售佳绩,完全依赖于销售人员自身的观察能力、分析能力、应变能力和创造能力。

2. 可创造性。销售人员不应一味消极适应环境变化,而要充分发挥自己的主观能动性,积极采取各种措施来创造有利于自己的销售机会。

3. 两面性。销售机会具有两面性。一方面,销售人员若及时采取恰当的措施,充分把握销售机会,就有可能获得销售成功。但若贻误时机,或决策失误,则有可能变主动为被动,陷入销售危机。另一方面,销售人员彼此之间存在着竞争的关系。同样的销售机会,若由于销售人员自己的原因而未能及时利用,则有可能成为其他销售人员实现交易的良机。

(二) 如何捕捉销售机会

捕捉销售机会,对销售人员各方面的能力有较高的要求,它要求销售人员:及时收集并分析研究影响销售环境变化的因素的信息和资料,从中发现销售机会出现的可能性和具体内容;看准时机,恰到好处地捕捉销售机会;发挥主观能动性和创造性,善于打破常规,创造出独具特色的销售机会;注意把握因地制宜的原则,研究销售机会的空间适应性。

捕捉销售机会虽然并不容易,但也并非无窍门可寻。下面介绍几种捕捉销售机会的方法:

1. 谨思慎行。销售工作的每一个步骤对销售人员来说都极为重要。销售人员处理得当,有可能促成销售机会的出现和形成;销售人员若急于求成,鲁莽行事,则有亲手毁灭销售机会的可能性。因此,销售人员在销售的每一环节都应保持冷静,随时掌握局势的变化,利用自己的常识和经验,充分分析思考,然后再谨慎行动。切勿信口开河,鲁莽行事,使顾客产生不信任感,或由于压力过高而丧失购买信心,从而失去有利的销售机会。

2. 察言观色。在销售过程中,销售机会往往都是潜在的,具有相当的隐蔽性,不会明显地显现出来,但也并非完全无迹可寻。顾客的购买倾向和成交意愿往往会从顾客的表情、语言、行为等方面显现出来,因而销售人员应善于观察和分辨,并依据自己的销售经验及时捕捉销售机会。

3. 多听少讲。有些销售人员一接近顾客,马上口若悬河,恨不得将产品的全部优点一股脑儿全告诉顾客,殊不知,这是销售工作的一大忌。销售人员应虚心听取顾客的意见和要求,而不要只顾自己讲话(应在必要时予以回答)。这样不但可以让顾客感到受到了尊重,也有利于创造良好的销售氛围,而且可以从顾客的言谈中获得销售的线索和答案,从而控制销售机会。

4. 循序渐进。销售交易有简有繁,复杂的交易往往需要多个回合才可能完成。因此,销售人员应有足够的耐心和恒心,循序渐进,按部就班,配合销售活动的每个阶段适时地把握机会,调整销售工作的方式和内容,不可急于求成而破坏了有利的销售机会。

5. 耐心等待。耐心是销售人员必须具备的重要品质。急功近利、行事冲动极易导致销售失败。这是因为,顾客在做出买不买、买多少、何时买等购买决策时,都不是一时冲动。他需要权衡各种客观因素,如产品特征、购买能力等,同时还要受到主观因素的影响,如心情好坏等。因此,购买决策过程是一个极其复杂的过程,并不是一蹴而就的。销售人员应设身处地地为顾客着想,体会顾客的难处,耐心地等待时机。另外,销售人员和顾客双方有各自不同的习惯和想法,考虑问题和行事的方法和程序也各不相同。在销售过程中,销售人员不能将自己办事的程序强加于顾客,而应注意顾客的思路,调整自己的言行与之相配合。因此,有足够的耐心,是选择竞争时机的关键。但销售人员也不应一味地消极等待,在关键时刻要发挥推波助澜的作用,以免贻误时机。

三、销售风险分析

(一)销售风险的含义

在销售商品的过程中,环境的变化有可能产生机会,也有可能带来风险。风险是指由于客观环境的变化带来损失,导致难以实现某种目的的可能性。销售风险是指由于销售环境的变化,给销售活动带来的各种损失。销售环境的变化是绝对的、客观的,而且经常会发生,在销售过程中,既充满了销售机会,又会出现许多销售风险。因此,销售人员应善于分析研究环境变化可能带来的风险,发现风险并及时规避风险,最大限度地减小自己可能遭受的损失。

(二)防范销售风险

销售环境的变化是绝对的,因此,销售风险也势必经常发生。企业不可能完全避免销售风险,而只能掌握战胜风险的策略和技巧,积极化险为夷,把销售风险变成销售机会。

1. 要提高识别销售风险的能力。销售人员应随时收集、分析并研究市场环境因素变化的资料和信息,判断销售风险发生的可能性,积累经验,培养并增强对销售风险的敏感性,及时发现或预测销售风险。

2. 要提高风险防范能力,尽可能规避风险,特别是规避全局性的重大的销售风险。可通过预测风险,尽早采取防范措施来规避风险。企业还应积极投保,通过商业保险来转移销售风险。在销售工作中,要尽可能谨慎地、最大限度地杜绝销售风险发生的隐患。

3. 在风险无法避免的情况下,要提高处理销售风险的能力,尽可能最大限度地减少损失,并防止引发其他负面效应和消极影响。

第三节 顾客分析

一、分析顾客心理类型

顾客购买商品的心理活动过程,是指购买的现实在顾客头脑中的反映。它包括三个基本阶段,即顾客对商品的认知阶段,顾客对商品的情感阶段和顾客对商品的意志阶段。

心理学家帮助我们将顾客按心理特征划分为九种类型,熟悉了解每一类顾客的心理特征,可以使我们在销售过程中对症下药,因人施计。

(一)内向型

这类顾客生活比较封闭,对外界事物表现冷淡,与陌生人保持相当的距离,对自己的小天地之中的变化异常敏感,在面对销售行为时,他们的反应往往是不强烈的。要说服此类顾客对销售人员来说难度是相当大的。这类顾客对产品挑剔,对销售人员的态度、言行、举止异常敏感,大多讨厌销售人员过分热情,因为这与他们的性格格格不入。销售人员留给他们的第一印象将直接影响他们的购买决策。另外,对这类顾客要注意投其所好,否则会难以接近。

(二)随和型

这类顾客总体来看性格开朗,容易相处,内心防线较弱,对陌生人的戒备心理不如第一类顾客强。他们在面对销售人员时容易被说服,不令销售人员难堪。这类顾客表面上是不喜欢当面拒绝别人的,所以要有耐心与他们周旋,而这也并不会引起他们太多反感。对于性格随和的顾客,销售人员的幽默、风趣自然会起到意想不到的作用。如果这类顾客赏识你,他们会主动帮助你销售。但这类顾客也有容易忘记自己诺言的缺点。

(三)刚强型

这类顾客性格坚毅,尤其对待工作认真、严肃,决策谨慎,思维缜密。这类顾客也是销售人员的难点所在,但一旦说服了他们,他们会对你的销售工作大有益处。总体说来,刚强型的顾客不喜欢销售人员随意行动,因此在他们面前应守纪律,显示出严谨的工作作风,时间观念尤其要强。这类顾客初次见面时往往难以接近,如果在初访前获知某人是这类型的顾客,最好经第三者介绍,这样会有利得多。

(四)神经质型

这类顾客对外界的事物、人物反应异常敏感,且耿耿于怀;他们对自己所做的决策容易反悔;情绪不稳定,易激动。对待这类顾客一定要有耐心,不能急躁,同时要言语谨慎,一定要避免销售人员之间或销售人员与其他顾客的私下议论,这样极易引起神经质型顾客的反感。如果你能在销售过程中把握对方的情绪变动,顺其自然,并且在合适的时机提出自己的观点,那么成功就会属于你。

(五)虚荣型

这类顾客在与人交往时喜欢表现自己,突出自己,不喜欢听别人劝说,任性且嫉妒心较重。对待这类顾客要寻找对方熟悉并且感兴趣的话题,为他提供发表高见的机会,不要轻易反驳或打断其谈话。在整个销售过程中销售人员不能表现得太突出，不要给对方造成对他极力劝说的印象。如果在销售过程中能使第三者开口附和这类顾客，那么他会在心情愉快的情况下做出令你满意的决策。记住，不要轻易亮出底牌。

（六）好斗型

这类顾客好胜、顽固，同时对事物的判断比较专横，又喜欢将自己的想法强加于别人，征服欲强。他们有事必躬亲的习惯，尤其喜欢在细节上与人争个明白。对待这种顾客一定要做好心理准备，准备好被他步步紧逼，必要时丢点面子也许会使事情好办得多。但是你要记住，"争论的胜利者往往是谈判的失败者"，千万不可意气用事，贪图一时痛快。准备足够的数据资料、证明材料将会助你取得成功。再有就是要防止对方提出额外要求，不要给对方留下突破口。

（七）顽固型

这类顾客多为老年顾客或者在消费方面具有特别偏好的顾客。他们往往不乐意接受新产品，不愿意轻易改变原有的消费模式与结构，对销售人员的态度多半不友好。销售人员不要试图在短时间内改变这类顾客，否则容易引起对方强烈的抵触情绪和逆反心理，还是让你手中的资料、数据来说服对方比较有把握一些。对这类顾客应该先发制人，不要给他表示拒绝的机会，因为对方一旦明确表态，再让他改变就有些难度了。

（八）怀疑型

这类顾客对产品和销售人员的人格都会提出质疑。面对怀疑型的顾客，销售人员的自信心显得更为重要。你不可受顾客的影响，一定要对产品充满信心，但不要企图以你的口才取胜，因为顾客对你所言同样持怀疑态度，这时也许某些专业数据、专家评论会对你有帮助。切记，不要轻易在价格上让步，因为你的让步也许会使对方对你的产品产生疑虑，从而使交易破裂。建立起顾客对你的信任至关重要，端庄严肃的外表与谨慎的态度会有助于成功。

（九）沉默型

这类顾客在整个销售过程中表现消极，对销售人员反应冷淡。顾客陷入沉默的原因是多方面的，销售人员不善辞令会使整个局面僵持，这时销售人员可以提出一些简单的问题刺激顾客的谈话欲。顾客对面前的产品缺乏专业知识并且兴趣不高，销售人员此时一定要避免提技术性问题出来讨论，而应该就其功能进行解说，打破沉默；顾客由于考虑问题过多而陷入沉默，这时不妨给对方一定的时间去思考，然后提一些诱导性的问题试着让对方将疑虑讲出来；顾客由于讨厌销售人员而沉默，销售人员这时最好反省一下自己，找出问题的根源，如能当时解决则迅速调整，如果问题不易解决则先告退，以备再访成功。

以上是对顾客的总体分析，以及对待每一类顾客的一些简单的原则和态度，在销售过程中还需要灵活运用,切记不可教条化。一位顾客也许是几种类型的综合,也许介于两种类型之间,这时销售人员的判断力与机智就要受到考验了。

二、寻找潜在顾客

对于大多数商品来说,"二八法则"是成立的,也就是说商品80%的销售额是来自这种商品所拥有的顾客中的20%。如果你能顺利地找到那20%的顾客,就可以事半功倍了。

首先,先从大处着眼,圈定销售对象所在范围。对于个人消费品来说,销售人员应根据前面所说的对产品的各层次的把握来分析这种产品主要满足哪个层次的需求,其顾客群分布在社会哪个层面上,进而根据这些顾客的总体特点就可以大略地拟出销售场所和时间了。如某种化妆品,按其档次及特点判断出适用于职业女性,故而应在晚间或周末上门销售;如是工业品,则要确定产品可以满足哪一类型工厂的需要。

其次,列出潜在顾客的名单,方法也是多种多样的,主要有客户利用法、社会关系法、名录法、家谱式介绍法等。客户利用法即利用以往曾有往来的顾客来寻找、确定新的顾客,对过去有往来的顾客应设法保留。社会关系法即通过同学、朋友、亲戚等社会关系来寻找可能的客户。通过这种方法联系到的客户一般说来初访成功率较高。名录法即细心研究你能找到的同学录,行业、团体、工会名录,电话簿、户籍名册等,从中找到潜在顾客。家谱式介绍法即如果顾客对你的产品满意并与销售人员之间保持良好的人际关系,那么不妨请他将产品介绍给他的亲朋好友或是与其有联系的顾客。

最后,对潜在顾客进行分类,挑选出最有希望的顾客,使你的初访尽可能命中那20%的顾客。一般说来,顾客可分为有明显的购买意图并且有购买能力、有一定程度的购买可能、对是否会购买尚有疑问这样三类。挑选出重点销售对象,会使你的销售活动的效果明显增加。总的说来,重点应放在前两类顾客上。

三、销售方格与顾客方格

20世纪70年代,美国管理学家罗伯特·R.布雷克(Robert R. Break)教授和J.S.蒙顿(J. S. Mondon)教授将行为科学理论中的方格理论引入销售学研究之中,形成了"销售方格理论",使销售理论研究取得了重大进展。

销售方格理论从销售主体与销售对象在交易和交往两方面的心态出发,揭示出销售的成交取决于销售人员和顾客之间心态的最佳协调的原理。

(一)销售方格

根据销售人员在销售过程中对买卖成败以及与顾客沟通的重视程度之间的差异,可将销售人员在销售过程中对顾客和对销售活动的关心程度划分为不同的类型,将这种划分置于平面直角坐标系中,就形成了销售方格(见图6-1)。

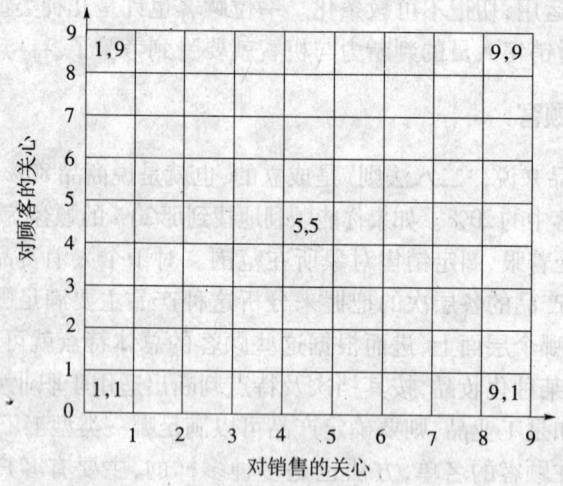

图 6-1 销售方格

销售方格显示出销售人员因对顾客和对销售的关心程度的不同而形成的不同的心理状态。销售方格的横坐标表示销售人员对销售的关心程度,纵坐标表示销售人员对顾客的关心程度。关心程度越大,则相应的坐标值越大。销售方格中各个交点代表销售心态,在这里重点标明五种典型的销售心态。

1. 无所谓型。如图 6-1 中(1,1)格所示,具有该种心态的销售人员既不关心顾客的需求,也不关心销售任务,而是抱着"要买就买,不买拉倒"的心态,毫无敬业精神。这种销售人员根本无法胜任销售工作,其销售业绩也必然是最差的。

2. 迁就顾客型。如图 6-1 中(1,9)格所示,具有这种心态的销售人员非常重视与顾客之间良好的人际关系,对顾客能以诚相待,极易成为顾客的参谋甚至朋友。但他们忘了销售活动并不是单纯的人际交往,而应力求取得实实在在的销售成果。这种销售人员不关心或羞于与顾客谈货币与商品的交换,坚持买卖不成仁义在。抱这种心态虽能建立起良好的顾客关系,却很难实现现实的销售成果,所以说,这也不是良好的销售心态。

3. 强硬销售型。如图 6-1 中(9,1)格所示,这种销售心态与迁就顾客型完全相反,销售人员只重视完成销售任务和达成交易,完全忽视与顾客保持良好的人际关系。他们为达到销售目的,不惜欺骗顾客,很少了解顾客需求或分析顾客心态。只重视"一锤子买卖",忽视了顾客重复购买的价值,这种心态是非常不可取的。

4. 销售技巧型。如图 6-1 中(5,5)格所示,这是一种折中的心态,它关心销售,但不非常重视销售;既关心与顾客之间的沟通,又不全心全意为顾客服务。持这种心态的销售人员注重二者在一定条件和一定程度下的结合。这种心态对销售不求甚解,但仍可能成为成功的销售人员。这样的销售人员一般难以创新,很难有大的突破。

5.解决问题型。如图6-1中(9,9)格所示,这种心态是最理想的销售心态。持这种心态的销售人员既能全力研究并实践销售技巧,关注销售成果,又能最大限度地解决顾客困难,注重开拓顾客的潜在需求和满足顾客的现实需求,能实现二者间的结合并保持良好的人际关系。

（二）顾客方格

销售人员对顾客的销售有着不同的心态,顾客对待销售和商品购买也存在不同的心态。在销售方格理论中,依据顾客对待销售人员和购买商品的重视程度将其划分为不同的类型。在顾客接受销售时,心中至少存在两种想法:一是希望购买到满意的商品;二是希望得到销售人员热情周到的服务。但顾客对于这两方面的重视程度是不同的。有的顾客最重视商品本身,而有的顾客则可能最希望得到满意的服务。布雷克和蒙顿两位教授依据顾客对这两方面关心程度的不同,建立了顾客方格(见图6-2)。

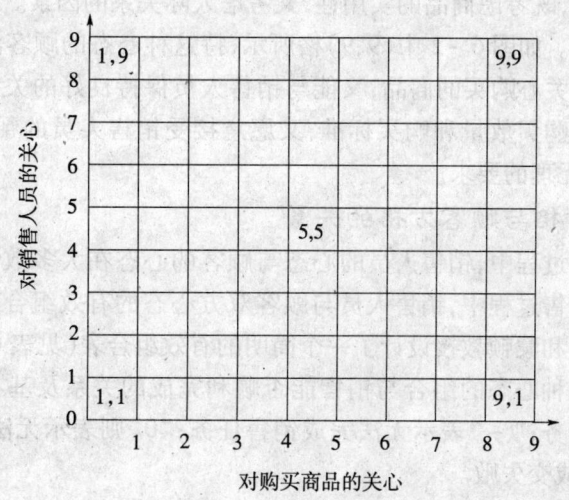

图6-2 顾客方格

顾客方格中显示了由于顾客对得到销售人员的服务和对商品关心的不同程度而形成的不同的心理状态。其中横坐标表示顾客对自己完成购买的关心程度,纵坐标则表示顾客对销售人员的关心程度。坐标值越大,表示关心程度越高。在这里,也侧重分析五种典型的顾客心态。

1.漠不关心型。如图6-2中(1,1)格所示,表明顾客既不关心销售人员,也不关心购买商品本身。这类顾客往往只是受人之托购买,且不愿意承担责任。他们对销售人员的态度是尽量避而远之,或敷衍了事。

2. 软心肠型。如图6-2中(1,9)格所示,表明顾客非常重视与销售人员良好的人际关系,不大关心购买商品本身。销售人员为了实现销售成果,表现得热情周到,这种顾客往往会感到盛情难却,即便对销售的商品一时不很需要,也有可能购买,这种顾客比较容易说服。

3. 防卫型。如图6-2中(9,1)格所示,这种心态与软心肠型恰恰相反。持这种心态的顾客极端重视销售的商品本身,对商品百般挑剔。他们并不相信销售人员,任凭销售人员如何解释,他们也只相信自己的判断,对销售人员防卫心特别重。这种顾客非常固执,一旦他不认同销售人员的商品,一般很难被说服。

4. 干练型。如图6-2中(5,5)格所示,这种顾客既重视销售的商品本身,又重视销售人员对待他们的态度和服务。他们往往凭借自己的知识来判断商品,在决策前经过深思熟虑,但他们也愿意听取销售人员的介绍。这种顾客既十分理智,又很重感情,在做出购买决策时,既考虑商品的实用性,又考虑人际关系的因素。

5. 寻求答案型。如图6-2中(9,9)格所示,持这种心态的顾客注重销售和商品的完美结合。他们既关心购买的商品,又能与销售人员保持良好的关系并与之合作。他们非常明确自己的购买数量和购买标准,又愿意接受销售人员的帮助,并主动与之合作,一般不会提出无理的要求。

(三)销售方格与顾客方格的关系

在现实的销售过程中,销售人员的心态与顾客的心态在大多数情况下都不能实现最佳的匹配。在销售过程中,销售人员与顾客双方心态的有效组合是实现销售成功的重要条件。布雷克和蒙顿教授设计了一个简明的有效组合表(见表6-2),初步揭示出销售人员与顾客两种心态的组合与销售能否顺利完成的关系及基本规律。表中"+"表示可完成销售任务;"-"表示无法完成销售任务;"0"则表示无法确定,即有可能顺利成交,也有可能成交失败。

表6-2 销售有效组合表

销售方格 顾客方格	(1,1)	(1,9)	(5,5)	(9,1)	(9,9)
(1,1)	−	−	0	0	+
(1,9)	−	+	+	+	+
(5,5)	−	0	+	+	+
(9,1)	−	−	−	0	+
(9,9)	−	0	0	0	+

由于外部和内部种种条件的影响,表6-2中所列的种种组合的心态是极其复杂多变的,并没有绝对精确的划分。而且,销售与购买心态也不仅简单地受关心对方与关心商品这两方面因素的影响,所以销售方格理论也只是大体上概括出了两种心态的组合,还应结合实践不断充实和完善。

(四)销售心态自我测验

为了帮助销售人员了解自己的心态,布雷克和蒙顿两位教授合编了一份销售方格试题(见表6-3),供每一个销售人员进行自我测验。

表6-3 销售方格试题

每题分 A~E 五个陈述语句,先将 6 题略看一遍然后逐题回答,将每题的 5 个陈述语句加以排列,将你认为最适合你的陈述语句给 5 分,其次的给 4 分,依此类推,最后对不适合你的陈述语句给 1 分。

第一题
A. 我接受顾客的决定。
B. 我十分重视维持与顾客之间的良好关系。
C. 我善于寻求一种对我双方均为可行的结果。
D. 我在任何困难的情况下都要找出一个结果来。
E. 我希望在双方相互了解和同意的基础上获得结果。

第二题
A. 我能够接受顾客的全部意见和各种态度,并且避免提出反对意见。
B. 我乐于接受顾客的各种意见和态度,更善于表达自己的意见和态度。
C. 当顾客的意见和态度与我的意见和态度发生分歧时,我就采取折中办法。
D. 我总是坚持自己的意见与态度。
E. 我愿意听取别人不同的意见和态度,我有自己独立的见解,但是当别人的意见更为完善时,我能改变自己原来的立场。

第三题
A. 我认为多一事不如少一事。
B. 我支持和鼓励别人做他们所想做的事情。
C. 我善于提出积极的合理化建议,以利于事业的顺利进行。
D. 我了解自己的真实追求,并且要求别人也接受我的追求。
E. 我把全部精力倾注在我正从事的事业之中,并且也热情关心别人的事业。

第四题
A. 当冲突发生的时候,我总是保持中立,并且尽量避免惹是生非。
B. 我总是千方百计避免发生冲突,万一出现冲突,我也会设法去消除冲突。
C. 当冲突发生的时候,我会尽力保持镇定,不抱成见,并且设法找出一个公平合理的解决办法。
D. 当冲突发生的时候,我会设法击败对方,赢得胜利。
E. 当冲突发生的时候,我会设法找出冲突的根源,并且有条不紊地寻求解决办法,消除冲突。

第五题
A. 为了保持中立,我很少被人激怒。

续表

> B. 为了避免个人情绪的干扰,我常常以温和友好的方法和态度来对待别人。
> C. 在情绪紧张时,我就不知所措,无法避免更进一步的压力。
> D. 当情绪不对劲时,我会尽力保护自己,抗拒外来的压力。
> E. 当情绪不佳时,我会设法将它隐藏起来。
>
> 第六题
> A. 我的幽默感常常让人觉得莫名其妙。
> B. 我的幽默感主要是为了维持良好的人际关系,希望利用自己的幽默感来冲淡严肃的气氛。
> C. 我希望我的幽默感具有一定的说服力,可以让别人接受我的意见。
> D. 我的幽默感很难觉察。
> E. 我的幽默感溢于言表,别人很容易觉察到,即使在高度压力下,我仍然能够保持自己的幽默感。

答完试题后,将6个A、6个B、6个C、6个D及6个E的得分分别相加。若A得分最高表示较接近(1,1)型;B得分最高较接近(1,9)型;C得分最高较接近(5,5)型;D得分最高较接近(9,1)型;E得分最高较接近(9,9)型。

第四节 销售活动分析

一、销售活动分析的程序

销售活动分析作为销售工作重要的一环,要有组织、有秩序地进行。为此,应遵循一定的程序,具体说来一般有以下几个步骤:

(一)确定分析目标

为了提高销售分析的准确性,销售分析应有计划地进行。分析计划要确定分析的目的和要求、分析的内容和范围、分析工作的组织和分工、分析的资料来源、分析的方法等。在分析计划的执行过程中,如果出现新问题、新情况,应及时加以补充和修改,以确保分析工作的正常运转,提高分析水平。

(二)收集分析资料

分析资料是进行销售分析的重要依据,分析人员应全面、系统、完整地收集各方面的资料。一般来说,分析资料主要包括:各项销售计划、预算、定额、责任指标等计划资料,各项业务核算资料,各种内外部报表资料,同行业有关资料,有关合同、协议、决议等文件报告资料,以及各种环境状况、市场状况、顾客意见等销售调查资料。

(三)研究分析内容

资料收集要进行整理、分析和研究。对不正确的或失实的资料应剔除,对不可比的资料要予以调查或进行淘汰。对符合实际的、有用的资料，进行归纳、分类、整理，运用不同的分析方法进行比较分析，找出实际与计划、与上期、与先进水平的差异，确定应当研究的重点问题。然后，分析形成差异的各种原因，分清主次，测定各项因素的影响程度，以找到问题的关键，最终为解决问题提供思路。

（四）做出分析结论

进行销售活动分析主要是为了肯定成绩、总结经验、发现问题、吸取教训，以挖掘潜力，制定最佳销售组合，实现更多的利润。在做出分析结论时，对各项销售业绩的评价应当切合实际，并对其中的问题提出切实可行的改进措施、建议和实施方案。同时，还应对以往分析中所提出的改进措施、建议和实施方案的实行效果做出分析评价。

（五）撰写分析总结

销售分析总结是向销售主管部门、销售人员及有关领导汇报分析情况的全面的书面资料。分析报告的编写因分析内容不同而有所区别，如有的是全面分析，有的是专题分析，有的是定期分析，有的是日常分析，侧重点都是不一样的。但其基本要求是一致的，即要求实事求是、客观而全面；重点突出，防止面面俱到；对情况的说明要真实、准确，做出结论要有根有据，避免主观臆断；提出的改进措施、意见和方案要具体、可行；文字力求简明扼要，图表力求清晰易懂。另外，销售分析报告应及时送达有关部门和人员，提高其时效性，真正为提高销售管理水平，扩大销售业绩做出贡献。

二、销售活动分析的方法

研究、分析客观事物的最基本的方法是唯物辩证法。它是认识自然和社会的方法论，因而也为市场销售活动的分析提供了最基本的科学思维方法和研究方法。实践是认识的基础，正确的认识来源于实践。进行销售活动分析时，要从实际出发，实事求是地进行分析；要透过现象看本质，从经济指标的综合评价开始，按发生时间、地点、管理环节和变化原因进行有的放矢地深入分析；要综合分析各项相关的经济指标和影响因素，找出问题的关键，以全面的、发展的观点来评价各项销售活动。

销售活动分析的方法很多，这里仅选择几种常用的分析法进行说明。

（一）绝对分析法

绝对分析法是通过销售指标绝对数值的对比确定数量差异的一种方法。它是应用最广泛的一种方法，其作用在于揭示客观存在的差距，发现值得研究的问题，为进一步分析原因指明方向。依据分析的不同要求主要可进行3种比较分析，即将实际资料与计划资料对比，与前期资料对比，与先进资料对比。

1.与计划资料对比，可以找出实际与计划的差异，说明计划完成的情况，为进一步分析指明方向。

2. 与前期资料对比,如与上月、上季、上年同期对比,可反映销售活动的发展动态,考察销售活动的进步情况。

3. 与先进指标对比,可以找出与先进水平的差距,有利于吸收和推广先进经验,挖掘潜力,提高工作效率和利润水平。

在运用绝对分析法时,要注意对比指标的可比性。对比指标双方的指标内容、计算方法、采用的计价标准和时间单位应当一致。在与其他企业比较时,还要考虑各种不同因素的影响。

（二）相对分析法

相对分析法是指通过计算、对比销售指标的比率确定相对数差异的一种分析方法。利用这一方法,可以把某些不同条件下不可比的指标变为可比指标,进而加以对比分析。依据分析的不同目的要求,可计算出各种不同的比率进行对比。主要有:

1. 相关比率分析。这是将两个性质不同而又相关的指标的数值相比,求出比率,从销售活动的客观联系中进行研究分析。如将纯利润与企业全部投资相比,求出投资收益率;将销售费用与销售收入额相比,求出销售费用率等。然后再根据这些经济指标进行对比分析。

2. 构成比率分析。这是计算某项销售指标占总体的比重,分析其构成比率的变化,掌握该项销售指标的变化情况。如将某一种产品的销售额与企业总的销售额相比,求出它的构成比率,然后将它的前期构成比率与其他产品的构成比率相对比,从中能发现其变化情况和变化趋势。

3. 动态比率分析。这是将某项销售指标不同时期的数值相比,求出比率,以观察动态变化过程和增减变化的速度。由于采用的基期数值不一样,计算出的动态比率分为两种,即定基动态比率和环比动态比率。

定基动态比率是指某一时期的数值固定为基期数值计算的动态比率。计算公式为:

$$定基动态比率 = 比较期数值/固定基期数值$$

环比动态比率是指以每一比较期的前期数值为基期数值计算的动态比率。计算公式为:

$$环比动态比率 = 比较期数值/前期数值$$

（三）因素替代法

因素替代法是指通过逐个替代因素,计算几个相互联系的因素对经济指标变动影响程度的一种分析方法。下面举例说明因素替代法的应用。

假定某销售部门某月计划以单价 1 元的价格销售某种小商品 4 000 件,销售额为 4 000 元。到了月末,只以单价 0.8 元售出 3 000 件,销售额为 2 400 元,销售实绩与计划差额为1 600元,只完成了计划的60%。那么,销售实绩的差额有多少是由于降价引起的?有多少是由于销售量下降而引起的?运用因素替代法分析计算如表6-4所示。

表6-4 影响销售额变动的因素分析表

计算顺序	替换因素	影响因素		销售额（元）	与前一次计算差异(元)	各因素的影响程度
		销量(件)	单价(元)			
计划数	—	4 000	1	4 000	—	—
第一次替代	销量	3 000	1	3 000	-1 000	62.5%
第二次替代	单价	3 000	0.8	2 400	-600	37.5%
合计					-1 600	100%

由表6-4可见,销售额的下降有62.5%是由销售量的目标没有达到造成的,有37.5%是由于降价引起的。企业部门应详细调查销售量没有完成的原因。

在运用因素替代法时要保持严格的因素替代顺序,不能随意改变。分析前必须研究各因素的相互依存关系。一般来说,就实物量指标和货币量指标而言,应先替换实物量指标,后替换货币量指标。因为实物量指标的增减变化一般会改变货币量指标的变化。就数量指标和质量指标而言,应先替换数量指标,后替换质量指标。这是因为,在其他条件不变的情况下,数量指标的增减变化一般不会改变质量指标的变化。如果同类指标又有各种因素,则应分清主要和次要因素,依据其依存关系确定替代顺序,这样有利于分清各个因素对销售指标变动的影响程度,判断有关方面的经济责任,公正评价销售管理部门的工作。

三、撰写销售总结报告

在销售活动告一段落后,销售人员应对这段销售活动做一回顾,并撰写销售总结报告,进行自我总结,以便积累经验、吸取教训。销售总结报告是销售人员对工作效率的自我诊断,也是企业销售组织的管理者检查、指导和帮助工作人员的重要依据。销售报告具体应包括以下内容:

其一,取得的成绩,即销售人员在这一阶段销售工作中获得的成就。这部分内容应尽量具体,不仅应包括成交的数量和金额,而且还应具体写明访问的顾客,曾向顾客做过哪些工作,顾客的反应如何,对顾客的销售工作已进行到了哪个阶段等。

其二,存在的问题。具体包括在销售过程中,顾客提出了哪些问题;哪些是销售人员可以自行解决的及如何解决的;哪些是销售人员自己无法解决,需要其他部门的配合或上级主管的批准才能解决的。此外,销售人员还应注明自己在销售工作中的失误等。

其三,原因分析。销售人员要对销售过程中出现的顾客异议进行深入的分析,挖掘出顾客提出反对意见的真正原因,或最后未能与顾客达成交易的真正原因。

其四,改进措施。销售人员针对销售中的问题提出改进意见和建议,包括对自己今后工作的改进措施,以及对企业的产品或服务措施等方面的改进意见和建议。

撰写销售报告,不但有利于销售人员及时对自己的工作进行冷静的思考,从而总结经验,吸取教训,进一步改进工作,而且可以有针对性地对某些潜在顾客提出有效的销售策略。此外,这类报告能将顾客的信息及时反馈到企业,有利于企业根据顾客的需要改进产品和服务,并据此对销售人员的工作业绩进行检查和评价,及时给予适当的帮助和指导。

第五节 成功销售人员的特质

一、做个成功的销售代表

(一)成功销售人员的内在特质

据调查显示,成功销售人员必须有以下几种内在特质:

1. 高度自信。销售人员有自信心,顾客才会对你有信心。销售人员最不需要畏惧和懦弱,否则必然与成功无缘。因此,销售人员要具备高度的自信,才能时刻掌握销售的主动权,并给顾客以信心。但自信决不意味着傲慢无礼,而是要保持礼貌,耐心地听取购买者的意见,然后再自信地、有说服力地劝说对方,以使销售获得成功。

2. 不断进取。在销售过程中,经常会遇到各种困难,因此,销售人员只有坚持不懈地努力,有毅力、有恒心,才能克服各种困难,取得更大的成功。销售人员应不断加强学习,丰富自己各方面的知识,提高自己的素质,不断充实自己。

3. 全力以赴。销售人员在工作中应不遗余力,全力以赴。向顾客销售产品时要如此,向顾客提供信息服务时更要如此。只有这样,才能拉近与顾客的距离,赢得顾客的信任,提高顾客的重复购买率,并为企业树立良好的形象。

4. 有感召力。成功的销售人员往往极富感召力,能充分地唤起顾客的兴趣和购买欲望,使顾客主动并乐于购买产品。这样的销售人员往往不自觉地就会令顾客感到信任,从而听从他的建议。

(二)成功销售人员的销售技能

1. 把握销售原则。现代销售技术与传统的推销术已有了很大差别,销售人员已不再只是简单地兜售商品。一名优秀的销售人员在树立了信心、明确了目标之后,走出去面对顾客之前还应该把握作为一名销售人员应遵循的原则。

(1)满足需要原则。现代的销售观念是销售人员要协助顾客,使他们的需要得到满足。销售人员在销售过程中应做好准备去发现顾客的需要,而且应极力避免"强迫"销售。最好的办法是利用销售使顾客发现自己的需要,而所销售的产品正好能够满足这种需要。

(2)诱导原则。销售就是使根本不了解或根本不想买这种商品的顾客产生兴趣和欲望,使有了这种兴趣和欲望的顾客采取实际行动,使已经使用了该商品的顾客再次购买。当然,如果能够让顾客开口代为宣传则更加成功。这每一阶段的实现都需要销售人员把握诱导原则,使顾客一步步跟上销售人员的思路。

(3)照顾顾客利益原则。现代销售术与传统销售的一个根本区别就在于,传统销售带有很强的欺骗性,而现代销售则以"诚"为中心,销售人员从顾客利益出发考虑问题。企业只能战胜同行,但永远不能战胜顾客。顾客在以市场为中心的今天已成为各企业争夺的对象,只有让顾客感到企业是真正从消费者的角度来考虑问题,自己的利益在整个购买过程中得到了满足和保护,企业才可能从顾客那里获利。

(4)保本原则。一般来说,销售人员在与顾客面谈时可以根据情况适当调整价格,给顾客适当的折扣或优惠。这里有一个限度问题,各企业对此要求不同,但一般来说不能降到成本线以下。这就要求销售人员在拜访客户前不仅要详细了解产品的功能、特征,还要了解产品的成本核算。

2. 创造魅力。一位销售人员在销售商品之前,实际上是在推销自我。因此,销售人员在准备阶段能做到的就是:预备一套干净得体的服装,把所有破坏形象、惹人厌恶的污秽清除,充分休息,准备以充沛的体力、最佳的精神面貌出现在顾客的面前。

语言是一个销售人员的得力武器,销售人员应该仔细审视一下自己平日的语言习惯。是否有一些令人不快的口头禅?是否容易言语过激?有没有打断别人讲话的习惯?多多反省自己,就不难发现自己的缺点。

3. 研究产品。没有比销售人员对自己的产品不熟悉更容易使本来想购买的顾客逃之夭夭的了。不能要求顾客是商品专家,但销售人员一定要成为你所销售的商品的专家。了解你的产品应做到如下几点:

(1)了解所销售的产品的特点与功能。事实证明,一个仅仅销售具体产品的销售人员与销售产品功能的销售人员的差别是非常大的。人们购买的最根本的目的是为满足其某种需要,而商品的功能正能使其需要得以满足。根据心理学家马斯洛的需求理论,顾客的需求层次分为生理需要、安全需要、爱与归属的需要、获得尊重的需要和自我实现的需要。因此,一位优秀的销售人员应该能够正确地认识自己的产品,了解它最能满足顾客哪一个层次的需求。如有可能,应该开发出产品的多层次性特征,以便根据将来面对的各种不同需求应对自如。例如,一辆小汽车不仅可以满足人们交通方便上的需求,还会成为社会地位的象征,当然一辆小汽车是否能给人们以安全感同样至关重要。那么你所销售的汽车究竟是以满足何种需求为中心的呢？这是需要思考的问题。

（2）要对所销售产品的方方面面了如指掌。对于产品的专业数据不仅要心中有数，而且要能对答如流。这一点对于面向生产企业工作的销售人员来说尤为重要。一定要让客户感觉到站在他面前的人不仅是一名销售人员，更是一位这类产品的专家，这样一来你所讲的一切都意义非凡。作为一名销售人员，一定要有能力解答顾客的任何疑问。

（3）了解产品，要知道这种产品所构成的形象。产品是多层次的概念，包括核心产品、有形产品和延伸产品。核心产品满足购买者真正的购买意图，例如，购买口红的妇女决不只是为了得到涂嘴唇的颜色，而更多的是购买一种希望；钻头使用者其实是在购买相应尺寸的孔。这些核心利益与服务通过有形产品的五个特征——质量水平、特色、式样、品牌、包装反映出来。延伸产品则是产品设计者提供的附加服务和附加价值。销售人员应善于将这样一个多层次的产品综合把握、深入体会，理解产品所形成的形象。举例来说，家用电脑就是在解决了形象问题之后销量大增的。这种产品虽然能节省时间并且简化日常工作，但它似乎复杂而且难以使用，当家用电脑树立起"家庭好伙伴"的形象时，它不再被拒绝了，人们广泛地接受它则意味着销量大增。

可见，正确把握产品，深入了解产品，最后开发出它能带给顾客的最核心的价值，抽象出一种最有利的产品形象，那么该产品的销售将非常顺利。

二、做个成功的销售主管

销售主管就像是一艘船上的船长，将带领销售人员驶向成功彼岸。成功销售主管的特征应该是：

（一）贴心的主管

怎样才能成为销售人员的知心朋友呢？具体说来应注意以下几点：

1. 对每个销售人员予以详细了解，鼓励他们发挥自己的特长，以利于整个集体的发展和成长。

2. 注重销售人员最关心的事物，以便抓住他们的心。

3. 注意未表现出来的欲求。销售人员有的希望升迁，有的寻求能力的认定，有的希望更多的培训与开发，销售主管要考虑如何去满足下属的这些诉求。

4. 利用多种技巧去发掘下属的兴趣所在，并思考如何把他们的兴趣转到工作上，注意是否有人具有特殊才能可善加运用，是否有特殊的创意有助于团体目标的实现。

5. 多听下属的意见。要经常反省自己，下属说话时自己是否真正用心倾听？自己是否下结论太快？

6. 与下属交谈时，避免中断和打扰。不要心神不定，要全神贯注地听，这样才能通盘了解，避免以偏概全。

7. 在与下属交谈时，观察他们的手势、眼光及其他隐藏性的信号，以了解他们的真实的未表达出来的意图。

8. 要能接受别人的看法和见解，给人以改变看法或提出新见地的余地。

（二）多面手的主管

一个成功的销售主管必然是一个具有多种专长的主管，要做到这一点应注意以下几个方面：

1. 销售主管是良师兼教练，能增强部属的知识与信心，改变下属的态度，提高其销售技巧。要给予销售人员各方面的指导，以使其更有效地进行工作，达到目的。

2. 销售主管是评考官，要对下属的工作绩效加以评估，并给予适当的回馈，这样才能给下属指明方向。

3. 销售主管是团队的指挥官，能指挥下属如何使用及熟悉每一种不同的销售工具和技巧，然后使每个人充分发挥自己的才能，同心协力、步调一致，使全体人员都有突出的销售业绩。

4. 销售主管是鼓舞者，要把下属的希望与梦想从内心激发出来，并用文字或图案表现出来，使每个人对自己及整体的团队目标永怀希望并为之努力。

（三）高品质的主管

一个高品质的主管应具备以下能力：

1. 销售主管应具备洞悉部属内心的能力，了解怎样才能促使下属主动地把时间精力放在工作上，及时掌握部属的动向，为进一步采取措施做好准备。

2. 销售主管应能给下属指出明确的方向，领导一个团队最重要的职责就是要能制定一个合理可行的目标，使部属有明确的方向。要让部属了解全盘的计划及目标，并知道每个人的分量及应分配的角色，更重要的是要使每个人有实现目标的决心，对所定的目标进行承诺。

3. 销售主管应具有督导激励的能力，目标一经制定，要能督导下属全力以赴，使之达成。能多利用公开的机会对下属的小成就加以肯定，鼓励下属更上一层楼。

4. 销售主管应具有评估追踪的能力，目标经过共同讨论拟订后，销售主管要能在一种共同合作的气氛下解说明白。当下属实现目标时，立即加以奖励和鼓舞；若有偏差，则应立即指出，并加以修正。

（四）开明的主管

销售行业是人员流动率比较高的一个行业，其人员流动率一般比其他性质的工作要高一些。从时间上说，每年新年前后的一段时间内，人员流动的数量又要比平时多出一两成。从销售人员的离职原因看，有预期收入的不足、管理上的问题、销售人员的心态及其他环境或个人因素等。此外,也有些人会因自尊的原因而不得不离职。

在下属要求流动或离职时,要认真分析其真正的原因,如能解决其问题,就加以挽留;如果下属执意要走,也不要找借口为难部属。常见在人员离职时,双方弄得反目成仇,继而不欢而散,甚至做出污蔑对方的言辞或行动,造成两败俱伤,这是十分不幸的结局。

销售人员对收入的不满意,除企业的产品及市场的竞争性外,最重要的要看销售人员本身的努力程度及对工作的投入程度。至于能力的高低,通常不是流动的主要因素。如果真是能力不足或个性不合适,也就不应留在销售岗位上,而应另择别的职业。

有些销售人员因在心态上不平衡,如长期工作的压力所造成的疲倦等导致心理及工作方法上的僵化,销售主管应设法开导这些销售人员,甚至可以请他稍事休息,待心情平静或问题解决以后再进行工作。

确实有些销售人员在一个工作岗位工作时间长了以后会有离职之心,此时如有其他同行或性质接近的企业以高职或高薪挖墙脚,常常会导致人事变迁。面对这个问题的对策是请他三思而行:一定要离开现有的工作及职位吗?有无其他可行的做法?新的工作及环境是否适合于他的发展?当然,最后决定离职与否完全是当事人自己的权力。

销售人员如出于企业制度或管理上的问题,或与其他人员的误会、纠葛、恩怨等原因而离职,则销售主管应抱着向欲离职人员求教的态度,请他说出自己的缺点和失误,以发掘问题,设想对策。

如果销售主管都有这样的认识及做法,就可以减少不必要的困扰和伤害。比较前瞻性的做法就是把离职的人当作良师益友,保存对方的资料,与其经常保持联系,表示关怀和问候,对过去共处的日子表示怀念及珍惜。这样,双方可能会产生再度共同合作或为公司效力的愿望。

本章小结

企业培训销售人员的程序包括:培训需求分析、制订培训计划、实施培训计划、评估培训效果四个阶段。在培训需求分析阶段,要分析以下因素对培训需求的影响:销售机构的目标和战略计划、职位说明书和任职条件、销售人员的工作任务、顾客服务要求。衡量销售环境有两个维度:复杂度和变化度。环境的变化可能给企业的销售活动带来风险,也可能给销售活动创造机会。企业分析并研究市场环境,其目的就在于以此来辨别出各种市场环境因素对销售活动的影响,以便捕捉销售机会,避免销售风险,提高销售绩效。

第六章 销售人员的培训

按心理特征顾客可分为9种类型：内向型、随和型、刚强型、神经质型、虚荣型、好斗型、顽固型、怀疑型、沉默型。销售方格理论将销售心态划分为无所谓型、迁就顾客型、强硬销售型、销售技巧型、解决问题型5种典型的销售心态；将顾客心态划分为漠不关心型、软心肠型、防卫型、干练型、寻求答案型5种典型的顾客心态。

销售人员应该能够对销售活动进行分析，培养成功销售人员的特质。

案例讨论

IBM公司怎样培训销售人员

IBM公司认为，销售人员是客户体验公司卓越形象的关键环节，因此IBM公司决不让一名未经培训或者未经全面培训的人到销售第一线去。如果准备不足就仓促上阵，会使一个很有潜力的销售人员夭折。因此，该公司用于培训的资金充足，计划严密，结构合理。当培训结束之后，学员就可以有足够的技能，满怀信心地同用户打交道。

IBM公司的销售人员和系统工程师要接受为期12个月的初步培训，主要采用现场实习和课堂讲授相结合的教学方法。其中75%的时间是在各地分公司中度过的；25%的时间在公司的教育中心学习。分公司负责培训工作的中层干部将检查该公司学员的教学大纲，这个大纲包括从公司中学员的素养、价值观念、信念原则到整个生产过程中的基本知识等方面的内容。学员们利用一定时间与市场营销人员一起访问用户，从实际工作中得到经验和体会。

此外，该培训还经常让新学员在分公司的会议上，在经验丰富的市场营销代表面前，进行他们的第一次成果演习。有时，有些批评可能十分尖锐，但学员们却因此增强了信心，并赢得了同事们的尊敬。

IBM公司市场营销培训的另一个基本组成部分是模拟销售角色。在公司第一年的全部培训课程中，没有一天不涉及这个问题，并始终强调要保证学习或介绍的客观性，包括为什么要到某处推销和希望达到的目的。该公司采取的模拟销售角色的方法是，学员们在课堂上经常扮演销售角色，教员扮演用户，向学员提出各种问题，以检查他们应对客户问题的能力。这种上课接近于一种测验，可以对每个学员的优点和缺点两方面进行评判。

同时，对产品的特点、性能以及可能带来的效益，IBM公司会对销售人员进行清楚的说明。学员们要学习问和听的技巧,以及如何达到目标和寻求订货等。假若用户认为产品的价钱太高的话,就必须先看看是否是一个有意义的项目,如果其他因素并不适合这个项目的话,单靠合理的价格建议并不能获得该订单。

另外,培训还在一些关键的领域内对学员进行评价和衡量,如联络技巧、介绍与学习技能、与用户的交流能力以及一般企业经营知识等。对于学员们扮演的每一个销售角色和介绍产品的演习,教员们都给出评判。

问题:你认为IBM公司对销售人员的培训计划有什么利弊?

思考题

1. 企业收集培训需求信息的渠道有哪些?
2. 培训评估分为几个层面?
3. 什么是销售机会?什么是销售风险?
4. 消费者的购买心理有几种类型?
5. 如何做个成功的销售代表?
6. 如何做个成功的销售主管?

第七章

销售人员的激励

本章学习目标

- 理解激励的含义及其重要性
- 掌握马斯洛需求理论和双因素理论
- 选择激励工具激励销售人员
- 制订竞赛激励计划
- 实施及控制竞赛激励计划
- 能激励不同类型的销售人员

第一节 激励理论

管理学认为,激励是一种精神力量或状态,起加强、激发和推动作用,并指导和引导行为指向目标。激励力一般来说包括三个维度:强度、持久度和选择方向。强度是指销售人员在某一给定任务上的努力程度;持久度指销售人员持续努力的时间;选择方向是指销售人员为完成与工作相关任务所选择的特定行动。例如,某一推销员可以决定集中精力于某一种特殊的顾客(选择方向),他可以提高拜访该顾客的次数(强度)直到他得到第一份订单(持久度)。

一、激励销售人员的重要性

一般来说,组织中的任何成员都需要激励,销售人员更是如此。但是,销售工作的特点、销售代表的个性、公司目标的多重性,以及不断变化的市场使对销售人员的激励成为一项特别艰巨和特别重要的工作。

销售人员的工作性质决定了销售人员需要更多的激励。销售是一项很辛苦的工作,需要不停地耕耘才有收获。销售代表大多独立工作,工作时间长短不定,并经常遇到挫折。他们经常远离亲人,因而会有更多的个人烦恼;他们面临着咄咄逼人的竞争对手;他们常常缺乏足够的赢得客户所必需的权力,有时还会失去付出了努力而即将获得的订单。因此,如果没有特别的激励,如物质的奖励、精神的安慰和社会的承认等,他们是不会全力以赴地努力工作的。

销售人员的个性也使得组织对销售人员的激励面临极大的难题。因为每个销售代表都有自己的目标、难题以及长处和短处,每个销售代表对同一激励可能有不同的反应。理想情况下,公司应该为每个销售代表制定单独的激励组合,但是完全"量体裁衣"会导致很大的操作困难。实际上,管理层必须制定一个既符合整体需要又适应于不同个体需要的、具有弹性的激励组合。

公司通常有不同的销售目标,这些目标有时可能会相互冲突。一个目标可能是清理积压的存货,而另一个目标则可能是希望销售队伍开展宣传性销售以强化同顾客的长期关系。这两个目标在某种程度上相互冲突,并且需要不同的激励。

市场环境的变化使管理层制定正确的销售队伍激励方法组合变得困难起来。由于市场条件的变化,今天可以激励销售代表的因素也许下个月就不再有效。相反,当市场条件长期稳定时,销售经理也会面临激励难题。在这种情况下,同样的激励因素可能会失效。

二、激励过程

激励的过程起始于某一被唤起的需要,但是,利用未满足的需要提高销售绩效则需要三个条件,如图7-1。首先,激励物必须是销售人员期望的,也就是说,它可以满足某些需要;其次,销售人员必须确信,报酬取决于他们的绩效,而且他们必须准确了解需要什么样的绩效来获得激励物;最后,销售代表必须确信这样的绩效目标是可以达到的。换句话说,销售代表必须认为,如果他们努力,就能达到为他们设定好的目标。

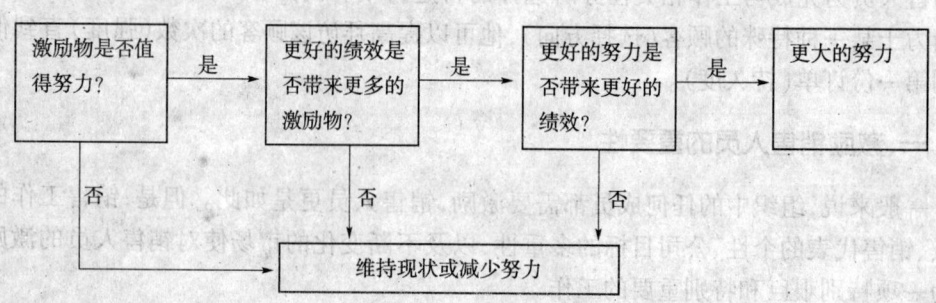

图7-1 激励的条件

三、分析激励需要

各种激励常会因为没有针对恰当的需要而失败。销售经理可以借助于马斯洛需要层次论和双因素理论理解销售人员的不同类型需要。

(一) 需要层次论

美国心理学家马斯洛首创了需要层次论,它是研究人的需要结构的一种理论。他在 1943 年发表的《人类动机的理论》一书中提出了需要层次论。这种理论的构成根据 3 个基本假设:

- 人要生存,他的需要能够影响他的行为。只有未满足的需要能够影响行为,满足了的需要不能充当激励工具。
- 人的需要按重要性和层次性排成一定的次序,从基本的(如食物和住房)到复杂的(如自我实现)。
- 当人的某一级的需要得到最低限度满足后,才会追求高一级的需要,如此逐级上升,成为推动继续努力的内在动力。

马斯洛提出需要的 5 个层次如下:

- 生理需要,这是个人生存的基本需要,如吃、喝、住。
- 安全需要,包括心理上与物质上的安全保障。如,不受盗窃和威胁,预防危险事故,职业有保障,有社会保险和退休基金等。
- 社交需要。人是社会的一员,需要友谊和群体的归属感,人际交往需要彼此同情、互助和赞许。
- 尊重需要,包括要求受到别人的尊重和自己具有内在的自尊心。
- 自我实现需要,指通过自己的努力,实现自己对生活的期望,从而对生活和工作真正感到很有意义。

马斯洛的需要层次论认为,需要是人类内在的、天生的、下意识存在的,而且是按先后顺序发展,满足了的需要不再是激励因素等。

(二) 双因素理论

20 世纪 50 年代末期,赫茨伯格和他的助手们在美国匹兹堡地区对 200 名工程师、会计师进行了调查访问。访问主要围绕两个问题:在工作中,哪些事项是让他们感到满意的,并估计这种积极情绪持续多长时间;又有哪些事项是让他们感到不满意的,并估计这种消极情绪持续多长时间。赫茨伯格以对这些问题的回答为材料,着手去研究哪些事情使人们在工作中快乐和满足,哪些事情造成不愉快和不满足。结果他发现,使职工感到满意的都是属于工作本身或工作内容方面的;使职工感到不满的,都是属于工作环境或工作关系方面的。他把前者叫做激励因素,后者叫做保健因素。

保健因素的满足对职工产生的效果类似于卫生保健对身体健康所起的作用。保健从人的环境中消除有害于健康的事物,它不能直接提高健康水平,但有预防疾病的效果;它不是治疗性的,而是预防性的。保健因素包括公司政策、管理措施、监督、人际关系、物质工作条件、工资、福利等。当这些因素恶化到人们可以接受的水平以下时,就会使人们产生对工作的不满意。但是,当人们认为这些因素很好时,它只是消除了不满意,并不会导致积极的态度,于是就形成了某种既不是满意、又不是不满意的中性状态。

那些能带来积极态度、满意和激励作用的因素叫做"激励因素",这是指那些能满足个人自我实现需要的因素,包括:成就、赏识、挑战性的工作、增加的工作责任,以及成长和发展的机会。如果这些因素具备了,就能对人们产生更大的激励。从这个意义出发,赫茨伯格认为传统的激励假设,如工资刺激、人际关系的改善、提供良好的工作条件等,都不会产生更大的激励;它们能消除不满意,防止产生问题,但这些传统的"激励因素"即使达到最佳程度,也不会产生积极的激励。按照赫茨伯格的意见,管理层应该认识到保健因素是必需的,不过它一旦使不满意中和以后,就不能产生更积极的效果。只有"激励因素"才能使人们获得更好的工作成绩。

四、选择激励方式

企业可以通过物质激励、精神激励、环境激励和目标激励等方式来提高销售人员的工作积极性。

(一) 物质激励

研究人员在评估各种可行激励的价值大小时发现,物质激励对销售人员的激励作用最为强烈。物质激励是指对做出优异成绩的销售人员给予晋级、奖金、奖品和额外报酬等实际利益,以此来调动销售人员的积极性。物质激励往往与目标激励联系起来使用。

(二) 目标激励

目标激励是指为销售代表确定一些拟达到的目标,以目标来激励销售人员上进。企业应建立的主要目标有销售定额、毛利额、访问户数、新客户数、访问费用和货款回收率等。其中,确定销售定额是许多企业的普遍做法。

许多企业为其销售代表确定销售定额,规定他们一年内应销售的数量,并按产品分类确定。销售定额是在制订年度市场营销计划的过程中确定的。企业先确定一个可能达到的合理的预计销售指标,然后管理部门为各分区和地区确定销售定额,各地区的销售经理再将定额分配给本地区的销售代表。

确定销售代表的定额有3种观点:高定额观点认为,定额应高于大多数销售代表所能达到的水平,这样可刺激销售代表更加努力地工作;中等定额观点认为,定额应是大多数销售代表所能达到的,这样销售人员会感到定额是公平的,易于接受,并增加信心;可变定额观点认为,定额应依销售代表的个体差异分别设定,某些人适合高定额,某些人则适合中等定额。

销售定额的实践经验表明,对于定额,销售代表的反应是不完全相同的,无论实行何种标准,均会出现一些人受到激励,因而发挥出最大潜能,而另一些人感到气馁的情况。有些销售经理在确定定额时对人的因素极为重视。一般来讲,从长远的观点看,优秀的销售人员对精心制定的销售定额将会做出良好的反应,特别是当报酬根据工作业绩做适当调整时更是如此。

在对销售人员个人确定销售定额时应考虑销售人员以往的销售业绩、对所辖地区潜力的估计、对销售人员工作抱负的判断及对压力与奖励的反应等多种因素。

(三) 精神激励

精神激励是指对做出优异成绩的销售人员给予表扬,颁发奖状、奖旗,授予称号等,以此来激励销售人员上进。对于多数销售人员来讲,精神激励也是不可少的。精神激励是一种较高层次的激励,通常对那些受正规教育较多的年轻销售人员更为有效。他们不仅有物质生活上的需要,而且还有诸如理想、成就、荣誉、尊敬、安全等方面的精神需要。尤其当物质方面的需要基本满足后,对精神方面的需要就会更强烈一些。所以企业管理层应深入了解销售人员的需要。如有的企业每年都要评出"冠军销售员""销售状元""销售女状元"等,效果很好。

(四) 环境激励

环境激励是指企业创造一种良好的工作氛围,使销售人员能心情愉快地开展工作。企业对销售人员的重视程度很重要。有些企业认为销售代表不太重要,有些企业却认为他们是实现企业价值的人,应给他们提供更多的机会。事实证明,如果对销售代表不重视,其离职率就高,工作绩效就差;反之,其离职率就低,工作绩效就好。企业可以召开定期的销售会议或非正式集会,为销售代表提供一个社交场所,给予销售代表与公司领导交谈的机会,给予他们在更大群体范围内结交朋友、交流感情的机会。

第二节 销售竞赛激励

销售竞赛是利用奖金和其他激励物来激励销售人员实现管理层所制定目标的一种短期激励计划,是企业常用的激励销售人员的工具。它可采取多种形式,充分发挥销售人员的潜力,促进销售工作的完成。

一、制订竞赛激励计划

(一) 制订竞赛激励计划的原则

销售工作是一项很具挑战性的工作,充满艰辛和困难,所以销售主管要不时地给销售人员加油或充电。开展业绩竞赛是一个充电的好办法。竞争能激发销售人员求胜的意志,提高销售人员的士气。但开展业绩竞赛要做好充分准备,不能过于随意,否则不但达不到预期的效果,反而适得其反。例如,有的销售主管没有一套严格的规章和做法,心血来潮则大奖小奖一起发,人人受奖等于没奖,结果花了大笔费用,得不到激励效果,反而影响士气的提高。产生这种情况的主要原因是销售主管没能很好地掌握业绩竞赛的用意及要领。竞赛奖励的目的是鼓励销售人员做出比平时更多的努力,创造出比平时更高的业绩,否则销售人员的工作本身就是做销售拿佣金,为何还要给予竞赛奖励呢?销售人员追求可见的成功,需要主管的赞扬和鼓励。竞赛要能创造销售人员的销售热情,鼓励销售人员使出不服输的拼劲,即竞赛必须制造出想获胜的氛围。

明确了竞赛的目的和意义之后,如何来设置竞赛项目及奖励办法以达到目的呢?一般说来,主要应注意以下原则:

1. 奖励设置面要合适。成功的奖励办法能鼓励大多数人。奖励面太窄,会使业绩处于中下水平的销售人员失去信心。
2. 业绩竞赛要与年度销售计划相配合,有利于企业整体销售目标的完成。
3. 要建立具体的奖励颁发标准,奖励严格按实际成果颁发,杜绝不公正现象。
4. 竞赛的内容、规则、办法力求通俗易懂、简单明了。
5. 竞赛的目标不宜过高,应使大多数人通过努力都能达到。
6. 有专人负责宣传推动,并将竞赛情况适时公布。
7. 要安排推出竞赛的会议,并以快讯、海报等形式进行追踪报道,渲染竞赛的热烈气氛。
8. 精心选择奖品,奖品最好是大家都希望得到,但又舍不得自己花钱买的东西。
9. 奖励的内容有时应把家属也考虑进去,如奖励去香港旅行,则应把家属也列为招待对象。
10. 竞赛完毕,马上组织评选,公布成绩结果,并立即颁发奖品,召开总结会。

(二) 竞赛目标的设定

竞赛费用一般是企业的常用开支,一项针对外国企业的调查表明,销售竞赛的费用约占销售额的2.67%~3.25%。销售主管做计划时可以按销售业绩额的3%左右来提取竞赛奖励费用。

有了竞赛奖励费用,应设定相应的竞赛目标。有些销售经理设想了许多竞赛的形式,甚至构思了既响亮又吸引人的主题或标语,但却忘了设定竞赛的目标和预期效果。不管目标或预期效果有多少,在拟定竞赛办法时,首先要确立竞赛的目标定位,比如一些管理者希望销售队伍去做但却还没有做的事情。

竞赛是"双刃剑",可以提高竞赛者的积极性,也可能挫伤其工作热情,关键要看竞赛规则、办法、奖励方式与竞赛的目的是否一致。如果偏离了方向,竞赛就失去了意义,甚至会产生相反的效果。下面根据实际经验,提供一些可行的竞赛目标及奖励方式。

1. 提高销售业绩奖。达到目标、超过上次销售业绩、前五名获得者、团体销售名列前茅者等都可以利用一定的积分积点予以奖励。

2. 特殊产品销售奖。对特殊产品,如新产品、库存滞销品的销售,业绩较好者给予积分或加重点数予以奖励。

3. 开发新客户奖。对开发新客户的数量及业绩量给予积分奖励。

4. 新人奖。对新吸引来的销售人员中业绩高者予以奖励。

5. 训练奖。训练新人绩效最高者得奖。

6. 回款奖。对坏账率最低者、即期结账比例最高或总额最高者给予奖励。

7. 淡季特别奖。在淡季、节假日可以举行特别的定期竞赛,对优胜者给予奖励。

8. 市场情报奖。对协助企业收集市场情报最多、最准确、最快速者给予奖励。

9. 降低退货奖。对退货量最低者或占销售总额比例最低者给予奖励。

10. 最佳服务奖。根据客户反应及企业考察,对服务态度最好、服务质量最高者给予奖励。

有些行业的营销目标是多元化的,在开展销售竞赛时也会有不同的目标。比如,销售消费品的企业要经过企业的销售人员、批发商、零售商及消费者多个层次才能把产品送达使用者手中。这类企业应建立多对象、多目标的竞赛办法,只有这样才能环环相扣,形成推动销售计划的连环力量,也才能切实实行制胜的营销策略。按行业和产品的不同,竞赛体系可以是网络式的或多层次式的。如家用电器产品是通过销售人员拜访零售商店(或专卖店)销售的,所以就可用两层式的竞赛方式,即同时激励业务人员和零售商店。汽车零部件则可设立包括制造商的销售人员、经销店及汽车修理厂在内的三层式竞赛办法。无论选用何种方式,关键是把整个销售体系各有关人员同时纳为竞赛的激励对象。如果只以销售人员为竞赛对象,经销商或修理厂并不会积极参与产品的销售,就会造成负面效果或形成竞赛推动的障碍。所以,最好是让销售体系的所有有关人员都来参与,调动大家的积极性。

不同目标、不同对象参与的多层次竞赛方式,得奖的层次不同,对象不同,所以竞赛的标准和计算方式也不同,但奖品可以相同。如汽车修理厂可以在竞赛中给予抽奖券,每进货多少单位即发给一张抽奖券;经销店则可采取同期销售增长率换算成点数,积分点数高者给予奖励;销售人员则以目标达成比率或与前期比较的业绩增长率计算,绩优者给予奖励。这样的安排,使每个不同层次的销售人员相互激励。层层相互激励的结果,自然就会产生较大的推动力。

二、实施竞赛激励计划

竞赛实施需要对竞赛的主题、规则及注意事项,参赛对象及入围标准,时段时机的选择,奖励方式及奖品的选择等做深入细致的准备。

第一,竞赛主题。任何竞赛都必须设计出一个主题,如新星奖、突破奖,或南北对抗赛、周末大进击等。

第二,参赛对象。规定资格限制,是只限外勤销售人员参加还是内外勤均可?还是经销商、销售网络成员都参加?

第三,入围标准。要考虑如何判定入围标准:是总额累计或个人业绩增长比率,还是团体业绩总额?是否有考虑特殊情况或问题?

第四,奖励标准。是只取前几名还是凡达到标准都给奖?

第五,竞赛办法。是否有需要加以解释或说明之处?

第六,评审过程。评审要及时、合理、公平,看有无疏漏及虚假之处。

第七,奖品选择。主要看其能否吸引参赛人员,如是奖金、奖杯、奖章,还是抽奖券、购物券、汽车、电视机、录像机、手表、皮包、化妆品等。

三、控制及评估竞赛激励

控制及评估竞赛激励主要应注意以下问题:

第一,时间管理。竞赛要注意时间的掌握及期限长短的安排,在时机或时段上,最好与全年度销售计划以及特殊季节、假日等因素相互配合。一般小型竞赛以 2~6 周为宜,大型竞赛约 1~3 个月。时间太长,会使销售人员不愿太早冲刺或中途失去兴趣和热情。

第二,专项管理。竞赛活动是一项重要的活动,在销售主管的指导下,自始至终要有专人负责管理,以便一旦出了问题能够及时发现和解决。

第三,预算管理。竞赛绝不是把奖品宣布、把办法公开就算了事,先要进行成本效益分析。下面现举例说明竞赛预算的一般方法。

假定竞赛的目标是希望在竞赛期间能比平时增加 15% 的销售额,若平常每月是 200 万元的业绩,目标就是提高约 30 万元销售额。若企业销售利润率为 20%,则竞赛增加后的利润即为 46 万元。假设盈利的 20% 可用来举办竞赛,则可花的竞赛费用为 9.2 万元。

设定获奖最低标准后,估计会有多少人入围得奖。假定有20人入围,则平均每人可得奖金4 600元。组织竞赛的活动经费如估计约为1万元,则每位获奖者平均可获奖金的实际数为4 100元。

当然,以上只是拟定预算费用方法的一种,销售主管还可采用其他合适的方法。

第四,组织管理。竞赛期间,为了引起大家的注意,应不断地宣传,创造竞赛气氛。销售主管应亲自到各营业单位宣布竞赛办法及意义,以鼓舞士气。在竞赛中应不时记录并公布竞赛的结果,如每日快讯、每周报道、倒计时、冲刺日报等。其他环节如存货的准备、后勤作业、送货及其他相关作业的配合都要谨慎安排,以免出现疏漏,影响竞赛效果。

第五,活动评估。许多主管在竞赛后仅把结果公布,成绩佳则风风光光颁奖表扬或吃喝一顿;成绩不佳则草草收场结束。这种做法过于简单。竞赛结束应及时做正式的评估与分析,看目标是否达到?经验何在?教训何在?发现有作弊行为如开假订单、报假账、联合报账等,要严肃处理,树诚信之风,提倡公平竞争。

第三节　不同类型销售人员的激励

各种类型的销售人员组成了一个销售群体。同时,任何一个销售集体,不论其成员多少,都是由一些同时具有优点和缺点的人组成的。正因为这样,群体成员才能互相弥补各自的优劣势。但是,集体成员可能会不时地出现这样或那样的问题。销售主管应密切注意下属人员的动向,及时了解销售人员的问题,这样可在心理上有所准备,在实际行动上有正确的应对措施。

在实际销售工作中,最典型的三种销售人员是明星成员、问题成员和老化成员。销售主管要密切注意销售团队中明星成员、问题成员和老化成员的动向,及时了解他们遇到的问题,并采取相应的措施。本节主要讨论激励明星队员、问题队员和老化队员的方法。

一、激励明星销售人员

顶尖业务高手难以驾驭是销售主管普遍遇到的问题,但只要用心去做,还是有方法可循的。

明星销售人员一般都有些特长,或善于处理与客户的关系,或精通销售技巧,总是能取得优秀的销售业绩。这些明星队员虽然绝技各异,但他们也有共同的倾向和特性。现总结各行各业业务主管领导明星销售人员的经验如下:

第一,树立其形象。明星销售人员通常追求地位,希望给予表扬与肯定,很注重自己的形象,并希望得到他人的认可,热衷于影响他人。

第二,给予尊重。因为他们需要别人的尊敬,特别是主管的重视,希望别人把他们当作专家,乐于指导别人。

第三,赋予成就感。起初销售人员要求的是物质上的满足及舒适,一旦物质上得到一定程度满足了,他们更需要精神上的满足。此时,内在的激励就能起到更重要的作用。

第四,提出新挑战。明星销售人员一般有更充沛的体力,他们会不断地迎接新的挑战,去创造更高的销售纪录。不断提出新的目标,会激发他们的活力。

第五,健全制度。明星销售人员大都希望有章可循,不喜欢被别人干扰或中途放弃。制度上要能保证充分发挥他们的潜力。

第六,完善产品。所谓"巧妇难为无米之炊",再能干的销售人员也要以优质的产品做后盾。明星销售人员一般对自己的产品具有高度的信心,如果企业的产品品质失去信誉或他们对产品有所怀疑,他们就可能跳槽。因此,应不断地完善和发展企业的产品。当然,这需要产品研发和生产部门积极配合。

二、激励问题销售人员

一个销售队伍中总会出现一些问题成员,这些成员往往有较为明显的毛病或在工作中经常会遇到较大的困难,这就需要销售主管予以协助和监督,才能帮助他们改掉毛病,克服困难。常见的问题成员的特征主要有:恐惧退缩、缺乏干劲、做事虎头蛇尾、浪费时间、强迫销售、惹是生非、怨愤不平、狂妄自大等。销售主管应研究这些现象产生的原因及解决办法。下面针对不同类型的问题成员提出一些引导方法供参考。

第一,引导恐惧退缩型成员。办法主要有:帮助他建立信心,消除恐惧;肯定他的长处,也指出其问题所在,并提供解决办法;陪同销售、训练,使其从容开展工作,由易到难再渐入佳境;训练其掌握产品知识与销售技巧。

第二,引导缺乏干劲型成员。办法主要有:指出其缺乏干劲的弊端;外在激励和内在激励双管齐下;陪同销售并予以辅导;更换业务销售区域;提高业务配额;以增加薪水,提供奖品做动力;给予短暂休假,使其调养身心。

第三,引导虎头蛇尾型成员。办法主要有:带动或陪同销售;要求参加销售演练或资料收集整理;分段式考核;多做心理辅导;规定各时段各作业区域的销售目标。

第四,引导浪费时间型成员。办法主要有:晓之以理,告之时间就是金钱,效率就是生命;动之以情,帮助他制定拜访客户的时间表及路线,分析拜访客户的次数及对客户解说的最低时间;严格要求,要求制定工作时间表及时间分配计划书。

第五,引导强迫销售型成员。办法主要有:指出强迫销售的弊端及渐进式方法的好处;加强服务观念的教育,教授更多的销售技巧;改变只计佣金的计酬方式,开展多项目、多层次的竞赛。

第六,引导惹是生非型成员。办法主要有:指出谣言对个人及团体的危害;追查谣言的起源及用意,孤立造谣者,并予以教育;尽量避免开玩笑。

第七,引导怨愤不平型成员。办法主要有:给予劝导及安抚,将心比心;引导他多参加团体活动并充分发表意见;用事实说话,在销售绩效上比高低,使其心悦诚服;检查公司制度有无不合理之处,有则改之;若完全是无理取闹,则必须予以制止,尽量化冲突为理解,维系双方的关系;如果各种方法都无效,则可考虑将其解聘。

第八,引导狂妄自大型成员。办法主要有:告之山外有山,天外有天,强中更有强中手,不可学井底之蛙,夜郎自大;以实例说明骄兵必败;提高销售配额,健全管理制度;肯定其成绩,多劳就多得;不搞特殊化。

三、激励老化销售人员

在企业的销售管理中,追求的是一种团结协作的氛围、积极进取的精神和不断超越自我的干劲。然而,实践中经常出现销售人员业绩停顿,心态老化的情况。这里所说的老化,不是指生理或年龄方面的老化,而是指心理和精神方面的老化。有些销售人员工作了一段时日后,突然业绩停顿甚至不断往下掉。在竞争激烈、企业环境动荡不安的时候,这种状况似乎有愈演愈烈之势。遗憾的是,许多人对销售人员老化的问题了解有限,认识不多,有的销售主管不愿意承认存在销售人员老化问题;有的销售主管承认问题,但没有切实可靠的数字来说明;有的销售主管知道问题的存在,却毫无办法。下面就销售人员老化的迹象及应如何防止进行阐述。

(一)销售人员老化的迹象

要防治销售人员的老化现象,必须及早发现老化问题的存在。销售人员老化最常见的迹象主要有:

1. 业绩平平或大幅度下降。使销售人员业绩平平或下降的因素很多,要多加分析。有些老化销售人员常找出许多借口作为理由。

2. 提交业务报表、报告常常忽略、延误,内容不完整或没有深度。老化的销售人员认为报告、报表这些东西不值得花时间去写,没有什么有价值的内容。

3. 拜访客户次数减少,甚至拜访新客户的数目也在减少。如有的主管发现同一客户的名字每周都出现在拜访表上。

4. 没有创新意识。老化的销售人员经常处理一些与销售无关的事,把更多的时间花在办公室内而不是出门找客户做生意,有时甚至连企业的新产品都忘了介绍给老客户。

5. 热情不足,懒散有余。开始缺勤、迟到、早退,吃顿午餐耗半天,对什么事都缺乏兴趣。

6. 客户抱怨增加。如平时服务态度好、服务水平高的销售人员,突然遭到客户的不断抱怨,就是该销售人员老化的表现。

7. 计划准备不周。辅助销售工具、产品介绍、价目表未整理妥当,与客户约会迟到或失约,反应迟钝。

8. 不修边幅,抱怨增加。由原来的注重外表及形象到不修边幅;经常抱怨企业、产品、后勤、其他同事,甚至对客户也有抱怨。

以上是最常见的销售人员老化迹象,销售主管要随时观察,及早防治。

(二)销售主管对老化现象的防治

任何一支销售队伍在任何时候都有可能由于某种原因而出现老化现象,关键在于注意预防和及时治疗老化问题。销售主管首先要分析引起老化的原因是什么,是由于企业的激励对销售人员失效,还是销售人员对企业的未来发展失去信心,或者是由于环境的变化客观地使销售工作出现困难。有些销售主管对销售人员的老化现象束手无策。有些销售主管则一味用提高佣金或薪水的办法来激励队伍的士气,但也只能起到短期的效果,有时甚至因此而带来更多的问题。那么,到底要怎样来预防及治理销售人员老化现象呢?下面介绍的方法是实践经验的总结,对该问题的解决会有所帮助。

1. 要经常运用奖金、奖杯、内部刊物刊登消息及其他物质与精神奖励方式。

2. 对已经努力但不成功的销售人员多予以指导和鼓励。

3. 对表现好的成功销售人员多用肯定积极的方式予以保护。

4. 多与销售人员沟通企业的长期计划与目标,多征求他们的意见与看法,这样能激发他们的团队参与意识。

5. 提升有成就且成熟的销售人员作为领导者或给予高级别的薪金待遇。

6. 提倡团队精神。给接近老化或正在老化的资深销售人员成立资深销售人员俱乐部或进行其他类似性质的表扬是一个好办法。

7. 指导销售人员制订未来的事业发展计划,帮助他们根据企业目标来确定个人发展目标。

8. 尽量给予一定的底薪,但底薪制、佣金制必须完全与销售业绩及工作表现一致。

9. 对销售人员定期培训,提高他们的销售技巧,增强他们对企业及对本人的信心,不断地予以刺激,提高士气。

10. 不断地给予销售人员以新的工作任务,使之更具有创造力。

11. 与销售人员同甘共苦,齐心奋斗,不断和他们一起追求更高的业绩,攀登更高的目标。

12. 培训应尽量针对个人需要,并要求每个销售人员在某些方面的知识与技巧均达到相当的水准。不要重复使用已有的教材,要准备一些新的教材。

13. 多举办产品知识培训,并加上一些富有鼓励性的产品使用课程。

14. 每年至少举行三次分区的销售会议,以表扬先进、推广经验,并特别为老销售人员举办一次销售研习会以引起他们的注意。

15. 可在企业设立一个正式的事业前途计划部门,成立测定及评估中心,对所有销售人员的表现加以测评,并作为改善及奖赏升迁的参考。

16. 允许销售人员在企业内部调换工作。如有的资深销售人员可调到培训或研究发展部门。他们在开发新产品的工作中可能会贡献更大。调换工作会使资深老化销售人员激发出新的活力。

本章小结

激励是一种精神力量或状态,起加强、激发和推动作用,并指导和引导行为指向目标。激励力一般来说包括三个维度:强度、持久度和选择方向。

激励的过程起始于某一被唤起的需要,但是,利用未满足的需要提高销售绩效则需要三个条件。首先,激励物必须是销售人员期望的,也就是说,它可以满足某些需要;其次,销售人员必须确信,报酬取决于他们的绩效,而且他们必须准确了解需要什么样的绩效来获得激励物;最后,销售代表必须确信这样的绩效目标是可以达到的。

有效的激励始于对销售人员需要的正确分析。企业可以通过环境激励、目标激励、物质激励和精神激励等方式来提高销售人员的工作积极性。

在实际工作中,销售竞赛是一种有效的激励手段。销售竞赛是利用奖金和其他激励物来激励销售人员实现管理层所制定目标的一种短期激励计划。

销售主管要密切注意销售团队中明星成员、问题成员和老化成员的动向,并采取相应的措施。

案例讨论

某公司的销售竞赛计划

为配合公司下半年渠道销售策略,上海分公司针对华东区上海渠道开展了关于W518的销售竞赛活动。

1. 目的。配合公司下半年渠道销售策略,通过对参加销售维修培训的分销商开展销售竞赛活动,提高其销售产品的积极性,扩大低端数码产品市场份额。

2. 促销时间段:10月1日—12月31日

3. 参加对象。参加11月份培训的分销商(已签约或尚未签约),经三方共同确认的,名单另附。

4. 促销办法。本激励方案旨在对二级分销商在促销时间内的出货目标进行考核。

5. 销售考核目标。在本方案规定的促销时间段内,各分销商零售的W518机器达到如下台量(批发不计):

五台以下(含五台):奖励W518机器墨粉2支/台;

五台以上:奖励W518机器墨粉3支/台。

6. 进货价格。W518机器进货价格为6 200元/台(单机),低于6 200/台进货价的不计考核目标数。对10月份已进的W518,单价低于6 200元/台的,补上差价方可进入考核目标数,然后方可获得奖励。

7. 考核凭证。促销活动结束后,各分销商需提供在此促销期内的如下凭证:

• 提供货源经销商的确认函,内容有进货机型的系列号、进货时间、经销商公章;

• 机器安装的保修卡复印件;

• 进货发票复印件。

问题:

你认为该公司的销售竞赛计划是否恰当?为什么?

思考题

1. 如何衡量激励力?
2. 简述双因素理论。
3. 企业可以选择哪些激励方式?
4. 什么是销售竞赛激励?制订竞赛激励计划有哪些原则?
5. 销售主管如何激励老化销售人员?

第八章

销售人员的考核

本章学习目标

- 能够制定销售人员绩效考核的流程
- 能够应用有关方法进行销售人员绩效考核
- 理解建立绩效标准的方法及常用指标
- 能够根据企业情况设计销售人员薪酬制度
- 能够确立企业销售人员的薪酬水平
- 能够确立企业销售人员的薪酬方式

第一节 销售人员的绩效考核

销售人员的绩效考核对于调动销售人员的积极性,规范销售管理,实现企业销售目标具有十分重要的作用。

首先,绩效考核是引导员工行为的最佳手段。良好的绩效考核有利于引导销售人员的行为进而实现组织目标。通过考核指标的设置,企业可以引导销售人员朝着有利于组织或是组织需要的行为方向上努力,从而实现组织目标。

其次,良好的绩效考核能使销售组织的"人"与"事"相结合。通过工作分析、职务评价可以识事,而通过绩效考核可以了解销售人员的能力、专长和态度,即识人,从而将其配置在合适的职位上,实现人尽其才。

再次,绩效考核是员工调动和升降职位的依据。绩效考核侧重于对员工的工作成果及工作过程进行考察,通过绩效考核,可以提供员工的工作信息,如员工工作成就、工作态度、知识和技能的运用程度等。根据这些信息,可以进行人员的晋升、降职、轮换、调动等人力资源管理工作。这对个人来说是扬长避短,对组织来说则是实现人力资源的优化配置。

最后,绩效考核是确定薪酬和奖惩的依据。现代管理要求对员工的工作成果做出客观评价,通过绩效考核可以评价每个销售人员的工作成果,并将其与薪酬、晋升、奖励、培训等挂钩。不同的绩效获得不同的待遇,有利于形成不断进取的组织氛围。

销售人员的绩效考核过程主要包括以下几方面的步骤:收集考核资料、建立绩效标准、选择考核方法和进行具体考核。

一、收集考核资料

考核资料是对销售人员绩效考核的依据。因此,考核资料的收集务必全面、充分,同时收集数据的成本要合理。通常,资料的主要来源有:

(一)企业销售记录

企业内的有关销售记录如顾客记录、区域的销售记录、销售费用的支出等,这些都是开展销售人员绩效考核的基本资料。如利用这些资料可计算出某一销售人员所接订单的毛利,或某一规模订单的毛利,这对于考核销售人员的绩效有很大的帮助。

过去企业常常认为将这些记录整理太费时间,但是数据库技术的不断发展给企业提供了充分利用这些销售数据的绝佳机会。

(二)销售人员销售报告

销售报告是最重要的资料来源,可分为销售活动计划报告和销售活动业绩报告两类。

销售活动业绩报告主要提供销售人员已完成的工作业绩,如销售情况报告、费用开支报告、新业务的报告、失去业务的报告、当地市场状况的报告等。

销售活动计划报告包括地区年度市场营销计划和日常工作计划等。许多企业现在已开始要求销售人员制定销售区域的年度市场营销计划,在计划中提出发展新客户和增加与现有客户交易的方案。各企业的要求也不尽相同。有些企业要求对销售区域的发展提出一般性意见;另一些企业则要求列出详细的预计销售量和利润估计。销售经理将对计划进行研究,提出建议,并以此作为制定销售定额的依据。

日常工作计划由销售人员提前一周或一月提交,并说明计划进行的访问和巡回路线。管理部门接到销售代表的行动计划后,会与他们接触,提出改进意见。行动计划可指导销售人员合理安排活动日程,为管理部门评估其制订和执行计划的能力提供依据。

使用销售人员销售报告要注意报告的准确性、完整性、及时性。随着信息技术的发展,企业可以利用各种各样的信息技术帮助企业不受时间和空间限制获取销售人员的报告。如某石化公司的销售代表每天都将销售报告通过电子邮件的形式向总部汇报。

（三）顾客意见

顾客对销售人员的评价是销售人员销售成果的体现,因此评估销售人员应该听取顾客的意见。有些销售人员业绩很好,但在顾客服务方面做得并不理想,特别是在商品紧俏的时候更是如此。如某公司一位销售人员负责某地区的销售事务,经常以商品紧张为由对顾客提出一些非分要求,如要求用车等,这对公司形象造成了很不好的影响。收集顾客意见的途径有两个,一是顾客的信件和投诉;二是定期进行顾客调查。

（四）企业内部其他职员意见

这一资料主要来自营销经理、销售经理或其他有关人员的意见,销售人员之间的意见也可作为参考。这些资料可以提供一些有关销售人员的合作态度和领导才干方面的信息。

二、建立绩效标准

绩效标准可以分为衡量销售结果部分和衡量销售过程部分。绩效标准既应该关注销售结果,也应该关注销售过程。当然,在不同的企业发展阶段,绩效标准可以有所侧重。

虽然建立绩效标准是绩效考核中最困难的环节,但是如果要评估销售人员的绩效,一定要有良好而合理的标准。标准作为基准,可以用来衡量销售人员的绩效。同样,标准也让销售人员了解工作任务,指导并规划工作。标准必须公平合理,否则销售人员会丧失工作兴趣,甚至对管理层失去信心,士气大损。销售绩效标准过高或过低对于绩效考核来说不仅毫无意义,甚至有害。

绩效标准不能一概而论,管理人员应充分了解整个市场的潜力和每一位销售人员在工作环境和销售能力上的差异。绩效标准应与销售额、利润额和企业目标相一致。公平而有效的绩效标准需要管理人员根据过去的经验,结合销售人员的个人行动来制定,并在实践中不断加以调整和完善。

建立绩效标准的方法有两种:一是为每种工作因素制定特别的标准,例如访问的次数;二是将每位销售人员的业绩与销售人员的平均绩效相互比较。

常用的销售人员绩效指标主要有:

- 销售量,用于衡量销售增长状况,是最常用的指标。
- 毛利,用于衡量利润的潜力。
- 访问率(每天的访问次数),用以衡量销售人员的努力程度,但不能表示销售成果。
- 访问成功率,是衡量销售人员工作效率的指标。
- 平均订单数目,多与每日平均订单数目一起用来衡量订单的规模与销售的效率。
- 销售费用,用于衡量每次访问的成本。

- 销售费用率,用于衡量销售费用占销售额的比率。
- 新客户数目,是开发新客户的衡量标准,这可能是销售人员的特别贡献。

为了实现最佳考核,企业在制定考核标准时应注意以下问题:①销售区域的潜量以及区域形态的差异、地理分布状况、交通条件等对销售效果的影响;②一些非数量化的标准很难求得平均值,如合作性、工作热忱、责任感、判断力度等。

三、选择绩效考核方法

绩效考核的方法很多,有些新的考核方法尚在不断的发展中。就销售人员的业绩考核来讲,较具代表性的方法有以下几种。

(一)尺度考核法

尺度考核法是企业最常用的绩效考核方法之一。这种方法将考核的各个项目都赋予考核尺度,制作出一份考核比例表加以考核。在考核表中,可以将每项考核因素划分出不同的等级考核标准,然后根据每个销售人员的表现按依据评分,并可对不同的考核因素按其重要程度给予不同的权数,最后核算出总的得分(见表8-1)。

表8-1 销售人员绩效考核表

销售人员: 总分:

等级 项目	90分以上	80分~89分	70分~79分	60分~69分	59分以下	记分	权数(%)	评分
工作实绩	超额完成工作任务,贡献比别人多得多,工作无懈可击	工作成绩超过一般人所能达到的水平	工作成绩符合要求,基本能如期完成	工作成果大致符合要求,有时还需要别人帮忙	一般不能完成所要求的工作任务,缺点较多			
工作能力	具有高超的工作技能,开发新客户能力强,经常有创造性的点子	具有较强的工作技能,能主动开发新客户,时常有建设性的意见	具有完成分内工作的能力,开发新客户有一定效果,偶尔有创见	工作技能一般,需多加指点,开发新客户需要支援,很少有创见	工作技能不能应付日常作业,开发新客户几乎不能,谈不上有创造力			
工作态度	积极性很高,责任感强,能与同事同舟共济,协调性好	态度积极,能负起责任,能与上司、同事协调好	日常工作决不拖延,对交办的工作能欣然接受,不会与同事发生无意义的摩擦	对难度大的工作积极性不高,责任感一般,表面上能与同事相处	缺乏积极性,责任感不强,工作需要不断的监督,协调能力差			

（二）横向比较法

这是一种把各位销售人员的销售业绩进行比较和排队的方法。这里不仅要对销售人员完成的销售额进行对比，而且应考虑到销售人员的销售成本、销售利润、顾客对其服务的满意度等。

例如，假定以销售额、订单平均批量和每周平均访问次数三个因素来分别对销售人员 A,B,C 三人进行业绩综合考核（见表 8-2）。

表 8-2 销售人员绩效考核表

考核因素		销售人员 A	B	C
销售额	1. 权数	5	5	5
	2. 目标（万元）	50	40	60
	3. 完成（万元）	45	32	57
	4. 达成率（%）	90	80	95
	5. 绩效水平	4.5	4.0	4.75
订单平均批量	1. 权数	3	3	3
	2. 目标（元/单）	1 125	730	600
	3. 完成（元/单）	900	657	540
	4. 达成率（%）	80	90	90
	5. 绩效水平	2.4	2.7	2.7
每周平均访问次数	1. 权数	2	2	2
	2. 目标（次/周）	25	20	30
	3. 完成（次/周）	20	17	24
	4. 达成率（%）	80	85	80
	5. 绩效水平	1.6	1.7	1.6
绩效合计		8.5	8.4	9.05
综合绩效（绩效合计除以总权数）		85%	84%	90.5%

在表 8-2 中，因为销售额是最主要的因素，所以把权数定为 5，另外，订单平均批量和每周平均访问次数的权数分别定为 3 和 2。用三个因素分别建立目标，由于存在地区差异，因此每个因素对不同地区的销售人员建立的目标是不一样的。如销售人员 C 的销售额核定为 60 万元，高于销售人员 A 的 50 万元和销售人员 B 的 40 万元，这是考虑到他所处的地区潜在顾客较多，竞争对手较弱而决定的。由于销售人员 A 所处的地区内有大批量的买主，所以其订单平均批量可相对定得高一些。每个销售人员每项因素的达成率等于他所完成的工作量除以目标数，随后将达成率与权数相乘就得出绩效水平，再把各项因素的绩效水平相加，除以总权数 10，即可得到各个销售人员的综合

效率。从表 8-2 中可看出,销售人员 A,B,C 的综合效率分别为 85%、84% 和 90.5%,销售人员 C 的综合绩效最佳。

(三)纵向分析法

这是将同一销售人员现在和过去的工作实绩进行比较,包括对销售额、毛利、销售费用、新增顾客数、失去顾客数、每个顾客平均销售额、每个顾客平均毛利等数量指标进行分析的方法。这种方法有利于衡量销售人员工作的改善状况。下面举例说明(见表 8-3)。

表 8-3　销售人员绩效考核表

销售人员:W　　　　　　　　　　　　　　　　　　　　　　所辖市区:上海市

年份 考核因素	第1年	第2年	第3年	第4年
1. 产品 A 的销售额(元)	376 000	378 000	410 000	395 000
2. 产品 B 的销售额(元)	635 000	660 000	802 000	825 000
3. 销售总额(元)	1 011 000	1 038 000	1 212 000	1 220 000
4. 产品 A 定额的达成率(%)	96.0	92.6	88.7	85.2
5. 产品 B 定额的达成率(%)	118.3	121.4	132.8	130.1
6. 产品 A 的毛利(元)	75 200	75 600	82 000	79 000
7. 产品 B 的毛利(元)	63 500	66 000	80 200	82 500
8. 毛利总额(元)	138 700	141 600	162 200	161 500
9. 销售费用(元)	16 378	18 476	18 665	21 716
10. 销售费用率(%)	1.62	1.78	1.54	1.78
11. 销售访问次数	1 650	1 720	1 690	1 630
12. 每次访问成本(元)	9.93	10.74	11.04	13.32
13. 平均客户数	161	165	169	176
14. 新客户数	16	18	22	27
15. 失去客户数	12	14	15	17
16. 每个客户平均购买额(元)	6 280	6 291	7 172	6 932
17. 每个客户平均毛利(元)	861	858	960	918

销售经理可以从表8-3中了解到有关销售员W的许多情况。W的总销售量每年都在增长(第3项),但并不一定说明W的工作很出色。对不同产品的分析表明,W销售产品B的销售量大于销售产品A的销售量(第1项和第2项)。对照产品A和B的定额达成率(第4项和第5项),W在销售产品B上所取得的成绩很可能是以减少产品A的销售量为代价的。根据毛利额(第6项和第7项)可以看出销售产品A的平均利润要高于产品B,W可能以牺牲毛利率较高的A产品为代价,销售了销量较大、毛利率较低的产品B。销售员W虽然在第4年比第3年增加了8 000元的总销售量(第3项),但其总销售额所获得的毛利总额实际减少了700元(第8项)。

销售费用占总销售额的百分比基本得到控制(第10项),但销售费用是不断增长的(第9项)。销售费用上升的趋势似乎无法以访问次数的增加予以说明,因为总访问次数还有下降的趋势(第11项),这可能与取得新顾客的成果有关(第14项)。但是,该销售人员在寻找新客户时,很可能忽略了现有客户,这可从每年失去客户数的上升趋势上得到说明(第15项)。最后两项每个客户平均购买额和每个客户平均毛利要与整个企业的平均数值进行对比时才更有意义。如果W的这些数值低于企业的平均数,也许是他的客户存在地区差异性,也许是他对每个客户的访问时间不够。可用他的年访问次数与企业销售人员的平均访问次数相比较。如果他的平均访问次数比较少,而他所在销售区域的距离与其他销售人员的平均距离并无多大差别,则说明他没有很好地进行工作,或是他的访问路线计划不周。

四、销售效率考核流程

在对销售人员的销售效率进行具体考核时,一般要经过如下流程:销售人员日报表→销售效率月报表→销售效率计算表→销售效率直观图。下面进行简要说明。

(一)销售人员日报表

销售日报表的作用是很明显的。它能提供有关顾客、市场和竞争者等许多方面的信息,管理人员可从中了解销售人员的工作情况及目标达成情况,并发现问题和不足,为加强管理、提高销售效率提供依据。

要让销售人员填写好销售日报表,首先必须让他们认识到销售日报表的重要作用;其次要设计好容易填写的销售日报表。销售日报表格式应该比较固定,形式简单但内容全面。下面举例说明如何设计和填写销售日报表(见表8-4)。

● 销售管理 ●

表8-4 销售人员日报表

日期：　　　　　　　　天气：　　　　　　　　姓名：

访问顺序	访问对象	访问目的					记　　事	访问费用
		开拓	估价	订货	收款	服务		
合计								

来访记录	来客记录	来访目的					来访结果	

时间记录	行动类别	8~9	9~10	10~11	11~12	1~2	2~3	3~4	4~5	合计
	准备									
	交通									
	等待									
	洽谈									
	服务									

　　销售人员在每天工作出发前,应将计划依次访问的客户名称填写在表中,访问顺序可以事后再填写上去,因为由于交通堵塞或其他预料不到的原因,访问次序可能会发生变化。在访问目的栏中,设有开拓、估价、订货、收款、服务等项目,事后在达到目的的一栏中画"√"。记事栏填列必要的信息情况。访问费用栏填写费用类别及数字。来访记录栏填列来公司访问的客户名称、来访目的及访谈结果。在时间记录栏中上方有时间标尺,销售人员只需依照例表把实际行动的时间用铅笔画线即可,然后将各项活动所花费的时间合计一下。

（二）销售效率月报表

　　把销售人员每天提交的销售日报表上的主要内容转录到销售效率月报表上,可以得到某销售人员当月业绩的基本情况。销售效率月报表一共可设置31行,逐日记载,每月底对各栏进行合计(见表8-5)。

表8-5 销售效率月报表

日期	星期	销售金额	毛利额	折扣额	折让额	收款金额	访问户数	洽谈时间	交通时间	等待时间	成交户数	新开发客户	访问费用
合计		②	③	④	⑤	⑥	⑨	⑩	⑪	⑫	⑬	⑮	⑯
①本月销售目标			⑦本月工作日数			⑧本月工作时数				⑭辖区内总户数			

(三)销售效率计算表

销售月报表共有16项合计栏,把16个数据配合起来,就可计算出15个很有意义的销售效率。表8-6是计算销售效率的公式,其比率只要从月报表抄下这部分的数字就可计算出来。如把月报表中的①本月销售目标作为分母,②销售金额作为分子,销售目标达成率就可以计算出来。

表8-6 销售效率计算表

部门: 姓名: 所辖区域: 年 月

1	本月销售金额(万元)	①
2	销售目标达成率(%)	②本月销售金额/①本月销售目标
3	销售折扣率(%)	④折扣金额/②本月销售金额
4	销售折让率(%)	⑤折让金额/②本月销售金额
5	新开发客户数(户)	⑮
6	毛利额(万元)	③
7	平均每天访问户数(户)	⑨访问户数/⑦本月工作日期
8	平均每户洽谈时间(分)	⑩洽谈时间/⑨访问户数
9	工作时间洽谈率(%)	⑩洽谈时间/⑧本月工作时数
10	工作时数交通率(%)	⑪交通时间/⑧本月工作时数
11	工作时数等待率(%)	⑫等待时间/⑧本月工作时数
12	访问成交率(%)	⑬成交户数/⑨访问户数
13	访问率(%)	⑨访问户数/⑭辖区内总户数
14	销售回款率(%)	⑥收款金额/②本月销售金额
15	平均每户访问费用(元)	⑯访问费用/⑨访问户数

(四)销售效率直观图

把销售效率计算表中15项指标全部计算出来后,将每个销售人员的销售效率指标连成一条曲线画在同一张平面图上,就可得到清楚明晰的销售效率直观图(见图8-1)。各企业可以根据企业的实际情况自行设定图中曲线数值。从图8-1可以看出,销售人员B的业绩明显好于销售人员A。销售经理每个月将各9位销售人员的业绩描绘在图上,然后把这张图贴在休息室或公布栏内。销售人员的行为将会因此而变化,即使在经济不景气的情况下,他们的业绩可能仍会上升。这样,销售人员与销售经理之间就没有心理上的隔阂了,销售人员一看到自己积极工作所获得的业绩和存在的差距便会力求改进,更加努力工作,以创造佳绩。

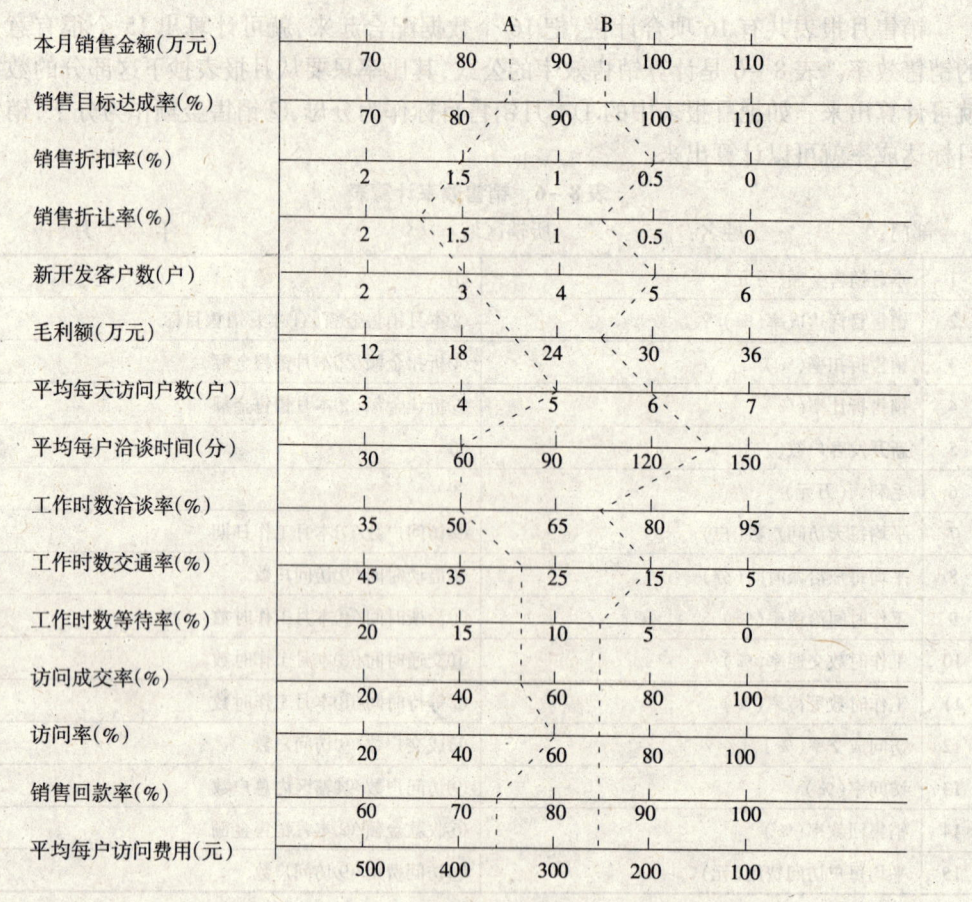

图 8-1 销售效率直观图

第二节 销售人员的薪酬制度

按照国内著名人力资源管理专家彭剑锋教授的定义,所谓薪酬,是指企业向员工提供的报酬,用以吸引、保留和激励员工,具体包括工资、奖金、福利、股票期权等。薪酬不仅包括企业向员工提供的经济性的报酬与福利,还包括为员工创造的良好的工作环境以及工作本身的内在特征、组织的特征所带来的心理效用。经济性的报酬又包括直接报酬和间接报酬,直接报酬包括基础工资、绩效工资、奖金、股权、红利、各种津贴等;间接报酬指企业向员工提供的各种福利,如保险、补助、优惠、服务、带薪休假等。非经济性报酬包括工作本身、工作环境和组织特征所带来的心理效用3部分。本节主要论述的是经济性报酬问题。

薪酬计划对于营销规划的顺利实施会产生直接的影响。假设某机械制造公司计划进入一个新市场以扩大市场份额,固定薪水的薪酬计划也许会对公司战略的实施有所帮助。另一方面,当公司的战略需要强力的推销以减少存货时,则可以给销售代表以高额的佣金。

建立销售人员的薪酬体系一般包括以下步骤:设计薪酬制度、确定薪酬水平、选择薪酬方式、实施及考察薪酬制度。

一、设计薪酬制度

当前情况下令人满意的薪酬制度,可能一两年之后就不适应实际情况。但是如果经常对薪酬制度加以调整,不但实施起来比较困难、费用较高,而且也会令销售人员感到比较混乱,因此公司有必要将目标分为长线目标与短线目标两种,凡是薪酬制度中的主要部分,应以长线目标为基础,以便增加其稳定性;而薪酬制度中的其余部分目标,则应保持高度的弹性,并根据短线的变化及时加以调整。事实上,为销售人员建立薪酬制度并非易事,而且将薪酬目标划分为长线目标与短线目标也不是一件容易的事。以下内容可作为销售经理建立薪酬制度时的参考。

(一)建立薪酬制度的原则

建立长线、短线薪酬制度时应遵循以下原则:

1. 实用性原则,也称为现实性原则,即薪酬应制定在比较现实的水平上。只有这样,才能使销售费用保持在既切合实际又较低的水平上。

2. 激励性原则。薪酬制度需对销售人员有一种强烈的激励作用,以促使其取得最大可能的销货量;同时又能引导销售人员尽可能地努力工作,对企业各项销售活动的开展起到积极作用。

3. 灵活性原则。薪酬制度应既能满足各种销售工作的需要,又能比较灵活地加以运用。这样的薪酬制度可以激发销售人员对顾客兴趣的注意。

4. 吸引性原则。薪酬制度必须富有竞争性,给予的薪酬要高于竞争者的水平,这样才能吸引最佳的销售人员加入本企业的销售组织。

5. 相称性原则。销售人员的薪酬必须与其本人的能力相称,并且能够维持一种合理的生活水准;同时必须与企业内其他人员的薪酬相称,不可有任何歧视之嫌。

6. 稳定性原则。优良的薪酬制度要能够使销售人员每周或每月有稳定的收入,这样才不致影响其生活,使其能够努力工作。

（二）建立薪酬制度的要点

建立薪酬制度应注意如下要点：

1. 应认识和配合各有关部分的目标。所谓各有关部分是指管理人员、销售人员及顾客三方面。薪酬制度的建立，必须以认识和配合各有关部分的目标为基础，否则不易确定销售人员未来成功的程度。

2. 内部一致性。薪酬的内部一致性，是指员工会感觉到，相对于同一组织中从事相同工作的其他员工，相对于组织中从事不同工作的其他员工，自己的工作获得了适当的薪酬。

3. 应易于被有关各方面所了解与接受。应使销售人员清晰地了解其努力或成就与其所获得的收入之间的关系，这样才能达成薪酬制度的目标。相反，如果此制度不能够被管理者及销售人员双方所接受，则必然产生难以令人满意的结果。

4. 应便于有效管理。如果薪酬制度能够切合实际，则自然容易管理且取得成效。

5. 外部竞争性。外部竞争性主要是通过外部相关劳动力市场界定、市场工资调查、建立薪酬政策线，并在此基础上调整薪酬结构来实现的。

（三）建立薪酬制度的程序

建立薪酬制度的程序可以简单地归纳为以下5个步骤：

1. 详细说明制度必须达成的目标。
2. 确定所需薪酬的水准。
3. 选择适当的薪酬方式。
4. 试验此项制度。
5. 准备实施此项制度。

二、确定薪酬水平

确定薪酬水平是一个十分重要的问题。销售主管人员必须认真研究薪酬水平确定的影响因素及根据。

（一）确定薪酬水平应考虑的因素

在所有以销售方式运作的行业中，薪酬制度可以说是决定该销售企业成败及能否按计划方向成长的第一个根本要素。因为销售工作的第一个激励因素就是"驱之以利"或"诱之以利"。薪酬制度不仅影响销售人员的工作意愿和流动倾向，也关系着企业的利润及竞争力。因此薪酬制度的拟定和调整，常要同时考虑许多相关的因素。在拟定及调整薪酬制度时要注意下列各方面的因素。

1. 企业的特征。在考虑薪酬制度时，首先要了解企业产品的特征、行业销售方式、成本构成以及未来的发展方向等。

2.企业的经营政策和目标。在拟定或调整薪酬时,要根据不同时机及发展的状况考虑企业的经营目标层次及优先次序。例如,追求合理稳定的企业利润;促使业绩快速成长;增加销售人员。而企业在调整时则要考虑:时机及经济是否景气;其他同业竞争者状况如何;销售额是在上升还是下降;销售费用和企业利润的变动情况;人员流动是否太频繁;销售人员对现行制度有何意见或抱怨。

3.成本方面的考虑。例如,现行薪酬是否合理;是否太高或太低;企业负担是否太重;分期付款及现金销售对企业收益及资金周转的影响,两者组合的比例应为多少;有无支付不同或相同的佣金。

4.行政方面的考虑。薪酬计算的标准和方式是否易懂且易算;是否需在调整或拟定前先征询销售人员及主管的意见;是否会遇到误解或阻力;调整方案、原因和影响等是否事先估算稳妥,并已做好完整的记录。

5.管理方面的考虑。现行的薪酬对于吸收新人是否具有足够的吸引力;底薪是否重要,能否保证生活费用的支出;能否留住优秀人才;是否具有刺激和挑战作用;收入是否有保障;能否要求销售人员为客户提供更好的服务;对不同年限、资历、层级、职位的人员,因权责不同是否应予以不同的待遇及奖励;主管人员的来源是否欠缺;是否应鼓励业务人员向主管层次发展。

6.其他因素的考虑。例如,是否高薪酬才能吸引人;企业知名度能否吸引人才加入;销售技巧是否重要,是否易学或需要很多培训;产品知识的重要程度;培训难易程度如何;广告促销花费的变动情况和薪酬制度的配合状况如何,是否有必要共同考虑;是定额支付薪酬还是超额加发,抑或阶梯式加发;开发新客户是否要支付特别薪酬;是否需要奖励新的销售观念及技巧;提供市场情报是否需要予以特殊奖励。

(二)确定薪酬水平的根据

薪酬水平主要根据以下方面来确定:

1.工作评价。工作评价是一个系统方法,用来确定一个组织内各种工作的重要性,以及其相对价值或比较价值。工作评价旨在研究各种工作的组成部分,而不是涉及各项工作的成效怎样。工作评价是建立一种公平合理的薪酬制度的基础,而由工作分析所得到的工作说明又是工作评价的基础。

2.同行业薪酬水平。如果薪酬水平较同行业类似工作的薪酬水平低,则难以吸引或留住优秀销售人员。如果薪酬水平较同行业类似工作的薪酬水平高,则必将增加销售成本,从而使售价提高,减少销货量。值得一提的是,参考同行业水平是有一定困难的,这主要是因为同行业间各种销售工作仍有较大的差异,而且也不易获得可靠的资料。

3.企业内其他工作薪酬。确定薪酬水平也要注意配合企业内其他工作的薪酬水平。如果有失公平，则最容易影响员工的工作情绪和积极性。特别要注意的是销售部门内各种工作薪酬的一致性。有时有能力的销售人员的薪金加上佣金或奖金，可能比地区销售经理或销售总经理的薪酬还高，这常常使上下级关系显得比较尴尬。

三、选择薪酬方式

（一）经济性直接薪酬方式

1. 纯薪金制度。无论销售人员的销货额多少，均可于一定的工作时间之内获得一种定额的薪酬，即一般所谓的计时制。固定薪酬的调整，主要依照评价销售人员表现及销售的成果。其他如配合竞争的需要，工作年限、资历等因素，一般为次要因素。

（1）纯薪金制度的优点。这一制度易于了解，且计算简单；销售人员的收入有保障，使其有安全感；当销售人员所负责的地区业务需要重新调整时，可以减少敌意；适用于若干需要集体努力的销售工作。

（2）纯薪金制度的缺点。相对来说，该制度缺乏鼓励作用，不能继续增加成果；就薪酬多寡而言，有薄待工作业绩优良者及厚待工作业绩不佳者之嫌。

2. 纯佣金制度。此项薪酬制度是与一定期间的销售工作成果或数量直接有关的，即按一定销售实绩比例给予销售人员佣金。这样做的主旨是给销售人员以鼓励，其实质是奖金制度的一种。

佣金的计算可根据销售量的金额或单位（毛额或净额），可以基于总销货量，也可以基于超过配额的销货量，或配额的若干百分数。佣金也可以根据销售人员的销售额对企业利润的贡献来定。

另一种较难计算的方式是根据销售人员的活动或表现来确定。这种方法较公平，但较难实行。

支付佣金的比例，可以是固定的，即第一个单位的佣金比例与第一百个单位的佣金比例都一样；也可以是累进的，即销售量（或利润贡献等基准）越高，其佣金比例越高；也可以是递减的，即销售量越高，其佣金比例越低。

确定佣金比例也应考虑产品性质、顾客、地区特性、订单大小、毛利量、业务状况等的变动。支付佣金的方法包括以下几种：

（1）保证提存或预支账户。让销售人员预支一定金额，将来由其所得佣金偿还。如果所得佣金大于预支金额，则不必归还其差额，实际上与纯薪金制相似。

（2）非保证提存或预支账户。销售人员必须偿还全部预支金额，如果本期佣金不足偿还，可递延至下期结算。所以预支金额实际上相当于一种借款形式。

（3）暂记账户。每个月给予各销售人员一定的金额，记入该人员暂记账户的借方，每位销售人员每月应得佣金应记入本账户的贷方。年底结账时,如果有贷方余额,应补发给该销售人员;如果借方有余额,可以注销,如同保证预支账户,也可递延至下年度结算,如同非保证预支账户。

此项制度的优点是:富有激励作用;销售人员可获较高的薪酬;控制销售成本也较容易。

此项制度的缺点是:在销售波动的情况下不易适应。如季节性波动及循环波动;销售人员的收入欠稳定;增加了管理方面的人为困难。

3. 薪金加佣金制度。纯薪金制缺乏弹性,对销售人员的激励作用不足;而纯佣金制又令销售人员的收入波动较大,使销售人员缺乏安全感。薪金加佣金混合制度则弥补了这两方面的不足。

薪金加佣金制度是以单位销货或总销货金额的较少百分率作为佣金,每月连同薪金支付,或年终结束时累积支付。

该项制度的优点是:与奖金制度相类似,既有稳定的收入,又可获得随销货额增加的佣金。

该项制度的缺点是:佣金太少,激励作用效果不明显。

4. 薪金加奖金制度。此项制度下,销售人员除了可以按时收到一定薪金外,还可获得较多的奖金。奖金的支付,是为了酬劳销售人员对企业完成的有贡献的工作,比如宣传工作、销售新产品、增加新客户、减低销售费用等。

该项制度的优点是:可鼓励销售人员兼做若干涉及销售管理的工作。

该项制度的缺点是:不重视销售额的多少。

5. 薪金加佣金再加奖金制度。此项薪酬制度兼顾了上述方法,利用佣金及奖金,以促进工作成效的提高。

该项制度的优点是:销售人员每月可获得稳定的收入及另发的佣金与奖金,而在管理方面也能有效地控制销售人员。

该项制度的缺点是:实行此制度需要较多有关记录及报告,因此增加了管理费用。

在奖励方面还可以采取特别奖励制度。特别奖励就是规定薪酬以外的奖励,即额外给予的奖励。这种额外奖励分为物质奖励及非物质奖励两种。物质奖励包括直接增加薪金或佣金,或间接的福利,如假期加薪、保险制度、退休金制度等。非物质奖励的方式很多,如通过销售竞赛给予销售人员一定的荣誉,如记功、颁发奖章及纪念品等。

额外奖励可根据销售人员超出配额的程度、控制销售费用的效果或所获得新客户的数量等来制定。

（二）经济性间接薪酬方式

经济性间接薪酬指企业向员工提供的各种福利，如保险、补助、优惠、服务、带薪休假等。现在的销售人员比以往更具有安全意识，因此各种保险、补助等薪酬方式也受到销售人员的欢迎。这些薪酬方式有助于实现销售人员的自我价值感和组织归属感。

公司也为销售人员提供带薪假期，并根据销售人员的服务期确定带薪假期的长短。同时，带薪假期也有利于降低销售人员的焦虑和压力。

（三）选择薪酬制度的方法

企业究竟应该如何选择薪酬制度？在选择时，可以借用经济学的边际效用的观点，即看每增加一元薪酬，销售人员同时所增加的销售有多少。从销售人员的观点来看，每增加一元薪金与增加一元佣金或奖金，其边际效用往往是不同的，因为两者的收入稳定性不同。奖金或佣金占整个薪酬的比例可高可低，企业应根据销售人员的不同工作性质和不同的实际情况来决定。

再者，销售管理者也要注意在不同薪酬制度、不同收入水平之下，可能使企业获得的边际收入如何。从管理方面的观点来看，每种方法所支付一元薪酬产生的边际收入必须与每一元边际薪酬成本相等。如果多付一元奖金所增加的收入大于减少一元薪金所降低的收入，则奖金的比例可增加。但在这种情况下，奖金对收入的影响，仍较薪金对收入的影响大。

此外，固定薪金与奖金的比例对销售人员的工作有很大的影响。因此，销售主管应掌握决定奖金比例的根据。决定奖金比例的情况大致可参考表 8-7。

表 8-7　销售人员奖金（佣金）比例的决定

企业销售有关情况	奖金（佣金）占整个薪酬的比例	
	较高	较低
销售人员所属企业在购买者心目中的形象	一般	很好
企业对各种促销活动的信赖程度	小	大
企业产品质量与价格的竞争力	一般	强
提供顾客服务的重要性	一般	强
技术或集体销售的影响范围	小	大
销售人员个人技能在销售中的重要性	强	一般
经济前景（整个市场环境）	一般	好
其他销售人员不可控制的影响销货因素	少	多

设计合理的薪酬结构

实行粗放式管理的企业,销售人员的薪酬结构通常采用"基本工资+奖金(或提成)"的方式。如此,基本工资部分的激励作用其实没有发挥出来,奖金(或提成)部分的激励作用也非常有限。有鉴于此,建议企业采用如下薪酬制度:

薪酬=基本工资+岗位工资+技能工资+工龄工资+保密工资(+特聘工资+落后地区津贴)+双月奖+年度奖

基本工资:通常根据当地劳动部门规定的最低工资标准确定;

岗位工资:根据区域的销售目标和职位确定,应占固定薪酬中较大比例;

技能工资:根据半年度的考试成绩来确定(必须保证考核的质量),假定100分是300元,根据综合得分率来算技能工资;

工龄工资:每增加一年多加50元,上限200元,可以增强销售人员的忠诚度;

保密工资:通常设定在300~500元,关键时刻有用;

特聘工资:适用于部分从其他公司挖来的稀有人才,可以在前半年或一年内给予特聘工资,具体根据谈判结果,到期后自动取消,根据实际绩效统一考核,以保持公平;

落后地区津贴:考虑到中西部地区地广人稀、经济基础薄弱的特殊情况,可以考虑在工资中设置此项来调整公平性;

双月奖:根据最近双月的绩效考核值来确认,包含结果考核奖金和过程考核奖金两部分,从而避免了单纯提成制容易忽略销售的KPI要素追求短期奖金的行为;

年度奖:根据年度述职报告和年度绩效结果值来确认。

(资料来源:涂小宁:《市场营销案例》2010年第8期)

四、实施及考察薪酬制度

(一)预先测试计划

一旦销售管理层暂时确定了薪酬方案,下一步就要预先测试整个计划。这包括确定如果计划在过去几年里已经执行,它又将怎样运作;管理层可以估计的公司成本和销售人员的收入会怎样。

(二)薪酬制度的实施

通常,一经选定了某一种薪酬制度,便应向全体销售人员详细说明,并确保他们明白，以避免产生误解。凡薪酬中有固定薪金的，必须先行规定各销售人员的薪金高低，其高低标准应尽量依据企业所制定的一般薪酬制度，不可有歧视或不公平的地方。

（三）薪酬制度的考察

考察薪酬制度的目的是检验经过试行的制度或固有的制度是否有效。任何新制定或修正的薪酬制度经过一年或一定支付期间试行后，该制度所产生的效果如何，必须详加分析与考察，以确定是否可以正式实施或有无修正或调整的必要。考察的标准包括以下方面：

1. 销售人员的绩效如何。薪酬制度不同，销售人员的绩效自然有显著的差异。
2. 预算、销售费用比率及毛利情况。将拟定薪酬制度时的预计数字与实际发生值加以比较。
3. 对顾客的影响。如果薪酬制度不是很合理，常常会出现销售人员怠慢顾客的现象。

本章小结

销售人员的绩效考核主要包括以下几方面的内容：收集考核资料、建立绩效标准、选择考核方法和进行具体考核。

建立绩效标准的方法有两种：为每种工作因素制定特别的标准，例如访问的次数；将每位销售人员的业绩与销售人员的平均绩效相互比较而制定的标准。绩效考核的方法有横向比较法、纵向分析法、尺度考核法等3种。

所谓薪酬，是指企业向员工提供的报酬，用以吸引、保留和激励员工，具体包括工资、奖金、福利、股票期权等。薪酬不仅包括企业向员工提供的经济性的报酬与福利，还包括为员工创造的良好的工作环境以及工作本身的内在特征、组织特征所带来的心理效用。

薪酬问题可以分为收入水平和薪酬方式两个方面。收入水平是指每一位销售代表在既定时期内得到的总收入。薪酬方式是指员工们达到其预期收入水平所依据的薪酬计划。经济性直接薪酬方式包括纯薪金制度、纯佣金制度、薪金加佣金制度、薪金加奖金制度、薪金加佣金再加奖金制度。

年终分红的结果是背叛？

创业将近6年，余君媛一路走来，几番起伏，甘苦自知。如今，她的手机设计公司已壮大到近100人规模，年销售额数千万。而让她始终难以释怀的是，手下的骨干在6年中换了一拨又一拨，那些她曾寄予厚望的爱将，几乎没有一个能跟随她超过两年。余君媛常常对朋友感慨："老板注定是孤独的！"

第一次打击发生在2006年底。那一年，山寨手机热潮达到顶峰。顺应这股潮流，余君媛的公司设计和生产的山寨手机在华南、西南市场赚得盆满钵满。创业仅两年，余君媛的身价已飙至数千万。年终发奖金时，余君媛给普通员工人手一份沉甸甸的大红包，而对公司最核心的骨干成员——销售部、市场部等部门的负责人分别给予了从40万到60万不等的分红。

正当余君媛沉浸在胜利和分享的喜悦中，打算在新的一年再展拳脚时，等待她的，却是3封辞职信。市场部总监等3员大将，在拿到分红的第三天同时离职。3员大将离去，虽不至使公司运作陷入停顿，但已令公司元气大伤。正当余君媛四处招募骨干，欲重整旗鼓时，公司监测到，市场上有一款与他们公司近期主推的主打机型几乎一模一样但售价更低的机型正在走俏。这款价格更具竞争力的机型给余君媛的公司带来了不小冲击，原来一直保持稳定关系的客户纷纷转投这款更廉价的机子。一打听，如余君媛所料，幕后操盘手正是刚刚离职不久的那3员大将。余君媛推测，他们在正式离职前，早已悄然酝酿自组公司，待分红到手，资金不愁，便顺理成章自立门户，不仅带走公司技术，还挖走公司客户。

昔日的下属，成为今日的对手。在利益至上、风水轮流转的商场，这本司空见惯。余君媛是个坚强而理性的女人，她很快便接受了这个残酷现实。"行情这么好，有钱大家都想赚，翅膀硬了就飞，这也正常！"她这样安慰自己。只不过，每次回忆起创业时与这3员大将肝胆相照、掏心掏肺的情景，她便不胜欷歔。她觉得自己遭到了背叛！

重新培养一批骨干，差不多花费了一年时间。2008年，公司再次经历高速发展，国内外业务再上一个台阶。年终发奖金时，余君媛有点茫然了。但是伤心往事历历在目，余君媛唯恐巨额分红又成了骨干们自立门户的第一桶金。这一次，余君媛依然给普通员工人手一份厚厚的大红包。但是，各部门总监只获得3万到5万不等的年终奖金。

春节长假后的第一天,余君媛走进办公室,发现办公桌上累着一叠辞职信,市场部、销售部、软件部、硬件部、测试部负责人一同辞职,另谋高就去了。公司内部盛传,各部门总监因不满公司年终奖金微薄,跳槽到了薪酬更具竞争力的同行公司。第二次人事震荡对公司的打击远比第一次更为猛烈。余君媛不但面临无将可用的尴尬,而且她后来发现,离职的编程高手在公司的资料库里刻意留下不少 bug,这给后继的软件开发人员带来了无穷的麻烦。

新的骨干团队至今仍在培育中。经历两次背叛的余君媛变得猜忌而敏感。渐渐地,对于能力出众的人,她不再敢轻易委以重任;相反,她更愿意提拔中等能力,但为人比较老实的员工。当然,她很清楚,这些平庸之辈一定程度上削弱了公司的生产力,但她又能如何呢?她实在不想经历第三次背叛了。

(资料来源:郑晓芳:《市场营销案例》2010 年第 8 期)

问题:年终分红的结果为什么是背叛?该公司应如何完善公司的薪酬制度?

思考题

1. 销售人员的绩效考核包括哪些内容?
2. 销售人员的绩效考核有哪些方法?
3. 建立薪酬制度要遵循哪些原则?
4. 确定薪酬水平要考虑哪些因素?
5. 经济性直接薪酬方式包括哪些方式?各有什么优缺点?

第三篇 销售业务管理

第三篇

苹果业务管理

第九章 销售过程管理

本章学习目标

- 熟悉寻找客户的基本方法
- 掌握拜访客户的步骤、技巧和方法
- 能有效地分析和处理客户异议
- 掌握促成交易的方法

第一节 寻找客户

做好销售准备后，就要开始寻找客户了。只有选择恰当的客户，才有可能顺利地完成销售工作。在寻找客户时，不能大海捞针般地盲目寻找，必须先确定客户的范围。在此基础上还应掌握寻找客户的方法，以为日后的销售工作奠定良好的基础。

一、确定客户范围

在开发客户的过程中，应该结合各方面的因素来确定准客户的范围，并进行更全面的分析，才能保证销售能够有的放矢地进行。

（一）根据商品因素确定客户范围

在确定准客户范围时，非常重要的一方面就是要考虑商品因素，即所销售的品种应能够满足客户的需要。这种满足应从商品的性能、质量、花色、品种等考虑，进行全面分析。商品满足消费者需求的能力越大，其使用价值满足需求的特点就越明显，商品扩散就越快，客户的范围也就越广；商品的性能越优越，相对先进性越明显，其客户范围就越广，如彩色电视机比黑白电视机的客户范围要广；商品所具有的有用性与消费者的消费观念和价值观念越相吻合，客户的范围也就越广；质量、性能各方面相当，价格越低，操作越便利的商品，其客户的范围也就越广。反之，价格相对较高，操作较复杂或先进性不明显,甚至较差的商品,其需求量越小,销售速度也越慢,其客户范围也越小。

(二)结合企业的特点确定客户范围

首先,企业所经营的商品的特点是在确定范围时要考虑的重要因素。经营生活必需品的企业,如副食商店、日用品商店等,企业的位置对于确定客户的范围非常重要。因为在经营这些用品的企业之间,所提供的产品差不多,不存在明显的差别,客户在选择产品时不存在明显的倾向性或偏好,因而一般喜欢选择邻近的商店购买。因此,在这类行业中,谁能为客户提供时间上和空间上的更多的便利条件,谁就更能赢得客户。

其次,商品的规模也是确定客户范围时应该考虑的因素。大型企业经营商品的品种较多,而且在商品质量、售后服务等方面比较有保障,客户容易产生信任感,相应地,其确定的客户的范围也相对广一些。

最后,企业营销的力度和能力对确定客户的范围也有重大的影响。一般来说,企业营销的力度和能力与企业的客户范围存在着正比例的关系。企业的营销活动力度越大、覆盖范围越广,则客户范围就越广。

(三)结合消费者状况确定客户范围

销售人员在开发客户的过程中,应先确定所销售的产品所应面向的对象。向低收入者销售高档奢侈品是不可能达成交易的。销售人员在确定客户范围时应从消费者的角度,设身处地地为客户着想,使确定的客户范围更加准确、合理。

二、寻找客户的方法

寻找客户主要指寻找潜在客户。要充分挖掘出潜在客户,除了依靠销售人员自身的努力以外,还必须掌握并正确运用基本的途径和方法。

(一)逐户访问法

这是指销售人员在特定的区域内,挨门挨户地进行访问,以挖掘潜在客户的方法。在访问中可向被访问者赠送样品或产品说明书。逐户访问法又被称为"地毯式寻找客户销售方法"。这种销售方法可以对特定区域内的个人、家庭或组织进行逐个寻找,该方法的关键一是在于无遗漏,不能放过一个有望成交的客户;二是销售人员在人际交往方面的素质和能力要足够。

(二)广告搜寻法

这种方法是指利用各种广告媒体来寻找客户的销售方法,又称"广告开拓法"。具体地说,它是利用广告媒体来发布产品信息,并对产品进行宣传,由销售人员对被广告吸引来的客户进行销售。

（三）连锁介绍法

连锁介绍法是指通过老客户的介绍来寻找有可能购买该产品的其他客户的一种方法，又称"介绍寻找法"或"无限寻找法"。该方法已成为企业常用的一种行之有效的销售方法。

（四）名人介绍法

名人介绍法是指在某一特定的销售区域内选择一些有影响的人物，使其成为自己的客户，并获得其帮助和协作，将该范围内的销售对象转化为目标购买者的销售方法，又称为"中心开花法"。

（五）会议寻找法

会议寻找法是指销售人员利用参加会议的机会，与其他与会者建立联系，寻找客户的方法。这种会议寻找法，在人际交往时要注意技巧，以获得对方的信任（可暂时不提或婉转提出销售意图）。此法有时易引起对方的反感。

（六）电话寻找法

电话寻找法，指以打电话的形式来寻找客户的方法。采用该方法一定要注意谈话技巧，要能抓住对方注意力并引发其兴趣，否则极易遭到拒绝。此外，注意通话的时机和时间长短也非常重要。

（七）信函寻找法

信函寻找法，指以邮寄信函的方式来寻找目标客户的方法。这种方法覆盖的范围比较广，涉及的客户数量较多，但成本较高，时间较长，而且除非商品有特殊的吸引力，否则一般回复率较低。

（八）资料查询法

资料查询法，指通过查阅各种有关的情报资料来寻找客户的方法。目前，我国可供查询的有关资料有：工商企业名录、商标公告、产品目录、各类统计年鉴、银行账号、专业团体会员名册、市场介绍、专业书报杂志、电话号码簿、邮政编码册等。

（九）市场咨询法

市场咨询法，是指销售人员利用市场信息服务机构所提供的有偿咨询服务来寻找客户的方法。在信息时代里，充斥着大量的信息。社会上出现了许多专门搜集市场信息的咨询机构，通过这些机构往往能获得许多有价值的信息。

（十）个人观察法

个人观察法，是指销售人员通过自己对周围环境的分析和判断来寻找客户的方法。这种方法具有成本低的优点，但对销售人员的观察能力和判断能力要求较高，且要求判断时要尽可能客观。

(十一)代理寻找法

代理寻找法,指利用代理人来销售商品,寻找客户的方法。具体地说,是由代理人代理销售主体寻找客户并销售商品,并从中提取中介费用。

(十二)竞争插足法

竞争插足法,指渗透到竞争对手的销售市场中与之争夺客户的一种寻找客户的方法。该方法易引起竞争者的报复行为。

(十三)委托助手法

委托助手法,指委托与客户有联系的专门人士协助寻找客户的方法,又称"销售助手法"。具体说,在受托人找到目标后,立即联系进行销售访问或洽谈。

(十四)行业突击法

行业突击法,是指选择一些容易触发购买动机的行业作为销售访问的对象,进行集中性销售访问来寻找客户的方法。采用该方法要求销售人员要关注经济发展的态势,关心国民经济产业结构的现状及其未来的发展趋势。采用该方法,若选择得当,销售得法,能够挖掘出大批的潜在客户。

(十五)设立代理店法

设立代理店法,指选择恰当的企业,与之签订代理合同,确定代理业务,使其成为本企业的销售点来寻找客户的方法。通过该方法可获得较稳定的潜在客户。

阅读材料

业务员如何寻找陌生客户

一、市场拉网,寻找陌生客户

1994年,小胡为湖南TZN集团下属一个子公司的调味品招商。TZN集团公司的饮料产品的市场知名度比较高,但该子公司的调味品刚推出来,既不用集团公司的品牌,也没有广告投入,而且市场上同类产品太多,无疑给招商增加了很大难度。

小胡带着几位业务员去安徽负责招商,把业务员的市场分配好后,独自一个人来到淮南市。淮南在历史上虽然有名,但经济状况在安徽来讲充其量只能算中等,而且这个城市还比较分散,商业集中地主要在田家庵区。在去淮南的车上了解到这个情况后,小胡就直奔田家庵区,先找到一个宾馆住下来,向宾馆服务员打听到调味品批发主要集中在东城市场。于是,小胡带上相关资料及样品去了那个市场,该市场不算太大,调味品客户也算比较集中。在东城市场转了一圈后，小胡发现做得比较大的客户有好几家，贵州老干妈、王致和腐乳、海天酱油等品牌的客户是做得比较大的。左观右察，小胡觉得这些大客户是不可能做这个不太知名的品牌调味品的，只有中型客户为了改变自己的经营现状，才有可能接受这种新产品。在东城市场西段，与几家客户接触后，最终有一位姓王的客户同小胡达成了销售合作意向。

二、先对市场目标客户定位，再进行招商

有一次，小胡为一家网络游戏公司招商。这家网游公司是棋牌游戏软件的开发商，但自己想运营，想以网吧为目标，交给网吧运营。在产品还没有正式上市招商之前，想在本地找两家网吧做榜样店，吸引客户加盟。

小胡根据该网游公司所提的招商要求，仔细分析了一下这个市场的目标客户——网吧，应该符合以下几点要求：距离公司路途不远且临交通主干道，以方便其他客户观摩；客户具有一定规模，体现该游戏有一定档次；更重要的一点是，网吧愿意提供服务器做运营商。

对市场客户目标定位之后，小胡亲自出马，以公司为圆心，由近而远寻找客户。公司附近有几家大网吧，其中还有两家本市最大的连锁网吧。小胡首先与该连锁网吧的经理进行了洽谈，开始该连锁网吧还有意向，后来由于有其他游戏项目进入，就把小胡这个游戏搁置下来了。小胡又在连锁网吧旁边找到了另外一家大网吧，与老板一番商谈，才了解到该网吧老板原来早就与小胡所在游戏公司的老板相识，既然双方老板都相互了解，生意成交就是板上钉钉的事了。

三、对沉淀客户招商，实现客户资源再利用

小胡有一年在贵州做某品牌空调的销售经理，由于贵州地处高原，夏季凉爽，不太需要空调，而冬季主要用煤取暖，空调销售在贵州市场很难做，而且前任业务员对许多市场都开发过，留下大量的遗留问题需要处理，所以该品牌在贵州市场开拓相当艰难。为了打开这个市场，小胡多次向代理商了解客户遗留问题产生的原因，发现主要是售后服务不到位产生的，为此小胡调整了贵州大部分售后服务网点，加强售后工作，许多沉淀客户又慢慢地加入到该品牌空调的销售队伍中了。

四、利用朋友提供的客户资源，拉近陌生客户的距离

有一次，小胡去安徽固镇招商。在去固镇前一天晚上，在蚌埠市内旅馆认识了一个同行业务员。他介绍了固镇市场的大致情况：固镇离蚌埠市太近，没有大客户，没有专业市场，绝大多数超市都喜欢跑到蚌埠市区来进货。在去的路上，小胡分析了这一市场情况，既然没有大客户，找个小客户做起来也行，总比空白市场好。那小客户又在哪里呢？他们又愿意做吗？思来想去，小胡确定只有找个商业位置比较好的超市来做代理，因为这些超市一般是代理商下属客户，这次给他们做代理，一是利润空间比较大，二是

超市老板也有一种做代理商的成就感。到了固镇之后,根据那位同行业务员提供的情况,小胡没有去寻找批发商,而是去商业区拜访几家超市老板,先从昨晚认识那个同行的业务员谈起,再谈到产品的市场策略,最终有一个超市老板愿意做产品代理,第二天签订了销售协议,打出了货款。

(资料来源:胡逢春:《老调新谈,业务员招商如何寻找陌生客户》,中国营销传播网,2009-06-02)

第二节 拜访客户

拜访客户包括约见客户、接近客户和介绍产品。

一、约见客户

约见客户,是指销售人员事先征得客户的同意,在一定时间和地点,以一定方式接近或访问客户。

(一)约见客户的内容

一般来说,约见客户的内容主要包括以下几项:

1. 访问对象。在进行销售之前,销售人员先要确定具体的访问对象。一般来说,销售人员在约见客户之前往往就已确定了访问对象。但在实际的工作当中,销售人员一般很难直接约见到访问对象。应该说,为提高销售效率,销售人员应设法直接约见有购买决策权的人。但这些人由于某些原因,往往会派秘书和有关接待人员来接见销售人员。销售人员在这种情况下,既要巧妙地与接待人员周旋,又要有所保留,通过接待人员来引发客户的兴趣,促使其接受访问。

2. 访问事由。销售人员在确定了访问对象后,要向对方说明访问事由。一般来说,约见客户的目的不外乎以下几种:①正式销售;②进行市场调查;③提供服务;④签订合同;⑤收取货款;⑥走访用户。

3. 访问时间。在接近客户之前约见客户的主要目的之一就是为双方节省时间。访问时间是否妥当,关系到整个销售工作的成败。一般来说,销售人员约见客户,在确定访问时间时要注意考虑以下几个方面的问题:①根据客户的特点来确定访问时间;②根据访问的目的来确定访问时间;③根据访问的地点和路线来确定访问时间;④尊重访问对象的意愿,为对方留有余地;⑤守时守信;⑥合理利用访问时间,提高销售的效率。

(二)约见客户的方法

销售人员约见客户,对客户来说,难免会占用时间,耽误工作和休息,因而一般是不太情愿的。因此,销售人员在约见客户时,要遵守"笃诚以敬,心怀感激"的原则,才能处处以客户的利益为重,赢得客户的信任。

1. 电话约见。电话约见就是销售人员以打电话的方式来约见客户。电话约见,重点应放在"话"上。销售人员要尽可能做到出言从容,语调平缓,口齿清晰,重点突出,说理充分。其说话要简明扼要,不要花费太长的时间。销售人员电话约见时,切忌让客户感觉你是为了销售产品才和他相见的。在确定约见的时间和地点时,销售人员要表现得比较积极主动,不要含糊其辞,给客户以拒绝的机会。

电话约见的技巧很多,以下列举几例,仅供参考:

(1)强调利益法,即强调销售品能为客户带来的利益,以此来吸引客户,允诺访问。如:"李经理,您好,我是北方纸业公司的销售人员。我公司最新生产了一批办公用纸,价格比同类商品都便宜,能为您节约办公费用。您看我什么时间拜访您合适,明天上午十点还是下午两点?"

(2)信件预寄法,即预先将产品说明等有关资料寄给客户,再打电话询问客户的想法,以达到约见客户的目的。如:"王处长,您好。上星期我给您寄来的一份我公司研制的最新产品——巨人牌电子防盗设备产品说明书您收到了吧？您对这项产品有什么看法?"这一方式显示了对客户的尊重,易博得客户的好感,被拒绝的可能性较小。

(3)社交应对法,即销售人员以社交语言来与客户约定访问的方法。如:"赵经理,您好。我是远大电子计算机公司的业务员。昨天,您来我公司选购电子计算机,相中了A538型号,说过一阵子再买。现在刚巧有一个机会,从明天起,远大电子计算机特价三天,各种型号较全,均减价500元,我想您不会错过这个机会吧！所以,我建议您赶快来买。明天下午两点,我在公司展销厅门口,恭候您的光临。"

(4)心存感激法。这种方法一般用于已有业务联系的客户。如:"杨科长,您好。我是迅达电子有限责任公司的业务员。您5月3日寄来的订单已经收到了,谢谢您。我们公司刚刚推出一系列电子配件,质量和性能比同类产品好,想尽早介绍给你们……"

2. 信函约见。信函约见就是销售人员通过各种形式的销售信函或电子邮件来约见客户。有些销售人员的书信文辞不当,很难达到拜见客户的目的。下面就写信时应注意的问题进行一些说明。

(1)要能为客户解决问题。写信的目的是为了引起客户的兴趣,最终达到说服客户购买产品的目的。因此,销售人员在写信时,要以客户的利益为中心,急客户之所急,为其解决实际问题。

(2)内容要真实。在信函中应如实向客户介绍产品的性能、质量,而不应有所隐瞒,更不能欺骗客户。欺骗客户只会为进一步的洽谈设置障碍,并破坏客户对销售人员的信任。

(3)文笔生动流畅。书信能否打动客户,引起客户的共鸣,关键在于销售人员的文笔功夫。文句生动有力,就会给客户留下深刻的印象,但此类信函不求文字的华美,而是要能打动客户,引起客户的购买欲望。如,用"物美价廉"四个字虽简洁,但不如"色艳味甜,鲜嫩多汁,每箱20千克,每千克仅1元3角"这样的字句更能打动客户,并给客户留下深刻的印象。

(4)简明扼要,重点突出。以书信方式约见客户,最忌讳的就是长篇累牍,啰啰唆唆,不知所云。收到这样的信件,客户不可能有耐心读下去。因而销售人员写信时,必须做到简明扼要,重点突出,以节省双方的时间,提高效率。

(5)措辞恳切。销售人员写信给客户是为了请求接见,从而获得一个向对方销售商品的机会。因此,销售人员可将一些个人的想法委婉地表达出来,以希望的语气,请求对方允许接见,并要对占用客户的宝贵时间,心怀抱歉和感激,以博得客户的好感而改变有可能拒绝接见的初衷。

3. 委托他人约见。委托他人约见是指销售人员委托第三者来约见客户。销售人员若能通过客户亲友的推荐、介绍进行约见,可以排除客户心理上的疑虑,使约见顺利完成。

和销售人员自己约见客户相比,委托他人约见有一些优点。首先,有利于拉近与客户的距离。销售人员往往不能或不便亲自接近某些客户,但这些客户并非绝对不可接近。事实上,在这些客户的周围总会形成一定形式的接近圈,而在接近圈内的人的周围又会形成一定范围的接近圈,与外部世界发生各种联系。在这种情况下,销售人员可先接近客户的接近圈内的人,再通过他们约见客户。其次,这种方式可节省时间,提高效率。委托与客户接近的人来约见客户,节约了销售人员与客户及其所委派的接待人员相周旋的时间,而且一般成功率较高,提高了销售的效率。最后,有利于克服销售障碍,促成交易。由于有第三者的介绍,在销售人员与客户洽谈时,客户就会考虑介绍人的因素,而且能够比较宽容,从而有利于排除销售中出现的障碍,从而使成功的可能性较高。此外,由于客户与介绍人之间关系密切,往往能够直言不讳地提出异议,有利于信息的反馈,使销售人员可以有重点地进行劝说,克服障碍,促成交易。

阅读材料

顶级保险销售员

"您好,王总,我是××保险公司的刘朝霞,我希望下个星期什么时候能够跟您见面交换一下意见,当然,这样的交流曾使不少的人受益。"王先生很客气地挂掉了电话。这之后的一段时间,刘朝霞又不停地打电话过去,不仅打给王先生,还打给他的秘书,最后人家明确告诉刘朝霞:"别再给王总打电话。"

刘朝霞停止了电话轰炸,她找到了跟王先生一起共过事的凌峰,凌峰此时已经是刘朝霞的老客户,通过凌峰的引荐,终于见到了王先生。刘朝霞认真聆听了王先生公司中人力资源方面的一些问题,不时地表现出理解的神情,这让对方心里很舒服,对方也很欣赏她的执著与热情。她没有直奔主题,交谈时,她做了很认真的记录。"我素来让准客户自己决定什么时候投保,没能使他们感到迫切需要,是我努力不够。"刘朝霞这样解释自己的销售哲学。后来,王先生接受了该保险公司的产品,为他们公司的员工每个人都买了一份该保险公司的分红保险,保费近 1 000 万元。

[资料来源:王慧琴:《顶级保险销售员》,《IT 经理世界》,2007(1)]

二、接近客户

在寻找到准客户后,就进入销售活动过程的下一个阶段——接近客户。接近客户是销售洽谈的前奏,是销售人员与客户正式就交易事件接触见面的过程。接近客户是让客户了解和注意商品,了解和接近销售人员,也是为了进一步了解客户的需求特征,以便为转入销售洽谈做准备。接近客户包括两个层次的含义:一是指销售人员和客户之间在空间距离上的接近;二是指销售人员和客户之间消除感情上的隔阂,逐步趋于同一目标。

(一)接近客户的方法

1. 商品接近法。商品接近法是指销售人员利用商品的某些特征来引发客户的兴趣,从而接近客户的方法。这种方法对商品的要求比较高,商品应具有某些突出特点,并最好能便于携带,使销售人员能以有形实体商品展示给客户。

2. 介绍接近法。介绍接近法是通过销售人员的自我介绍或他人介绍来接近客户的方法。介绍的内容包括姓名、工作单位、拜访的目的等情况。为获取客户的信任,一般应递交名片、介绍信等相关证明材料。

3. 社交接近法。社交接近法指通过与客户开展社会往来接近客户的方法。采用这种方法一般不开门见山地说明用意,而是尽量先与客户形成和谐的人际关系。

4. 馈赠接近法。馈赠接近法是销售人员通过赠送礼物来接近客户的方法。馈赠礼物比较容易博得客户的欢心,取得他们的好感,从而拉近销售员与客户的关系,而且客户也比较乐于合作。但赠送礼品不要过于贵重,注意应符合国家有关政策规定。赠送礼物应具有实用价值,尽可能制作精美。

5. 赞美接近法。赞美接近法是销售人员利用客户的虚荣心,以称赞的语言博得客户的好感,接近客户的方法。销售人员要注意观察客户的仪表,在称赞客户时要真诚、恰如其分。切忌虚情假意,以免引起客户的反感。

6. 反复接近法。反复接近法是指销售员在一两次接近不能达成交易的情况下,采用多次进行销售拜访来接近客户的方法。该方法一般在交易较大的重点生意中经常采用。采用该方法,一方面要求销售人员要有恒心、有信心;另一方面要特别注意与客户建立起良好的人际关系。通过重复接近将交易关系变成朋友关系,以促进交易的达成。

7. 服务接近法。服务接近法是指销售人员通过为客户提供有效并符合需要的某项服务来博得客户的好感,赢得客户的信任,从而接近客户的方法。具体的服务内容如维修服务、信息服务、免费试用服务、咨询服务等。采用这种方法的关键在于服务应是客户所需要的,并与所销售的商品相关。

8. 利益接近法。利益接近法是指销售人员利用商品或服务能为客户带来的实际利益以引起客户的兴趣并接近客户的方法。采用这种方法时,销售人员应把商品能给客户带来的利益放在第一位,以引发客户的兴趣,增强其购买信心。例如,一位销售员在介绍产品时说:"我们厂出品的账册、簿记比其他厂的产品便宜三成。"这就是从客户关心的重点入手,引发客户对所销售产品的兴趣。

9. 好奇接近法。好奇接近法是指销售人员通过引发客户的好奇心来接近客户的方法。好奇心是人们普遍存在的一种心理。销售人员在采用该方法时,应注意新奇,但不荒诞,并要注意在恰当的时机,将谈话引入正题。如一位销售办公用品的销售员对销售对象说:"我有办法让你每年花在办公用品上的成本减少30%。"

10. 求教接近法。求教接近法是指销售人员通过请客户帮忙来解答疑难问题,从而接近客户的方法。例如,销售人员问:"李工程师,你是机电产品方面的专家,你看看与同类老产品相比,我厂研制并生产的产品有哪些优势?"销售人员采用这种方法主要是利用对方好为人师的特点。注意一定要问对方擅长的问题,并在求教后及时将话题导入有利于促成交易的谈话中。

11. 问题接近法。问题接近法是指销售人员通过直接向客户提问的方式来接近客户的方法。采用这种方法时,要注意所提出的问题必须是对方所关心的。可以是循序渐进提出一系列问题,也可在一个问题之后迅速转入销售劝说。在提问时,切忌含混不清,模棱两可,而要语气恳切,明确具体。如一位销售员对一位业务经理说:"我有一本书能帮助您改善业务流程,如果您打开后发现很有趣,您会想读读吗?"

12. 调查接近法。调查接近法是指销售人员利用市场调查的机会接近客户的方法。这种方法现在为许多企业采用。它既可以帮助企业了解客户需求的状况,又可以借调查之机扩大企业产品的知名度并进行宣传和销售。采用这种方法对销售人员的相关专业知识水平要求较高,如此才能打消客户的戒备心理,从而深入进行调查。

(二)开场的方法

所有销售人员都时常遇到准客户的冷淡态度,打破冷淡气氛以顺利进行销售工作往往是令新入行销售员头痛的事情,甚至有较多经验的销售员也常常不能很好地解决。

1. 以提出问题开场。在这种开场白中,销售员可以找出一个对于客户的需要有关系的,同时又是所销售产品能给他满足而会使他做正面答复的问题。要小心的是,不要提出对方可能答"不"的问题。例如,你可以问:"您希望减低20%的原料消耗吗?"你甚至可以连续地向对方发问,以引导对方注意你的产品。例如问:"您看过我们的××产品吗?""没看过呀!""这就是我们的产品",并同时将样品展示。接着就说:"敝公司派我特地来拜访您。您觉得我们的产品如何?"

2. 以讲述有趣之事开场。有时以讲一件有趣之事或一个笑话开场,也可以收到实际效果。但在这样做的时候一定要明确,这不仅仅是想引起客户的快乐。所讲的事一定要与你的产品的用途有关,或者能够直接引导客户去考虑你的产品。

3. 以引证别人的意见开场。如果你真的能够找到一个客户认识的人,他曾告诉你客户的名字,或者会告诉你该客户对于你产品的需要,那么你自然可这样说:"王先生,你的同事李先生要我前来拜访,跟你谈一个你可能感兴趣的问题。"这时,王先生可能会立即要知道你所提出的一切,这样你当然已引起了他的注意而达到了你的目的了。同时,他也对你自然会感到比较亲切。但要注意的是,切忌虚构朋友的介绍。

4. 以赠送礼品开场。以赠送诸如"钢笔、笔记本"等一类的小礼品作为开场,这在销售消费品的时候运用比较有效。所赠送的礼品一定要与所销售的商品有关系,这点很重要,因为这样可以在送礼品的同时,顺便地提到你想进行的交易。

(三)认定客户资格

在找到准客户之后,需要对其进行分析和判断。一种常用的认定客户资格的方法是"MAN法则"。销售对象成为合格的客户,必须同时具备以下几个条件:

1. 具有商品购买力(Money)。这是指具有购买商品的货币支付能力。在现实销售中,我们常常碰到这样的情形:客户有强烈的购买欲望,但缺乏足够的经济实力,因此无法形成现实的购买。在商品经济条件下,购买商品的关键就是购买力,缺乏购买力的准客户不能立即成为现实的销售对象。因此,销售人员必须对客户的购买能力进行分析。

2. 具有商品购买决定权(Authority)。这是指能够决策购买,有商品的采购权,可以支配货币的投放。在实际销售过程中,销售人员应了解客户的组织机构运作状况,分析对方单位的管理机制,把销售努力集中放在有购买决策权的人身上,这样才能提高销售的效率,减少无谓劳动。例如,有一位销售员在对采购经理做了半年的销售工作后,才知道购买决策权在总工程师手中,因而浪费了大量时间。

3. 具有对商品的需求(Need)。这是指客户有购买欲望,销售人员所销售的产品能满足客户的需求。在国外销售界流行这样一则笑话:"世上最蹩脚的销售员不外乎以下几类,向爱斯基摩人销售冰箱,向乞丐销售防盗报警器,向和尚销售生发油和梳子。"因此,销售对象有资格成为客户的条件就是有购买该商品的需求,如此销售工作才有意义。

三、介绍产品

产品是指能为购买者带来有形与无形利益,满足消费者需求的物体及服务的统称。它是销售人员所销售的实体。清楚并有技巧地将产品的种种特性介绍给准客户,引发客户的兴趣,是销售过程中不可缺少的一个步骤。

(一) FABE 介绍法

FABE 介绍法又称为费比介绍法,它是由美国俄克拉荷马大学企业管理博士郭昆谟总结并提出的。该方法将销售产品归结为四个步骤:

- 介绍产品的特征(Feature);
- 分析产品的优点(Advantage);
- 介绍产品给客户带来的利益(Benefit);
- 提出证据(Evidence)来说服客户,促成交易。

FABE 介绍法对销售人员的产品知识要求比较高,要求销售人员了解与产品有关的多方面知识,具体包括:

1. 了解企业的历史,使销售员便于与客户交流,并在销售中忠诚地代表该企业、该产品。
2. 了解产品的生产工艺和制作方法,以便能向客户介绍产品的性能和质量。
3. 熟悉产品所有的性能,以使用"证据"来说服客户。
4. 熟悉产品的使用方法,以便向客户示范。
5. 熟悉企业竞争者及其产品,以便进行比较,从而突出自身竞争优势。
6. 熟悉产品的发货方式。
7. 熟悉售后服务的运作情况,以便让客户放心购买,无后顾之忧。

(二) 把握兴趣集中点

销售人员在与客户接触过程中要判定客户的类型,根据客户类型,结合自己对产品的了解快速断定针对特定客户的兴趣集中点,围绕一至两个兴趣集中点来展开销售,做到有的放矢。

一般说来,商品的兴趣集中点主要有:

1. 商品的使用价值。对于大多数客户来说,这都是兴趣集中点。因此,向客户详细地介绍产品的功能是必不可少的,也是首要的。对于经济上不是很宽裕的客户,强调商品的多种功能就显得尤为重要。

2. 流行性。它是爱慕虚荣的客户的一个重要的兴趣集中点,大多数装饰品、高档日用品都应突出这一集中点。根据客户的着装以及家庭用具可以判断出其兴趣是否集中于此。

3. 安全性。它对于食品、婴儿用品、电器等显得比较重要。特别是老年客户以及保守类型的客户的兴趣会集中在此。

4. 美观性。青年客户及年轻夫妇多较重视商品的美观性,女性客户比男性客户更重视这一点。性格内向、生活严谨的人在注重商品的使用价值的同时,对其外观也较挑剔,如果你的产品外观上有缺陷,不妨刻意回避一下。

5. 教育性。随着人们收入的提高,对于这一点人们日益关注,尤其是中年客户。

6. 保健性。如食品、服装、用具,针对老年人要强调这一点。有财力和有时间保护自己健康的客户尤其重视这一点。

7. 耐久性。它作为使用价值中的一种特殊方面受到大多数客户的重视,但有些强调时尚的商品则不必强调其耐久性(青年客户这一点往往考虑不多)。

8. 经济性。强调商品的质量价格比优势无疑会使那些经济不宽裕的客户的承受能力加强。

另外,商品数量有限,往往会促使犹豫型的客户做出决策。同时,"物以稀为贵"的思想大多数人都认同,因此不妨稍加利用。

(三)精彩示范

在发现了面前客户的兴趣集中点后,可以重点示范给他们看,以证明你的产品可以解决他们的问题,适合他们的需求。

在示范过程中应注意:①邀请客户加入,这样给客户留下的印象更深;②销售人员的新奇动作有助于提高客户的兴趣;③销售员一定要做到动作熟练、自然,给客户留下利落、能干的印象;④销售员要心境平和,从容不迫。

(四)激发购买欲望

在做了一系列的努力去引发客户的兴趣之后,下一步就是去激发客户的购买欲望。要开动脑筋,迅速而准确地把握住客户的心理,在适当的时机点破客户的疑虑是相当重要的。

1. 适度沉默,让客户说话。沉默在销售上是有很多不同的功效的。在做完了产品介绍与示范后,不妨停止说话而开始聆听,这时沉默是高明的。总体来说,它起到两大作用:让客户有说话机会;无形中强迫客户讲话,这样客户会或多或少地谈到对产品的看法。

2. 挖掘对方的需求。刺激对方的购买欲就是要让客户明确地认识到他的需求是什么,而你的产品正好能满足他的需求。主动找上客户去销售与客户去商店选购在这一点上是不同的。客户往往是有了明确的需求才去商场里寻找需要的商品;而你带着商品上门时他们往往并没有明确地意识自己是否需要这种产品,有许多客户或许根本就不需要。这时就需要你根据客户的兴趣来找出他的需求,甚至是为客户创造需求,然后再将其需求明确地指出,如有可能,向客户描述他拥有你的产品需求得到满足后的快乐,以激发客户的想象力。

3. 用言语说服客户。当指出客户的需求,而客户依然表现不是很积极,购买的欲望仍不是很强,这时不妨再略施小计,刺激客户的购买欲。下列语言技巧有助于说服客户:

(1) 引用别人的话试试。一般来说,引用第三者的评价会使客户产生安全感,在相当程度上消除戒心。最有说服力的莫过于引用客户周围某位值得人们信赖的人所讲的话。你可以先向这样的人物销售你的商品,只要你够机灵,从他的口中得到几句称赞我想不会太难,而这几句称赞将是你在他的影响力所及的范围内进行销售的通行证。如果某个"大人物"曾盛赞或者使用了你的产品,那么这将使你的销售变得比原先容易得多。"大人物"可以是电影明星、体育明星、政界要人等人们比较熟悉的人物,因为他们往往比你容易受到信赖,和他们相比你陌生了许多,自然说服力也就不那么强了。当然,这也是广告惯用的手法,在此不妨搬来试试。如果这两类人都无法利用,一个客户并不了解也不认识的人的话并不一定没有效果,此时就要注意这些话一定要言之有理,客户感到颇有启发而后往往会欣然接受。

(2) 用广告语言来形容你的产品可收到独特效果。广告语言具有简练、感染力强的特点。如果你的产品在一些媒体上进行过宣传,你不妨借用一下广告中的标题语言,如果客户看过广告则会起到双重印象的效果,如果没有看过,客户会觉得新鲜有趣。类似广告语的话也会起到这样的效果。比如,你销售一种特别锋利的齿形餐刀,那么你用这样的语言:"您和您的家人用这种餐刀品尝鲜嫩的牛肉,感觉一定好极了"会比"这种餐刀的齿形设计锋利无比"要好得多。因此,注意语言生动是极其重要的。

(3) 帮助客户出谋划策,使其感到有利可图。一般来说,客户对于额外的收获还是乐于接受的。在介绍产品时不妨提供一些优惠条件,或赠送一些小礼品,以刺激客户的购买欲望。

(4) 应采用平实而通俗易懂的语言,易于为客户理解和接受。在介绍专业性强的知识时,可适当用一两个专业词汇,并重点强调,以提醒客户注意。然后以易懂的方式,如打比喻等,向客户详细解释说明,直到客户完全清楚明白。在客户彻底了解后,会产生一种学习到新知识的成就感,从而对销售人员的信赖也增强了。

4.有计划地进行。销售员在向客户介绍产品之前,一定要做好计划。计划内容包括介绍产品各方面性能的先后次序,甚至于包括示范动作的一招一式。产品所具有的性能特点是非常多的,做计划一方面保证介绍时不会有遗漏,且可以有效地安排先后次序,及时调动客户的积极性,避免客户产生倦怠的心理。另一方面,对示范动作进行计划,可使示范工作有条不紊地进行,避免手忙脚乱而出现失误。而且在做计划中,经多次练习,能熟练操作,使客户感到销售人员是这方面的专家,从而产生信任感。

阅读材料

一枚金币的推销术

推销是一门学问和艺术,应让对方了解或向对方展示新产品的性能、特色,让顾客产生兴趣,打动顾客,从而达到推销的目的。

在法国一个城市的偏僻小巷里,一家商店前挤满了人。只见一位50多岁的男人,拿出一瓶强力胶水,然后拿出一枚金币,他在金币的背后轻轻地涂上一层薄薄的胶水,再粘到墙上。

不久,一个接一个的人来碰运气,看谁能揭下墙上那枚面值5 000法郎的金币。

小巷里的人来来往往,最终没有人能揭下那枚金币,金币牢牢地粘在墙上。

原来,这位50多岁的男人是那家商店的老板,由于他经营强力胶水的商店位置偏僻,生意不景气,使想出了一个奇妙的销售办法:用出售的胶水把一枚面值5 000法郎的金币粘在墙上,谁揭下,那枚金币就归谁。

那天,没有人能揭下那枚金币,但是,大家认识了一种强力胶水。从此,那家商店的胶水供不应求。

(资料来源:王伟:《市场营销案例》2010年第7期)

第三节 处理异议

销售人员在从寻找客户到达成交易的整个销售过程中,不可避免地会遇到客户的各种异议。客户的异议得到妥善的处理,销售才能进入下一个阶段。否则,销售工作就会被迫中断。任何一个销售人员都必须随时做好心理准备和思想准备,善于分析和处理各种客户异议,努力促使客户产生购买行为。

一、客户异议的类型

客户异议是准客户对销售员所说不明白、不同意或反对的意见。在不同的销售环境、时间、地点条件下,销售员所面对的也是不同的客户。他们因自身的外部因素的影响,会提出各种不同的反对意见,销售人员必须熟悉并善于应付客户异议的种种表现,这样才能有效地说服客户,取得销售的成功。

一般来说,客户异议主要表现为以下几种类型:

(一)需求方面的异议

这是指客户认为产品不符合自己的需要而提出的反对意见。当客户对你说:"我不需要"或"我已经有了"之类的话时,表明客户在需求方面产生了异议。而对客户的需求异议,存在两种可能:一是客户确实不需要或已经有了同类产品,在这种情况下销售人员应立刻停止销售,转换销售对象;二是这只是客户想摆脱销售员的一种托词。面对这种可能,销售人员应运用有效的异议化解技巧来排除障碍,从而深入开展销售活动。

(二)商品质量方面的异议

这是指客户针对销售品的质量、性能、规格、品种、花色、包装等方面提出的反对意见,也称为产品异议。这是一种常见的客户异议,其产生的原因非常复杂,有可能由于产品自身客观存在的不足,也有可能源于客户自身的主观因素,如客户的文化素质、知识水平、消费习惯等。此种异议是销售员面临的一个重大障碍,且一旦形成就不易说服。

(三)价格方面的异议

这是指客户认为价格过高或价格与价值不符而提出的反对意见。在销售过程中,销售员最常碰到的就是价格方面的异议,这也是客户最容易提出来的问题。一般来说,客户在接触到销售品后,都会询问其价格。因为价格与客户的切身利益密切相关,所以客户对产品的价格最为敏感,一般首先会提出价格异议。即使销售员的报价比较合理,客户仍会抱怨"你这价格太高了"。在他们看来,讨价还价是天经地义的事。当然,客户提出价格方面的异议,也是表示客户对产品感兴趣的一种信号,说明客户对产品的其他方面,如性能、质量、款式等比较满意。因此,销售人员应把握机会,可适当降价,或从产品的材料、工艺、售后服务等方面来证明其价格的合理性,说服客户接受其价格。

(四)服务方面的异议

这是指客户针对购买前后一系列服务的具体方式、内容等方面提出的反对意见。这类异议主要源于客户自身的消费知识和消费习惯,处理这类异议,关键在于要提高服务水平。

（五）购买时间方面的异议

这是指客户认为现在不是最佳的购买时间或对销售人员提出的交货时间表示的反对意见。当客户说"我下次再买吧"之类的话时，表明客户在这一方面提出了异议。这种异议的真正理由往往不是购买时间，而是价格、质量、付款能力等方面存在问题。在这种情况下，销售人员应抓住机会，认真分析时间异议背后真正的原因，并进行说服或主动确定下次见面的具体时间。此外，由于企业生产安排和运输方面的原因，或正处于销售季节，可能无法保证货物的及时供应。在这种情况下，客户有可能对交货时间提出异议。面对此种异议，销售人员应诚恳地向客户解释缘由，并力图得到客户的理解。

（六）进货渠道方面的异议

这是指客户对销售品的来源提出的反对意见。在销售过程中，客户经常会这样说："你们的产品质量不行，我宁愿去买另一家企业的产品。"这就属于进货渠道方面的异议。消除这类异议，一方面要靠销售员的劝说技巧，另一方面是企业要加大广告宣传的力度，把企业推向市场，让客户和其他公众了解，树立企业的良好形象。

（七）销售人员方面的异议

这是指客户对销售人员的行为提出的反对意见。这种异议往往是由销售人员自身造成的。销售人员态度不好，或自吹自擂，过分夸大销售品的好处，或礼貌用语欠佳等都会引起客户的反感，从而拒绝购买销售品。因此，销售人员一定要注意保持良好的仪容仪表，举止得体，并注意自身素质的培训，给客户留下良好的印象，从而顺利地开展销售工作。

（八）支付能力方面的异议

这是指客户由于无钱购买而提出的反对意见。这种异议往往并不直接地表现出来，而间接地表现为质量方面的异议或进货渠道方面的异议等，销售人员应善于识别。一旦觉察确实存在缺乏支付能力的情况，应停止销售，但态度要和蔼，以免失去其成为未来客户的机会。

二、客户异议产生的原因

客户异议产生的原因往往是非常复杂的。正确认识客户提出的种种异议及其产生的根源，是有效地处理这些异议的前提条件。

客户异议的原因是多方面的，主要体现在客户、产品、价格等方面。

（一）客户方面的原因

不同客户由于自身生理、心理因素的影响，会从多方面提出反对意见。产生异议的客户方面的原因很多，主要有：

1. 客户的需求。客户对商品存在需求,是客户会购买商品的前提。客户的需求是多角度的,既有生理需求,又有心理需求,既有物质需求,又有精神需求,而且客户的需求也是在不断地发展变化的。随着生活水平的提高和物质的日渐丰富,客户的需求会逐渐从低层次向高层次发展。客户因需求方面的原因而拒绝购买某商品,可能是他确实不需要,也可能只是暂时不需要或尚未察觉到自己对该商品潜在的需要,因此,销售人员应力图了解客户的需要,挖掘他自己尚未察觉到的潜在需要,以激发客户的购买欲望。

2. 客户的货币支付能力。即使客户对该商品存在需求,且意识到了这种需求,若客户的货币支付能力不足的话,仍会拒绝购买该商品。销售人员要善于察言观色,了解客户的实际货币支付能力,避免不必要的销售行为。同时也要注意自己的态度,不放弃其成为自己未来客户的可能性。

3. 客户的购买习惯。在很多情况下,客户拒绝购买某商品,是由他本身的购买习惯决定的。习惯是人们认识和学习的结果,在感情上人们往往对习惯比较执著。消费者在长期的购买活动中必然已形成了一些固有的习惯,而这些是最难改变的。所以,当销售活动与客户的购买习惯不一致时,客户就会提出反对意见,增加销售的难度。

4. 客户的消费经验。客户在大量的购买活动中,通过选购、使用、评价等一系列活动,对各种商品形成了一种主观的印象,日积月累而成为客户的消费经验。这些经验又会影响其以后的购买行为。而且,客户往往对自己丰富的经验极其自豪,极力维护其权威,这更增大了销售的压力和难度。

5. 客户的消费知识。客户在购买大多数产品时,都不是专家。由于他所掌握的资料极其有限,因而并不具有关于产品的各个方面的专门知识。由于客户缺乏消费知识,或销售人员不能详尽地介绍产品,会使客户提出反对意见。这种异议可以经销售人员的努力而克服,因而销售人员应予以高度重视。

6. 客户的购买权力。一般来说,无论是一个家庭还是一个企业,都有购买权力的决策中心。如果销售的对象没有权力决定购买或无权决定购买什么产品、购买多少,他就可能借故对购买权力、购买条件、购买时间等提出反对意见。因此,销售人员在审定客户资格时,一定要认真仔细,尽量避免销售努力的浪费。

7. 客户的偏见。客户由于其自身经历等方面的不同,往往会提出一些不合理的强烈的反对意见,这往往是由客户的偏见造成的。偏见导致客户在看问题时十分片面,缺乏整体观念。它是人们内心形成的思维方式,表现为对事物缺乏公正、客观、全面的评价,甚至有时表现为蛮不讲理,且偏见一旦形成就很难克服。因此无论是企业还是销售人员,在进行宣传或销售时务必要谨慎,不要给客户形成偏见的契机。

(二)产品方面的原因

由于所销售的产品的价值、功能、利益、质量、造型、式样、包装等方面不能令客户满意而引起客户异议的情况也是很常见的。具体表现在以下几个方面：

1. 产品自身的价值。客户购买某种产品，是因为该产品具有满足客户某种需求的有用性，即具有客户所需要的使用价值。如果某产品对客户来说没有用，则即使它质量再好、价格再低廉，客户一般也不会去购买它。因此，销售人员在开展销售工作时，首先要明确自己所销售的不是单纯的产品实体，而是产品能给客户带来的使用价值。若产品不具有客户所需要的使用价值，或使用价值不大，客户就会提出异议。

2. 产品的功能。功能是指产品的功用、效用。功能的好坏和功能的多少也是客户选择产品时的一个重要依据。若功能太多或太少，或功能不能符合客户的需要，客户也会提出反对意见，拒绝购买该商品。

3. 产品的利益。人们购买产品，并不是单纯为了产品本身和产品所带来的基本利益，而是只有当你的产品能为客户带来比其他产品更多的利益和好处，如节省时间、服务更完善等时，客户才有可能放弃购买其他产品而购买你的产品。否则，客户就会因此而提出反对意见。

4. 产品的质量。产品的质量是产品的一切属性中最重要的属性，它是产品的生命。一个产品质量的好坏直接影响到客户的购买行为。客户对产品的功能、造型等方面的选择都是以产品质量令客户满意为前提的。客户若认为产品质量不过关，或不能达到令他满意的标准，就会提出反对意见，而且一般很难改变。

5. 产品的造型、式样、包装等。产品的造型、式样、包装等属性是属于产品的非基础属性。但是，伴随着市场上产品的不断增多，竞争日益激烈，因而使产品在质量、价格、功能等方面的相异越来越小。在这种情况下，客户对产品的要求越来越高，对其造型、式样、包装等方面的重视程度也不断增强。若产品的外观没有什么特色，或不能满足客户的特定需求，他们就会对产品的这些方面提出异议。

（三）价格方面的原因

因价格方面的原因使客户提出反对意见的情况在销售中是比较常见的。一般多为客户认为价格过高而与销售人员讨价还价，也有认为价格偏低而拒绝购买产品的。

1. 价格过高。客户认为产品价格过于昂贵，这是因价格原因而产生异议的最普遍的情况。具体来说，客户认为价格过高的原因如下：

（1）客户对市场上同类产品的价格已形成自己的看法，将产品的价格与之相比较，认为销售品价格过于昂贵。

（2）客户通过对产品成本的估算，心中确定了一个自认为合理的价格，相比之下认为该产品价格贵。这种看法常存在偏差，特别对知识产权等无形价值含量高的产品往往低估其价格。

（3）客户由于经济原因对产品虽有需求，但缺乏货币支付能力，因而认为产品贵。

(4)有些客户无论对什么产品,都觉得对方报价贵,因而无论对方报什么价,都要讨价还价一番。

(5)可能是客户以价格贵来试探销售人员,看是否仍有进一步降价的可能,以实现自己利益的最大化。

(6)客户根本无意购买产品,只是以价格高为借口来摆脱销售人员。

2.价格过低。在某些情况下,客户会因某商品的价格过低而拒绝购买该产品。这主要受以下因素的影响:

(1)客户经济条件比较好,没必要买价格低廉的商品。

(2)客户认为"便宜没好货,好货不便宜",不信任产品的质量。

(3)客户社会地位比较高,认为购买低档品有损自己的形象。

3.讨价还价。对于客户认为价格过高的产品,客户若确实有购买欲望的话,必然要与销售员进行一番争夺。客户讨价还价主要出于以下动机:

(1)出于自己利益的动机,希望购买价格更低的产品。

(2)客户出于攀比心理,希望购买到比其他人价格更低的产品。

(3)客户希望在讨价还价中显示自己的谈判能力,获得心理的满足。

(4)客户希望从别处购买产品,通过讨价还价,以获得较低的价格向第三方施加压力。

(5)客户根据自己的经验,认为价格多数有"水分",经讨价还价,销售员多数情况下会让步。

总之,在销售过程中,导致客户异议产生的原因是多种多样的,有时这些原因是互相交织在一起的,从而更加错综复杂。销售人员要对客户异议的原因进行认真、仔细的分析,并"对症下药",排除销售障碍,促进销售工作的进一步深入。

三、处理客户异议的流程

一般来说,在处理客户异议时应遵循以下流程:

(一)认真听取客户提出的反对意见

认真听取客户的意见,是分析客户异议,形成与客户之间良好的人际关系,提高企业声望,改进产品的前提。

销售人员在客户提出反对意见时要采取以下态度:

1.认真倾听。在客户提出反对意见时,销售人员应认真、专注并耐心地倾听客户的不满,表现出对客户的重视和尊重,使客户获得自我满足。这样在销售人员进行说服时,客户也会采取比较合作的态度,有利于与客户建立起良好的人际关系,使销售工作在友好、和谐的气氛下进行。此外,销售人员通过认真听取客户的意见,往往能从客户的话语中察觉客户真实的心理状态和意图,从而及时地采取相应的对策排除销售障碍。因此,当客户提出自己的反对意见时,销售人员不要匆忙打断对方的话和急于与对方辩解,这样做非常容易演化为争吵,不但导致销售的失败,而且有损企业的形象和产品的形象。

2. 仔细分析。在回答客户反对意见之前,销售人员一定要仔细、彻底地分析一下客户提出反对意见背后真正的原因。我们知道,客户提出异议的原因是极其复杂的,有时客户说出来的并不是他心里想的,有时几种原因会交织在一起,从而为分析客户异议增大了难度。有经验的销售人员在摸不清客户的确切意图时,往往会引导客户谈话,从而逐步从其话语中摸索出客户的真实想法,然后对症下药,消除客户的反对意见。

3. 转化客户的反对意见。当客户提出反对意见时,一方面销售人员要表示接受客户的意见;另一方面,又要运用销售技巧劝说客户放弃其反对意见。

(二) 适时回答客户的反对意见

面对客户提出的反对意见,销售人员应该在什么时候回答最合适呢?销售员回答反对意见的时机也是非常有讲究的。情况不同,回答的时机也要有所不同。销售人员应根据销售环境的情况、客户的性格特点、客户提出反对意见的性质等因素,来决定提前回答、及时回答、稍后回答,或是不予回答。

1. 提前回答。这是指在客户提出反对意见之前就回答。一个经验丰富的销售人员往往能预测到客户有可能会提出哪些意见,并在销售过程中及时察觉。这时,销售人员应抢在客户前面先把问题提出来,并自己进行解答。如当一位销售员在介绍产品功能时,发现客户的脸上现出不满的表情。根据以往的经验,销售人员判断客户可能认为功能不全。这时,销售人员可及时地将客户可能提出的反对意见提出来:"我们的产品功能确实不太多,但所有基本功能保证都是齐全的。而且,我们的产品设计是便携式的,便于携带使用,确实也不需要那么多功能。"

2. 立即回答。这是指对客户的反对意见立即予以答复。对比较重要并且容易解决的问题,销售人员应立即予以回答。一方面,显示销售人员重视客户,并能立即消除客户的忧虑;另一方面,若任客户提出意见而不予回答,客户的反对意见增多,对产品的不满会越来越多,以至很难扭转。因此,销售人员在销售洽谈过程中应有选择地及时解决一些问题,避免留下后患。

3. 稍后回答。这是指对客户提出的反对意见,稍后再予以回答。主要有以下几种情况:

(1) 如果销售人员认为客户提出的反对意见比较复杂,不是一两句话可以解释清楚的,可稍后再回答。

(2) 如果销售人员无法回答客户的意见,或需要搜集资料,应暂时放下,以后再选择恰当的时间或另找恰当的人来回答。

（3）如果销售人员认为随着销售业务的进一步深入，客户提出的反对意见将不答自解，也可能暂时不予回答。

（4）如果销售人员认为若立即回答客户的反对意见会影响销售工作的顺利进行，可先放下问题，稍后回答。不然，若任客户在这一问题纠缠下去，销售员便不能进行下面的工作，不能充分向客户展示产品的优点，从而导致销售失败。

（5）如果销售员认为客户的问题无关紧要，又希望避免客户以为销售员总是与客户作对，唱反调，可不马上予以回答。

4. 不予回答。这是指对客户提出的反对意见置之不理，不予回答。对于客户由于心情欠佳等原因提出的一些反对意见，或与购买决策无关的反对意见等，销售人员可以不予回答。

（三）收集、整理和保存各种反对意见

销售人员对于客户提出的各种反对意见不应采取"左耳进，右耳出"的态度，可在销售工作告一段落后对其加以收集、整理和保存。通过这项工作，销售员可以了解客户可能提出的反对意见，并据此设计令客户满意的答案。这样，在日后面对客户提出类似问题时才不会惊慌失措，才会提高自己对销售工作的信心。另外，客户的许多意见往往是非常中肯的，确实指出了产品的缺陷和应改进的地方，使企业改进产品有了一定的方向。除此而外，客户的某些想法有可能激发企业的创作灵感，从而开发出满足客户需要的新产品。

由此可见，收集、整理和保存各种反对意见是非常重要的，销售人员必须予以充分的重视，并做好这项工作。

四、处理客户异议的方法

客户的异议是多种多样的，处理的方法也是千差万别的，必须因时、因地、因人、因事而采取不同的方法。

（一）转折处理法

这种方法是销售工作中常用的方法，即销售员根据有关事实和理由来间接否定客户的意见。应用这种方法是首先承认客户的看法有一定道理，也就是向客户做出一定让步后才讲出自己的看法。此法一旦使用不当，可能会使客户提出更多的意见。在使用过程中要尽量少地使用"但是"一词，而实际交谈中却包含着"但是"的意见，这样效果会更好。只要灵活掌握这种方法，就会保持良好的洽谈气氛，为自己的谈话留有余地。比如，客户提出你销售的服装颜色过时了，你不妨这样回答："小姐，您的记忆力的确很好，这种颜色几年前已经流行过了。我想您是知道的，服装的潮流是轮回的，如今又有了这种颜色回潮的迹象。"这样你就轻松地反驳了客户的意见。当然,你再类比几个例子,效果一定会更好。

(二)转化处理法

这种方法是利用客户的反对意见自身来处理。客户的反对意见是有双重属性的,它既是交易的障碍,同时又是很好的交易机会。销售员要是能利用其积极因素去抵消其消极因素,未尝不是一件好事。比如,你销售的产品是办公自动化用品,当你敲开客户办公室的门时,他对你说:"对不起,我很忙,没有时间和你谈话。"这时你不妨说:"正因为您忙,您一定想过要设法节省时间吧。我们的产品可以帮助您节省时间,为您创造闲暇的机会。"这样一来,客户就会对你的产品留意并产生兴趣。这种方法是直接利用客户的反对意见,将其转化,但应用这种技巧时一定要讲究礼仪,而不能伤害客户的感情。此法一般不适用于与成交有关的或敏感性的反对意见。

(三)以优补劣法

以优补劣法又叫补偿法。如果客户的反对意见的确切中了你的产品或公司所提供的服务中的缺陷,千万不可以回避或直接否定。明智的方法是肯定有关缺点,然后淡化处理,利用产品的优点来补偿甚至抵消这些缺点。这样有利于使客户的心理达到一定程度的平衡,有利于使客户做出购买决策。比如,你销售的产品质量有些问题,而客户恰恰提出:"这东西质量不好。"你可以从容地告诉他:"这种产品的质量的确有问题,所以我们才削价处理。不但价格优惠很多,而且公司还要确保这种产品的质量不会影响您的使用效果。"这样一来,既打消了客户的疑虑,又以价格优势激励客户购买。这种方法侧重于心理上对客户的补偿,以便使客户获得心理平衡感。

(四)委婉处理法

销售员在没有考虑好如何答复客户的反对意见时,不妨先用委婉的语气把对方的反对意见重复一遍,或用自己的话复述一遍,这样可以削弱对方的气势。有时转换一种说法会使问题容易回答得多。但你只能减弱而不能改变客户的看法,否则客户会认为你歪曲他的意见而产生不满。你可以在复述之后问一下:"你认为这种说法确切吗?"然后再说下文,以求得客户的认可。比如,客户抱怨"价格比去年高多了,怎么涨幅这么大",销售员可以这样说:"是啊,价格比起前一年确实高了一些。"然后再等客户的下文。

(五)合并意见法

这种方法是将客户的几种意见汇总成一个意见,或者把客户的反对意见集中在一个时间讨论。总之,是要起到削弱反对意见对客户所产生的影响。但要注意不要在一个反对意见上纠缠不清,因为人们的思维有连带性,往往会由一个意见派生出许多反对意见。摆脱的办法,是在回答了客户的反对意见后马上把话题转移开。

(六)反驳法

反驳法指销售人员根据事实直接否定客户异议的处理方法。理论上讲,这种方法应该尽量避免。直接反驳对方容易使气氛僵化而不友好,使客户产生敌对心理,不利于客户接纳销售人员的意见。但如果客户的反对意见是产生于对产品的误解或你手头上的资料可以帮助你说明问题时,你不妨直言不讳。但要注意,态度一定要友好而温和,最好是引经据典,这样才有说服力,同时又可以让客户感到你的信心,从而增强他对产品的信心。比如,客户提出你的售价比别人高,如果你的公司实行了销售标准化,产品的价格有统一标准,你就可以拿出目录表,坦白地指出对方的错误之处。采用这种方法时,销售人员态度一定要和蔼,以免引起不必要的冲突。反驳客户时,一定要有真凭实据,这样才会有说服力。反驳法也有不足之处,这种方法容易增加客户的心理压力,弄不好会伤害客户的自尊心和自信心,不利于销售成交。

(七)冷处理法

对于客户一些不影响成交的反对意见,销售员最好不要反驳,采用不理睬的方法最好。千万不能客户一有反对意见,就反驳或以其他方法处理,那样就会给客户造成你总在挑他毛病的印象。当客户抱怨你的公司或同行时,对于这类无关成交的问题,都不予理睬,转而谈你要说的问题。比如客户说:"啊,你原来是××公司的销售员,你们公司周围的环境可真差,交通也不方便呀!"尽管事实未必如此,也不要争辩。你可以说:"先生,请您看看产品……"国外的销售专家认为,在实际销售过程中80%的反对意见都应该冷处理。但这种方法也存在不足,不理睬客户的反对意见,会引起某些客户的不满,他们认为你对他不够重视。且有些反对意见与客户购买关系重大,销售人员把握不准,不予理睬,有碍成交,甚至失去销售机会。因此,使用这种方法时必须谨慎。

(八)强调利益法

这种方法是指销售员通过反复强调产品能给客户带来利益的方法来化解客户的异议,一般适用于具有某种特点又能为客户带来某种突出利益的产品。如某种冰箱在节电方面的特点比较突出,销售人员可反复强调该冰箱能给客户带来的这方面的利益,从而使这一特点在客户的心目中不断突出,超越客户的不满而占据上风。

(九)比较优势法

这种方法是销售人员将自己的产品与竞争产品相比较,从而突出自己产品的优势来处理客户异议的方法。如在客户提出某一异议时,销售人员可以如此回答:"您说得很有道理,这是此类产品的通病,目前国内还没有哪家企业能够彻底解决这个问题。但是,我们的产品与其他同类产品相比,在这方面是做有最好的。"

（十）价格对比法

这是指当客户提出有关价格的异议时，销售员进行横向或纵向的对比来化解客户异议的方法。例如，在客户抱怨产品的价格太高时，销售员可依据不同情况分别应对："您再去看看其他同类产品，我们的产品已经是最便宜的了"或"您是赶着了，要在热销时候，别说这个价格，再贵 200 元也买不到。"等。

（十一）价格分解法

这是指当客户提出有关价格的反对意见时，销售人员可以化解计量单位，以此来改变客户的错误看法，化解客户的异议。例如，客户看到产品说："你们的产品也太贵了，我看到××公司也卖这样的产品，比你们便宜将近一半，每千克只 50 元。"销售员根据自己的推测，可以这样说："您大概看错了，应该是 500 克吧。我们的产品每千克 90 元，500 克才 45 元，比您看到的还便宜。"听了这样的话，客户很可能已不确定了，并对你的说法将信将疑。销售人员应进一步说明价格或强调产品的其他优点，使客户更倾向于你的说法。

（十二）反问法

这是指销售员对客户的异议提出反问来化解客户异议的方法。常用于销售人员不了解客户异议的真实内涵，即不知是客户在寻找借口还是真有异议时，主动了解客户心理的一种策略。采取反问法时，应注意销售礼仪和保持良好的销售气氛。

阅读材料

一天，汤姆走进一家公司，当公司老板拉比听到高速复印机的价格是 1 万美元时，说："价格太高了。"汤姆问："那么你能接受的价格是多少呢？"拉比回答说："8 000 美元左右"，这是当时一般复印机的市场价格。这个例子中的价格异议只是 2 000 美元，而不是 1 万美元了，也就是说，无须再谈这 1 万美元的价格。那么这个差额就成为异议的焦点。

汤姆说："拉比，实际的问题是 2 000 美元，不是吗？那好，我认为应当认真地把这个问题放到适当的位置上进行探讨。"他把计算器递给拉比，继续说："假定您拥有这种高速复印机，您认为能用 5 年吗？"拉比说："差不多这样。"汤姆说："好，2 000 美元除以 5，每年就是 400 美元，复印机在你们公司每年能使用 50 周，那么每周就是 8 美元，对吗？"汤姆接着说："我了解贵公司周末还有许多工作，需大量加班，因此我认为说每周使用 7 天是比较合理的。这样，8 除 7 等于多少？"拉比说："1.14 美元。"汤姆微笑着说："你觉得是不是因为每天得多花 1.14 美元，就不应该购买超能复印机来增加利润、增加产量和扩大生产能力吗?"拉比回答说:"这个……我不知道。""拉比,我能问一下这里的打字员最低工资是多少?""大约每小时3.5美元,这大概是最低的工资。""是3.5美元,那么这1.14美元就等于你的最低工资的助手工作20分钟的报酬。""要这么算,是20分钟的报酬。"汤姆说:"拉比,让我再问你一件事,这种高速机器连同它所拥有的现代化生产能力和节约时间的特点及我们所讲到的效用,在一天内为你公司创造的利润,不会比打字员在20分钟内创造的多吗?"拉比回答说:"不,我想会更多。"

汤姆接着说:"我们意见一致了,是吗?顺便说说,哪一天交货最能适合你的计划?10号还是15号?"交易促成了!

[资料来源:梁启华:《异议,销售的第一阶梯》,《销售与市场》,1996(1),略有改动]

第四节 促成交易

促成交易是完成销售全过程的最后阶段,也是整个销售工作中的关键时刻。引起注意、诱发兴趣、激发欲望的一系列销售手段是为了促成交易,因而成为销售工作的最后一道难关。一旦在此失利,所有销售努力都将前功尽弃。掌握促成交易的策略是一种艺术,要把握好这个分寸。

一、捕捉购买信号

所谓购买信号,是指客户在销售洽谈过程中所表现出来的各种成交意向。有利的成交机会,往往是稍纵即逝,虽然短暂,但并非无迹可寻。客户有了购买欲望时往往会发出一些购买信号,有时这种信号是下意识地发出的,客户自己也许并没有强烈地感觉到或不愿意承认自己已经被你说服,但他的语言或行为会告诉你可以和他做买卖了。对于销售员来说,准确地把握时机是相当重要的。客户没有发出购买信号就说明你工作还没有做到家,还应该进一步刺激而不宜过早地提出交易。

购买信号的表现形式是复杂多样的,一般可把它分为表情信号、语言信号和行为信号。购买信号一旦出现,就要及时抓住机会,促进成交。

表情信号是客户的心理在面部表情中的反映。如目光对商品的关注或分散,面带微笑、表情严肃等均是判断成交时机的重要依据。

语言信号是客户在言语中所流露出来的意向,如赞赏商品的性能、质量,故意压价,挑剔产品的款式,具体询问有关交货的时间、地点及售后服务等,这些都是成交的前兆。

行为信号是指客户在举止行为上所表露出来的购买意向,如不断用手触摸商品并不住点头,拍拍销售员的手臂或肩膀,做出身体自然放松的姿势等均是有意成交的表现。

购买信号极为复杂多变,在很多情况下,往往几者交织在一起出现,主要归纳为以下几种:

第一,当你将商品的有关细节以及各种交易条件说明以后,客户显示出认真的神情,并把销售员所提出的交易条件与竞争对手的条件相比较时,你就可以询问他的购买意向了。

第二,以种种理由要求降低价格。这是非常有利的信号,说明此时客户已将产品的支付能力进行了比较。要求价格上的优惠是每一位有购买欲的客户所要做的,你不能轻易让步,要判明客户是否确定想买而又存在支付上的困难。如果不是这样,你的让步或许会让客户兴味索然。此时你不妨先回避要与不要的焦点,而反问对方要多少,然后根据数量来考虑价格与折扣。这样会给客户一种你比较认真地对待这一问题同时又很灵活的印象,从而觉得自己有希望得到价格上的优惠。

第三,主动热情地将销售员介绍给负责人或其他主管人员。虽然这时你会觉得有一点挫折感,因为你的一系列努力没有马上兑现成销售,但这也是很有成绩的。一旦客户将你和产品介绍给负责人或其他主管,你的成功率可能大大增加。因为这位客户一定想让别人赞同他的看法,那么他就会努力帮助你销售,这时你不妨沉默一下。

第四,要求详细说明使用时的要求、注意事项以及产品的维修等售后服务。此时销售员除了耐心详细地说明外,还要诱导对方提问,以打消客户的顾虑,使其迅速做出决定。有时客户会就你已经解释过的某些问题反复询问,这时千万不能急躁,而要耐心地回答。

第五,主动出示自己有关这种产品的情报和资料。这说明客户潜意识中已经接受了这种产品(已经和你分享这种产品)。此时可以向对方询问,他一定不会拒绝。如果对方情报中有些部分于己不利,也不要急于纠正,而应该充分地向客户展示产品。

第六,对目前正在使用的其他厂家的产品不满。这是你成交的好机会,但你不能过分附和客户,批评其他厂家及其产品,只要适时地强调自己产品的优点即可。

第七,对销售员的接待态度明显好转,接待档次明显提高。这说明客户已经信任销售员并愿意听取建议,这时就可以提出交易条件,询问客户的购买意向了。

第八,客户的反常行为。当客户感到犹豫不决时往往会通过不同的行为表现出来,销售员要善于发现、捕捉客户不自然的甚至是反常的行为。比如,忽然变换一种坐姿;下意识地举起茶杯或下意识地摆弄钢笔、手表等;眼睛盯着产品的说明书、样品或者长时间沉默不语;身体靠近销售者;询问旁人的意见;等等。

正确适时地运用以上介绍的方法可以助你销售成功。前提是要正确地分析客户反对意见的性质与来源,灵活而巧妙地将客户的反对意见化解,使摇头的客户点头。

二、建议成交的方法

销售员通过细微的观察,及时发现客户下意识发出的购买信号后,应及时提出成交建议,促成交易实现。找到合适的时机时,便可立即提出建议。建议的最终目的是令客户自动说出要买的商品。

(一)请求成交法

请求成交法是一种最简单也最常见的建议成交的方法,也叫直接成交法。它是指在接到客户购买信号后,用明确的语言向客户直接提出购买建议,以求适时成交的方法。一般来说,销售人员和客户在经过一番洽谈以后,就主要问题一般已经达成一致的看法,这时销售人员应抓住时机,主动向对方提出成交请求。比如,销售人员对客户说,"既然没有什么问题,我看我们现在就把合同订下来吧"。这种方法一般适用于销售人员对最后成交很有把握,或客户已有购买意图,但因某种原因而不便主动开口的情况。当然,若对方是非常熟悉的老主顾,也可采取这种方法。该方法运用的关键是要把握恰当的时机,注意运用语言技巧,要让对方感到顺理成章,而不要带有勉强之意。

(二)局部成交法

局部成交法又叫小点成交法,是销售人员利用局部成交来促成整体成交的一种策略。一般来说,客户在做出重大决策时往往存在较强的心理压力。客户对于成交决策也比较慎重,迟迟不肯决定。而相对较小的成交问题,客户做决策时,心态往往比较轻松,容易下定决心。为了减轻客户对待成交的心理压力,帮助客户尽快下决心,销售人员可以采取化整为零的方法,将整体性的全部决定变为分散性的逐个决定,先争得对方部分同意。让客户逐个拿定主意,最后再综合整体,以促成购买决策的达成。

(三)假定成交法

假定成交法,也叫假设成交法,即在不管成交与否的条件下,对方仍持有疑问时,销售人员就假定客户已接受销售建议而直接要求其购买的一种策略。比如,你已将一部汽车开出去给客户看过了,而感到完成这笔交易的时机已经成熟,这时你就可以进一步地处理这个问题,使客户能真正地签下订单。你可以这样对他说:"杨先生,现在你只要花几分钟工夫就可以将换取牌照与过户的手续办妥,再有半个钟头,你就可以把这部新车开走了。如果你现在要去办公事,那么就把这一切交给我们吧,我们一定可以在最短时期内把它办好。"经你这样一说,如果客户根本没有决定要买,他自然会向你说明;但如果他觉得换取牌照与过户等手续相当麻烦而仍有所犹豫的话,那么你的这番话该可使他放心了,说明手续不成什么问题。这种方法重要的是那种推动的力量。尽管客户迟早总会下决心的,但如果没有这种推动力,他也许要慢一点,甚至是根本不想买了。

（四）选择成交法

选择成交法是销售人员向客户提供几种可供选择的购买方案来促成交易的策略。这种方法的前提是假定客户已下决心买，但尚未确定买哪一个，在这种情况，销售人员提出几种选择，敦促客户下决定。这种方法在现实生活中比较常见。例如，在商场的一个柜台前正在甩卖T恤，一位客户好奇地上前瞧瞧，这时会有一位销售员上前招呼："怎么样？买一件吧。要黑色的、蓝色的、红色的，还是白色的？"这都属于选择成交法。若客户做出回答，的确就是表示他已告诉你他要购买你的商品了；如果他迟疑片刻而向你表示他尚未做最后决定时，你也没有半点损失。

（五）限期成交法

限期成交法是指销售人员通过限制购买期限从而敦促客户购买的方法。如许多商店贴出"存货有限，欲购从速"、"三周年店庆，降价三天"等，都是典型的限期成交法的实例。它是利用了客户"机不可失，时不再来"的心理，来推动客户购买商品的。

（六）从众成交法

从众成交法是指销售人员利用大众购买行为促进客户购买的方法。从众行为是一种普遍的社会现象。客户在购买一件商品前，往往会询问销售人员买这种产品的人多不多。销售人员也往往利用人们的这种从众心理来敦促客户下定购买决心。例如，一位服装店的销售员在销售服装时说："您看这件衣服式样新颖美观，是今年最流行的款式，颜色也适合，您穿上一定很漂亮，我们昨天才进了四套，今天就只剩下两套了。"

（七）保证成交法

保证成交法是指销售人员向客户提供某种成交保证来促成交易的方法。客户在考虑购买产品时，往往因害怕上当受骗而拖延成交时间，甚至最后放弃购买。保证成交法就是由销售人员向客户提供某种保证，以解除客户的顾虑，增强其成交信心来促成交易。如一位客户在讨价还价后仍不放心，怕买亏了，为此迟迟不肯成交。销售员提出："你放心，我这儿绝对是全市最低价，如果你发现别家的货比我的货便宜，我可以立即给你退货。"这就是保证成交法的实例。

（八）优惠成交法

优惠成交法是指销售人员通过提供某种优惠条件来促成交易的方法。它利用了客户在购买商品时希望获得更大利益的心理，实行让利销售，促成交易。最为通俗的说法是："先生，如果你现在就签字并采购我的产品，我可以给你特别优惠，再降价3%"。销售行业目前普遍采用的"买一赠一"、"送货上门"等等，也属于这种方法的实例。

（九）最后成交法

最后成交法是指销售人员通过告知客户现在是购买最为有利的时机来促成交易的

办法。一般当产品供不应求时这种方法尤为有效。它利用了客户害怕失去获得某种利益机会的心理而大做文章,变购买时的压力为成交动力,如"再来晚点儿就没了,只剩下这些了"。最后成交法的关键在于把握住有利的时机,若使用得当,往往具有很强的说服力,能产生立竿见影的效果,并能节省销售时间,提高销售效率。

(十)激将成交法

激将成交法指销售人员用语言刺激客户购买,来促成交易的方法。这种方法利用了客户自尊自强、要面子的心理,刺激客户的购买欲望。例如,当销售员察觉到客户因嫌商品价格高而犹豫不决时,就对客户说:"上周,王厂长的夫人也看上了这个,简直爱不释手,但因为嫌价格太高没有买。"这位销售人员就是采取了激将成交法的话语来刺激客户的自尊心,从而促使其购买。

(十一)让步成交法

让步成交法是指销售人员在成交的关键时刻退让一步来促成交易的方法。例如,在最后双方僵持不下时,销售人员提出:"这样吧。既然您是我们的老客户,那我就让一步,优先给您发货总可以了吧!"在双方谈判僵持不下的时候,销售人员退让一小步,有可能将谈判推前一大步而达成交易。而且销售人员可以采取先紧后松的方法,即先叫较高的条件,再逐步松口,这种方法一般不会给销售带来实际的损失,反而可以求得一个令双方都满意的结果。要注意的是,销售人员切不可一次性让一大步,这样不但失去了谈判的优势,而且也让客户存有一种可能继续让步的希望,从而继续纠缠下去,迟迟不肯达成交易。

(十二)饥饿成交法

饥饿成交法是通过让产品处于一种供不应求的状态来促成交易的方法。事实上,未必产品果真供不应求,只是在供求之间始终保持时间差,如几天的时间,用以敦促客户做出购买决定。这种方法一般只适用于名优产品,只有这类产品才会使客户耐心等待,一般产品是没有这种吸引力的。因此,在采用此方法时,应先要考虑产品条件如何。其次,要把握好让客户保持"饥饿"状态的时间,避免时间过长,使客户"饥不择食"而去选购其他产品,这就违背了采用此法的初衷。

利用情景故事促成交易

某品牌汽车销售现场,销售人员已经对客户介绍了最新款宝马车的所有功能、特

第九章 销售过程管理

色,客户对车的各方面没有大的异议,但对最后的购买还有些犹豫。客户没吱声,只是背着手,绕着车走。

销售人员看着客户犹豫的面色,知道自己已经将销售推进到了客户决定购买与否的临界点:其实这也是一个如何将99度的水烧到100度的问题。这个时候,客户在理性层面该考虑的各种因素已经考虑的差不多了,但是在心理层面,销售人员与客户的心还没有建立起任何联系,客户在心里始终没有安全感,害怕自己付出过高的价格,买入不当的商品;或者时机不当,投入相对过高。心门紧锁的结果是:客户的情绪没有被调动起来;反而渐行渐远。于是,尽管负责客户理性思考、辨别、分析的左脑开足马力,但强力运行的结果还不足以调动他的行为。这时,销售人员必须要往他负责感性情绪运作的右脑上添一把火,燃起他购买的激情。

"先生,来,请进入我们的驾驶室,亲身感受一下驾驶的快感吧。来。坐好。你想象一下:仲夏傍晚,你开着这辆车,驰骋在海滨大道上,无尽的美景扑向你的眼帘,微咸的海风吹拂着你的头发,车里都是你所喜欢的皮革的味道,同时伴随着优美的音乐,我们车里还有车载冰箱,里面装满了美食美酒。你身边就坐着你最爱的家人、朋友,他们和你一起共享着生命中这样最美好的时光。这辆车就像你家的老狗一样,它将会陪着你,度过无数的晨昏,见证你生命中每一个重要的时刻。如果我是你,我将会尽快邀请这样一位朋友进入我的生命旅程中。而且现在正是9月的秋天,天高气爽,何不趁现就把这款爱车开回家呢?"

随着销售人员的描述,客户仿佛觉得自己已经飘出了车辆展厅。他好像看到自己正驾驶着这辆车,在9月明媚阳光的照耀下,充分享受着生命中美好的每一刻。对应着情绪,客户身体好的感觉被唤起,能量自由地流动起来。这种忽然涌现出来、由衷而起的对生命的热爱与激情,让他决定尽快拥有这辆车——其实在潜意识里,也就是拥有更美好的生活。谁会拒绝更美好的生活,以及那种生活所带来的感受呢?"嗯,你们的付款方式是怎样的?"

销售的结果:客户决定将这款宝马车作为自己的好友,马上邀请进自己的生命历程,一起经历、见证自己人生路上的风风雨雨。

点评:我们可以看出,销售人员最后的几句话对客户做出当下的购买决策起着重要的作用。因为通过客户的询问,得知客户有意向等到国庆黄金周降价时再购买。而销售人员通过语言情境的营造——也就是故事的营造,唤起了客户的心理体验,塑造了一种新的感受。这就像临门一脚一样,促进了客户的最后购买决策,促成了交易。

(资料来源:钟震玲:《三个工具让心理介入有效促成交易》,摘选自《讲故事,做销售》)

三、签订成交合同

建议成交实际上已是缔结契约的初步工作。在成交阶段,销售人员也不要放松,还有一些必要的工作和注意事项要关注。

(一)巧用场外交易

在谈判学里所谓的场外交易是指谈判双方在谈判桌以外的某些场合,比如酒宴上、游玩场所等,对谈判中某些问题取得谅解和共识,从而促进和完成交易。因为当谈判进入成交阶段,双方已经在绝大多数的议题上均取得了一致意见,只在某一个问题上相互之间存在分歧、相持不下而影响成交时,即可考虑采取场外交易的策略来解决。事实上,某些谈判的问题,特别是进入成交阶段以后的尚存问题,摆到谈判桌上来解决已经让人很烦很闷了,而且这样还会影响解决的效果,因此,不妨采用到游玩场所游玩时或放到宴会桌上去解决,这就变得容易多了。

场外交易之所以能够有助于解决成交阶段的问题,原因就在于:在谈判桌上,紧张、激烈、对立的气氛及情绪影响和控制着谈判人员,促使谈判人员自然地去争取迫使对方让步。因为人们都认为这样做才是正常的,而且认为自己一旦做出让步与求和,还会被对方视为是降和或战败方,自己一方将丢掉面子。即使某一方主谈或领导人头脑很冷静清楚,认为做出适当的让步以求尽快达成协议是符合本方利益的,但因同伴的态度坚决、情绪激昂而难以当场做出让步的决定。如果这时提议到场外去,这种紧张、激烈、对立的气氛和情绪就将被轻松、友好、融洽的气氛和情绪所代替。在这种情况下,如果能够巧妙地将话题引回到谈判桌上遗留的问题上来,双方往往会很大度地相互做出让步而达成协议,这常常是非常有效的做法。

需要指出的是:在运用场外交易时,一定要注意谈判对手的习惯。比如,有的国家的商人就特别忌讳在酒桌上谈生意。为此要事先弄清楚,以免弄巧成拙。

(二)争取最后收获

通常,在双方将交易的内容、条件大致确定,即将签约的时候,精明的谈判人员往往还要利用最后的时刻,去争取最后的一点收获。

在成交阶段争取最后收获的常规做法是:在签约之前,突然提出一个小小的请求,要求对方再让出一点点。由于谈判已进展到签约的阶段,双方都已付出很大的代价,也不愿为这一点点小利而伤了友谊,更不愿为这点小利而重新回到磋商阶段,因此往往会很快答应这个请求,以求尽快签约。

(三)严格合同条款

在销售人员与客户达成协议并签订合同后,销售工作就基本完成。在与客户签订合同时,销售人员千万不要掉以轻心。谈判的成果要靠严密的协议来确认和保证。协议是以法律形式对谈判结果的记录和确认,它们之间应该完全一致,不得有任何误差。但实际情况中,常常有人有意无意地在签订协议时故意更改谈判的结果,比如故意在日期上、数字上,以及关键性的概念上做文章,以混人耳目。对此一旦疏忽,在有问题的协议上签了字,生了效,那么协议就与以前的谈判无关了,双方的交易关系一切都应以协议为准,再想后悔已经是没有办法了。将谈判成果转变为协议形式的成果是需要花费一定力气的,不能有任何松懈。所以在签订协议之前,应与对方就全部的谈判内容、交易条件进行最终的确定。协议签字时,再将协议的内容与谈判结果一一对照,在确认无误后方可签字。

在签订合同时若出现疏漏,不但易使交易失败,甚至有可能给企业带来重大损失。因此,在签订合同时,销售人员应尽量使用统一的公司订单、合同条款,以避免出现额外的麻烦。一旦有特殊情况需要修改条款时,必须谨慎行事,可先与公司打招呼,进行协调,确保修改条款不会带来麻烦,如增加成本或根本无法履行。在此前提下,销售人员还要与有关人员共同商议,重新拟定条款,确保面面俱到,没有疏漏之处。但在一般情况,应强调尽量使用统一的合同条款,以防有所疏漏而带来一些不利影响。

一般来说,不严格合同条款有可能带来的负面影响主要包括以下几个方面:

第一,不严格合同条款,有可能使买卖双方在日后具体执行合同时,对合同的理解出现分歧,导致合同无法顺利履行,或增加履行合同的成本,给双方带来损失,并且有可能影响双方良好的合作关系,不利于今后的合作。

第二,不严格合同条款,有可能发生某些意外的情况时,无据可依,从而必须临时协商解决办法,导致时间上的延误,给双方带来经济损失。

第三,不严格合同条款,有可能在交易双方遇到私下无法协商解决的情况时,不得不求助于法律,以法律诉讼的方式解决。而一般经济案件的法律诉讼往往要进行大量的调查和协调,费时费力,一件案子往往拖延很久。而且通过法律诉讼会损伤双方的感情,不利于日后的合作,不仅未给受损失一方带来实际的利益,反而耽误了正常的工作,浪费了大量的时间和金钱,得不偿失。

为避免种种不利后果,买卖双方应本着谨慎的原则来商议有关的合同条款,做到面面俱到,无一疏漏,以免埋下隐患,在日后具体执行时给双方带来损失,影响良好的合作关系。

（四）成交后的注意事项

为了使成交更为圆满,在正式达成交易,即签订合同后,销售人员还应做好几项工作。

1. 为双方庆贺。在商务谈判即将签约或已经签约的时候,可谓大功告成。此时,我们可能心中暗喜,以为自己在交易中比对方得的更多,但这时我们一定要注意为双方庆贺,强调谈判的结果是我们共同努力的结晶,满足了双方的需要。同时,不要忘记赞扬对方谈判人员的才干。这样做会使对方心理得到平衡和安慰,并感到某种心慰。相反,如果我们只注意自己高兴,并沾沾自喜,喜形于色或带有讥讽的语气与对方交谈,这纯属自找麻烦。

2. 留住人情。交易顺利达成,销售员千万不要让客户感觉出你的态度开始冷淡。一旦买卖做成,就开始敷衍客户,这会让客户失去安全感。从一个生意人手中买下商品的感觉和从朋友手中买下商品的感觉是大相径庭的。因此一定要让客户记住你的情义,感到购买你的商品是明智的决定,是幸运的。为了做到这一点,在商品出售后必须稳定客户的情绪,让他保持平静,找一些大家共同关心的问题聊一小会儿(当然最好不要提商品),这样会使客户的心理平和下来。在成交之后不要急于道谢,在临别时不妨感谢客户几句,但不要太过分,使人感觉亲切就可以了。在道别同时最好与客户握手以表达谢意。记住一些充满情意的举动,会使客户对你和你的公司留下美好的印象。销售人员一定要善始善终。请记住:丝丝人情会为你编织一张张销售网络,从而会使你的销售额成倍增长。

3. 索取介绍。与你成交的客户往往会和与他有类似需求的其他潜在客户有着某种联系。聪明的销售人员在交易成功后,往往都不会忘记请客户向销售人员介绍其他与之有联系并可能具有类似需求的客户,并请客户代为引见或约见。这样,销售人员可扩大自己的销售范围,确定准备进行下一步销售的对象。销售人员还可通过已成交的客户了解潜在客户的各方面情况,如性格、需求、资金状况等,从而为进一步销售做好充分的准备工作。而且,经成交客户代销售人员引见或约见,由于该客户与潜在客户存在密切的联系,引见人又是产品的购买者,最有发言权,可信度较大,因而销售人员会比较容易获得潜在客户的信任,并易于克服销售过程中的障碍,从而顺利达成交易。

(五)成交失败的注意事项

销售人员在经过种种销售努力后,并不是每次都会成功,事实恰恰相反,大多数销售努力都是以失败告终的。因此,销售人员不但要学会在成交成功后如何做,而且要清楚成交失败后需要注意的一些事项。

1. 避免失态。交易成功了,销售员容易做到与客户再沟通,再交流。而一旦交易不成,许多销售员容易草草收场。成功的销售人员一定要做到"买卖不成人情在",对拒绝自己的客户依然彬彬有礼,感谢他们给自己的机会,并向他们致歉,说耽搁了他们的宝贵的时间。一般来说,销售人员在成交失败的时候,难免会有失望沮丧的情绪,但注意不要让这种消极情绪流露出来,更不要对客户表现出"都是你的错"的怨恨情绪。要注意保持良好的风度,可适当表示出一点儿遗憾,使对方产生一些悔意,为再次销售成功铺路。

2. 请求指点。在销售人员费尽九牛二虎之力，但最后仍未得以成交的情况下，销售人员应主动向客户请教，了解客户认为在自己的销售工作方面或产品等方面需要做出哪些改进。对产品，客户一般会直言不讳地指出他不满意并希望得到改进的方面，但对于销售人员的工作，客户则未必想要指手画脚。在这种情况下，销售人员应态度诚恳，表明只是想请客户以客观的态度来看待销售人员的工作，从而使自己的工作得到不断的改进，以示希望得到客户帮助的强烈愿望。

3. 分析原因。销售人员经历销售失败，尤其在经过一番努力仍以失败告终，确实是一件令人非常沮丧的事情。但事后，销售人员应仔细回想销售工作的每一个环节以及客户当时的反应，如表情、语言、行动等，认真分析未能成交的原因。这样做一方面可以积累经验，改进自己以后的工作；另一方面可以在再次拜访该客户时有针对性地解决上次销售中遗留的或潜在的问题，争取达成交易。

4. 吸取教训。"失败乃成功之母"。在分析原因、总结经验后，最重要的是从失败的经历中吸取教训，并在以后的工作中避免重蹈覆辙，犯类似的错误。

5. 保留后路。我们强调即使在成交失败后，仍要彬彬有礼、保持风度，这实际上是保留了与客户再次打交道的可能性，从而保留了以后交易成功的可能性。为了提高下次成交的成功率，销售人员一方面要有礼貌地向客户道歉，并感谢客户在百忙之中抽出时间接待自己；另一方面应留下产品说明请客户再考虑考虑，或留下样品请客户试用。

本章小结

在寻找客户时，必须先确定客户的范围，还必须掌握并正确运用寻找客户的基本方法。

拜访客户包括约见客户、接近客户和介绍产品。

销售人员在从寻找客户到达成交易的整个销售过程中，不可避免地会遇到客户的各种异议。处理客户异议的主要方法包括转折处理法、转化处理法、以优补劣法、委婉处理法、合并意见法、反驳法、冷处理法、强调利益法、比较优势法、价格对比法、价格分解法和反问法。

促成交易是完成销售全过程的最后阶段，包括捕捉购买信号、建议成交、签订成交合同。

小老板王强的生意经

"逆转年华"在郑州共有四家美发连锁店,老板叫王强。

一、寻找客户要有"一双慧眼"

"逆转年华"的第一家店在航海路上,位于黄河科技大学和郑州交通学院之间。"我把店选在这里,主要目的是来赚这里女大学生的钱。"当问及王强为什么要把店选在这里时,这是小老板直言不讳的回答。

来这里整理发型的大部分是学生。一般一个学生来做发型,会带一两个同学当参谋,这些参谋很大程度上就是潜在客户。为了吸引这些潜在客户,王强决定:凡是来当参谋的同学,均可以得到一份精致的小礼品,如钥匙扣等。办法果然有效,有时一个学生会带来三四个同学,就是为了来要小礼品。对此,王强这样解释,虽然现在有些损失,但给店里带来了人气。有人气就有生意。并且只要我们手艺过硬,服务周到,这些"参谋"迟早是我们的客户。

蒙牛有类似的做法,实行先"赠"后"买"。今天"赠"了,不求你今天买,而是终有一天等到你。2003年教师节,蒙牛彻底让买赠脱钩,"只赠不卖",发出"向人民教师送健康"的倡议,共向全国16个城市125万教师,每人赠送一箱牛奶。一路大赠,蒙牛舍掉的是一箱奶,但赢得了顾客的心。

二、促销活动要"对症下药"

美容美发离不开促销活动,如买年卡赠送多少次,整理一次赠送洗发水等等,"逆转年华"也不例外。有一次,当给一个学生做完发型,店里赠给她一瓶护理洗发液,那位学生说,"这些东西我很多,能否赠点其他东西"。店员把这件事反馈到老板那里,虽然是普通的一句话,王强感觉不能再赠送这些东西了,那么,赠什么合适呢?

在一个偶然的机会里,王强去网吧找一个朋友,看到许多学生在上网,这时他来了灵感。他马上找到网吧经理,办理了一批面值5元、10元、15元的消费卡。学生来店里消费,根据他们消费的多少,分别赠给他们不同面值的网吧消费卡。这一根据学生爱上网的特点设计的创意找到了消费者的"兴奋点",收到了很好的效果。

另一个案例:某天早上七点半,在郑州新郑路上仲景药房门口,有30多位老年朋友在寒冷的冬天排队,等候开门免费诊断高血压。一问才知道,老年朋友买120元的东西,可以办一张卡,每月可以到这里进行不同形式的免费义诊。这项活动就抓住了老人的特点,他们有的是时间,起得早,睡得晚。

三、服务客户要"从心开始"

在营销学中,有两个不成文的定律:第一,80%的销售额来自20%的忠诚消费者;第二,一个不满意的顾客会影响30个人的购买意愿。忠实消费从经营心开始,美容美发也是如此。

2006年某天晚上,店里接到一个电话,"下午在你们那里做个发型,马上就要演出了,现在接的头发却掉下来了"。说完,电话啪地断了,声音中明显带着气愤。

正好店老板王强在。根据经验,一般不会出现这种情况。不管如何,一定要弄清是怎么回事。按照来电显示,王强回拨了过去,很快知道了这位投诉者是黄河科技大学的学生李霞,今晚是学校"庆祝五一演出晚会"。他马上召集两个最优秀的员工,拿着工具迅速赶往现场。那两个员工边走边说,"要是见面了,李霞指责怎么办"。"她是上帝,指责就当爱护吧,关键是要告诉她,'逆转年华'做的活是有质量保证的",王强很自信。

当王强他们汗流满面地赶到李霞面前时,她愣在那里。"我只是说说气话、发发火,没有想到你们却来了。"王强和他的助手检查后,没有发现什么问题。王强问她,"你洗头了"?李霞回答"没有呀"!王强让她再想想,她想了好长一会儿,忽然啊的一声,"My god,下午我被雨淋了。抱歉,我不该向你们发火"。王强告诉她,雨淋后,假发容易脱接。为了不影响李霞的演出,王强和他的助手迅速把她的发型重新整理了一遍。做完发型后,王强并没有马上离开,他觉得这是一次很好的宣传机会。他告诉李霞,"你把你的同学叫来吧,我把他们的发型重新整理一下,演出绝对精神"。结果李霞几个同学的发型被王强他们重新一整理,格外靓丽。这时王强拿出手机,把这几个靓女拍了下来。后来王强把这几个靓女制成了照片挂到店里,照片下面批注:"专为演出设计"!

王强处理李霞的问题,可谓"临门一脚",踢的恰到好处,不仅稳定了老顾客李霞,还宣传了"逆转年华"这个品牌以及他们的精神。

[资料来源:马文水、杨彬彬:《小老板王强的生意经》,《医学美学美容》,2007(4)]

问题:从小老板王强的生意经里,我们学到了什么?

思考题

1. 寻找客户的基本方法有哪些?
2. 约见客户的内容包括哪些?

3. 约见客户的方法有哪些?
4. 销售人员接近客户的方法有哪几种?
5. 在会见客户时,销售人员开场的方式有哪些?
6. 客户异议的类型主要有哪些?
7. 客户异议产生的原因有哪些?
8. 处理客户异议的一般流程是什么?
9. 常见的处理客户异议的方法有哪几种?
10. 如何捕捉购买信号?
11. 建议成交的方法主要有哪些?

第十章

销售末端管理

- 熟悉订货、发货和退货管理的流程和内容
- 掌握终端管理的主要内容和要求
- 了解窜货的成因
- 掌握治理恶性窜货的对策

销售末端管理是指对销售流程的最后环节涉及的货品、零售现场和窜货进行管理，它也是企业销售管理的重要组成部分。如订货和发货流程是否通畅，会影响产品能否及时准确地到达目标客户手中；退货制度是否健全，会影响客户对企业的满意度和忠诚度；零售终端陈列效果影响商品能否有效吸引消费者；窜货问题，如果解决不好会殃及整个渠道网络。

第一节 货品管理

在接到客户的订单之后，销售人员需要立即对订单加以处理，并根据订单的内容进行发货。客户收到企业的货之后，会在使用前或者使用中对产品进行判断，如果客户对产品不满意，则很可能向企业退货。企业要想达成完美的销售活动，必须对订货、发货和退货进行管理。

一、订货管理

要想提高发货水平，订货控制是关键。销售人员处理订单是否准确、迅速，存货和缺货的比率如何，能否保证不间断地供应等，都取决于订货的计划管理和控制。

（一）订单的报价方式

在实际操作过程中,订单的报价方式主要有两种:

1. 直接报价法。直接报价即在客户对产品产生购买愿望并询问产品价格后,直接告知客户产品的价格是多少。我国大多数企业都会对自己生产的产品留有一定的库存,而且,对这些产品的价格范围也都做了明确的规定。在这种情况下,报价就比较容易,可以采取直接报价法。例如:"每台电脑 8 000 元"、"每张桌子 500 元"、"每 10 单位为 1 箱,每单位优待价为 5 000 元"。出货即由业务部门开具"出货单",再由仓库单位进行商品交运。

2. 估价报价法。如果客户需要的产品企业库存里没有,必须根据客户的具体要求为客户量身定做,那么,只能在估价后才能向客户报价,这就是估价报价法。例如,三峡工程专用工具等产品差异度比较大的产品,必须先进行估价。但是,估价不仅仅是销售部门的责任,也不应该由销售部门单独说了算。销售部门应该通过与内部生产计划部门的产销协调,经确认无误后,才能进行订单的估价,然后才能承接此订单。

订单的估价,必须遵守企业规定;凡有关交货应注意之事项,均必须加以严格确认,主要包括:

(1) 品名、规划、数量及契约金额。
(2) 具体的付款条件:付款日期、付款地点、现金或支票、支票日期、收款方式。
(3) 除特殊情况以外,从订货受理到交货之间的期限。
(4) 交货地点、运送方式、距离最近的车站等交货条件。
(5) 安装、转运及修理等所需技术派遣费的约定。

不管是哪一种报价方式,销售人员在承接订单后,必须区别所承接的客户是老客户还是新客户。若是老客户,可通过客户资料卡,同时依据预订的交货日期计算,注明"未付款余额",以及"曾经发生过的交易意外事故",以判别此客户的品质。不管是新客户还是老客户,对于所进行估价的订单,必须依照企业规定,言明付款方式与付款条件。但是对于新老客户可以有所不同:第一,对于忠诚的老客户,如果其订货金额符合信用额度,可依照惯例认可本次交易。第二,与新客户的交易,原则上必须在交货的同时收取现金。第三,对于过去曾发生过支票不兑现或不信守契约行为的客户,一概不接受代理付款以外的订货方式。

在对订单进行仔细评估后,再将此订货受理之估价单,连同客户给付的订购单、契约书,以及相关证明此次订货事实的资料,一并呈送所属主管审阅;在取得所属主管的裁决同意后,才能报出对客户订单的估价。

（二）订单的管理流程

由于生产的产品不同或产品的生产方式不同,每个企业都有自己独特的运作模式,

因此,接受订单的处理模式也就大不相同。但是,总有一些规律可循。企业的订单管理流程大致上可以分为以下两大类:

1. "存货生产方式"的订单管理流程。现实中,大多数企业的订单管理流程都采用这种方法,即企业用自己库存中的商品来满足客户的需求。这样有利于企业生产的流畅运行,有利于更快地满足客户的需求。但是,这种方式要求企业必须具备很强、很准确的销售预测能力,否则,在市场需求日新月异的今天,会造成大量的库存积压和资金占用。

销售部门必须洞悉市场走向,准确估计本企业产品在市场上的需求量和需求态势,从而为生产部门制订出一个尽可能准确的生产计划。生产单位根据此生产计划来安排采购与生产工作。然而,在实际工作中,每个月的实际销售量可能会与销售预测有出入,有时甚至相差悬殊。为了尽量减少这种现象,销售部门应对销售资料进行分析,判断各种类型产品畅销或滞销的可能性,再与生产部门召开产销协调会来定期研讨。销售部门必须迅速、精确地把销售分析转为未来预估的销售量,再交由生产单位安排生产。

2. "订货生产方式"的订单管理流程。近些年来,国内外的许多企业纷纷提出了"零库存"和"个性化定制"的概念。它们要么没有库存,要么只有很少量的库存,不是用生产出来的产品去满足客户的需求,而是根据客户的需求来生产产品。这样就避免了大量的产品积压,大大提高了资金周转率。比如,戴尔公司之所以能在短短几年内就发展成全球性的大企业,完全取决于它采取的"零库存"、"个性化定制"和"直销模式"。戴尔采取的就是"订货生产方式"的订单管理流程。该流程大体包括以下几个步骤:

(1)销售部门在接受客户的订单之前,必须做好两件事:一是必须获得生产计划部门的确认,以避免产销不协调;二是必须确定客户是否符合企业的信用管理办法,评估其信用,再决定是否接受订单,以避免企业蒙受损失。

(2)销售部接受客户的订单样品及询价单价,并将样品交由研发部门设计打样。

(3)营业部根据制作完成的产品样品,与生产部门讨论制造流程及可能需要的生产日程后,拟出样品成本分析报告,呈报总经理核准。

(4)销售部将制作完成的产品样品及设计图样交予客户,由其认可并商议产品的交货期。

(5)客户同意交货期,并同意接受所制成的样品,则由销售部门与客户商定最终的产品价格。如果客户对样品不满意,那么研发部门必须马上依据客户意见进行修改。如果客户对交货日期不满意,则由销售部与生产部及实际生产作业单位研究后,再与客户洽商。交货日期必须在全面协调客户的需求和企业的生产能力之后确定,不能只根据一方的要求。等客户对样品和交货日期都没有任何意见后,销售部应该根据样品成本分析报告,再加计运费、保险费、各项费用及预期利润,定出售价,并列表呈总经理核准。

(6)总经理同意并签字后,由销售部负责向客户报价。

(7)如果客户接受报价,会出具正式订单。销售部接到客户正式订单后,必须检查订单的各项条件是否齐全,订购内容是否清楚,若有涂改应盖章注记,然后将订单交给生产部门。如果客户对报价不满意,销售部门需与客户展开谈判。

二、发货管理

发货,就是商品交运,是指将企业生产的产品交到客户手中的过程。产品能否及时、安全、准确地到达客户指定地点,将直接影响到客户满意度,直接决定货款能否按时全额收回。

(一)备货

在合理控制订货的基础上,按时、按质、按量准备好应交的货物,这是搞好发货的前提。

1. 备货准备。根据合同规定的日期,及早向生产部门、供货部门联系确定提货时间,或安排库存商品进行加工整理。定牌商品,在收到定金或客户提供一定的保证条件后,方可安排生产。准备装运发出的货物,要注意核查商品品质、规格、花色搭配等。在备货或加工整理中,如发现品质问题应及早研究解决;如发现数量短缺而合同中又不准分批装运或未规定溢短装条款,应采取有力的措施及时将货补齐。由于在搬运过程中可能发生意外损坏,因而备货数量应留有余地,以免发运交货时因小部分货物损坏,一时不能补齐而影响发货。

2. 检查货物包装。对备运货物的包装、包装材料、包装方法、包装重量等认真进行检查,既要符合运输的包装要求,也要与合同要求相符。

3. 刷制货物的标签和标志。合同如已规定标签,备货中应按规定预先刷制;如合同未规定,应催促对方提货,并在接到客户通知后及时刷签,要注意图形、字迹清楚,位置醒目,大小适当。

(二)编制货物发运分析单

发运分析单把发货各环节与各个部门工作串起来,使发运工作能密切配合、顺利进行。根据合同和汇款及回函情况,编制货物发运分析单,它是销售企业内部各个环节和外部各单位办理货物发运工作的联系单。发运工作各环节,如报验、储运、投保、制单、结算等,均按分析单的要求办理。内容按合同有关条款逐项复核,以防出现差错。目前,企业因交易条件及各部门需要的不同,货物发运分析单一般应一式数份,分送仓库、统计、财会、报验、储运、投保、制单、结算等各部门。单据是商品交易过程中各部门联系的主要依据,也是发货、结算的主要凭证。制单工作必须做到正确、完整、及时,单证要简明、整洁。

（三）检验货物

凡合同中规定产品必须出具检验证明的商品,在货物备齐和收到对方来函后,即向有关部门申请检验或法定检验。按合同要求,可以由商检机关检验,出具商检合格证;可以委托技术监督部门检验;也可以由买方或卖方自己检验。检验不合格的货物,一律不能发运。

（四）联系车船

联系车船是做好发运工作的基础,没有车船计划,货物再齐也难以发走。特别是在运力紧张的情况下,车船问题是直接制约发货的关键。

1. 对于汽车运输的,可以与承运单位直接联系,经协商达成意见后,即可开具"货物发运单",与承运公司办理承运事宜。

2. "货物发运单"通常一式五联,一联为储运存查,二联为运输部门交货签回结算运费,三联为收货单位备查,四联为收货单位签收后退回作托收凭证,五联为收货单位签收后退回。

3. 火车运输的,应查明货运皮计划、车次等,根据货物发运要求填写托运单,在车站截止收单期前送车站货运部门作为订车依据。车站收到托运单后,根据车皮计划、货物性质、货运数量、目的站安排车次。车次时间确定后,车站即签发托运单作为收货装车的凭证。

4. 船运联系手续与联系车皮基本相同。

（五）装车（船）

销售企业应在托运单位规定时间前组织装卸工把货物运至车站货台或货舱。车站（船方）凭装货单核对验收货物,收货完毕,由车站（船方）签发收货收据。所装货物如有损坏包装、件数短缺等情况,应立即进行调换或补救。发货人凭收货收据及时向车站（船运公司）换取正式提单并办理结算运费。铁路运单一般有五联。第一联正本和第五联货物到达通知,由铁路货运部门交给收货人;第二联是运行报单;第三联运单副本交给发货人;第四联货物交付单,由铁路部门交给到达站。

（六）投保

有些商品运输,根据合同规定或车（船）要求,要办理保险。投保时,由销售公司填具投保单,送交销售公司或与车船部门同时办理,一旦签发保险单,保险即按规定生效。货物运输保险与货物运输一样,是销售中不可缺少的组成部分。一般的一笔销售业务,货物从销售企业交至买方手中,都要经过长短不等距离的运输、多次装卸和储存。在此过程中,货物可能遇到自然灾害或意外事故,从而使货物受到损失。为了保障货物一旦发生损失后可以得到经济上的补偿,通常都要投保货物运输险,以达到转移风险的目的。

(七)寄送装车(船)通知

货物装车(船)完毕,并取得提单后,按惯例要把货物实际装车(船)情况用电传、电报、电子邮件或特快寄送单据副本的办法通知买方,以便买方了解装运情况,做好收货准备工作。如果货物由买方负责保险,更应及时通知买方,以便及时办理投保。

三、退货管理

依据买卖合约而出货的商品,由于某些因素,会发生客户将商品退回企业的现象,这就是退货。商品退货会即时减少企业的营业额,降低利润,企业应检讨商品竞争力与加强营业管理,提高营运绩效,努力减少退货。为此应该明确退货的原因,并对退货进行严格的管理。

(一)分析退货的原因

商品退货会对企业经营造成困扰。企业要了解造成退货的真正原因,才能获得经营绩效的改善。在分析退货的原因时,企业应该从两方面着手:

1. 企业自身问题分析。退货的发生有时候是由于企业自己的问题,比如:产品的质量有问题,产品没有进行很好的包装,以及产品在宣传时名不符实等。这些原因需要企业认真对待并不断地进行自我完善。

2. 外部问题分析。当企业的产品运出自己的仓库后,也可能发生一些意外,从而造成对产品的损害,这些因素虽然不是企业所能控制的,但企业应采取一定的措施来避免这些问题的发生。当然,不合理的交易也会发生退货现象,对于这些原因企业也应该认真对待。

3. 总体经济状况分析。扣除退货后的销售额称为净销售额,净销售款扣除销售成本称为毛利。要分析退货在销售额中占多少比例,同时也要分析近期的退货率是否增加。在经济景气和不景气时退货率不大相同。例如,退货率在景气时为5%,而在不景气时则为15%。尽管产品品质没变,但退货率却上升了。

(二)退货管理的原则

企业处理客户的退货,不管是"经销商的退货"或是"使用者的退货",必须坚持一定的原则,若是无条件地接受退货,就会使卖方承受100%的风险,导致无法订立资金营运计划、利益计划;更有甚者,买方不必认真办理订购之有关事项,零售商可能不积极销售,这会更加扩大卖方的风险。因此,交易时,应当事先决定接受何种程度的退货,或者在何种情况下接受退货,将其作为销售条件的一部分。

在管理企业的退货时,应该坚持的原则是:

1. 部门间的责任要明确。不同的部门负有不同的责任,只有在责任明确的情况下企业的退货管理才能真正达到目的。具体来说,"清点退货商品"、"商品数量准确性"属于仓储部门;"对退货商品确保品质无误"属于产品检验部门;"调整应收账款余额"、"发票重新处理"属于会计部门。此外还应该注意的是,第一线业务部门更要了解"为何会退货","依规定是否可接受此批退货"。

2. 按照规则管理退货。为了保证对客户退货做到有据可依,企业应该建立一定的退货管理规则,按照规则来对退货进行管理。例如,企业应该规定"仅在不良品或商品损伤的情况接受退货",或"接受销售额10%以内的退货","7天之内保证退货还钱"等。一旦制定商品退货准则后,应及时通知经销商。

3. 执行标准的退货工作流程。这样,企业对外有了是否接受退货的"退货准则",对内有了一套标准的"退货工作流程"。企业接到商品退货消息,就必须了解其是否符合企业所规定的退货准则,符合了准则,接下来按照退货工作流程进行退货处理。以上两方面是企业对其退货管理工作的规范,具体的操作人员在具体的工作中应该坚持这些规定,这是一个企业退货管理中必须坚持的原则。

(三)退货管理的流程

在管理退货时,企业内部必须有一套标准化的工作流程。流程的具体内容是:运用表格式的管理制度,以多联式"验收单"在各部门流动,控制客户所退商品,并在账款管理上加以调整。这个流程中涉及的部门主要有:商品验收的部门、信用部门、开单部门、编制应收账款明细账的部门、编制总账的部门。在具体设计时,如果企业人员少,部门不多,可将上述部门的工作归纳到相关部门的工作职责上。具体来说,企业的退货工作流程应包括如下几方面的内容:

1. 客户退回货品后,送至验收部门。验收部门于验收完毕后,填制验收单二联,第一联送交企业信用部门核准销货退回,第二联依验收单号码顺序存档。

2. 信用部门于收到验收单后,依验收部门之报告核准销货退回,并在验收单上签名核准,以示负责;同时将核准后的验收单送至开单部门。

3. 开单部门接到信用部门转来的验收单后,编制贷项通知单一式三份。第一联连同核后验收单,送至会计部门贷记应收账款;第二联通知客户销货退回已核准并账;第三联依贷项通知单号码顺序存档。

4. 会计部门收到开单部门转来的贷项通知单第一联,核准验收单,核对其正确无误后,于"应收账款明细账"记入客户明细账,并将贷项通知单及核准后验收单存档。

5. 每月月底编制总账人员由开单部门取出存档的贷项通知单,核对其编号顺序无误后,加总,一笔过入总分类账。

(四)退货商品的清点

接到客户退货,首先要查点数量与品质,确认所退货种类、项目、名称是否与客户发货单记载相同。在清点时应包括:①数量是否正确。②确定退货物品有无损伤,是否为商品的正常状态。③清点后,仓库的库存量要迅速加以修正调整,而且要尽快制作退货受理报告书,以作为商品入库和冲销销货额、应收账款的基础资料。此程序若不及时实施,"应收账款余额"与"存货余额"在账面上都会不正确,造成麻烦。

阅读材料

退货:一次反向营销的机会

英特尔公司在1994年11月突然发现,它面对着一群愤怒的消费者,他们要求更换据报道有影响数学计算瑕疵的奔腾微处理器。公司的第一反应是要求消费者证明公司的芯片有问题,只有那样才同意更换。英特尔公司宣称,大多数用户不可能受到这一瑕疵的影响,因为在90亿次随机运算中才会有一次出现问题,但消费者对这一产品的信心已开始动摇。

面对抗议,公司顽固地坚持它的立场一个月之久。此时,奔腾微处理器的主要购买者IBM停止了对它的装有这种芯片的电脑的销售。最后,在市场灾难即将发生时,英特尔公司出台了一项"不问原因"的退货政策。首席执行官安德鲁·格罗夫受到了惩戒,后来他说:"我们忽视了问题的核心是我们自作主张地告诉人们,他们应当或不应当担心什么,或者说应当或不应当做什么。"这次产品退货的费用估计在5亿美元左右。一贯受到华尔街和商业媒体高度评价的格罗夫,这次却通过如此痛苦的方式了解了产品退货。

我们来考虑一次退货对公司所有相关职能的影响,这些职能领域包括政策与规划,产品开发、沟通、物流与信息系统。一个公司的计划必须包括在退货的三个阶段(发现问题阶段、退货阶段和跟进行动阶段)中对上述各个领域的准备,都必须在退货过程中做出恰当的反应,都必须采取正确的跟进步骤。

一、政策与规划(产品退货的总体协调)

在需要进行产品退货之前,高级管理者就应当训练整个机构,使之认识到为产品退货做好准备的必要性。他们应当确保员工们理解产品退货与消费者安全和满意度之间的联系,并认识到运行良好的退货预案能对公司的成功运作产生正面影响。

首先应当指定一位高级执行官,作为产品退货总负责人。这位管理者应当要求制定并定期修订一份退货管理手册,详细载明在发生退货事件时公司的政策与指导原则。事实上,一次退货行动是基于"反向营销计划"的,这项任务是利用市场营销的技巧,处理从客户那里退回的产品。

退货发生后,负责产品退货的高级管理者应当任命一个反应小组,其中要有一个善于处理日常产品退货问题的专家。这个反应小组应当由事先从公司各领域选好的人员组成。小组成员的第一项任务,就是弄清情况的严重性。这种评估将帮助他们决定反应的速度和方式;在小组对情况进行评估后,应当决定需要做出反应的程度,并决定哪种退货方式是有依据的。

这个小组还应当找出如何将产品重新推到市场上去的办法。一个理想的重新上市计划,应当由原先设计和推出这一产品的人员中的几个人负责制定和实施;计划可以包括再次确立品牌定位和建立市场份额的重新推介营销措施。

二、产品开发

如果高级管理者能对新产品开发过程中及产品开发以后的设计和质量,特别是安全问题加以关注,那么发生退货的可能性就会大大减小。产品开发小组应当经常翻阅老产品的历史记录:是否有过退货先例?有安全隐患吗?产品易于修理吗?这样做可以帮助管理者预测潜在的退货问题,也能帮助公司对新产品进行更精确的测试。

退货决定一旦发出,产品开发小组就应当集中注意力找出问题的起因和最佳解决办法。某些情况下,小组可能会因与问题关系太密切,以至于无法有效地对其进行评价。如有必要,应当通过向外部的专家咨询以加速这一过程,并提供一份对问题的客观分析意见。产品开发小组还应当与产品退货反应小组一起决定如何恰当补偿客户的调整方案。产品开发小组比公司其他部门更清楚更换或修理有问题的产品所需的工作量和费用。

退货行动结束后,产品开发小组应当对产品缺陷进行进一步的研究,目的是找出导致产品出现问题的开发过程中的任何可能的差错。小组应当对开发过程背后的科技进行研究,重新评估它的全面质量管理过程,特别是设计与制造之间的联系,并在预计到未来的问题后,确定额外的重新设计机会。

三、沟通

作为产品退货准备的一部分,也为了帮助做沟通工作的人,对退货全权负责的管理者应当明确主要的退货利益相关者,包括分销商、交易商或是零售商、金融机构、雇员、服务中心、销售人员及管理机构等。公司如何度过退货的困难期,对所有这些方面的既得利益者都会有一定影响,因而,在退货展开的过程中,要使各方都与公司的计划和步调保持一致。产品退货反应小组还应当使客户得到恰当的通知,并劝说他们去完成必要的更换。

退货完成后,沟通应集中恢复和加强公司的声誉以及出现问题的产品的声誉。努力的程度由退货对利益相关者造成冲击的程度决定。通常的做法是,通知客户和其他利益方,并使他们重建信心,传送的信息要根据不同的听众量身定做;或者抓住机会讲述成功的故事,利用公开报道、特别广告或是特别促销等。

四、从麻烦中找机会

退货的潜在后果很清楚:它能粉碎消费者对一个品牌或一个公司的信心,能破坏销售渠道和供应商之间的关系;能使一个公司在一直寻找机会的竞争对手面前变得脆弱;可能导致管理部门的干预,甚至可能使本来坚实的机构变得不稳定。

但退货的损害是能够控制的。找到失败的原因,同时尽一切努力,通过不断提高质量标准、加强过程控制等措施,来避免产品退货的发生。而且要迅速行动,设定宏大的退货目标,给各小组分配强有力的人员,拒绝退缩,直到任务完成并认可完成工作的人员的成绩。所有这些努力都应用来最有效地执行退货工作。

[资料来源:N.克雷格·史密斯、约翰·A.奎尔奇:《退货:一次反向营销的机会》,《商学院》,2005年第1期]

第二节 终端管理

这里的终端是指零售终端,终端市场担负着承上启下的重任。所谓承上,就是上联厂家、批发商;所谓启下,就是下联消费者。当今企业销售成功的基本法则是"谁掌握了销售终端,谁就是市场赢家"。

一、零售终端管理的主要内容

如何有效地突破终端,是销售管理的一个重要组成部分。

(一)零售终端陈列

市场调查研究发现,在日用消费品市场,有70%的客户在终端会发生冲动性购买。在冲动性购买的诱因主导之下,品牌的力量在终端似乎并不能产生神奇的不可替代的作用,取而代之的将是采取什么样的手段,引起他们的兴趣及好奇心,并通过终端的吸引力刺激了他们的购买欲望,实现消费目的。调查研究发现,终端陈列一般由以下几个要素组成,将这几大要素进行充分整合,往往能够收到意想不到的效果。

1.产品陈列。一个良好的陈列或良好的产品堆头,为终端分销搭建了良好的销售平台,这一点仅仅引起我们的重视是不够的,还必须根据产品及分销环境的特点进行充分的研究。一般来说,主要有以下几项工作:

(1)充分利用既有的陈列空间,发挥它的最大效用和魅力,切忌有闲置或货源不足的现象,以免竞争者乘虚而入。如今,对货架位置的争夺已成为商战焦点,稍不留意,就会被竞争对手挤进。

(2)陈列商品的所有规格,以便消费者视自己的需要选购,否则消费者可能因为找不到适用的规格而购买竞争品牌的产品。但如果货架陈列面积有限,则推销员应陈列周转速度快的商品。

(3)系列商品集中陈列,其目的是增加系列商品的陈列效果,使系列商品能一目了然地呈现在消费者面前,让他们看到并了解企业的所有产品,进而吸引消费者的注意力,刺激他们的冲动性购买。此外也可以通过集中陈列系列产品中的强势产品,带动系列产品中比较弱势的产品,以便培养明日之星,因为系列产品集中陈列能够造成一股气势,有助于带动整体销售。

(4)争取人流较多的陈列位置。在售点,推销员一定要掌握客户的移动路线,并将产品尽量摆放在消费者经常走动的地方,如端架、靠近入口的转角处等。一般而言,看到产品的人越多,产品被购买的几率就越大。若放在偏僻的角落里,产品不易被消费者看到,销路也就不会好。推销员一定要争取最好的陈列空间。

(5)把产品放到客户举手可得的货架位置上。要吸引人们前来购买,推销员必须按照消费者的身高,把商品摆在与他们视线平行、抬手可得的地方,太高或太低的陈列位置,都会造成购买障碍。如以儿童为目标市场,商品应摆放在货架低层,甚至地上。也就是说,陈列高度应视目标消费者而定,以便于他们选购。

(6)经常保持商品价值。在陈列的过程中,除了要保持产品本身的清洁外,还必须随时更换商店中损坏品、瑕疵品和到期品。如有滞销品,应想办法处理,不能任其蒙尘,有损品牌形象。将产品的正面朝向客户、排列整齐、避免缺货、随时保持货架干净,也是维持产品价值的基本方法。总之,就是要让商品以最好的面貌(整齐、清洁、新鲜)面对消费者,以维持产品的价值。

陈列工作是一项长期的工作,必须持之以恒,每日辛勤经营,时刻保持清洁的陈列面,获得最大的陈列效果,这样才能累积出长期的优异成果。

2. 附属性广告制造氛围。消费者都喜欢在一个良好的氛围中购物,这是已被实践证明了的。比如,很多大的卖场经常播放强劲的音乐来刺激人们的听觉,结果显示,这样的消费氛围更有利于调动消费者冲动性购买的"神经",对于销售有着很好的促进作用。同时,在产品销售的现场,应当运用能够引起注意的POP、例牌、产品展示柜等营造一个注意力氛围,通过售点广告凸显产品、品牌、性能、使用价值、美誉形象和服务等。

3. 分销设备要全面、有个性。分销设备在终端设置主要是为了满足产品的特殊性或对产品采用新的卖法。有时一个好的设备本身就是良好的促销工具,如饮料现调机、冰淇淋速冻柜、自动售货机,等等。在实际的分销工作中,依据品牌自身的特点,制作一些有利于销售及制造氛围的分销硬件,也是分销终端的一个重要元素。

4.信息传递。信息传递指在产品卖场上向客户传达分销及分销促进信息的方法及手段,如折扣价签、特卖牌、赠品展示、买×赠×大包装、现场促销活动和卖场广播等,都是比较好的方式。

（二）零售终端促销

随着终端抢夺战的加剧,光有好的陈列还不够,在终端运用各种促销的手段及方法,也是加强终端分销竞争力的重要因素之一。终端促销主要表现在以下几个方面:

1.销售促进。本书第四章已有详细论述,此处不再赘述。

2.导购服务。近年来,在各大卖场出现的导购服务,也是比较好的促销方式。导购服务主要表现在现场的导购方面,通过导购人员的讲解、推荐和演示,调动消费者的兴趣,使消费者认可产品并感到满意。导购服务对人员的素质要求比较高,比如,伊利集团奶粉事业部在各地主要的大卖场都设有导购员,企业领导和消费者都认为,导购员在奶粉的销售过程中起到了不可低估的作用,在很多情况下,有无导购会直接影响到奶粉的销量。

3.关系营销。终端促销也表现在与终端卖场的公关及争取更好的分销竞争机会方面,这就要求厂家必须开展关系营销,与终端客户建立良好的合作关系。比如,可口可乐为了能使其产品无所不在,采取了几大标准的促销策略:跟客户打招呼;检查户内外广告;了解客户的销售情况;检查陈列情况;了解剩余,建议库存;与客户探讨销售技巧;帮助客户寻找滞销产品的销售途径及索取订单;向客户致谢;等等。

（三）零售终端辅导

现在,越来越多的企业开始意识到终端管理的重要性,纷纷采取各种方式对零售终端进行辅导。通常包括以下一些方面:

1.筹划商品活动,即利用商店的二次加工能力,以较低成本的竞争优势开发商品,通过商店的高品质、高附加值的转换程序,使这些原始产品转换成被赋予商店生命、魅力的二次加工商品。由此可见,关于商品活动的筹划,不仅对商店具有重要意义,而且对于推动企业的产品销售亦具有直接影响。

2.传授促销方法。零售商店常因缺乏某些商品的销售技术而丧失商机,这实际上为生产企业的辅导活动提供了机遇。诸如店头广告、商品说明书、海报、直邮(DM)、赠品安排及各种展示活动等,均可由制造商帮助设计。

3.塑造店头魅力。在消费活动日益个性化的时代,店头魅力对吸引客户来店选购影响极大,尤其是感性的购买行为。因此,商店的外观、橱窗布置、装潢、商品陈列与结构、照明、色彩等,都是不可或缺的辅导项目。

4.协助建立内部管理制度。成功的商店所获得的利润,一部分来自经营合理化的管理,而依靠商店内部的各项管理制度,如财务和人事制度等,就能减少不必要的浪费,降低管理成本,如此一来也就相对地增加了利润——因为良好的管理而产生的利益。因此,经营辅导的要旨就在于通过建立合理的内部管理制度,创造出较高的管理绩效。

5.提供市场信息。商店丧失经营机会,往往起因于缺乏搜集市场信息的能力。因此,制造商应该系统地提供市场价格、竞争方面的信息,以作为商店进行决策的依据。另外,竞争商店或业界成败的事例,也可提供给零售商作为经营管理的借鉴。

为了确保辅导工作的稳定性,建议企业除了强化销售人员的辅导功能外,还可设立专门的由资深销售人员及经营管理专家组成的经营辅导部门,并制订专门的辅导拓展计划,以配合企业总体的销售安排。需要指出的是,对零售商的辅导,一定要尊重零售商的意愿,切不可喧宾夺主。因此,经营辅导人员必须与商店经营者进行充分的沟通,在弄清楚商店的特点和需要后,再设计具体的辅导计划。

二、零售终端人员管理

由于销售工作的特殊性,终端工作人员70%以上的工作是在办公室以外进行的,因此,企业对终端工作人员的有效管理是零售终端管理中的首要环节。

(一)严格报表管理

运用工作报表追踪终端人员的工作情况,是规范终端工作人员行为的一种行之有效的方法。严格的报表制度,可以使终端工作人员产生压力,督促他们克服惰性,使终端人员做事有目标、有计划、有规则。报表是企业了解员工工作情况和终端市场信息的有效工具,同时,精心准确地填制工作报表,也是销售人员培养良好工作习惯、避免工作杂乱无章、提高工作效率的有效方法。主要报表有:日报表、周报表、月总结表、竞争产品调查表、终端岗位职责量化考评表、样品及礼品派送记录表、终端分级汇总表等。

此外,还有主管要求定期填报或临时填报的、用于反映终端市场信息的特殊报表。终端工作人员一定要按时、准确填写报表,不得编造,以防止因信息不实而误导企业决策,并及时通过互联网传达给企业。

(二)对终端人员进行培训

一方面加强在线培训,增强终端工作人员的责任感和成就感,让其放手独立工作;另一方面,给予其理论和实践的指导,发现问题及时解决,使终端工作人员的业务水平不断提高,以适应更高的工作要求。同时,可以增进主管人员对终端人员各方面工作情况的了解,对制订培训计划和增加团队稳定性也有不可忽视的作用。

(三)进行终端监督

管理者要定期、不定期地走访市场,对市场情况做客观的记录、评估,并公布结果。终端市场检查的结果,直接反映了终端人员的工作情况。同时,建立健全竞争激励机制,对于成绩一般的人员,主管一方面要帮助他们改进工作方法,另一方面要督促他们更加努力地工作;对那些完全丧失工作热情,应付工作的人员,要坚决辞退;对于成绩突出的人员,要充分肯定成绩,并鼓励他们向更高的目标冲击。

(四)搞好终端协调

企业对终端工作人员所反映的问题,一定要给予高度重视,摸清情况后尽力解决,这样既可体现终端人员的价值,增强归属感、认同感,又可提高其工作积极性。同时鼓励他们更深入全面地思考问题,培养自信心。

企业拥有一套完善的终端人员管理制度,并通过它来约束终端工作人员的行为,终端管理的效果才能得到保证。

三、零售终端管理要求

终端销售绝不是一种简单的组合,往往需要企业运用各方面的资源协调完成。特别是竞争的压力使得终端销售的技术日益精进,对管理工作提出了十分严格的要求。

(一)选择适宜的终端类型

选择何种业态、何种商店或消费场合,必须经过认真的考虑,还必须对这些业态或商店的商圈特征,如人口结构、地理环境、生活形态及竞争态势进行评估。并非选择有利的商圈位置或有名的商店就一定能促进销售成功。应该认真研究自己的实力和目标,从而选择合适的形式。

(二)争取店方的合作

这是影响终端销售效益的难点之一。通常情况下,店方更愿意把机会给予知名的企业或品牌,但新品牌或新企业并非没有自己的优势。这就要求企业必须懂得谈判的艺术,把自己的特点和优势准确地告诉对方。与此同时,强化其他促销形式的配合,并通过严格的管理和良好的沟通赢得店方长久的合作。

(三)增加人力的支持

许多终端销售活动要靠大量的人力去实现,而对于大多数企业而言,要在短时间内培训一支符合要求的队伍并非易事。为了解决这一问题,一些企业开始雇用临时的专业人员或商业学校的学生从事这一工作。实践证明,这是一种既经济又有效率的做法。但企业必须加强监督与管理,以确保整个销售安排朝着自己确定的方向进行。

(四)提高促销的整体配合

强调终端销售的价值,并非排斥其他形式的促销安排。从另一方面看,终端销售的实现,往往以企业形象的确立和品牌价值的塑造为前提,这也就是一些知名的品牌往往能在商店占据有利位置的原因。事实上,终端销售与其他促销形式存在彼此呼应的关系,运用得当会发挥意想不到的作用。

阅读材料

  L洗衣粉是某地级市已经有30多年历史的国有品牌,5年前一直是本市的第一品牌,市场覆盖率几乎达到100%,但随着雕牌、奥妙、汰渍等一线品牌的品牌效应不断提升和市场不断发展,挤占了L洗衣粉70%以上的份额,甚至本市新开业的家乐福竟然拒绝L品牌入驻,原因是L不是国内知名品牌,影响家乐福形象。本地发展起来的连锁超市第一品牌家家乐也开始拒绝他们继续供货,上架的连锁店也向他们开出下架通知单。残酷的现实导致L洗衣粉的销售业绩每况愈下,直至2005年初走向破产的边缘。

  后来,L品牌重新调整了营销战略和战术,具体策略如下:

  1. 放弃获得家乐福、家家乐等KA终端进场权的努力,节省精力和资源。

  2. 资源聚焦,目标终端锁定社区小终端。L洗衣粉公司所在的城市是一个工业城市,有国家大一型以上企业9家,虽然都不太景气,但家属区就占了市区西部的大半,加上其他居民,全市常住居民人口达到180万人,据统计营销面积在100平方米以下的小终端近12 000家,这些终端分布广泛,而且为居民消费提供了KA不能及的便利性,市场潜力巨大。

  3. 产品创新,提升品质,增强竞争优势。首先是改进包装,在内在品质方面经过技术攻关,改进了工艺和配方,使产品在增加衣服色彩鲜亮度,增强衣服舒展性、去污性、抗菌性、环保性等方面均有明显提升,而且开发出衬衣专用、内衣专用、毛料专用三个品种,对市场如此细分其他大品牌较少采用,从而更好地满足消费者的个性化需求。

  4. 变革渠道模式,提高分销能力。以往L品牌主要靠本市两个大型批发市场的三个经销商经销,他们基本上是坐商,靠其他经销商来此批发,基本上靠自然销售,企业对终端没有任何掌控。L企业决定在暂时保留原经销商的同时(先保市场稳定,但对其严格管理,如有恶意杀价,立即停止供货),实施企业直销的渠道模式,在全市开展深度分销。将本市划分为东西南北四个区,每个区选择一个主管,另配10~15个分销员,经7天专业培训,每个区配小型送货车两到三辆;全部人员实行基本工资+提成的工资考核制度,业绩与销量挂钩;对区域内终端进行扫街式调查并建立档案,并进行深入的销售政策、产品功效宣传,增强终端的合作意愿。此渠道模式取消了一级、二级甚至三级批发商,直供终端的价格相比降到0.15元/包,但终端零售价维持原价统一1.8元/包,价格优势和利润优势比大品牌占据绝对优势。

  5. 创新促销方式,提高铺货效率和购买欲望。新产品上市铺货的顺利与否,有效的促销是重要一环。为此L品牌找到本市一家生产瓶装纯净水的企业S,并建立合作关系,L以生产成本价交换S的瓶装水,并针对小终端以每5包洗衣粉送一瓶S纯净水,S则以一箱送一袋L洗衣粉,这样两两结合,共同开发小终端以实现双赢,而小终端获赠的瓶装纯净水每瓶能卖1元钱,而L企业的易货价只有0.46元/瓶,小终端等于每包洗衣粉又多赚0.2元。加上新产品、新包装、新功效、高利润,小终端进货意愿强烈,新产品铺货竟然超出预料,10天之内终端铺货率达到96%。

6. 利用本地化优势,提高终端服务能力。由于L是本地企业,分销人员全部是本地人,前期铺货顺利,而且平均比原岗位高出600多元,大家对终端服务态度热情周到,且每周不少于三次的终端拜访,帮助终端理货,加强沟通,很快与终端建立了良好的客情关系。

7. 重视品牌传播,提升品牌忠诚度。首先是加强终端生动化。L企业印制了精美的终端POP,以塑料材质印刷,既美观又实用。要求终端如果能够保持一年,并在货架明显位置摆放L洗衣粉2袋,年终奖励L洗衣粉12包。其次是周末在社区文化广场开展宣传活动,并现场销售,这使L品牌在居民中的知名度迅速提升。

通过L品牌的6个多月的市场运作,在当地小终端占领了绝对的优势地位,市场占有率达到85%以上,企业重新焕发出了活力。

(资料来源:闫治民、郝星光:《生存自有道——中小品牌如何赢得小终端竞争》,中国营销传播网,2006年5月12日)

第三节 窜货管理

窜货,又被称为倒货、冲货,也就是产品越区销售,它是销售渠道冲突的一种典型表现形式。

一、窜货的表现形式

根据窜货的表现形式及其影响程度,可以把窜货可分为以下几类:

(一)自然性窜货

自然性窜货是指经销商在获取正常利润的同时,无意中向自己辖区以外的市场销售产品的行为。这种窜货在市场上是不可避免的,只要有市场的分割就会有此类窜货。它主要表现为相邻辖区的边界附近互相窜货,或是在流通型市场上,产品随物流走向而销售到其他地区。这种形式的窜货,如果货量大,该区域的渠道价格体系就会受到影响,从而使渠道的利润下降,影响二级批发商的积极性,严重时可发展为二级批发商之间的恶性窜货。

（二）良性窜货

良性窜货是指企业在市场开发初期，有意或无意地选中了流通性较强的市场中的经销商，使其产品流向非重要经营区域或空白市场的现象。在市场开发的初期，良性窜货对企业是有好处的。一方面，在空白市场上企业无须投入，就提高了其知名度；另一方面，企业不但可以增加销售量，还可以节省运输成本。只是在具体操作中，企业应注意，由于因此而形成的空白市场上的渠道价格体系处于自然形态，因此企业在重点经营该市场区域时应对其再进行整合。

（三）恶性窜货

恶性窜货是指经销商为获取非正常利润，蓄意向自己辖区以外的市场倾销产品的行为。经销商向辖区以外倾销产品最常用的方法是降价销售，主要是以低于制造商规定的价格向非辖区销货。恶性窜货给企业造成的危害是巨大的，它扰乱企业整个经销网络的价格体系，易引发价格战，降低渠道利润；使得经销商对产品失去信心，丧失积极性并最终放弃经销该企业的产品；混乱的价格将导致企业的产品、品牌失去消费者的信任与支持。

此外，企业还必须警惕另一种更为恶劣的窜货现象，即经销商销售假冒伪劣产品。假冒伪劣产品以其超低价诱惑着销售商铤而走险。销售商往往将假冒伪劣产品与正规渠道的产品混在一起销售，掠夺合法产品的市场份额，或者直接以低于市场价的价格进行倾销，打击了其他经销商对品牌的信心。

由此可见，并不是所有的窜货都具有危害性，也不是所有的窜货现象都应及时加以制止。市场上有一句流行的话："没有窜货的销售是不红火的销售，大量窜货的销售是很危险的销售。"适度的窜货会形成一种热热闹闹的销售局面，这样有利于提高产品的市场占有率和品牌知名度。所以，我们需要严加防范和坚决打击的是恶性窜货。

二、分析窜货的成因

在我国目前的市场经济中，窜货乱价具有必然性。其根本原因是：商品流通的本性是从低价区向高价区流动，从滞销区向畅销区流动。因此，同种商品，只要价格存在地区差异，或者只要同种商品在不同地区的畅销程度不同，就必然产生地区间的流动。

形成窜货的具体原因有很多，既有制造商的原因，也有经销商的原因，但"利"字却贯穿了窜货的全过程。窜货是渠道成员过度追逐自身利益的必然结果，但是，制造商却是形成窜货的"罪魁祸首"，是制造商各种行为的主观或客观结果。"越区销售"的屡屡发生，就是因为制造商对管理过程中的各个环节缺乏有效的控制，才导致某些经销商、代理商有空子可钻。因此可以认为，"越区销售"是由管理失控及以下几方面原因造成的。

（一）管理制度有漏洞

有些企业根本没有窜货方面的管理制度，对代理商、经销商以及销售人员没有严格的规定，没有奖惩措施。待事情出现时无法可依，只好将事就事，对窜货的客户处理不严，姑息纵容，警告一下，批评一下，象征性地罚款了事，甚至助纣为虐。企业的这种态度间接鼓励了经销商的窜货。许多企业，销售人员的收入始终是与销售业绩挂钩的，于是有时为了多拿奖金，一些销售人员或企业派驻代理商的业务代表，会鼓动代理商违规操作，向其他地区发货。

（二）管理监控不力

有些企业虽有规章制度，但反应迟钝，或睁一眼闭一眼，有法不依。一些企业在销售的过程中，患有"营销近视"，片面追求销售量，采取短期行为，对窜货重视不够，信息反馈不及时，不能及时发现窜货现象，待知道时，"星星之火"已成"燎原之势"。还有一些企业的分公司和销售人员为了完成既定的销售目标，低价向相邻市场抛售产品，或是一些企业内部管理不善，也使得一些销售人员为了一己私利争夺市场而窜货。

（三）激励措施有失偏颇

企业在激励经销商时往往忽略采取其他措施（如年终返利、高额回扣、特殊奖励、经销权等）将经销商的行为控制在合理的范围之内。企业针对渠道成员制定的种种激励措施，一般都会以经销商完成一定额度销售量为基准，经销商超额完成的百分比越高，则获得的奖励越多，带来的利润越丰厚。为完成既定的销售量以获得高额奖励，许多经销商往往不顾一切地来提高销售量，经销商之间也会窜货。一些不道德的经销商还会不择手段地向其他区域市场"攻城略地"，甚至倒贴差价，赔本销售，将原本井然有序的市场搞得鸡犬不宁。还有许多企业在产品定价上分多个级别，如总经销价，总代理价，一级、二级、三级批发价等。如果总经销自己直接做终端的话，其中两级阶梯的价格折扣便成为相当丰厚的利润，这个价格体系所产生的空间差异非常大，形成了让其他经销商越区销售的基础。所以采取年终返利、价格折扣等激励措施应有前提条件。

（四）代理选择不合适

这里有两层意思。一是对独家代理与多家代理商的选择不当。一般来说，制造商采取独家代理制，即在某一个区域市场内只寻找一家合作的经销商或代理商，比较容易掌控，可保证市场规范有序。然而，许多制造商因利益驱使而不顾市场规范，只要愿拿钱来买它的货，就可以成为在当地的经销商，致使"一女嫁二夫"甚至"一女嫁多夫"的现象比比皆是。这样，制造商根本无法控制经销商，也就无法控制市场，企业的短期行为必然导致产品的越区销售。二是对代理商或经销商的资格审查不严。一些不合格的经销商滥竽充数，只要能赚钱，他们什么事都敢做，跨区销售也就不在话下了。

（五）抛售处理品和滞销品

一些企业为了一点蝇头小利，自食苦果。如规定对积压货物不予退货，让经销商自行处理，经销商为了规避风险，置企业信誉和消费者利益于不顾，将积压的、过期的、甚至变质的产品，拿到畅销的市场上出售，或者将区域市场内的滞销产品向其他区域市场窜货，还有不少经销商往往用畅销产品降价所形成的巨大销售力来带动不畅销产品的销售，从而形成窜货。经销商甚至把假冒商品与正牌商品一起卖，这种现象在食品、饮料、化妆品等有明显使用期限的产品中极其普遍。制造商受到的损失是，不仅混乱了市场，更重要的是砸了企业的牌子。

三、治理窜货的对策

为消灭恶性窜货，企业应从以下几个方面着手：

（一）归口管理，权责分明

企业分销渠道管理应该由一个部门负责。多头负责，令出多门最容易导致市场的混乱。这个部门首先要制定一整套的管理规章制度，如代理商的资格审查，设立市场总监，建立巡视员工作制度，建立严格的奖惩制度等。如钱江摩托车的销售体系是每个县找一家独家代理，代理商每跨区销售一台钱江摩托车罚款1 000元。制度一经制定，有法必依，违法必究。

（二）签订不窜货乱价协议

制造商与各地经销商、代理商之间是平等的企业法人间的关系，需要通过签订的经销或代理合同来约束经销商的市场行为。在合同中要明确加入"禁止跨区销售"的条款及违反此条款的惩处措施，或要求经销商、代理商缴纳市场保证金，将其销售活动严格限制在自己的市场区域之内。另外，由于相当多的企业对业务人员的奖励政策是按量提成，从而导致本企业销售人员迁就纵容经销商窜货，牟取私利。因此，在企业内部销售人员之间也要签订不窜货乱价协议，加大处罚力度。并且，应当鼓励经销代理商之间、销售人员之间相互监督。

（三）加强销售渠道管理

销售管理人员具有销售渠道管理的职责。规范渠道管理应做到：第一，积极主动，加强监控。特别要关注销售终端，关注零售市场。如果某区域销量或价格有明显变化，应该及时找出原因，其中重点是向上搜索一级、二级代理商渠道，检查有无窜货现象发生。第二，信息沟通渠道要畅通。最关心窜货的除了制造商外就数被窜货地区的经销商或代理商了，他们往往第一个发现问题，所以应有一个畅通的渠道让他们及时地反馈信息、沟通信息，以便及时掌控市场窜货状况。第三，出了问题，严肃处理。一旦确认出现窜货问题，应根据规章罚款或取消代理资格等，绝不姑息。

(四)外包装区域差异化

鉴别窜货的难题之一是如何确认货物应销往何地区。解决的办法是制造商对销往不同地区的产品在外包装上进行区别。主要措施是:第一,给予不同编码。大件商品如汽车、摩托车、家电等都是一件商品一个编号,区分起来没问题。日用品就可以采取批次编号,发往不同地区的商品批次编号不一样就行。第二,利用条形码。对销往不同地区的产品外包装上印刷不同的条形码。第三,通过文字标志。当某种产品在某地区的销量达到一定程度,并且外包装又无法回收利用时,可在每种产品的外包装上印刷"专供××地区销售"的字样。如日本富士胶卷销往中国市场的产品就是这么做的,其外包装也进行了单独设计。第四,采用不同颜色的商标。在不同地区,将同种产品的商标,在保持其他标志不变的情况下,采用不同的色彩加以区分。但该方法要慎重使用,要做适当的宣传,以免给假冒产品开了方便之门。

(五)建立合理的差价体系

企业的价格政策要有利于防止窜货。第一,每一级代理的利润设置不可过高,也不可过低。过高容易引发降价竞争,造成倒货;过低调动不了经销商的积极性。第二,管好促销价。每个制造商都会搞一些促销活动,促销期间价格一般较低,经销商一般要货较多。经销商可能将其产品以低价销往非促销地区,或促销活动结束后低价销往别的地区形成窜货。所以应对促销时间和促销货品的数量严加控制。第三,价格政策要有一定的灵活性。要有调整的空间,否则对今后的市场运作不利。还要严格监控价格体系的执行情况,并制定对违反价格政策现象的处理办法,使经销商不至于因价格差异而窜货。

(六)加强营销队伍的建设与管理

营销人员自身的素质对窜货的管理至关重要。第一,严格人员招聘、甄选和培训制度。企业应把好销售人员的招聘关,挑选真正符合要求的高素质的人才,在上岗前要进行严格的培训,此所谓"磨刀不误砍柴工"。第二,制定鼓励人才成长的各项政策,使各销售人员能人尽其才。企业应建立的主要目标有销售定额、毛利额、访问户数、新客户数、访问费用和货款回收比例等。其中,制定销售定额是企业的普遍做法。对成绩优异的销售人员给予晋级、奖金、奖品和额外报酬等实际利益,以此来调动销售人员的积极性。物质激励往往与目标激励联系起来使用。对成绩优异的销售人员给予表扬,颁发奖状、奖旗,授予荣誉称号等,以此来激励销售人员上进。第三,严格营销人员的考核,建立合理的报酬制度。绩效标准不能一概而论,管理人员应充分了解整个市场的潜力和每一位销售人员在工作环境和销售能力上的差异。绩效标准应与销售额、利润额和企业目标一致。常用的推销人员绩效指标主要有:销售量、毛利、访问率、平均订单数目、销售费用、销售费用率、新客户数目等。合理的绩效评估和酬赏制度,能真正做到奖勤罚懒,奖优罚劣。评估考核时还应注意销售区域的潜量以及区域形状的差异、地理条件、交通条件等对推销效果的影响以及一些非数量化的标准,如合作性、工作热忱、责任感、判断力度等。

某食品公司解决窜货的办法是值得我们借鉴的。其产品价格在全国范围内是统一的,不管是广州还是乌鲁木齐,零售价与批发价都有严格的规定。然而,子公司和销售人员受利益的驱动纷纷进行跨区销售。该公司深刻意识到问题的严重性,从一开始,公司就重视市场秩序的整顿工作。公司成立了审计部,专门负责打击窜货,对窜货规定了严厉的处罚制度,并规定追究连带责任。窜货一经查出,销量全部划归被窜公司,因窜货获取的奖金全部没收,对于当事人和公司经理处以1~5倍的罚款。办事处窜货的子公司经理要承担责任,子公司经理窜货的,地区总经理要承担责任。此外,公司还在包装盒上打上批号,不同地区,销售不同批号的货,所有批号在全国公开,因此,只要一查批号,就可以看出是本地货还是其他公司窜来的。此外,公司对发货的时间、流向都进行严格的登记,以便有据可查。这些措施都对制止窜货起到了很好的作用。

阅读材料

诺基亚"窜货风波"

诺基亚占据手机市场半壁江山,并一直有着良好声誉,如今却出现冰火两重天。据报载,诺基亚以"高额罚款"遏制"窜货",引发各地经销商"拒卖风潮"。

一切貌似都是高额罚款惹的祸,然而,这也反映了"窜货"是诺基亚目前销售渠道无法堵截的普遍问题,是蔓布诺基亚渠道的"毒瘤"。制造这"毒瘤"的不是面对高额罚款铤而走险的经销商,而是诺基亚自身。

近年来,市场经销区域划分和省级直控分销政策为诺基亚赢得地方市场和高增长做出了贡献,但如今市场已经发生了变化:首先,受金融危机影响,以诺基亚为代表的手机通信市场面临萎缩,根据诺基亚2009年一季报,终端和服务业务经营利润为5.47亿欧元,同比下滑71%,销售额同比下降33.4%;第二,随着通信行业竞争的日益激烈和市场销售量的增大,经销商日益增多,手机利润逐渐被摊薄,经销商面临更大的市场压力;第三,诺基亚已经由上升期发展到平稳期,据诺基亚2009年一季报估测,2009年第一季度诺基亚在移动终端市场的份额为37%,低于2008年第一季度的39%,在目前情况下,诺基亚保持自1998年以来形成的每年20%的高增长和40%的既有份额困难重重。

面对这一系列变化，诺基亚的市场调整却显得滞后。面对市场份额的减少、销售压力的增大，诺基亚依然维持原有市场战略，包括价格体系、给经销商的销售额度等指标和措施。从经销商的角度来看，当现有市场承载不了既定销售量和销售商数量时，也意味着经销商需要寻求其他渠道来化解厂商所指派的销售指标。否则，一方面作为全球最大移动通信品牌经销商的资格可能不保，另一方面无法获得月度或季度的返利。以上或许是"窜货"现象频发的重要原因。

表面看是经销商违规操作，从另一角度看，诺基亚是在转嫁经营压力。诺基亚将自身的增长压力转化成了批发商的销售压力，当这种压力由批发环节过渡到经销和零售环节时，矛盾就显得更为突出。面对金融危机下市场缩减和自身发展的放缓，将增长压力压在经销商身上，对诺基亚自身长远的发展显然是不利的。

对"窜货"行为本身的打击无可厚非。对于经销商来说，部分经销商"窜货"会破坏市场的正常经营，让一些经销商因为价格优势而坐大，而另一些正规渠道的经销商面临不公平的挤压和死亡；对于诺基亚而言，就像该公司一位负责人所说，无序的市场将导致产业链受损，会让品牌消失乃至企业死掉。对此，诺基亚一方面坚决打击，另一方面为经销商只能跟诺基亚同甘而不能共苦感到寒心。但不可忽视的问题是，"窜货"也是经销商为实现市场与销售平衡而采取的"旁门左道"，如果诺基亚要维持现有的体系，就必须要针对市场情况做出调整。

厂商与经销商是一根绳上的蚂蚱。诺基亚与经销商签订了长期经销合同就属战略合作关系，对"窜货"进行罚款并不是问题解决之道，应该分析解决更深层次的问题。在金融危机背景下，诺基亚应该采取更好的措施，在经营合作战略、经销策略上做出改变，积极利用经销商的力量，齐心协力来开拓市场，而没有必要用"高额罚款"将经销商置于对立面。

（资料来源：秦合舫：《诺基亚"窜货风波"：销售渠道之困》，《中国经济周刊》，2009年第25期）

本章小结

管理销售末端主要是指对销售流程的最后环节涉及的货品、零售现场和窜货进行管理。

要想提高发货水平，订货控制是关键。企业的订单管理流程大致上可以分为以下两大类："存货生产方式"的订单管理流程和"订货生产方式"的订单管理流程。发货管理是指将企业生产的产品交到客户手中的过程。商品退货会即时减少企业的营业额，降低利润，企业应检讨商品竞争力与加强营业管理，提高营运绩效，努力减少退货。

终端管理的主要内容包括终端陈列、终端促销、终端辅导等。

根据窜货的表现形式及其影响程度,可以把窜货分为以下几类:自然性窜货、良性窜货、恶性窜货。形成窜货的原因主要有管理制度有漏洞、管理监控不力、激励措施有失偏颇、代理选择不合适、抛售处理品和滞销品。治理窜货问题的对策有归口管理,权责分明;签订不窜货乱价协议;加强销售渠道管理;外包装区域差异化;建立合理的差价体系;加强营销队伍的建设与管理。

窜货市场如何快速走向规范化

广东Z纸业集团成立于20世纪90年代,由于处于整个行业管理和营销落后以及产品匮乏年代,Z公司在市场上迅速占领了华南区20%左右的生活用纸市场。取得如此成绩的一个重要原因是,该公司采用了强有力的返利政策,提高了经销商的积极性,推动了企业的发展。但这也带来了一系列问题,其返利主要以"现返+季返+年返+淡旺季返+专卖返+新品返"为主,都是明返,造成经销商为了完成任务不论用任何方法,向各地区窜货。开始时,窜货区域的经销商生意一路成长,因此公司对窜货的危害不太注意。

因为返利政策的有效性利用,广东省38个经销商中,培养了5个特大型的经销商。全国市场中,华南区域的销售额占了总销售额的80%左右。

2002开始,由于5个经销商区域的销售量增幅较大造成的假象,公司以为是这5个区域消费力特别强的原因,销售部应部分经销商要求,将5个特大型经销商的返利点数直接签到合同里去。比如:在乙方完成2003年度销售额的5 200万元的同时,甲方承诺给乙方的促销返利为提货额的12%,可在提货单上直接折扣。自提货品的给予2.8%的运输运费补助。如果乙方超额完成2003年度的销售任务5 200万元,甲方给予乙方年度奖励0.6%。

由于这些经销商奖励政策和返利政策的应用和实施,这5个经销商一下子就像充了气的气球一样,销售膨胀相当厉害,年增长率高达150%,有的达到300%。但市面上畅销的卷筒纸每筒纸几乎要比厂价便宜1元左右,与该厂签订合同的小经销商,由于从厂家进货要比在大经销商那里进货还要贵,他们纷纷从大经销商处进货,以满足当地属于自己的销售网络需要。对厂家来说，与该厂签订合同的小经销商客户其实已经变得名存实亡。5家经销商就像是厂家的5个分支机构一样，基本由他们说了算，厂家已经进入了一个尾大不掉的境地。中小经销商更是雪上加霜，怨声载道，利益得不到保障和保护。中小经销商们集体找厂家谈判，可谈判无果。2003年底，有一半经销商已经开始与Z集团的最有力竞争对手合作，做了竞争对手品牌产品的经销商。有的则直接退货，不再经销Z品牌产品，厂家为此损失惨重，销售量直线下滑，品牌也大受影响。

另一方面，超市卖场也纷纷斗价，尤其是广州与深圳的经销商各自进入同类卖场，产品价格报价也不一样；有的是同一个卖场系统，深圳与广州两地经销商报价也不一样。经销商的管理已严重失控，产品价格相当混乱，市场已经到了难以收拾的地步。

面对如此局面，Z公司决定换L君临危受命，做Z集团的营销总经理。上任第一天，L就接到三单窜货投诉。如果不把恶性窜货搞定，经销商利益得不到保障，市场就不可能稳健发展。以下是L君在Z公司治理窜货的方法和经验。

一、规范产品价格体系

造成窜货的一个很重要原因就是产品价格混乱，价格混乱的直接原因有的是来自厂家，有的则来自经销商。例如：有的企业认为，不同地方的消费水平是不一样的，企业在投入促销力度时也应该不一样，不同的区域运费是不一样的，所以价格也应有所变动。有的认为新市场价格就应该有特殊优势，这才能打开市场。有的是对经销商价格、终端零售价格没有要求，结果造成市场价格体系混乱。而更多的是企业对价格执行不严肃，存在"霸王价"、"特权价"、"亲属价"。经销商本来就是"唯利是图"的，所以不管你厂家口头上怎么要求他们，如果不是动真格的，严肃、严格地按规章制度办事，他是绝对不会放过任何赚钱机会的。况且，扩大销售区域也不是什么大错，哪能有不窜货之理？价格哪能有不乱之理？窜货与价格混乱本来就是一对孪生兄弟，窜货会导致价格混乱，反过来价格混乱又会产生窜货行为。

所以，要想把住源头，首先必须实行全国统一报价，第二就是价格执行要严格、严肃。

从2004年1月1号开始，Z公司全面整顿市场，建立统一的全国产品价格体系，规范了经销价、供二批价、供超市价、超市正常零售价、超市特价。如要变动价格必须经过Z公司营销总经理签字同意。另外就是制订了《2004年跨区、斗价、低价处罚制度》，严格按制度和标准执行。

二、取消大户合同返利制

大户合同返利制在一个时期内，确实起到了扩大销售区域、提升销售量和迅速提升品牌知名度的作用。但随着产品进入成长期和成熟期，这种模式逐渐显露出不适应市场需要的副作用来，主要是对小经销商的利益保障、区域覆盖深化、价格竞争力都有大影响。

2004年的新合同签订,为了取消大户制,经过开会、研讨、谈判,直到2004年8月份才全部签订下来。有的大户直接就找到老板谈,坚决不赞成新的统一合同制;他们认为这样的做法对他们不公平,做多做少一个样,大客户小客户一个样。其实,真正细算起来,所有返利和终端补助利益,大客户和小客户还是不一样的。只不过把原来的直接返利更加细化了。公司把返利分为三类:产品类(畅销产品、新品、非畅销产品、形象产品、利润产品),市场类(销量、出样率、全品项、陈列生动化、是否低价、是否窜货、店内广告、店招),销售支持(预付款返利、物流配送、人员支持、与公司的配合度、是否有专职人员做专销)。

大户们虽然强烈表示不同意,暂时在思想上难以接受,但经过几个回合的解释和谈判沟通,通过算细账,最后还是赞成的,都觉得这种做法对公司和市场的长远发展还是有利的,对他们自己在业务发展和管理细化方面也是很有帮助的。

三、严格销售区域划分

通常,为了避免窜货,最有效的办法是分品牌、分产品或者分渠道来划分区域,但这对一般公司都是不可行的。因为在中国的企业里,有过一段历史渊源的公司都是以行政区域来划分经销商经销区域的。按照行政区域划分,中国一般划分为华南、华东、华中、华北、东北、西北、西南、港澳。如广东的东莞、佛山、中山这样的行政区域作为独立销售区域进行划分。

对于这样的划分最容易引起争议的就是三角地带和边界地方,如广州的新塘,它是归属于广州的增城,但距离东莞很近,离惠州的博罗也不远,假如没有认真把它注明路线和划好边界线,就非常容易引起争议和窜货的可能。这都要区分清楚,以免引起后来的争议。

当然,对原来的不合理的一些区域划分还要进行重新的处理。例如,按经销商的实力和能力,按经销商的理念和忠诚度,按经销商经销的品牌多寡,按经销商经营管理的可塑性等重新审视经销商原来销售区域的合理性。

四、成立市场监督部

原来公司里没有市场监督部,所有的市场问题都由销售经理和总经理处理。对于窜货也是双方区域经理谈判,然后到销售经理和总经理处按照自己的判断做出方案处理,基本没有标准界定,也没有什么处罚方案。日积月累,问题成堆,对小经销商来说更是有怨无处申。

2004年3月成立了市场监督部后,市场监督部先在华南区域试行,因为华南区域窜货最为严重。市场监督部归属于营销总经理直接管理,与销售部和市场部是并列单位。

市场监督部的主要职能是制定一系列的制度、标准和监督销售执行情况,如建立了《2004年零售终端窜货处罚制度》、《2004年流通窜货处罚制度》等。当然,除了建立制度、标准和监督执行外,还有建议处罚权和处罚监督权,监督经销商和业务员是否窜货。

五、建立产品打码标志体系

产品打码是为了事后查看和证明是谁窜货,窜了多少货,使得窜货者不能抵赖。考虑到卫生纸的体积大,货值小,不可能所有产品全部打码,他们采用了以下打码方法:

1. 针对8个重点怀疑窜货对象进行打码;
2. 距离较远的几个经销商共用一个码;
3. 所有的打码除了公司市场部经理和营销总经理清楚外,对其他销售人员一概保密;
4. 有时一些打码也会泄露出去,他们就按不同时段打不同的码。
5. 针对最有可能窜货的经销商在产品内外包装都进行打码。

六、签订《市场秩序管理公约》

市场上窜货是很难避免的,尤其是一些边界地方,你能管住一级分销商,也管不了二级分销商。所以,单靠市场监督部监督管理是相当困难的,最好的方法就是经销商自我管理,互相监督。《市场秩序管理公约》就是经销商自我管理的一种书面法律文书。

(资料来源:梁胜威:《窜货市场如何快速走向规范化》,中国营销传播网,2009-10-20)

问题:L君是如何管理窜货市场的?

思考题

1. 如何进行订货管理?
2. 一般来说,发货管理主要包括哪些内容?
3. 如何进行退货管理?
4. 零售终端管理包括哪些内容?
5. 企业对零售终端人员的管理主要包括哪几个方面?
6. 零售终端销售管理的注意事项有哪些?
7. 根据窜货的表现形式及其影响程度,窜货分为哪几类?
8. 窜货的原因有哪些?
9. 如何消灭恶性窜货?

第十一章

客户服务管理

本章学习目标

- 熟悉客户服务的分类与内容
- 了解服务质量的评估标准
- 掌握处理客户投诉的原则与流程
- 熟悉评估客户满意的关键因素
- 掌握客户忠诚度的衡量标准
- 掌握提高客户忠诚度的解决方案

客户服务管理是销售管理活动中必不可少又极其重要的组成部分。服务的方式、服务的内容、服务的质量等不但直接关系到当前的销售效益,也影响到以后销售的深入和发展,所以服务日益成为竞争的焦点而受到人们的极大重视。因此,无论是企业还是销售人员,都必须把客户服务摆在重要的位置上,不断增加服务内容,改善服务态度,并提高服务质量。本章主要阐述全面客户服务、评估服务质量、处理客户投诉、提高客户忠诚等内容。

第一节 全面客户服务

一、客户服务的分类

客户服务是指在合适的时间和合适的场合,以合适的价格和合适的方式向合适的客户提供合适的产品和服务,使客户的合适需求得到满足,价值得到提高的活动过程。

客户服务的方式多种多样,内容也很丰富,依照不同的划分标准可以对销售服务进行不同的分类。

（一）按服务的时序分类

按服务的时序分类，可以分为售前服务、售中服务和售后服务。

（二）按服务的技术属性分类

1. 技术性服务，指提供与产品的技术和效用有关的服务，一般由专门的技术人员提供。技术性服务主要包括产品的安装、调试、维修及技术咨询、技术指导、技术培训等。

2. 非技术性服务，指提供与产品的技术和效用无直接关系的服务。它包含的内容比较广泛，如广告宣传、送货上门、提供信息、分期付款等。

（三）按服务的地点分类

1. 定点服务，指在固定地点建立或委托其他部门设立服务点提供服务。如生产企业在全国各地设立维修服务网点就属此类。零售所设的销售商品的门市部也可以为客户提供定点服务。

2. 巡回服务，指没有固定地点，由销售人员或专门派出的维修人员定期不定期地按客户分布线巡回提供服务，如流动货车、上门销售、巡回检修等。这种服务多适用于企业的销售市场和客户分布比较分散的情况。因其深入居民区，为客户提供了更大的便利而深受欢迎。

（四）按服务的费用分类

1. 免费服务，指提供的不收取费用的服务，一般是附加的、义务性的服务。在售前、售中、售后服务的大部分工作都是免费的。

2. 收费服务，是在产品价值之外的加价，只有少数大宗服务项目才收取费用。这类服务一般也不以盈利为目的，只为方便客户，因此收取的费用也是比较合理的。

（五）按服务的时间长短分类

按服务的时间长短，可分为长期服务、中期服务和短期服务。

（六）按服务的频度分类

1. 一次性服务，指一次提供完毕的服务，如送货上门、产品安装等。

2. 经常性服务，即需多次提供的服务，如产品的检修服务等。

二、客户服务的内容

企业在向客户提供服务之前，应该清楚每个服务阶段客户的需求是什么，提供哪些服务客户才会感到满意。以下我们从售前、售中和售后服务的角度加以说明（如图11-1）。

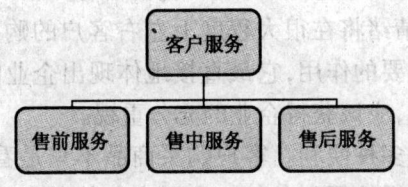

图 11-1 客户服务的内容

（一）售前服务

售前服务，是指通过广泛的市场调查，研究分析客户的需求和购买心理，在向客户销售之前，采用多种方法来引起客户的注意和兴趣，激发客户的购买欲望而提供的一系列服务。

随着市场上产品的日渐丰富，企业之间的竞争不断加剧，客户选择商品的范围扩大了，对商品及企业的要求也随之提高。要在纷繁复杂的商品中，使客户对自己企业的产品发生兴趣并产生购买欲望，售前服务无疑在其中担当重要的角色，因而成为企业之间进行竞争的重要手段。尤其在企业试图研发新产品时，售前服务更为关键。企业对产品的研制和设计必须建立在充分了解市场需求，把握需求发展的动态和趋势的基础上，而要掌握这一系列情况，必须依赖于广泛而深入的市场调查。唯有把握了翔实的资料和充分的信息，才能保证研究分析的准确性。新产品刚刚投放市场时，对客户来说是生面孔，这时更要依赖售前服务，通过广告宣传等使客户了解新产品并对之产生兴趣。因而新产品要迅速地开拓并占领市场，更加离不开售前服务的有力支持。售前服务的方式可谓五花八门，最常见的售前服务主要有以下几种。

1. 通过广告宣传使客户知晓。广告已成为人们生活中一个重要的组成部分。好的广告制作精良，设计巧妙，给人以艺术上的享受，从而丰富了人们的文化生活。不仅如此，广告宣传实际上是一种售前服务的方式。它通过向客户传送有关产品的功能、用途等方面的信息，使客户了解产品并能诱发客户的购买欲望，还有利于扩大企业的知名度，树立企业良好的形象。因此，企业必须高度重视广告宣传。但需要注意的是，企业在选择广告媒体时，应依据目标客户的特点来进行，实现最佳的广告媒体组合。同时，企业还要注意广告的制作。此外，广告的投放时间和频率也是关系到广告成败的关键因素。

2. 布置良好的购货环境。客户在购买商品时不但重视产品本身和销售人员的服务，对销售环境的要求也不断提高，希望能在舒适、卫生的环境下购买商品。销售场所的环境卫生、通道设计、铺面风格、招牌设计、内部装饰、标志设置、灯光色彩、商品摆放、营业设备等因素综合而构成的整体的购物环境会给客户留下不同的印象,由此引发客户不同的情绪感受,这种情绪将在很大程度上左右客户的购买决策。销售环境布置还对树立企业的形象有着重要的作用,它最直接地体现出企业的经营管理状况,因而,它作为售前服务的一种方式,应该获得企业的充分重视。

3. 为客户提供购物的多种便利。客户购买商品不只是看重产品实体本身,还非常重视由享受销售服务而获得的便利条件。由于竞争的压力,现代人的生活节奏不断加快,人们的闲暇时间越来越少。如何在越来越少的闲暇时间里获得最大限度的休息和放松成为人们要思考的问题之一。相应地,人们对销售主体所能提供的便利条件也就越发重视,从而成为人们做出购买决策时要权衡的一个重要因素。因此,销售主体应尽可能地为客户提供方便,一方面让客户感到舒适方便,另一方面也节约了客户的采购时间,提高了采购的效率。

4. 开通服务电话。企业能直接触及的市场领域毕竟是非常有限的。企业只能在有限的地区设立分销处或派遣销售人员,对其他地区则鞭长莫及,由此丧失了许多销售机会。开通业务电话,提供电话订货等服务,可以使企业的触角伸入原本未进入或难以进入的市场,挖掘潜在客户,扩大企业占据的市场范围,并提高产品的销量,抓住更多的销售机会。

5. 免费咨询。客户在购买商品之前一般都要收集尽可能多的有关商品的信息和资料,在此基础上权衡得失,从而做出购买决策。一般来说,客户不会购买其不甚了解的商品。为了向客户介绍商品的性能、质量、用途,向潜在客户宣传介绍商品,回答客户提出的疑难问题就显得尤为重要。企业应派遣有专业知识的人员在销售场所开设咨询服务台,或在外出销售时为客户提供各种咨询服务,以加深客户对商品的了解,并增强客户对商品和销售人员的信任。

(二) 售中服务

客户接受了售前企业提供的服务,产生了购买欲望,然后开始选择商品并最终决定购买,在这个阶段,企业到位的售中服务会促进最终交易的达成,实现销售的增长。

售中服务,是指在买卖过程中,直接或间接地为销售活动提供的各种销售服务。销售人员在销售过程中所提供的服务的方式、内容及质量,不仅关系到成交与否,而且还影响整个企业的信誉,因此,企业和销售人员都必须给予相当的重视。

一般来说,售中服务主要包括以下几项内容:

1. 向客户传授产品知识。销售人员在向客户销售产品的同时,必须向客户介绍有关产品的性能、质量、用途、造型、品种、规格等方面的知识。一方面,这是客户做出购买决策的客观要求,即客户在决定购买时,必须了解有关的知识,以此作为权衡和考虑的依据;另一方面,销售人员详细向客户介绍,有利于培养良好的销售气氛,形成和谐的人际关系,因此也有促进销售的作用。

2. 帮助客户挑选产品。客户在购买过程中的心理受自身内部因素和外部因素的双重影响。内部因素包括客户的需求、社会地位、文化程度、购买习惯、消费知识和经验等。在售中阶段,内部因素对客户的影响已经形成了较为固定的结果,因而,外部因素在此时就显得更为重要。外部因素包括商品的价格、质量、用途、广告、购物环境等因素。其中,客户对商品知识的了解,绝大部分是通过销售人员在现场服务介绍中获得的。

当客户向销售人员询问商品的价格、质量、性能、用途及商品的优点和缺点时,销售人员如能根据客户的需求心理加以介绍,正确地引导客户,做好参谋,就能使客户按理想的方式来权衡利弊,从而有利于促成交易的最终实现。

3. 满足客户的合理要求。在销售过程中,多数客户会向销售人员提出一些要求,其中大多是比较合理的,只要少数是销售人员无法满足或超出企业服务范围的。销售人员应尽最大努力满足客户的合理要求,提高客户的满意度,增强客户对销售人员的信任,从而促成交易。这样做还能提高客户的重复购买率,并扩大企业的声誉。

4. 提供代办业务。售中服务不仅对普通消费者非常重要,而且也受到批发零售商和生产企业类客户的重视。向这类客户提供的售中服务主要包括:代办托运、代购零配件、代办包装、代办邮寄等业务。这些服务为客户带来了更大的便利,不仅可以吸引更多的客户,促成交易,密切产需关系,而且还能增强客户的信任感,提高企业的竞争能力,甚至与客户达成长期合作。

5. 现场操作示范。销售人员在销售产品时现场操作,能让商品现身说法,真实地体现出商品在质量、性能、用途等方面的特色,引发客户的兴趣,并激起客户的购买欲望。这种方式还会使销售人员的说法得到证实,更有说服力,增加客户的信任。

(三) 售后服务

售后服务,就是在商品销售之后所提供的服务。相对于售前和售中服务,人们更多提及的是售后服务,可见售后服务对于企业的重要性。售后服务同样也是形式多种的,并且可供开发创新的内容和领域十分广泛。当前,售后服务主要包括以下几个方面:

1. "三包"服务。所谓"三包"服务,是指对售出商品的包修、包换、包退的服务。

包修服务,指对客户购买本企业的产品,要在保修期内实行免费维修,超过保修期限收取维修费用。有些企业对大件商品提供上门维修服务。

包换服务,指客户购买了不合适的商品可以调换。

包退服务,指客户对购买的商品感到不满意,或者质量有问题时,能保证退货。

三包服务广泛运用于各个行业,成为企业提供售后服务的一个基本标准。

2. 送货上门。对购买较笨重、体积庞大,不易搬运的商品或一次性购买量过多,携带不便或有特殊困难的客户,有必要提供送货上门的服务。其形式可以是自营送货,即由企业自己的设备送货,也可以采取代管送货的形式,即由企业代客户委托有固定联系的运输单位统一送货。送货上门服务对于工商企业来说并不是很困难的事,但却为客户提供了极大的便利,提高了客户的重复购买率。

3. 安装服务。随着科学技术的发展,商品中的技术含量越来越高,一些商品的使用和安装也极其复杂,客户依靠自己的力量很难完成,因此就要求工商企业提供上门安装、调试的服务,保证出售商品的质量,使客户一旦买好就可以安心使用。这种方式解除了客户的后顾之忧,大大方便了客户。

4. 包装服务。商品包装也是为客户服务中不可缺少的项目。商品包装不但使商品看起来美观,而且还便于客户携带。许多大中型和有声望的工商企业在包装物上印刷本企业的名称、地址、标志,起到了广告宣传的作用。

5. 电话回访和人员回访。在客户购买商品以后,企业应按一定频率以打电话或派专人上门服务的形式进行回访服务,及时了解客户使用产品的情况,解答客户可能提出的问题。

6. 提供咨询和技术培训。客户在购买产品后,还不熟悉产品的操作方法,或不了解产品一旦出现简单故障应如何予以排除。因此,企业要为客户提供指导和咨询,帮助客户掌握使用方法和简单的维修方法。

7. 建立客户档案。建立客户档案的目的是为了与客户保持长期的联系。通过这种方式,一方面可以跟踪客户所购买的商品的使用和维修状况,及时主动地给予相应的指导,以确保商品的使用寿命;另一方面还可以了解到客户的喜好,在出现新产品后,及时地向可能感兴趣的客户推荐。除此之外,销售人员还可以利用客户档案,以上门拜访、打电话、寄贺年片等形式,与客户保持长期的联络,提高客户的重复购买率。

8. 妥善处理客户投诉。无论企业和销售人员的售后服务做得如何尽善尽美,仍难免有一些客户投诉。企业和销售人员应尽可能地减少客户的投诉,但在遇到投诉时要运用技巧妥善处理,使客户由不满意转变为满意。

阅读材料

一杯咖啡与100万美元

65岁的美国妇女史特拉从麦当劳买了一些食物带到汽车上。史特拉拿出一杯热咖啡,正要喝的时候,她的孙子吵着打不开汉堡的包装纸,史特拉只好放下咖啡帮忙。

因为车里没有什么地方可以放咖啡杯,史特拉只好把杯子放在两腿之间夹住。意外的是,咖啡的温度相当高,烫伤了史特拉腿上的一块皮肤。

史特拉对此十分抱怨,不过她只把这当成生活中一般的小插曲,但是史特拉的律师却不这么认为。他详细地询问了整个事件发生的过程并记录了下来,第二天,他来到史特拉买咖啡的那家麦当劳,很礼貌地请他们的经理出来。

当律师问到店里的咖啡是不是有一点烫的时候,这位经理是这样解释的:根据科学研究,咖啡在某个温度的时候,散发出来的香味是最浓的,这样就能吸引更多的顾客。

律师继续问:"那顾客会不会因此而烫伤?"

经理回答:"这个就需要大家自己小心了。"

一个星期后,麦当劳公司接到了法院的传票。在法庭上,史特拉的律师慷慨激昂,那次谈话成了对麦当劳最不利的证据。律师在法庭上说:"麦当劳完全知道所出售咖啡的温度对人体可能会造成伤害,但是他们仍然这样做了,这是赤裸裸地漠视顾客安全。在咖啡的包装上和麦当劳店里,没有任何提示说他们所出售的咖啡可能会烫伤人,而他们的负责人却说:'这只能需要大家自己小心'。"最后,史特拉成功地打赢了这场官司,获得了高达百万美元的赔偿,当然这位律师也获得了不菲的律师费。这个案件的影响非常巨大。此后,麦当劳在全世界的分店里都把咖啡的温度下调了,而且在显著的位置上提醒:温度高,小心烫伤。

史特拉被咖啡烫伤后,本来是生活中一般的小插曲而已,却因律师的想法而改变成一件影响世界的事。在法律非常健全的美国,商家们因为法律的缘故,无时无刻地不在为消费者着想,可谓是如履薄冰,如临深渊,顾客自然而然地成为上帝,因为一些非常小的毛病或者过失,都有可能会对企业带来损失或不利。在这样的环境下,企业会主动地完善各项为消费者服务的制度。

(资料来源:易名:《市场营销案例》2010年第7期)

第二节 评估服务质量

服务质量是衡量企业出售产品或提供劳务时,对客户的服务程度和服务水平。它是一个主观范畴,取决于客户对服务质量的预期同其实际感知的服务水平的对比。

质量的概念应该包含两大方面的内容,一是技术质量,二是功能质量。前者指产品或服务的技术性能,后者指产品或服务的消费感受。这两方面的内容结合在一起,才能构成产品或服务的总体质量。客户也主要是从技术和职能两方面来感知服务质量,对于技术质量,客户易于感知,也便于评价。但客户对服务质量的感知不仅包括他们在服务过程中所得到的东西,而且还要考虑他们是如何得到的。如在客户同服务人员打交道过程中,服务人员的行为、态度、穿着等将直接影响到客户对服务质量的感知。显然,客户难以对职能质量进行客观的评价,它更多地取决于客户的主观感受。

一、服务质量的评估标准

客户对服务的满意度受到各种有形和无形因素的制约,企业难以把握客户对服务质量的感知,所以,服务的质量不像有形产品的质量那样容易测定,很难用固定的标准来衡量服务质量的高低。尽管客户对不同服务类型的服务质量进行评价时所依据的标准会有所不同,并且不同客户对评价标准的侧重点也会有所不同,但有些因素是服务质量评价时的最基本依据。服务质量评估的标准主要包括(如图11-2):

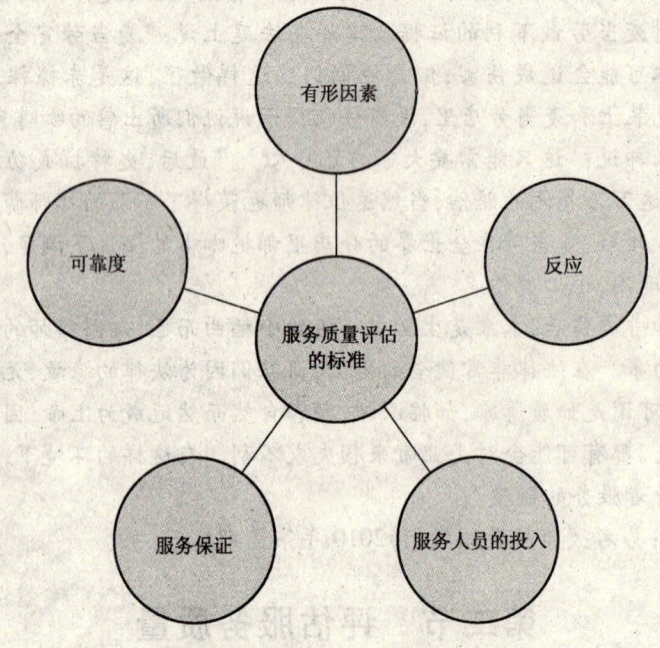

图 11-2 服务质量评估的标准

第一,有形因素。这是指那些客户可以看到、听到或感受到的因素,包括物理环境、设施设备、服务员工的仪表等。客户往往在真正接受服务之前会通过有形因素对服务质量进行预先评价。

第二,反应。这是指服务人员对客户需求的感受程度、服务热情和反应能力等。反应对于那些有困难的客户或者需要超出一般标准的服务的客户来说尤其敏感。比如,银行一名业务水平很高的员工却可能会因为疏忽或慢待了客户而给客户留下极差的印象。

第三,服务人员的投入。这是指服务人员对本职工作的热爱和投入情况。这可以通过客户同服务人员之间的直接接触情况来描述。客户会对服务人员是否将全部注意力集中在客户和所提供的服务上进行评价。评价服务人员投入的一种方法是想办法了解员工是否乐于为客户提供超出服务最低标准的服务。

第四,服务保证。服务保证描述的是客户接受服务时对服务人员的信任情况和服务人员的自信以及他们提供服务时的礼貌和能力。客户如果对保证因素评价较高,意味着客户对服务人员能够理解并满足他们的需要表示满意。

第五,可靠度。可靠度是客户对所接受的服务的好坏及可靠程度的反应,客户会对服务承诺做出反应并确认企业当初的承诺是否会兑现。

阅读材料

  黑龙江省绥化市是一个小城市,那里建有一个康佳电器的特约维修站,负责方圆几百里以内的康佳品牌电器售后服务工作。当举国上下紧密关注 2008 年奥运会举办权花落谁家的重要时刻,维修站接到距离绥化市市中心 50 多公里远郊外的一位顾客的电话,得知该顾客家中一台购买 7 年之久的康佳 T2106 彩电发生了故障。维修部工作人员二话没说,顶着正午酷热的骄阳火速赶往用户家中,凭借过硬的技术,三下五除二排除了故障,又为用户的彩电进行了免费保养,用户非常感激。按说维修员完全可以离开了,这次售后服务工作已经取得了圆满的成功。可是此时维修员得知用户家中还有一台洗衣机有些故障,因为找不到原厂维修一直都凑合着用,给全家带来不少麻烦和烦恼。这台洗衣机不是康佳的产品,而且已经使用了很长时间了,怎么办?维修员毫不犹豫地操起工具,对这台洗衣机展开全面检查。最后终于发现,导致洗衣机噪声增大等一系列使用户苦不堪言的故障的罪魁祸首,只是一只松动了的上带轮。很快,故障被排除了,这台洗衣机在康佳维修员的妙手下恢复了"健康"。用户被维修员的举动深深感动,执意要挽留维修员吃晚饭,最终还是被婉言谢绝。这位用户最后给康佳集团发来一封热情洋溢的感谢信,信中说:"作为一个消费者,康佳的产品质量我放心,康佳的服务质量我更满意。我准备再买一台彩电,牌子还选康佳。"

  (资料来源:袁泉:《服务质量是竞争制胜的关键》,《电子质量》,2002 年第 12 期)

二、服务质量差距分析

在服务过程中,由于涉及的多个主体自身的复杂性,往往难以充分表达和有效贯彻实施,从而造成服务传递过程中的种种差距,并影响服务质量。影响服务质量的差距主要有以下五种:

(一)客户的期望与管理者对客户期望的认知之间的差距

服务企业的管理者并非总能理解客户需要什么样的服务,什么样的服务水平是必要的,以及客户期望企业以什么样的途径提供服务等,由此产生了客户的期望与管理者对客户期望的认知之间的差距。影响这一差距大小的因素主要有:

1. 市场调查。市场调查是了解客户需求的一个非常重要的途径。因此,市场调查的广度和深度,在很大程度上决定了客户的期望与管理者对客户期望的认知差距。市场调查本身并不是目的,管理者通过对市场调查获得的资料和信息进行认真阅读、组织整理和分析,以求得客户的认同,并将结论广泛运用于实际的服务工作中,也是影响这一差距的重要因素。与客户频繁的接触和沟通可以使管理者获得大量信息,对客户的意愿有更为深刻的体会,并随时了解其变化,从而按照客户的意愿提供服务,客户的期望和管理者对客户的期望的认知差距自然就缩小了。

2. 向上沟通。若企业的高层主管确实难以获得对客户期望的直接认知,那么就必须要依赖那些与客户直接打交道的人员。他们代表企业直接为客户提供服务,他们的所知所感以信息传递的方式传达给高层主管,即为向上沟通。这是使企业高层主管人员了解客户期望的主要渠道。向上沟通的质量和效率取决于沟通的媒介和方式。而面对面的沟通是最直接、最有效的,它节约沟通的时间和成本,便于去异求同,澄清模糊信息,而且可以避免信息传递过程中出现的传递错误,使信息可以如实地反映给高层主管。

3. 管理层次。管理层次主要与沟通的效率有关。中间管理层次越多,直接为客户提供服务的人员与高层主管的直接沟通就越困难,出现信息传递失误的可能性也越大,沟通的效率也就越低,高层管理者对客户期望的了解也就越有限,并且不及时,客户的期望与管理者对客户期望的认知之间的差距也就越大。

(二)管理者对客户期望的认知与服务质量标准之间的差距

企业管理者试图满足甚至超越客户的期望常常非常困难,因为受到多种因素的限制,如资源有限、短期行为、管理失当等。这些因素使管理者对客户期望的认知无法充分落实到所制定的具体的服务质量标准上,从而引起管理者对客户期望的认知和服务质量标准之间的差距。具体影响因素包括:

1. 质量管理。许多企业过分强调节约成本,获取短期最大利润,忽视了对服务质量的管理。企业评价管理者工作并支付报酬往往依据成本、利润等指标,使管理者难以在企业的长期发展战略方面精心策划,加强对服务质量的管理。而且,有些企业部门结构不尽合理,过分倚重新产品的研究和开发,在这方面投入大量人力、物力,而不重视服务。服务人员即便付出相当大的努力,也不能获得相应的报酬,失去了改善服务质量的动力。而恰恰正是他们直接面向客户,体现出服务的质量,并代表着企业的形象。因此,这种做法必然会制约企业的长远发展。

2. 目标设置。设置目标不仅有利于改善企业和个人的表现,而且有助于对整个企业进行全面的控制。服务本身就是一种行为表现,服务所传递的目标就需要通过人力或机器的表现来确定。确立服务目标必须清晰有条理,包含具体的各项服务质量标准,使服务提供者真正理解管理者希望传递的服务是什么,从而缩小管理者对客户期望的认知和服务质量标准之间的差距。在制定目标时,应使目标具有专门性、可接受性、可衡量性、挑战性和全面性的特点,并有适当的反馈系统加以监控。

3. 任务标准化。要将管理者对客户期望的认知准确地转化成服务质量标准,就需要对任务进行标准化。这种转化的效果和质量取决于任务标准化的程度。技术是比较容易实现标准化和规范化的,它包括硬技术,如自动洗车器等;也包括软技术,主要指工作方法的改进,如定期进行标准化培训等。但是,并非所有的服务都能实现标准化,对于那些涉及具体客户的个性化服务,如为客户制定投资决策等,就很难确定严格的标准。

4. 可行性。提供服务企业的管理者充分了解客户的期望后,还必须确定这种期望的可行性如何。管理者认为将客户期望转化为现实服务的可行性越低,转化为具体的服务质量标准的可能性就越小,从而管理者对客户期望的认知和服务质量标准之间的差距就越大。

(三)服务质量标准与实际传递服务之间的差距

在企业职员向客户传递服务时,他所遵循的服务质量标准并不能完全体现在他所实际提供的服务上,由此产生了服务质量标准和实际传递服务的差距。影响这一差距大小的因素有以下几个:

1. 协作性。协作性是指企业全体职员和管理者为实现一个共同的目标而真诚合作的特点。企业中职员之间相互协作的程度对企业的表现至关重要。在缺乏协作性的企业当中,不同部门的职员要想获得彼此的帮助非常困难,在工作中体现的更多的是独立性而不是协作性。在这种情况下,企业的管理人员应有意识提高员工的参与程度,使他们感受到集体的存在。职员之间也要培养合作的精神,自觉摒弃个人利益牵动的过分竞争,尊重其他员工的意见,帮助他们解决问题,在企业中创造一种协作的氛围,从而有助于提高实际传递的服务质量,有效缩小服务质量标准和实际传递服务之间的差距。

2. 职员胜任性。在实际工作当中,并非每一个直接为客户提供服务的职员都能胜任自己的工作。他们因自身的能力限制,往往不能严格地按照服务质量标准的规定为客户提供服务,由此产生了服务质量标准和实际传递的服务之间的差距。为缩小这一差距,一方面管理者应对职员进行严格的选拔,坚决剔除滥竽充数者,使真正有才能的人占据服务岗位;另一方面,要对被录用的员工进行定期的培训,使其服务技巧不断地完备。

3. 技术胜任性。服务质量的高低与职员在服务过程中所使用的工具和技术有很大关系。精良的工具和现代化的技术能促进服务的标准化,减少服务中的差错,缩小服务质量标准和实际传递服务之间的差距。

4. 控制力。个人对环境压力的反应取决于他对环境的控制力。个人控制环境的方式有三种:行为控制、认知控制和决策控制。行为控制指自身的行为反应来影响具有威胁性的环境;认知控制指个人通过信息传递的手段来减轻环境的压力;决策控制指通过目标选择来控制环境。在企业中,个人对环境的控制力取决于企业的组织条文和企业文化对职员灵活性的影响。为提高服务的效率,职员应在服务客户方面赋予全权,并拥有完全的控制力。若服务程序在不同部门之间分散,职员的控制力就会减弱,服务质量就会降低。另外,控制力的大小还受对客户期望的预见性的影响,预见性越强,控制力越大。

5. 监督控制体系。服务是一个职员与客户共同参与并相互作用的过程,许多微妙的、不可触摸的因素影响服务质量。因此,对职员的表现评价就不能单纯以产出数量来衡量,而要看他的实际行为,即通过行为控制体系进行监控。了解职员行为的最可靠的途径就是进行客户调查,根据调查结果,给职员评定分数,并支付酬劳。

6. 角色矛盾。直接向客户提供服务的职员是联系公司和客户的纽带,他们的行为反映了企业和客户的期望、需求和压力,必须能同时满足双方的要求。若这些要求之间出现冲突和矛盾,他们往往会感到无所适从,并因此而引发紧张、焦虑甚至不满情绪,从而陷入角色矛盾。若员工果真陷于其中,必然又会引起心理上的不快,降低工作表现水平,扩大服务质量标准与实际传递服务之间的差距。因此,管理者要简化内部程序,实施客户导向战略,以客户为中心,从而消除角色矛盾,提高客户的满意水平。

7. 角色不明。当服务人员对他们的职责不甚了解,或不明白他们的工作表现如何被评估、他们的劳动报酬如何计算时,会出现角色不明的情况。它取决于几个因素,主要是向下传递的频率、质量和精确度。向下传递涉及的是上层管理者用以指导和影响直接提供服务的员工的各种信息,一般包括组织及其部门目标、战略规划、工作指示、规则、程序以及工作的评价和修正方法。如果管理者能经常提供明确的这类信息,那么员工就会对在工作实践中这类信息包含的种种要求做到心中有数,角色的职责就会变得清晰,从而缩小服务质量标准和实际传递服务之间的差距。

(四)实际传递服务与客户感受之间的差距

客户感受到的服务与服务人员实际提供的服务并不等同,这是因为客户的感受受事先对服务抱有的期望的影响,而客户期望的形成与企业的广告宣传等外部沟通关系密切。若企业的宣传有夸大的倾向,客户期望会过高,其感受到的服务水平也会偏离实际。但若客户对企业的服务情况根本缺乏了解,则难以正确把握实际传递的服务水平。对实际传递服务与客户感受的差距来说,其主要因素包括:

1. 水平沟通不畅。水平沟通是发生在组织内某一部门内部或不同部门之间横向的信息流动,它旨在加强部门之间、人员之间的相互协作,以期实现组织的全局目标。

在企业的广告部门和直接为客户提供服务的员工之间应密切沟通,双方应相互协调合作,使广告宣传能使客户产生合理的期望,为客户服务的人员也可以借此全面了解企业的广告宣传计划,为受广告吸引的客户提供其所要求的服务,尽量使实际服务水平与广告宣传相吻合。当然,除了直接为客户提供服务的人员与广告部门需要水平沟通外,在组织内其他各个部门之间也应经常进行交流和沟通,如销售人员与执行人员之间等,以实现整体的协调,使在提供服务时,各部门之间的程序和规则保持相似性。如此,客户会对不同部门产生类似的期望,接受的服务水平也不会出现较大差异,对服务的相对满意度就会提高。

2. 夸大宣传。夸大宣传是产生实际传递服务与客户感受的差距的最直接、最明显的原因。企业之间的竞争日益激烈,企业为了吸引并争夺客户,往往在广告宣传时有言过其实的倾向,最终竞争的压力迫使大多数企业都争相仿效,随波逐流,从而使实际传递服务和客户感受的差距加大。

(五)客户期望与实际获得服务之间的差距

服务质量的高低取决于服务传达过程中自然产生的以上四种差距。差距越小,表明传达越充分;与客户期望的差距越小,服务质量也就越高。但差距一般总是存在的,在某些情况下还很大。这四种差距在服务传递过程中渐次产生并逐渐累加,最终将体现为第五种差距,即客户期望与实际获得的服务之间的差距,也就是服务质量的高低。

三、提高服务质量

市场竞争的逐渐加剧,使得客户资源变得相对稀缺,这时市场主动权让渡给了客户,使客户在市场中的主导地位得以确立,企业只有赢得客户才能赢得市场。要赢得客户,就需要满足客户的个性化和多样化的需求。因此,企业必须在充分了解市场和客户真实需求的基础上提供令客户满意的产品和服务。要从根本上转换企业的经营理念,建立起真正的"以客户为中心"的服务观念,但这不是一蹴而就的,需要一个循序渐进的过程。

服务质量的提高是企业进一步发展和取得竞争优势的必经之路,有关提高企业服务质量的方法,比较常用的有以下两种:

(一)标准跟进法

企业提高服务质量的一种简捷的途径就是向竞争者学习。标准跟进就是鼓励企业向竞争者学习的一种方法。具体来说,它是指企业将自己的产品、服务和市场营销过程等与市场上的竞争对手,尤其是最好的竞争对手的标准相比较,在比较和检验的过程中寻找自身的差距,从而提高自身的服务水平。

施乐公司就是最早采用该方法的企业之一。在该公司面临严重的竞争压力和财务危机的情况下,采取了标准跟进法,很快扭转了被动局面,不仅重新获得了较高的市场份额,而且降低了生产成本,提高了产品质量。

企业在运用标准跟进法时,可从经营、战略、业务管理等几方面着手。

1. 进行经营方面的比较。从降低竞争成本和提高竞争差异化的角度了解竞争对手经营方面的做法,然后制定自己的经营方针。

2. 进行战略方面的比较。应将自身的战略同竞争者已成功的战略进行比较,寻找彼此之间的异同。如:竞争者将目标市场定在哪里?竞争者采取的是成本领先战略、差异化战略还是其他战略?竞争者如何在产品研制和生产与市场开发方面分配资源?通过一系列的比较和研究,企业会发现被企业忽略的成功的战略因素,从而制定出新的符合市场条件和自身资源水平的战略。

3. 进行业务管理方面的比较。企业需要了解竞争对手的支持性职能部门在整个企业中的作用,如服务体系中后勤部门与前台在质量管理中如何协调关系等。学习竞争对手的经验,使得企业支持性职能部门与其他部门的步调保持一致,这无疑是提高服务质量的重要保证。

(二)蓝图技巧法

企业要想提供较高水平的服务,提高客户的满意度,还必须了解影响客户对服务认识的各种因素。蓝图技巧为企业有效地分析和理解这些因素提供了便利,它是指通过分解组织系统和机构,鉴别客户与服务人员的接触点,并从这些接触点出发来改进企业服务质量的一种战略。它借助流程图的方法来分析服务提供过程的各个方面,包括从前台服务到后勤服务的全过程。蓝图技巧的步骤主要有:

第一步,将服务所包含的各项内容以流程图的方式画出来,使服务过程清楚、客观地展现出来;

第二步,将那些容易导致服务失败的环节找出来;

第三步,确定执行标准和规范,并使这些标准和规范体现出企业的服务质量标准;

第四步,找出客户能够看得见的判断服务水平的证据,将每一个证据都视为企业与客户的服务接触点。

在运用蓝图技巧的过程中,正确选择这些服务接触点,并对之进行有效的管理具有重要的意义。因为在每一个服务接触点上,服务人员都要向客户提供不同的职能质量和技术质量,而在这一点上,客户对服务质量的感知好坏将直接影响到客户对服务质量的整体评价。

第三节 处理客户投诉

很多时候,客户与企业的摩擦在所难免,出现客户投诉是任何企业都无法避免的。客户投诉是客户对商品或服务品质不满的一种具体表现。企业对外应化解客户投诉,使问题得到圆满解决,达到客户满意;对内应利用客户投诉,充分检讨与改善销售行为,将其转化为提升企业素质的良机。所以,企业要加强与客户的联系,倾听他们的不满,不断纠正在销售过程中出现的失误和错误,补救和挽回给客户带来的损害。

一、客户投诉的内容

因为销售各个环节均有可能出问题,所以客户投诉也可能包括产品及服务等各个方面,主要包括以下方面:

第一,商品质量投诉,主要包括产品在质量上有缺陷、产品规格不符、产品技术规格超出允许误差、产品故障等。

第二,购销合同投诉,主要包括产品数量、等级、规格、交货时间、交货地点、结算方式、交易条件等与原购销合同规定不符。

第三,货物运输投诉,主要包括货物在运输途中发生损坏、丢失和变质,因包装或装卸不当造成损失等。

第四,服务投诉,主要包括对企业各类人员的服务质量、服务态度、服务方式、服务技巧等提出的批评与抱怨。

二、处理客户投诉的原则

(一)有章可循

要有专门的制度和人员来管理客户投诉问题。另外,要做好各种预防工作,对客户投诉防患于未然。为此,需要经常不断地提高全体员工的素质和业务能力,树立全心全意为客户服务的思想,加强企业内外部的信息交流。

（二）及时处理

对于客户投诉，各部门应通力合作，迅速做出反应，力争在最短的时间里全面解决问题，给客户一个圆满的答复。否则，拖延或推卸责任，会进一步激怒投诉者，使事情进一步复杂化。

（三）分清责任

不仅要分清造成客户投诉的责任部门和责任人，而且需要明确处理投诉的各部门、各类人员的具体责任与权限以及客户投诉得不到及时圆满解决的责任。

（四）留档分析

对每一起客户投诉及其处理都要做出详细的记录，包括投诉内容、处理过程、处理结果、客户满意程度等。通过记录，吸取教训，总结经验，为以后更好地处理客户投诉提供参考。

阅读材料

面对客户的投诉

客户如果对加油站投诉，就说明我们有做得不到位的地方。客户的投诉不一定都是对的，但是让客户不愉快地离开，就是我们的不对了。

曾接到这样一例投诉：某司机反映自己车辆油箱的容量是200升，但一次加油中，竟然加了240升油，还未加满，司机怀疑加油站的加油机被做了手脚，因此与加油工发生了争吵。司机强烈抗议加油站的加油机计量不准，并投诉到其主管部门。接到投诉后，有关人员迅速赶往现场，经实测该车辆油箱容积实际在260升左右。后了解到，原来该车老板改装了油箱，未来得及通知司机，从而造成了误会。

事情尽管弄清楚了，上级还是严厉批评了该站经理。客户因误解而不满，应该态度温和地了解情况和解释问题，从而消除误会，而不应争吵。对此，有关人员向司机道歉。及时、迅速的处理和诚挚的道歉，在司机中引发强烈反响。"投诉"事件发生后，该站销量不但没受到影响，反而还不断上升。

（资料来源：黄其虎：《客户投诉"四不放过"》，《商业时代》2005 第 34 期）

三、处理客户投诉的流程

客户投诉处理流程一般说来包括以下几个步骤：

第一步,记录投诉内容。利用客户投诉记录表详细记录客户投诉的全部内容,如投诉人、投诉时间、投诉对象、投诉要求等。

第二步,判定投诉是否成立。了解客户投诉的内容后,要判断客户投诉的理由是否充分,投诉要求是否合理。如果投诉不能成立,即可以婉转的方式答复客户;取得客户的谅解,消除误会。

第三步,确定投诉处理的责任部门。根据客户投诉的内容,确定相关的具体受理单位和受理负责人。如属运输问题,交储运部处理;属质量问题,则交质量管理部处理。

第四步,责任部门分析投诉原因。要查明客户投诉的具体原因及具体造成客户投诉的责任人。

第五步,提出处理方案。根据实际情况,参照客户的投诉要求,提出解决投诉的具体方案,如退货、换货、维修、折价、赔偿等。

第六步,提交主管领导批示。对于客户投诉的问题,领导应予以高度重视,主管领导应对投诉的处理方案一一过目,及时做出批示。根据实际情况,采取一切可能的措施,挽回已经出现的损失。

第七步,实施处理方案,处罚直接责任者,通知客户,并尽快收集客户的反馈意见。对直接责任者和部门主管要按照有关规定进行处罚,依照投诉所造成的损失大小,扣罚责任人的一定比例的绩效工资或奖金;同时对不及时处理问题造成延误的责任人也要追究责任。

第八步,总结评价。对投诉处理过程进行总结与综合评价,吸取经验教训,提出改进对策,不断完善企业的经营管理和业务运作,以提高客户服务质量和水平,降低投诉率。

四、处理客户索赔

当客户提出投诉并要求索赔时,企业内部必须细心应对,避免事件扩大,损害企业形象。索赔事件若处理得当,不仅可消除企业危机,甚至可得到客户长期的支持。对于客户的索赔要求,可采用如下处理方式:

第一,切记以诚恳、亲切的态度处理。

第二,如显然是本公司问题,应首先迅速向客户致歉,并尽快处理;如原因不能确定,应迅速查明原因(应对本公司之产品具备信心),不可在调查的阶段里轻易与客户妥协。

第三,对投诉的处理,以不影响一般消费者对本公司印象为标准,由客户中心或公关部致函道歉,并以完好的产品予以调换;如已没有同样产品,应给予金钱补偿。若赔偿调查需要耗费较长时日,应向客户详细说明,取得谅解(应设法取得凭证)。在处理上应注意加强追踪。

第四，责任不在本公司时，应由承办人员召集各有关人员，包括客户及各加工厂共同开会以查明责任所在，并确定应否赔偿以及赔偿之额度。

第五，当赔偿事件发生时，应速将有关情况与有关部门联络，并以最快的行动来加以处理，以防同一事件再次发生。

第六，发生客户索赔事件时，对客户应给予补偿，同时如果是供货商的问题，应尽速索取补偿。

第四节 提高客户忠诚

客户管理的最终目标是通过客户关怀，为客户提供满意的产品和服务，满足客户个性化需求，在与客户的良好互动关系中培养客户忠诚。

一、客户满意的不同层次

客户满意是客户对企业和服务人员提供的产品和服务的直接性综合评价，是客户对客户关怀的认可，不断强化的客户满意是客户信任的基础。

在卖方市场环境下，企业只要生产出产品就能卖出去，企业管理的目标是如何低成本生产出产品。随着市场竞争的加剧，企业以产定销的方式难以继续下去，企业生产出的产品如果卖不出去，就无法实现资本循环。为了实现从商品向货币的转换，"以销售额为中心"逐步成为企业管理的核心。随着市场竞争的激烈，企业发现虽然销售额提高了，但由于生产成本和销售费用越来越高，利润反而下降。因此，企业转而追求利润的绝对值，通过在生产和营销部门的各个环节上最大限度地削减成本和压缩费用来实现利润最大化。但成本是由各种资源构成的，相对而言是一个常量，不可能无限制地去削减。当企业对利润的渴求无法或很难再从削减成本中获得时，他们自然就将目光转向了客户，希望通过客户需求满足来维护其利润。为此，企业开始从内部挖潜转向争取客户，进入了"以客户为中心"的管理。由于需求构成了市场，也构成了企业的获利潜力，而在市场上需求运动的最佳状态是满意，因此客户满意就是企业效益的源泉，客户满意度就成为客户服务的中心和基本观念。

从企业的角度来说，客户服务的目标并不仅仅止于使客户满意，使客户感到满意只是营销管理的第一步。美国维特化学品公司总裁威廉姆·泰勒认为："我们的兴趣不仅仅在于让客户获得满意感，我们要挖掘那些被客户认为能增进我们之间关系的有价值的东西。"在企业与客户建立长期的伙伴关系的过程中，企业向客户提供超过其期望的"客户价值"，使客户在每一次的购买过程和购后体验中都能获得满意。每一次的满意都会增强客户对企业的信任,从而使企业能够获得长期的盈利与发展。因此我们说,客户满意仅仅只是迈上了客户服务的第一个台阶。

对于企业来说,如果客户对企业的产品和服务感到满意往往会重复其购买行为,从而增加企业的盈利,同时他们也会将他们的消费感受通过口碑传播给其他的客户,扩大产品的知名度,提高企业的形象。客户满意只是客户忠诚的前提,客户忠诚才是结果;客户满意是对某一产品、某项服务的肯定评价,即使客户对某企业满意也只是基于他们所接受的产品和服务令他满意。如果某一次的产品和服务不完善,他对该企业也就不满意了,也就是说,它是一个感性评价指标。客户忠诚是客户对该品牌产品以及拥有该品牌企业的忠诚度,他们可以理性地面对品牌企业的成功与不利。美国贝恩公司的调查显示,在声称对产品和企业满意甚至十分满意的客户中,有65%~85%的客户会转向其他产品,只有30%~40%的客户会再次购买相同的产品或相同产品的同一型号。

根据研究报告,客户满意本身也有不同的层次:

满足——产品和服务可以接受或容忍;

愉快——产品和服务可以给客户带来积极的体验;

解脱——产品和服务能给客户解决麻烦;

新奇——产品和服务能给客户带来新鲜、兴奋的感觉;

惊喜——产品和服务超过了期望。

因此在客户服务时,针对不同的客户采取不同的服务方式,效果是很不一样的。

二、评估客户满意度

企业可以借助于调查问卷每半年或一年进行一次客户满意度调查。根据企业的规模确定问卷发放量,以重要性为权重计算出满意度综合得分。为使调查更有效,问卷设计应做到:使被调查者容易得到答案;使之容易回答;便于统计处理;问卷不宜太长,问题不应重复,最好控制在20~30个问题。

客户对服务质量的满意度是一种非财务的评价方法,它是营销绩效非财务衡量的一个重要内容。研究人员发现,有五个因素在衡量服务质量方面起着关键作用。它们是:

第一,有形资产:有形设施、装备、工作人员及交通设施。

第二,可信赖感:令消费者信任的、提供已承诺的服务的能力。

第三,责任感:帮助客户并且提供及时、便捷服务的意愿。

第四,保证:雇员所掌握的知识和所具有的教养,以及他们赢得客户信任和向客户表现其信心的能力。

第五,感情:让公司感受到公司给予他们的照顾和关注。

为了有效地衡量服务质量,研究人员将以上这些决定因素做了进一步细分。

(一)信任感

信任感指固定的行为准则和令人信任的感觉。这表示：企业第一次就能很好地提供服务,也指企业兑现自己的承诺。它具体包括:

1. 开发票时的高度准确。
2. 正确地做记录。
3. 按指定时间提供服务。

(二)责任感

责任感包括雇员乐于向客户提供服务的意愿。这主要有:

1. 与客户接触的职员的知识和技能。
2. 公司经营人员所具备的知识和技能。
3. 机构的研究水平。

(三)可接近性

可接近性包括便捷利用服务的程度及易于接触性举措。

1. 通过打电话可以容易地获得服务(比如,电话不占线和电话接通后不让客户等候太长时间)。
2. 为了接受服务而等候的时间不会太长(比如在银行)。
3. 合适的、方便的经营时间的安排。
4. 服务设施所处地点的适当安排。

(四)礼节

礼节包括与服务接触的雇员的礼貌、尊重别人及对客户的友善态度。

1. 考虑到保护客户的财产(比如,在客户家中,不能因雇员带来的鞋弄脏客户的地毯)。
2. 与客户交往接触的公关人员的整洁的仪表。

(五)交流

交流指用客户能够听懂的语言来向客户传达信息,也指公司要对不同的客户使用不同的语言表达方式,让各种层次的客户都满意——提高与受过高等教育的客户交流时的措辞及谈话水平;同时,讲话要清晰简洁。它具体包括:①讲解公司的服务;②客户为得到服务而急需支付的费用;③说明服务与费用之间的交易细节;④向客户说明公司能解决合作中出现的问题。

(六)信赖感

信赖感指公司值得信赖的程度,令人感受到公司是否诚实。它能使消费者在心目中对该公司极感兴趣。有助于消费者信任公司的因素有：①公司名称；②公司信誉；③与客户接触的雇员的自身特点；④公司与客户交往过程中的销售努力程度。

（七）保障

必要的保障使客户免遭危险、风险及不使客户有任何疑惑。

（八）理解/了解客户

这是指努力了解客户的需要，具体包括：①了解客户的特殊要求；②表示对每个客户的关注；③熟悉经常光临的客户。

（九）有形资产

这主要包括：①实物投资；②雇员的外表；③提供服务的工具设备；④享用服务设施的其他客户。

另外，员工满意度与客户满意度有很大关系。研究结果表明：员工满意度提高5%，会连带提升1.3%的客户满意度，同时也提高0.5%的企业业绩，也就是说，重视提高员工满意度，最终可以给企业带来收益。

内部员工满意度反映了企业的士气、向心力和团队精神，是外部客户满意的动力。根据马斯洛的需求层次理论，企业可以建立内部员工满意度指标体系，包括以下内容：①生理层次，涉及薪资待遇、医疗保健、工作时间、福利保障、工作环境；②安全层次，涉及就业保障、退休养老保障、健康保障、意外保险、劳动防护；③社交层次，涉及上下级间沟通、团体活动、娱乐、教育训练、同事关系；④尊重层次，涉及薪水等级、晋升机会、奖励、参与、企业形象认同感与骄傲感、自豪感；⑤自我实现参与决策、工作挑战性、发挥个人特长等。

员工满意度也可利用问卷进行调查，选择问卷涵盖的议题前，应确定调查的目的，并与员工沟通，深入了解他们所关心的话题，然后有针对性地设计问卷。员工满意度调查至少一年进行一次，定期做调查可以对比出改进效果，从而提高工作业绩。

三、衡量客户忠诚度

如果说客户满意是一种价值判断的话，客户忠诚则是客户满意行为化。

客户忠诚是指客户对某一企业、某一品牌的产品或服务认同和信赖，它是客户满意不断强化的结果，与客户满意倾向于感性不同，客户信任是客户在理性分析基础上的肯定、认同和信赖。

（一）客户忠诚的层次

一般来说，客户忠诚可以分为3个层次：认知忠诚——它直接基于产品和服务而形成，因为这种产品和服务正好满足了客户的个性化需求，这种信任居于基础层面，它可能会因为志趣、环境等的变化转移；情感忠诚——在使用产品和服务之后获得的持久满意，它可能形成对产品和服务的偏好；行为忠诚——只有在企业提供的产品和服务成为客户不可或缺的需要和享受时,行为信任才会形成,其表现是长期关系的维持和重复购买,以及对企业和产品的重点关注,并且在这种关注中寻找巩固信任的信息或者求证不信任的信息以防受欺。

老客户是对企业、产品、服务有信任感而多次重复购买产品或接受服务的群体。有些企业为了提高市场占有率和完成不断增长的销售额,把寻找新客户作为营销管理的重点,而忽视了老客户的作用。事实上,这是一个误区。丹尼尔·查米奇(Daniel Charmich)教授曾经用漏桶来形象地比喻企业的这种行为。他在教授市场营销学时,在黑板上画了一只桶,然后在桶的底部画了许多洞,并给这些洞标上名字:粗鲁、劣质服务、未经过训练的员工、质量低劣、选择性差等,他把桶中流出的水比作客户。他指出,企业为了保住原有的营业额必须从桶顶不断注入"新客户"来补充流失的客户,这是一个昂贵的没有尽头的过程。因此,越来越多的企业开始通过提高服务质量来维系老客户,因为堵住漏桶带来的远不是"客户数量",而是"客户质量"的提高。

(二)客户忠诚度的衡量标准

由于企业的具体经营情况有很大的不同,因此,不同企业在设计客户忠诚度的量化考核标准时可以从自身各个方面加以考虑,根据实际情况选择合适的因素,并给以不同的权值来得出一个综合评价得分。客户忠诚度的衡量标准主要有:

1. 客户重复购买率。考核期间内,客户对某一种产品重复购买的次数越多,说明对这一产品的忠诚度越高;反之,则越低。对于经营多种产品的企业来讲,重复购买本企业品牌的不同产品,也是一种对企业的高忠诚度的表现。

2. 客户对本企业产品品牌的关心程度。一般来讲,对企业的商品和品牌予以关注的次数越多,表明忠诚度越高。关心程度和购买次数并不完全相同,比如某种品牌的专卖店,客户经常光顾,但是并不一定每次都购买。

3. 客户需求满足率。这是指一定时间内客户购买某商品的数量占其对该类产品或服务全部需求的比例,这个比例越高,表明客户的忠诚度越高。

4. 客户对产品价格的敏感程度。敏感程度越低,忠诚度越高。客户对产品价格的敏感程度可以通过侧面来了解,比如公司在价格调整以后,客户购买量的变化等。需要注意的是,忠诚客户对商品价格的不太敏感,并不意味着企业可以利用单独的调价行为来谋取额外利益,因而要结合产品的供求状况、对于人们的必需程度等综合因素来考虑价格上的调整。

5. 客户对竞争产品的态度。人们对某一品牌的态度的变化,大多是通过与竞争产品的比较而产生的,客户对竞争者表现出越来越多的偏好,表明忠诚度下降。

6. 客户对商品的认同度。如果客户经常向身边的人士推荐产品,或者在间接的评价中表示认同,则表明忠诚度较高。

7. 客户购买时的挑选时间。客户在挑选产品的时候，时间越短，忠诚度越高。

8. 客户对产品质量事故的承受力。客户忠诚度越高，对出现的质量事故也就越宽容。

企业设计适合自身情况的指标体系，采用相应的客户忠诚度解决方案，可以提高客户"回头率"，增加单位客户销售额，同时减少客户流失率。

四、客户忠诚度解决方案

企业应想方设法提高客户忠诚度，要做到：

首先，要完整地认识整个客户生命周期。从技术上提供与客户沟通的统一平台，提高员工与客户接触的效率和客户反馈率，建立多样化的沟通渠道和灵活高效的激励机制，形成一个完整的反馈流，从而既能为消费者提供完全一致的高品质服务，使消费者在意想不到的时刻感受来自产品提供商的点到点、面对面的关怀，同时还可以实时掌握市场动态，迅速开发出新的市场。

其次，增加客户忠诚度的重要手段是提供个性化的产品和服务。企业只有以客户为中心，为客户提供最合适的服务，或根据客户的不同需求而提供不同内容的产品，客户再次光顾的可能性才会大大增加。除了在产品本身的因素上努力外，还可以采用卓有成效的消费累积奖励方案，让消费者在选择购买产品之后将免费成为注册用户，以后每次购买商品将实时赢得累积奖励，长期中奖将为消费者带来较大节省，从而留住高价值客户并吸引新客户。有针对性的服务对维持客户的忠诚度有极大帮助。

作为全球最大、访问人数最多和利润最高的网上书店——亚马逊公司，面对着越来越多的竞争者能够保持长盛不衰的法宝之一就在于此。当你在亚马逊购买图书以后，其销售系统会记录下你购买和浏览过的书目，当你再次进入该书店时，系统识别出你的身份后就会根据你的喜好推荐有关书目。你去该书店的次数越多，系统对你的了解也就越多，也就能更好地为你服务。据悉，该方法在亚马逊书店的成功实施给它赢得了65%的回头客。许多企业开始实施客户忠诚度计划。根据水星信息公司(Jupiter Communications Co.)最近在美国销售类网站中进行的调查，有75%的在线消费者参与了某些忠诚度计划。这家公司还细分研究了消费者的"忠诚"情况，发现对客户购买动机影响最大的因素中：客户服务占37%、产品选择占37%、忠诚度计划对客户购买行为的影响占22%，这表明个性化措施会提高客户的满意程度，使每个客户的潜在购买需求得到发掘，提高了客户忠诚度和购买比率。

阅读材料

美国汽车联盟（USAA）利用完善的客户数据库，全面提高服务能力，赢得了广大客户的忠诚。该公司的客户遍布世界各地，并经常改变住址。但是，客户只需给公司打一个电话，就可改变保单条款，为新车投保，增加被保人，改变被保人地址。该公司修改数据库中客户文档之后，会同时通知所有相关部门，并在第二天给客户发出新保单。该公司还根据最新的客户信息，重新审查了客户投保范围，对客户提出新建议，以便为客户节省费用或提供额外的利益。客户往往会为自己能获得这些意外的利益而欣喜万分。由于竞争对手没有这类能力，因此 USAA 的客户根本不会考虑改购其他企业的金融服务。

（资料来源：汪纯孝，蒋碧波：《增强市场联系力，培育顾客忠诚感》，《上海质量》2001年第5期）

五、提高大客户忠诚度的策略

大客户对企业非常重要。企业必须密切关注大客户的动态，调动大客户的积极性。可以从以下十个方面着手，做好对大客户的工作。

（一）优先向大客户供货

大客户对产品的需求量非常大，企业要优先满足大客户对产品的数量及系列化的要求，优先为大客户供货。特别是对于在销售上有淡旺季的产品，企业要随时了解大客户的销售和存货情况，及时与大客户商讨，预测市场的发展趋势，确定合理的库存量及客户在销售旺季的需求量等，以便在销售旺季到来之前，与生产运输等部门做好协调工作，保证大客户的货源充足，避免出现缺货现象，引起大客户的不满。

（二）向大客户开展关系营销

企业营销人员应充分调动大客户中一切与销售相关的因素。许多营销人员往往犯的一个错误，就是认为只要处理好与客户的中上层主管的关系就可以了，而忽视了基层的营业人员和推销人员。但要知道，大客户的中上层主管人员掌握着产品进货、货款支付等大权，处理好与他们的关系固然十分重要，但产品销售到客户的手中，要经过基层工作人员，如仓库保管员、营业员、业务员等多个环节，因此与他们保持较密切的关系也十分重要。因此，企业应及时组织对客户的基层人员进行相关的培训，或督促管理人员做好这方面的工作。

（三）向大客户及时供应新产品

企业应及时向大客户供应企业研制并生产的新产品，特别是新产品的试销应首先在大客户中进行。这是因为,若大客户在销售新产品过程获得良好的销售业绩,则就提前确定了大客户在自己的市场内对该产品销售的影响力。而且,对于企业来说,从大客户对新产品的销售中收集到的客户意见和建议,一般具有更好的代表性。在新产品试销或正式上市之前,企业应提前做好与大客户的前期协调和准备工作,以确保新产品的试销和上市能够顺利进行。

(四) 关注大客户的动态

大客户作为生产企业市场营销的重要一环,企业必须密切关注大客户的一切公关及促销活动、商业动态,并及时给予支持和协助,利用一切机会加强与客户之间的感情交流。

(五) 安排企业领导访问大客户

企业有关部门应为企业的领导,如营销部门的主管提供准确的信息,协助安排合理的日程,以使其有目的、有计划地访问大客户,联络与大客户的感情,并显示对大客户的尊重和重视。

(六) 与大客户联合设计促销方案

每个大客户都有不同的情况,如区域不同、经营策略不同、销售的专业化程度不同等。为使每一个大客户的销售业绩都能够得到稳定的提高,企业有关部门应该协调营销人员、市场营销策划部门根据大客户的不同情况与大客户共同设计促销方案,使大客户感受到他是被高度重视的,而且通过这种方式,也可达到实现更大的销售量的目的。

(七) 经常性地征求大客户的意见

企业应经常征求大客户的意见,特别是对市场营销人员的意见,及时调整市场营销人员。市场营销人员是企业的代表,其工作的好坏是决定企业与大客户关系的一个至关重要的因素。因此,企业对负责处理与大客户之间业务的市场营销人员的工作不但要有效地协助,而且还要进行监督和考核,并依据大客户的意见,及时调整并安排适当的人选。

(八) 及时、准确地与大客户相互传递信息

大客户对市场具有强大的影响力,甚至是控制力,其销售状况事实上是市场状况的"晴雨表"。因此,企业要对大客户的有关销售信息进行及时、准确的收集、汇总、整理、分析,并及时通报生产、产品开发与研究、运输、市场营销策划等部门,以便针对市场变化及时调整产品结构。此外,企业应及时向大客户通报所掌握的行业信息和市场信息等,帮助大客户改善工作。

(九) 为大客户制定特别的奖励政策

企业应针对大客户的特点,采取特别的奖励政策,如各种折扣、合作促销计划、销售

竞赛、返利等,以此有效地刺激客户的销售积极性和主动性。

（十）组织大客户与企业之间的业务洽谈会

每隔一段时间组织一次高层主管与大客户之间的业务洽谈会,听取客户对企业产品、服务、营销、开发等方面的意见和建议,客户对未来市场发展趋势的看法,并对企业以后的发展计划进行研讨等。这种业务洽谈会对企业做出明智的决策非常有利,而且也是联络与大客户之间感情的良好契机。

大客户管理是一项涉及生产企业许多部门,要求各部门之间协调配合,并且非常细致的工作。大客户管理工作的成功与否,对企业的销售业绩有着举足轻重的影响。因此,企业必须充分调动企业的一切积极因素,深入地做好各项工作,更好地为大客户服务。牢牢抓住大客户,才能增强企业对竞争对手的抵御能力,才能在激烈的竞争中立于不败之地。

本章小结

客户服务是在合适的时间和合适的场合,以合适的价格,通过合适的渠道,为合适的客户提供合适的产品和服务,使客户的合适需求得到满足、价值得到提高的活动过程。客户服务按照按服务的时序可分为售前、售中和售后服务。售前服务主要包括:通过广告宣传使顾客知晓、提供良好的购货环境、为顾客提供便利、服务电话、免费咨询、复杂产品的客户培训等;售中服务的内容主要有:帮助客户了解产品、帮助客户挑选产品、满足客户的合理要求、提供代办业务及现场操作等;售后服务主要包括:"三包"服务、送货上门、安装服务、包装服务、电话回访和人员回访、提供咨询和指导服务、建立客户档案、妥善处理客户的投诉等。

服务质量的评价标准包括:有形因素、反应、服务人员的投入、服务保证、可靠度五个方面。企业可以通过分析对服务质量进行有效的测量和控制。提高企业服务质量的方法,比较常用的有标准跟进法和蓝图技巧法两种。

客户投诉是客户对商品或服务品质不满的一种具体表现。处理客户投诉应该遵循一定的原则和处理流程,采取合适的方法。

在衡量服务质量方面起着关键作用的因素有:有形资产、可信赖感、责任感、保证、感情等。员工满意度与客户满意度有很大关系。客户忠诚分为三个层次:认知忠诚、情感忠诚和行为忠诚。企业应想方设法提高客户的忠诚度。

第十一章 客户服务管理

案例讨论

犯错的顾客也是对的?

美国家用仓储公司是世界上最大的家居建材零售企业,成立于 1978 年,销售各类建筑材料、家居和草坪花园用品。在美国、加拿大和墨西哥,美国家用仓储公司共拥有 2 000 多家连锁店,是仅次于沃尔玛的美国第二大零售商。公司实行"无障碍退货制度",在业界获得了较好口碑,也促进了公司业绩的高速发展。没想到,就是这个制度,为家用仓储公司带来了"麻烦"。

一天,一个顾客推着一套轮胎走进了家用仓储公司的卖场:"噢,你们的轮胎实在太难用了,我家的卡车装上它跑了不到 100 英里便爆胎了!现在我要求退货,当然,你们必须退还我相应的价钱!"他的不满堆了一脸,嚷嚷着径直将轮胎推到了服务总台前。

工作人员感到很诧异:"对不起,先生,我想您是不是弄错了。因为我们家用仓储公司从来没有卖过轮胎。"

"从来没有卖过轮胎?噢,不,这不可能!这套轮胎是我不久前在这儿买的!不能因为它在质量上出了毛病,你们就不退货了吧!"顾客不依不饶。

工作人员觉得无可奈何:"先生,如果真是在我们公司购买的,给您的生活带来了不便,我们感到抱歉,也非常愿意为您退货。但是,这套轮胎真的不是我们公司出售的。"

然而,顾客仍然坚持就是在家用仓储公司购买的,态度强硬,要求退货。双方陷入了僵局。

公司一位地区总裁恰巧在这家店里进行常规视察。他看到工作人员和顾客争论不休,微微皱了一下眉头走了过来。详细了解情况之后,他一句话也没说,默默走到收款机旁,将顾客声称的价钱一分不少地给了他,并恭敬地向顾客道歉:"实在对不起,先生。这是您的退款,希望您在其他地方能够买到满意的轮胎。"送走了顾客,总裁把这套轮胎挂在了收银台上:"我希望每个工作人员都能够记住:第一,顾客永远是对的,第二,如果顾客有错误,请参看第一条。"

这件事后来在家用仓储公司被传为美谈。家用仓储公司的创始人之一伯尼·马库斯甚至说:"这项规定让不诚实的顾客也会信心十足地来买东西,即使他回去告诉每个人我们有多傻,这也很好,因为现在每个人都来我们这儿买东西了。"

(资料来源:易铭:《市场营销案例》2010年第5期)

问题:你认为犯错的顾客也是对的吗?如果顾客都来退货怎么办呢?

思考题

1. 请依照不同的划分标准对销售服务进行不同的分类?
2. 最常见的售前服务主要有哪些?
3. 售中服务包括哪些内容?
4. 售后服务包括哪些方面?
5. 服务质量的评估标准有哪些?
6. 服务质量的差距分析可以从哪几个方面着手?
7. 提高服务质量的方法主要有哪些?
8. 客户投诉的内容包含哪些方面?
9. 处理客户投诉应该遵循哪些原则?
10. 处理客户投诉的流程包括哪些步骤?
11. 你知道客户满意的不同层次吗?
12. 在评估顾客满意度时哪些因素起着关键作用?
13. 客户忠诚的层次是怎样划分的?
14. 客户忠诚的衡量标准是什么?
15. 为了提高客户忠诚度,企业应该怎样做?

第十二章 客户关系管理

本章学习目标

- 了解客户关系管理系统的子系统及其功能
- 熟悉 CRM 系统的基本模式
- 掌握客户数据库的建立与整理
- 了解基于价值对客户的分类
- 掌握对不同类别客户进行管理的方法,进而挖掘客户价值
- 能够识别重点客户
- 能够建立、发展并维系重点客户关系

客户是企业最重要的资源之一,谁拥有客户谁就拥有市场。销售经理应注重建立客户关系,挖掘客户价值,抓住重点客户,从而维系客户关系。

第一节 建立客户关系

通过建立客户关系管理系统,对客户数据进行整理,企业可以了解客户整体的销售状况及其发展动态,以对市场需求状况做出正确的判断,并采取相应的对策,真正实现以客户为中心的经营理念,提高企业销售业绩。

一、设计客户关系管理系统

客户关系管理(Customer Relationship Management,CRM),是指通过培养企业的最终客户、分销商和合作伙伴对本企业及其产品更积极的偏爱或偏好,留住他们并以此提升企业业绩的一种营销策略。

CRM 的操作过程是:采用先进的数据库和其他信息技术来获取客户数据,分析客户行为和偏好特性,积累和共享客户知识,有针对性地为客户提供产品或服务,发展和管理客户关系,培养客户长期的忠诚度,以实现客户价值最大化和企业收益最大化之间的平衡。

CRM的营销目的已经从以一定的成本取得新客户转向想方设法地留住现有客户,从取得市场份额转向取得客户份额,从发展一种短期的交易转向开发客户的终生价值。总之,CRM的目的是从客户利益和企业利润两方面实现客户关系的价值最大化。

CRM首先是一种管理理念,其核心思想是将企业的客户(包括最终客户、分销商和合作伙伴)作为最重要的企业资源,通过完善的客户服务和深入的客户分析来满足客户的需要,保证实现客户的终生价值。

CRM也是一种旨在改善企业与客户之间关系的新型管理机制,它实施于企业的市场营销、销售、服务与技术支持等与客户相关的领域。通过向企业的销售、市场和客户服务的专业人员提供全面、个性化的客户资料,并强化其跟踪服务、信息服务能力,使他们能够协同建立和维护一系列与客户和生意伙伴之间卓有成效的一对一关系,从而使企业得以提供更快捷和周到的优质服务,提高客户的满意度,吸引和保持更多的客户,从而增加营业额。另外,CRM还可以通过信息共享和优化商业流程来有效地降低企业经营成本。

CRM又是一种管理软件和技术,它将最佳的商业实践与数据挖掘、数据仓库、一对一营销、销售自动化以及其他信息技术紧密结合在一起,为企业的销售、客户服务和决策支持等领域提供一个业务自动化的解决方案,使企业有了一个基于电子商务的面对客户的系统,从而顺利实现由传统企业模式到以电子商务为基础的现代企业模式的转化。

CRM系统最基本的功能,主要是满足市场、销售和服务部门需求的。对应于这三个部门,CRM有相应的系统,这些系统有相应的功能。

(一)客户市场管理子系统

该子系统能够提供完整的客户活动、事件、潜在客户和数据库管理,从而使寻找潜在客户的工作效率更高、更加合理化。可以从任何一个地点快速获取所有关于市场营销活动、事件和潜在客户的信息。通过高度专门化的数据市场选择,潜在客户可以被细分,特定的用户组也可基于数量、位置、购买倾向或其他标准配给某活动或事件。

该系统负责收集客户的一般资料,跟踪现有客户资料变更,挖掘潜在客户;使市场营销部门有能力执行和管理通过多种渠道进行的多个市场营销活动,同时还能对活动的有效性进行实时跟踪,帮助市场营销机构管理其市场营销材料库中库存的宣传品;记录多种渠道获得的市场信息,收集竞争对手资料,如调研报告、经济分析报告、产品情报等,为各部门提供参考;通过统计分析进行诸如市场划分、市场定位等市场状况研究,为决策者提供决策所需的市场依据。

它又包含以下三个方面的功能:

1. 电话营销和电话销售。其主要功能包括:电话本;生成电话列表,并把它们与客户、联系人和业务建立关联;把电话号码分配到销售员;记录电话细节,并安排回电;电话营销内容草稿;电话录音,同时给出书写器,用户可作记录;电话统计和报告;自动拨号。

2.营销管理。其主要功能包括:产品和价格配置器;在进行营销活动(如广告、邮件、研讨会、网站、展览会等)时,能获得预先定制的信息支持;把营销活动与业务、客户、联系人建立关联;显示任务完成进度;提供类似公告板的功能,可张贴、查找、更新营销资料,从而实现营销文件、分析报告等的共享;跟踪特定事件;安排新事件,如研讨会、会议等,并加入合同、客户和销售代表等信息;信函书写、批量邮件,并与合同、客户、联系人、业务等建立关联;邮件合并;生成标签和信封。

3.潜在客户管理。其主要功能包括:业务线索的记录、升级和分配;销售机会的升级和分配;潜在客户的跟踪。

(二)客户销售管理子系统

该子系统可以快速获取和管理日常销售信息,能够为提高销售人员工作效率提供流畅、直观的工作流功能,同时也保证了每个客户和每个销售机会的销售小组成员之间能进行完全的沟通。另外,销售经理也能有效地协调和监督整个销售过程,包括机会、预测和渠道等,从而保证销售取得最大的成功。

客户销售管理子系统负责收集客户销售相关资料,帮助用户准确把握客户情况,提高销售效率与质量;可处理客户订单,执行报价、订货单创建、联系与账户管理等业务,并提供对订单的全方位查询;通过在各业务部门间按照业务规则传递相关数据和信息,帮助用户管理其销售运作,保证整个销售订单的顺利完成;通过对销售数据的多方面统计、查询,获得用户所需的信息,为决策者或用户提供决策上的帮助;进行动态库存调配管理、分销商信息管理等,能为用户提供各种功能,给予用户销售活动中的帮助支持。

它又包含以下三个方面的功能:

1.客户管理。其主要功能有:客户基本信息;与此客户相关的基本活动和活动历史;联系人的选择;订单的输入和跟踪;建议书和销售合同的生成。

2.联系人管理。其主要功能包括:联系人概况的记录、存储和检索;跟踪同客户的联系,如时间、类型、简单的描述、任务等,并可以把相关的文件作为附件;客户内部机构的设置概况。

3.销售管理。其主要功能包括:组织和浏览销售信息,如客户、业务描述、联系人、时间、销售阶段、业务额、可能结束时间等;产生各销售业务的阶段报告,并给出业务所处阶段、还需的时间、成功的可能性、历史销售状况评价等信息;对销售业务给出战术、策略上的支持;地域的重新设置;销售费用管理。

(三)客户支持与服务管理子系统

该子系统能够将客户支持人员与现场销售和市场紧密地集成在一起。可以为用户提供定制的"桌面",可以综合所有关键客户信息,并管理日常的客户服务活动和任务,从而在解决客户问题时,可以快速、高效地存取关键的客户管理信息。客户支持与服务管理分系统一般包含客户服务信息管理、服务合同管理、服务档案管理、服务统计分析与决策支持等功能模块。

它又包含以下三个方面的功能:

1. 客户服务信息管理。其主要功能包括:收集与客户服务相关的资料,现场服务派遣、客户数据管理、客户产品生命周期管理、支持人员档案和地域管理等。此外,通过与ERP系统的集成可为后勤、部件管理、采购、质量管理、成本跟踪、发票和会计管理等提供必需的数据。

2. 服务合同管理。其主要功能包括:通过帮助用户创建和管理客户服务合同,从而确保客户能获得与他的花费相当的服务水平和质量。跟踪保修单和合同的续订日期,通过事件功能表(即根据合同制定的定期的客户拜访、产品维护日程表)安排预防的维护行动。服务档案管理模块,使用户能够对客户的问题及解决方案进行日志式的记录,包括联系人管理、动态客户档案、任务管理以及基于规则解决关键问题的方案,从而使客户在检索问题答案或解决方案方面提高服务的响应速度和质量。

3. 服务统计分析与决策支持。其主要功能包括:对客户服务资料进行分析和处理,使企业既能根据客户的特点提供服务,又能对客户的盈利性进行评估,从而使客户的满意度和企业盈利都能得到提高。

另外,客户支持与服务管理子系统还可与计算机电话集成(CTI)软件相结合,为客户提供更快速、便捷的支持与服务。通过将其业务扩展到网上,企业还可以充分利用电子商务带来的便利,并提供电子市场营销、电子销售和电子服务功能。

市场、销售和服务是三个独立的部门,对 CRM 有着不同的需求,但有一点是共同的,就是以客户为中心的运作机制,需要将市场、销售和服务三个部门紧密地结合在一起,从而使 CRM 为企业发挥更大的作用。

二、实施 CRM 系统的基本模式

企业实施 CRM 系统可以使用不同层次的模式。下面将对几个主要模式分别进行阐述。

(一)客户信息的合并、共享与业务流形成

通过客户信息的合并和共享、经营活动的自动化和系统对经营的流程重组,来节省人力、时间等成本,提高工作效率以及提高对客户的服务质量。它使销售和营销等手段程序化,减少不必要的失误和消耗。这个层次上的 CRM 可细分为客户信息的合并和共享以及业务流形成两个方面。这是 CRM 的基本层面,是面向企业内部的,这部分与

ERP 有一定的联系和交叉。

1. 客户信息合并和共享。客户信息合并是指建立包含诸如联系记录、购买记录、投诉记录、服务记录等企业所掌握的客户所有信息的资料库。

这是实现企业范围内对客户信息共享的基础,也是增长客户知识,使零散的客户知识系统化,并可被有效应用的先决条件。原来每次维护人员来时对过去发生了什么都要从头说起;而现在,发生了什么,怎么解决的,客户资料库里记得一清二楚。尽管这次的问题可能是该维护人员第一次遇到的,但其他维护人员在别的用户处解决这类问题的经验都一一记录在案,可帮助该维护人员尽快地解决客户的问题。这也使得企业的业务在人员变动的情况下,能够保持连续性。

对于跨地区或跨国公司来说,信息的合并还可以减少管理成本,如 Orical 通过全球财务数据的自动合并和整合管理,每年减少约 500 万美元的管理成本。

2. 业务流的实现。通过业务流的实现,CRM 解决方案应该具有很强的功能,为跨部门的工作提供支持,使这些工作能动态地、无缝地完成。这样企业的流程重组是 CRM 项目实施的重要部分,同样的系统在不同的环境或不同的实施方式下会有不同的结果。

而一个实施成功的 CRM 则会通过恰当的流程重组给企业带来很大收益。据统计,在传统的电话营销方式中,销售人员 40% 的时间用来拨号,23% 的时间用来整理资料,只有 37% 的时间用来和客户交流。采用 CRM 的销售自动化工具,则首先可以大大减少整理资料的时间;其次,借助一些工具甚至可以将拨号时间减为零,从而将更多的时间专注于和客户的交流。

(二)建立基于 CTI 技术的呼叫中心、电子商务网站、自助服务网站

企业通过建立诸如基于 CTI 技术的呼叫中心、电子商务网站、自助服务网站这样的客户门户来实施 CRM。其中呼叫中心已经有了 30 多年的发展史,是电话时代主要的客户服务工具。互联网为呼叫中心带来了新的发展机会,而完全以互联网为基础的电子商务和自助服务网站,则为企业与客户的接触提供了全新的渠道。这些新的渠道的开发会为企业的经营活动带来新的机会。通过这些手段的结合和贯通,可以提高客户自助服务的能力,提高客户的满意度,建立客户经验。

1. 基于 CTI 技术的呼叫中心。现代企业的竞争优势已经逐渐从产品本身转向先进的服务手段,竞争方式也开始主要表现为对客户的全面争夺,越来越多的企业开始将呼叫中心视为在竞争中必不可少的成功要素。现代企业对呼叫中心有高度严格的期望和要求:呼叫中心能提供每周 7 天、每天 24 小时的全天候服务;能为客户提供包括传统的语音、IP 电话、电子邮件、传真、文字交谈、视频等在内的多种通信方式选择;能提高其业务代表和管理人员的工作效率;能维护客户的忠诚度,让客户感受到价值。企业能通过呼叫中心收集市场情报、客户资料,扩大销售基础,带来经济效益。

阅读材料

花旗银行通过电话服务中心加强客户关系管理

花旗银行通过提供一周7天、一天24小时的电话服务,为客户提供更人性化的服务。电话服务的内容包括投诉受理、账务查询、自动转账、定期存款、基金买卖等。花旗银行对客户的理财成本分析发现,柜面服务、电话理财专员、ATM机、电话语音系统、网上银行的成本分别为120元、60元、20元、10元、5元。虽然网上银行的成本仍比电话语音系统略低,但并不是所有消费者都习惯网上操作,而且手机的普及使电话服务更能满足随时随地的需要。所以花旗银行认为,电话服务应该成为最有效率而且增长最快的一条渠道。

(资料来源:陈菲:《商业银行客户关系管理方向及实例借鉴》,《商业时代》2005年第20期)

2. 电子商务门户和自助网站。基于互联网的电子商务和自助服务网站比呼叫中心更进一步,通过提供客户网上的自助购物和自助服务,为企业节约了大量的销售和支持费用。

对于具有大量客户的大型企业来说,服务费用的支出是相当惊人的。自助服务网站的建立,方便了客户随时查询,同时节省了大量的服务费用。

至于电子商务带来的其他好处,如减少库存、减少交易费用等的例子很多,这里就不再多加引用。总之,通过建立企业的网上门户,会使企业收益良多,尤其对于客户数目很大的企业,意义更大。

(三) 实现客户智能

1. 客户智能的第一层含义。通过一定的技术手段对呼叫中心或在线门户提供实时支持,搜集客户数据,识别、区分客户,针对不同客户采取不同的策略,实现一对一营销或个性化服务,从而提高客户的满意度、忠诚度、信任度和利润贡献度。

统计数字表明,68%的客户与卖主关系的终止是因为对客户服务的不满,一个企业的80%的收入来自回头客。同时,吸引一个新客户消费的费用是吸引老客户费用的5倍,对现有客户投入会使客户忠诚度大大增加。而CRM的客户智能可以针对不同的客户采取不同的服务策略,保持对企业最有价值的客户,通过尽可能满足每个客户的特殊需求,特别是重要客户的需求,建立起长期稳定的客户关系,提高客户的满意度和利润贡献度,给企业带来忠实和稳定的客户群,从而提高企业的竞争力,创造良好的收益。

2. 客户智能的第二层含义。对大量的客户数据进行收集和分析,从而把握客户的需求,了解市场规律,使企业有可能开发出具有市场竞争力的新产品和服务。

在互联网时代,CRM 概念的运用,不仅可以帮助企业实现销售的自动化,而且通过对大量客户数据的分析、挖掘,可以形成高层次的商业智慧,指导企业确定正确的发展方向,开发出消费者喜好的新产品,为企业带来难以估量的价值。

阅读材料

巴克利银行向客户发布"季度新报"

1999 年底,英国巴克利银行实施一项 CRM 的新举措——向客户发布"季度新报"。其内容包括客户已享有的银行服务,向客户做新产品推荐以及改善当前财务管理的建议。值得注意的是,巴克利银行向客户提供的并非是千篇一律的信息。而是通过 CRM 软件,区别分析和不同客户的关系,提供给客户各不相同的个性化的推荐和理财方案。另外,巴克利银行先在部分地区试行"季度新报",然后自动向在试行项目中反应最大的人展开,而其他人只有先向银行申请后才可以得到这种服务。巴克利银行的"季度新报"体现了 CRM 的两个重要原则:了解客户需求和挖掘重点客户消费潜能。

(资料来源:陈菲:《商业银行客户关系管理方向及实例借鉴》,《商业时代》2005 年第 20 期)

三、选择客户关系类型

建立客户关系,需要选择客户关系类型,即企业应该选择与客户之间建立什么样的客户关系。企业建立什么样的客户关系类型,取决于企业的产品和对客户的定位。菲利普·科特勒曾经区分了企业与客户之间的 5 种不同程度的关系水平(如表 12-1 所示)。需注意的是,这五种程度的客户关系类型并不是一个简单的从优到劣的顺序。

表 12-1 企业客户关系的类型

类 型	特征描述
基本型	销售人员把产品销售出去就不再与客户接触
被动型	销售人员把产品销售出去并鼓励客户在遇到问题或有意见的时候和公司联系
负责型	销售人员在产品售出以后联系客户,询问产品是否符合客户的要求,有何改进建议,以及任何特殊的缺陷和不足,以帮助企业不断地改进产品,使之更加符合客户需求
能动型	销售人员不断联系客户,提供有关改进产品用途的建议以及新产品信息
伙伴型	企业不断地和客户共同努力,帮助客户解决问题,支持客户的成功,实现共同发展

企业应选择自己合适的客户关系类型。菲利普·科特勒根据企业的客户数量以及企业产品的边际利润水平,制作了客户数量与边际利润水平决定客户关系类型的关系图(如图12-1)。

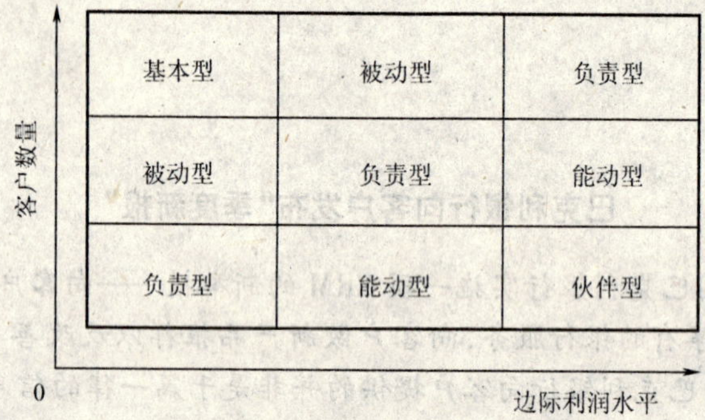

基本型	被动型	负责型
被动型	负责型	能动型
负责型	能动型	伙伴型

客户数量↑　　　边际利润水平→

图12-1　企业依客户数量与边际利润水平选择的客户关系类型图

企业的客户关系类型并不是一成不变的,如果企业在面对少量客户时,提供的产品或服务边际利润水平相当高,那么,它应当采用"伙伴型"的客户关系,力争实现客户成功的同时,自己也获得丰厚的回报;但如果产品或服务的边际利润水平很低,客户数量极其庞大,那么企业会倾向于采用"基本型"的客户关系,否则它可能因为售后服务的较高成本而出现亏损;其余的类型则可由企业自行选择或组合。

一般说来,企业对客户关系进行管理或改进的趋势,应当是朝着为每个客户提供满意服务并提高产品的边际利润水平的方向转变。企业对自己的全部客户按照一定的标准来进行区别,从而根据具体的情况建立不同类型的客户关系。对于确立了客户导向的企业,这个区别和选择的标准应当围绕着如何帮助企业建立"高质量"的客户关系来最终确定。如生产塑胶的道化学公司20世纪80年代末在竞争中并不占有优势,道公司所做的调查表明,在客户偏好方面道落后于杜邦和通用橡胶,处在第三位;不过,调查还表明客户对于三家的服务均不满意。这个发现促使道改变其经营策略,不再局限于提供优质产品和按时交货以及服务,道开始追求和客户建立更加密切的伙伴型关系;道公司不仅出售产品和服务,还出售客户"成功"。道的一位高级经理说:"不论它们使用道的塑胶去做安全套还是复杂的飞机设备,我们都要去帮助它们在市场上取得成功。"这种基于"双赢"的伙伴型关系策略,很快使道橡胶成为行业的领先者。

四、建立客户数据库

客户数据库的建立分为前期准备和数据库设计两个阶段。

第十二章　客户关系管理

（一）前期准备

前期准备工作包括成立项目小组、配备相关人员与设备、贯彻数据库营销理念三个部分。

1. 成立项目小组。项目管理思想是现代企业的重要管理理念之一，建立客户数据库也是如此。成立项目小组可以从组织上保证数据库开发与管理的顺利进行。通过授权，项目小组的主要任务是全面规划、组织、领导和管理数据库开发与管理工作。项目小组还可以根据工作量以及职能范围的需要设置若干职能小组。

2. 配置相关人员与设备。这里的配置相关人员主要指项目小组的人员配置。一般来说，这里所要配置的人员主要包括两类：一类是营销专业人员，他们主要是站在实际工作需要的层面参与数据库的开发工作；另一类是专业的数据库开发管理技术人员，主要是企业管理信息系统（MIS）的专业人员。他们主要是负责数据库开发的操作问题，以及把营销人员的需求转化为现实的数据库系统资料。此外，还要为项目小组配备好相应的设备，如电脑、服务器等，这也是工作正常进行的保障。

3. 贯彻数据库营销的理念。这主要是使企业的所有工作人员明确数据库开发的目标与相关理念。数据库开发目标规定了本企业营销数据库的功能、任务和数据库的使用范围，为数据库提供了方向。数据库开发理念是指公司员工对待数据库的态度和认识。对于营销人员，企业应当让他们树立对数据库的正确观念：营销数据库是企业一切活动的支柱；它是一个有着严格纪律和规则的系统；应该全面、准确、详尽，并具有较高的质量；营销数据库是获得客户情况的唯一途径。

（二）数据库开发设计的步骤

数据库开发设计的步骤包括：创建数据库结构和数据库特性设计两部分。

1. 数据库结构创建。数据库结构设计时，选取恰当的字段变量是关键环节。根据客户类型的不同，所应选取的字段也应是不同的。针对客户的字段一般有以下内容：基本数据，如姓名、性别、年龄、婚姻状况、职业、教育程度、地址、电话、传真、电子邮件等；行为特征数据，如收入、家庭结构、生活方式、生活态度、特殊兴趣、历史购买记录、平均购买情况、购买频率等；互动性行为特征，如投诉、支付方式、送货方式等。

针对单位客户的字段一般有以下一些内容：基本数据，即人员统计及单位基本信息，如联系人姓名、职务、单位名称、地址、电话、传真、网址、公司规模、员工数量、主营业务等；行为与交易特征，如信用等级、生产情况、预算情况、企业规划、最近一次交流的时间、以往的购买经历、企业产品的年销售量、销售代表、历史销售情况、企业的经营目标、客户企业的市场地位、该企业的线索来源、联系频率、最近一次的邮件联系情况、最近一次的销售访问情况等；互动性行为特征，如客户投诉、客户推荐、送货方式要求、以往服务的历史、以往支付的历史、信用历史、对产品的特殊要求等。

2. 数据库设计特性。数据库设计特性是数据库系统开发与设计的另一个重要方面。这些特性要求包括数据处理能力、数据安全性、故障应付能力、适当的软硬件配置等多个方面。在数据处理能力方面,一般要求能够快速分类、筛选数据,可随需增加新字段和新表格,出具新格式的汇总报告等。在数据安全性方面,主要是数据要做到定时备份,并防止数据泄露到竞争对手手中。为保证数据安全,一方面可以采取技术性手段,通过设置一些安全防范措施来保证数据的安全。

五、整理客户数据

企业最初收集的客户原始资料是一批问卷、回函卡或是工作人员自己填写的记录表。这些原始资料的格式不统一,所包含的信息也不相同,因此我们在将它们输入到数据库系统前先要对它们进行初步整理。

(一)依据细分市场的原则对客户资料进行分类

首先我们将客户各类数据资料统一成大致相同的格式,并且根据不同的标准进行区分。每家企业所使用的方法各不相同,但一般而言,依性别、年龄、职业、收入情况、所在地区分类是最普遍而常用的方法。对于大多数企业的产品而言,依照以上几个条件所进行的分类,在一般情况下可以基本满足区分特定的消费群体的目的。市场细分是营销活动中最重要的策略,而数据库中以市场细分原则将数据进行分类是进行市场细分工作的必要途径。只有进行了有效的细分,才能根据不同客户各自的消费特性、购买习惯和方式,与他们进行适宜的交流与沟通。

(二)对新采集到的数据进行整理

通过各种渠道新采集到的数据不一定是新的,我们的老客户有可能又在我们的各类信息收集活动中向我们提供了他们的资料。我们就必须将这类客户的资料整理出来,并与原来数据库中的资料进行对比,对已发生变更的内容进行修改。特别是对电话、地址发生的变动,企业一定要及时地进行更新,否则,一个忠诚的客户很可能就因为一个小小的失误永远地背离我们。

数据库价值的高低取决于数据库的内容。与客户有关的背景资料、性格特征、消费形态、消费习惯等相关的资料越多,数据库的价值也就越高,所以我们最好能够了解客户的所有情况。他们是什么样的人,年龄多大,他们的性别,从事哪种职业,他们的职业、婚姻状况、子女状况、受教育程度、居住地点以周边环境等。此外,企业还要根据所要向客户推销的产品的特性向客户收集一些相关信息。例如,客户对本品牌的忠诚度,对其他品牌产品的看法等。

阅读材料

企业对目标顾客需求与偏好的深入了解，有赖于客户信息的积累，并将客户信息转化为知识，应用到具体的营销决策中。客户信息积累是一个长期、系统的过程，企业应该根据决策需要确定客户信息结构，并持续收集和更新客户信息。完善的客户信息有助于制定科学的营销决策。

英国连锁超市 Teseo 公司通过会员卡制度已经收集了 600 万份顾客资料，包括顾客地址、购物时间、地点，甚至他们喜欢可口可乐还是百事可乐。零售业的龙头老大沃尔玛在 20 世纪 80 年代开始建立客户数据库，用于记载客户的交易数据和背景信息，1988 年客户数据库容量为 12GB，1989 年升级为 24GB，以后逐年增长，1996 年其数据量已经达到 7.5TB（1TB＝1 000GB），1997 年为了圣诞节的市场预测和分析，沃尔玛将客户数据容量扩展到 24TB，时至今日，该数据库容量已经超过 100TB，成为世界上最大的客户数据系统。利用客户数据库，沃尔玛对商品购买的相关性进行分析。一个意外的发现是：跟尿布一起购买最多的商品竟然是啤酒。原来美国的太太们常叮嘱她们的丈夫下班后为小孩买尿布。而丈夫们在买尿布后又随手带回两瓶啤酒。既然尿布与啤酒一起购买的机会最多，沃尔玛就在它的一个个商店里将它们并排摆放在一起，结果是尿布与啤酒的销售量双双增长。

（资料来源：邬金涛，邵丹：《客户关系管理的核心流程及应用——基于案例分析的视角》，《现代管理科学》2008 年第 2 期）

第二节 挖掘客户价值

客户可以源源不断地为企业带来各方面的价值，但是对不同层次的客户管理要求是不一样的。根据客户现有价值和战略价值的不同可以把客户划归为不同的层次，应该采取不同的方法挖掘不同层次的客户价值。

一、基于价值的客户分类

根据客户战略价值、实际价值以及服务成本的大小可以把客户划分为不同的类别。具体如图 12－2 所示。

图中有三类有代表性的客户，对于这三类客户企业的政策是不同的，这些客户类型代表了应适用不同目标和战略的客户。

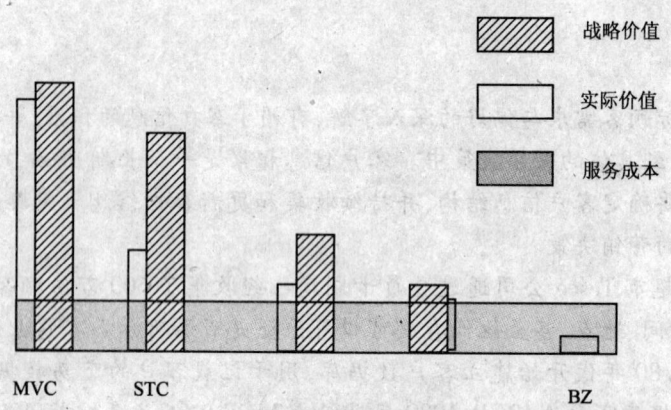

图12-2 基于价值的客户分类法

（一）最有价值客户

最有价值客户（Most Valuable Customer,MVC）主要是指那些实际价值比较高的客户,主要存在于企业前5%左右,他们为企业所提供的收入会占到企业总营业收入的40%左右。该类客户是企业利润的主要创造者。对于这类客户,企业的主要策略是保持,营销的努力应该集中在怎样留住他们。针对这类客户所实施的交叉销售会为企业带来小量的价值增量,与整个实际价值相比意义并不是很大。

（二）二级客户

二级客户（Second-Tier Customer,STC）是指那些具有很高战略价值,而实际价值还不是很高的客户。该类客户具有很多未实现的潜在价值,具有很大的发展空间。对于这类客户企业应实施的主要策略是获取增长,营销的努力应该集中在价值的发掘上。在这类客户身上实施交叉销售会为企业带来较大的价值增量,大幅提高该类客户的实际价值。

（三）负值客户

负值客户（Below-Zero,BZ）是指那些可能根本无法为企业业务带来足以平衡相关服务费用的客户。每个企业都会有这样的客户,对这类客户所采取的主要策略就是放弃。第一芝加哥银行对于负值客户采取的办法是,把自己的不盈利客户变成另一家银行的不盈利客户。正如他们的一个高级官员所认为的那样："在这场战斗中,忠诚的客户赢得了,投机取巧者转向了愿意用盈利性客户来贴补他们的机构。"

客户是不平等的,这正好符合著名的80/20法则,公司顶部的20%客户创造了公司 80% 的利润。该法则又称帕累托法则,是由意大利著名经济学家帕累托提出的,而后被广泛应用于许多领域。威廉·谢登把它修改为 80/20/30 法则,其含义是"在顶部的 20% 客户创造了公司 80% 的利润,但其中的一半给在底部的 30% 非盈利性客户丧失掉了"。也就是说,一个公司应该"剔除"其最差客户以改进利润收入结构。

在实践中,并不是每一个客户都必然会被划分到这些客户类型之中。对于那些能够识别并且的确可以被划分的客户,企业就可以有针对性地确定目标和战略。这个过程可能听上去复杂,但实际上有许多公司都在区分自己的客户,把它们划归不同的客户类型,并为其设定不同的目标。

上面三类有代表性的客户要求企业分别实施不同的客户管理战略。企业在确认自己的客户并评价客户价值的基础上,为不同类型的客户制定不同类型的发展战略。

二、稳定最有价值客户

名列前 15% 的客户通常给企业带来 30% ~ 100% 的利润。如果失去这些客户,将对企业的利润造成毁灭性影响,当企业失去一名最有价值客户时,它往往必须发展至少 4 位二级客户才能弥补由此而带来的损失,但新客户不可能都是"二级客户"。通常,新客户最有可能成为发展型客户,其产生的预期客户盈利性可能介于二级客户和排名后 15% 的客户之间。因此,企业应在 10 名新客户中找到弥补一位最有价值客户损失的机会。掌握最有价值客户相对于新客户的价值后,企业就能在寻找机会前锁定已得到的利润。

无论是通过客户研究、一线部门反馈的信息还是定期的客户评估,企业必须不断改进对最有价值客户的理解。稳定最有价值客户的方法主要有:

(一)积极倾听客户的意见

当销售人员确实等待发起一次销售行动时,他们常常假装倾听客户的意见。服务部门会用事先印制好的"满意度调查表"对客户狂轰滥炸,品牌经理人对客户刨根问底却没有涉及实质性问题。所有一线职员应通力合作,确认对最有价值客户最重要的因素,了解企业在竞争中的情况如何。

(二)为满意客户提供关怀

对客户满意度的简单评估是不够的,理想的调查是询问客户未来的购买意图。因为虽然供应商可以把工作做好,但竞争者会做得更好。例如,AT&T 公司在 20 世纪 90 年代初期发现了这个问题。尽管客户满意度调查显示 95% 的客户对公司表示满意,AT&T 公司的销售额却持续下降。竞争者抢走了部分客户,这些客户对 AT&T 表示满意,但他们想得到更多。

(三)从一线部门获取信息

一线部门应成为企业的"眼睛"和"耳朵",但实际情况却是,许多职员却是"又瞎又声"。企业必须保证一线职员对客户评估很敏感，与核心部门建立有效的沟通渠道。例如，某公司曾鼓励其每一位职员倾听客户对公司事务、计划和机会的评价，然后职员将写着评价的黄色便条交给公司首席执行官。在这一过程中，公司职员相信公司管理层已看过便条，积极传达了一线员工所掌握的客户信息。

（四）提供直接有效的客户服务行动

满意度调查、调研等被证明是无价的。但是，一些商业机构开始对突击调查客户而不考虑如何把信息变成积极的行动感到困惑。许多餐饮连锁店进行了标准的客户满意度调查，但仍然提供低劣的服务。在直接有效的客户服务行动中，对客户投诉的处理至关重要。如果核心客户创造的利润占公司总利润的50%，忽视他们的需求是很危险的。更糟的是，管理层的迟缓反应会导致一线职员和客户"短路"，不及时反馈信息给管理层。因为"如果没有什么事情要解决，就不用做任何事"。这种态度导致供应商提供更恶劣的服务，直至客户最终消失。

（五）改变最有价值客户衰退趋势

核心客户是企业利润的主要来源，如果他们开始衰退，将对企业利润底线产生重要影响。恢复一位衰退的客户往往比恢复已经终止交易的客户更容易。要了解一位客户是否处于衰退期，企业应预测客户可能产生的销售额和利润。这说明充分了解客户、客户预期赢利能力和准确的有关核心客户的计划的重要性，低于销售计划20%的客户应列为目标客户。衰退的核心客户往往只需要一次礼貌的提醒或一个小小的鼓励就能恢复对企业的需求。送报上门曾长期衰退，部分原因归结于不可控因素（如读者不想再订、搬家、零售商停止送报服务），但主要原因是送报不及时或者没有提醒读者再订阅。

（六）制订客户忠诚计划

当前，客户忠诚计划被认为能够带来很多附加利润，被证实是对付竞争者的有效保护机制以及无价的竞争情报资源。一个成功的客户忠诚度计划需具备下列条件：低成本高预知价值、适用、可选性、便利、预先声明、责任、信息。虽然有许多成功的忠诚度方案，企业在开始给核心利润客户提供奖励时必须慎重。忠诚度方案可能非常出名，将提高客户忠诚度，但也可能使利润底线遭受损失。失去控制的忠诚度体系不仅会威胁到利润底线，而且如果草率终止会影响最有价值的客户，这些潜在的影响迫使企业在开展忠诚度计划时要慎重考虑。

三、放弃负值客户

对于负值客户企业应该进行战略性的放弃，之所以是战略性放弃，是因为对负值客户不能简单的放弃，而要有区分地进行放弃。企业首先要分析客户成为负值客户原因，找到造成客户不带来利润的根源。对于那些有前途的负值客户，企业应该努力使客户转变；否则，企业应通过友好的第三方服务于客户。如果这些途径都不行，企业就应放弃客户。

例如，美国第一芝加哥银行曾出台过一项让社会各界反响很大的措施。该银行认为，那些本可以在 ATM 机上进行业务处理的客户如果到出纳窗口上办理业务会耗费该行出纳窗口很多的时间和金钱，为了弥补这种手工操作服务的高额成本，该银行出台了一项政策，对那些本可以在 ATM 机上进行业务处理却到出纳窗口办理的客户进行收费。该银行的这一行为被舆论界树为伤害客户的典型。但从银行本身的角度来说，其行为并没有什么值得非议的，因为该银行已经意识到自己的客户是有区别的，不同客户为自己利润所做的贡献是不同的，从利润的角度出发，就应该保留那些可以创造利润的客户，而那些不能创造利润，而且还会增加成本的客户就应该被抛弃。该银行出台这一措施的根本目的就是让那些非盈利客户自动流到竞争对手那里。无论该银行的做法是否正确，但有一点是值得大家学习的：客户是企业行为的基础，但不同客户其盈利性之间存在着很大差异，企业营销政策不能一视同仁，而是要区别对待。

四、增加二级客户收入

从客户身上获取更多的收入的途径很多，而且比较令人困惑。成千上万的首席执行官、市场营销人员、广告代理商以及咨询者在实践中不断发现新的、具有创造性的、能增加客户收入的方法。随着时间的转移以及现代科学技术的发达，交叉销售逐渐成为这一领域中最为耀眼的明星。一般来说，企业从现有客户身上获取更多收入的着眼点主要有两个：增加客户的购买量，从而扩大企业对客户份额的占有；提高单次购买的利润率，在一次购买中提高客户份额。在这两个着眼点中，交叉销售成为一种比较有效的方法。交叉销售是增加客户份额的有效工具，而提高单次购买的利润率是一个管理效率的问题，在交叉销售的思想下，企业可以通过控制价格和沟通渠道来获取。

具体来说，从二级客户身上增加收入的方法主要有：让现有客户购买更多的现有产品；让现有客户购买新的产品；制定组合价格；净化沟通过程（见图 12-3）。

（一）让现有客户购买更多的现有产品

为了能够让现有客户购买更多的现有产品，企业要从挖掘客户份额入手，提高客户份额才是交叉销售的根本目的。通过挖掘客户份额，企业才能找到实现交叉销售的方式，才能让现有客户购买更多的现有产品，从而从二级客户身上获取更多的利润，提高二级客户的赢利性。为了提高客户份额，企业就应该提高客户购买频率或消费额，从而实现让现有客户购买更多现有产品的目的。具体的方法是：

1. 保持联系。一封感谢信、定期邮件和客户见面能刺激额外购买，例如邮购目录的经营方式。给最近订购过商品的客户邮寄一封"热情洋溢"的信，给予他们特别优惠以

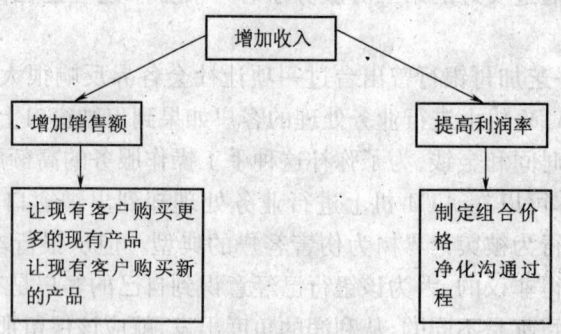

图 12-3 从二级客户身上增加收入的途径

鼓励再次订购商品。热情洋溢的信成功率通常为 10%,因为最近订购过商品的客户极可能再次订购。

2. 把握决策者。为完成销售额,企业掌握所有决策者是至关重要的。在把握客户决策者和理解客户需求方面,日本重型工程公司提供了成功案例。他们通常派几名商务代表去拜访客户,而不是一支销售小组。商务代表包括研发部门、生产部门和财务部门的核心员工,他们会充分了解所有的客户需求。此外,因为商务代表能在一线发现问题,他们往往能在与客户达成协议之前提出问题。

3. 鼓励再购买。邮购产品供应商 Viking Direct 公司的客户每年会收到 40 多份目录,特别促销目录和新品推介手册。这些目录有不同的订购优惠,这种激励和创新方法使交易频率增加。

4. 向客户推荐价格高的商品。客户可能计划花费 150 元买一台 CD 播放器,但结果被告知有一款价值 200 元的更好的产品。得到这种推荐后,客户有可能会多花 50 元买下这个更好些的 CD 播放器。

5. 加快进入市场的速度。以微软公司为例,微软已建立了一个进入市场的新的世界标准。为使全球宣传最大化,微软采用"大爆炸"方式发布 Windows 新款产品。

6. 政策支持到位。在已经制定销售目标、明确障碍、掌握决策者的情况下,销售仍有可能失败。一些企业不得不放弃交易,因为他们没有成功地支持一线部门。研发部门对产品重新设计进度缓慢,服务部门不能保证安装,财务部门可能缓慢开展统计工作。零售经销商店没有适当的库存或者商品大量积压。在销售中,所有部门支持一线部门是至关重要的。

(二)让现有客户购买新产品

企业可以通过为现有客户提供新的产品,来提高现有客户的客户份额。新产品并不是指新的产品,而是说,相对于以往的产品是新的。这种新体现在新的消费途径、现有服务的附加值上。为了让现有客户购买新产品,企业首先要利用现有客户关系来发现、增加现有产品和服务附加值的新途径,然后确定开发新产品和服务的范围。如果企业已深入了解客户业务,可以增加实际利润,例如帮助客户降低成本或者购买风险,使客户获得更多的利润。此外,企业还可以通过帮助客户提高销售额来增加客户对本企业产品的采购。最后,企业还可以通过新产品或服务的引入来吸引客户购买。

1. 降低客户成本或风险。企业有许多方法帮助客户在不降低价格的情况下节约成本,即可以降低客户获得产品、拥有产品或使用产品的费用。这些方法有助于增加客户关系的真正价值,因而也能保证企业的利润。具体方法是:延长产品生命周期,节约客户购买时间,节省客户财务成本。这是因为客户在获取最大让渡价值过程中需要付出的成本包括:采购成本、时间成本、精神成本以及精力成本。

2. 帮助客户增加销售额。企业应帮助客户提高销售或改进服务。例如,Frontline公司代理多家出版商发行杂志给批发商和零售商,英国24%的杂志由前线(Frontline)公司发行。前线公司意识到大多数独立报刊经销商资金不足,没有能力支付标准的杂志展示架的设计费用。于是公司决定投资研究制造标准展示架,提供给不同类型的零售商。展示架增强了零售杂志的展示,参与计划的经销商销售额增长了12%。这不仅使零售商利润增加,而且也提高了前线公司的销售额。

3. 提供新产品或新服务。企业可通过销售新产品或新服务从客户那里获取更多的利润。例如,20世纪80年代初,Digital公司的业务是销售计算机硬件,但公司发现客户正在从不断涌现的供应商那里购买硬件和软件,这使客户关于产品质量的问题大量增加。为响应这种需求,Digital公司从大多数客户的利益出发建立"多销售商支持服务"小组。服务小组有帮助热线和计算机服务台,用户的IBM电脑、戴尔电脑或康柏电脑出现问题,都能及时解决。这项业务迅速发展,目前交易额已达50亿英镑。

（三）制定组合价格

对所提供产品的价格进行组合,可以在不影响客户价值的前提下增加企业的盈利性,因为不同的价格组合让一次购买过程所提供的利润率发生了变化。特别是在当代客户拥有比较多的选择权的情况下,价格对客户期望价值的评价起到至关重要的作用。现在,消费者很容易在全球范围内比较价格信息。聪明的购买者会计算供应商的生产成本,常从一个企业转向另一个企业。在信息化时代,客户更加强大,企业利润不断被侵蚀。尽管存在诸多问题,仍旧有很多机会重新制定利润管理规范,以增加或维持利润。

（四）简化沟通过程

通过简化与客户的沟通过程,企业也可以达到提高客户收入的目的,因为简化沟通过程可以提高一次购买过程中从客户身上获取的利润率。沟通过程的简化主要体现在企业销售人员的使用以及其他沟通策略的运用上。

从以上的分析中可以看出，企业对待二级客户的主要策略就是从其身上增加收入，让二级客户稳健的升为最有价值客户。

五、用 RFM 法挖掘客户未来价值

RFM 法（Recency, Frequency and Monetary Analysis）是指销售人员运用最近的购买情况、购买频率和消费金额分析来预测客户行为的方法。

RFM 法是由美国数据库营销研究所亚瑟·休斯（Arthur Hughes）教授提出的。RFM 分析对于数据库营销人员来说是现行功能最强大的方法之一。它是任何客户行为模式的基础，但又与传统建模方式有所区别。RFM 方法不需要添加任何数据，如果企业有了客户数据库，记录下了他们的购买历史，企业就可以使用 RFM 分析方法。企业不需要花费任何额外的代价，也不需要聘请统计员。

企业将最好的客户定义为那些最有可能购买的客户，他们一般是那些最近才购买过、购买最频繁且其消费金额达到一定数量的客户。当企业需要为某项营销活动寻找目标受众时，可以先运用 RFM 分析法对数据库内有记录的客户进行排序，以此来识别该项活动的目标客户或准目标客户。具体的操作方法是：首先，企业统计客户数据库中客户的这三方面记录；其次，按照该分值进行排序。通过这些分类法为实现利润最大化提供了基础，企业可以运用数据库产生的这些信息遴选出那些最有可能给公司带来最大收入的人。

RFM 法则虽然是一种非常便于使用，而且实际指导意义也非常大的分析工具，但这并不代表可以在任何时候都使用这种分析方法。企业应该制定一项客户联系策略。每年一次或两次向那些响应率较低的客户们寄出一些有价值的东西，比如生日贺卡或者是节日卡片，但是不要向那些不可能有任何反应的客户不断地寄送东西。

数据库营销是一种对买卖双方都有利的方式。RFM 是用来为企业节省资金，为客户节省时间，同时建立与客户间的良好关系的。如果客户没有响应，说明企业向客户传递的信息是他们所不需要的，你浪费了他们的时间。企业的声誉与客户之间的关系变得廉价了。所以，当客户不断从企业收到他们所不需要的东西时，企业就不要向他们再发布无用的信息了。

在了解 RFM 的一些知识后，我们已经知道通过这种方法可以为企业带来可观的收益。当企业管理层找到某个营销人员，要求他向客户介绍某一种新产品时，这位营销人员通过对数据库中客户的 RFM 分析，就可以很快提供出最有可能对该产品做出响应的客户名单。

第十二章　客户关系管理

同时在制定企业的营销预算时,RFM 也可以发挥重要的作用。每年数据库营销人员都会向上级主管提交来年的合理的市场营销计划。最好的方法就是用客户终身价值法进行分析。另外,一种有效的方法则是通过 RFM 分析计算向响应率高的客户群进行深层营销所需的营销成本,这样也可以得出相对准确的预算范围。

RFM 除了可以更准确地评估出具有价值的客户来为企业创造价值外,还可能在其他方面为企业创造利润。通过 RFM 分析,我们可以分辨出那些对企业来说几乎没有价值的客户,这样企业的某些促销行为就不必再向这些客户发出邮件或打电话了,从而为企业节省了人力等资源成本。

但 RFM 分析法也不是万能的,它也存在着自身的缺点。RFM 方法是建立在有客户数据进行分析的基础上的,所以这一分析方法对现有的客户数据库的依存度较高,RFM 分析的成功直接取决于客户数据库中资料的真实有效性。同时,RFM 只能对以往的客户进行分析与统计,而对于潜在客户就无法进行分析了。

阅读材料

沃克斯霍尔(Vauxhall)英国分公司是通用汽车公司在全世界的分支机构中做得最出色的,它成功进行了全程客户关系管理规划。通过控制各个关键时点为客户创造完美体验,并与经销商建立稳定、共赢的关系网络,有力支撑客户价值的传递。当一辆新车到了第一次保养期(12 000 英里或 12 个月),沃克斯霍尔的电子营销部门的人员就会给客户打电话,提醒汽车该保养了。问客户是否愿意让经销商打电话安排预约,如果预约,什么时间最方便。然后,这些信息和客户电话号码一起被转到经销商的服务部。另外,电子营销部的工作人员也会提醒客户质量保证期将到期,问他是否愿意延长。当客户的融资方案到了"节点"的时候(如客户决定改变付款方式或重新融资的时候,一般是满 3 年的时候),电子营销部门会给客户打电话,向他提供一整套"车童"服务和一辆崭新的借用汽车。如果客户同意,经销商的代表就为客户带来一辆客户自己选的新车,可以试用两天,与此同时,旧汽车被彻底清洗和重新估价。当代表送还面目全新的旧汽车的时候,会带来一份合同并告诉客户,如果他想继续开那辆崭新的汽车需要支付多少钱(例如,每月只多付 45 英镑就可以开这辆极好的新车,旧车可以由厂商折价收回)。

(资料来源:邬金涛,邵丹:《客户关系管理的核心流程及应用——基于案例分析的视角》,《现代管理科学》2008 年第 2 期)

第三节 管理重点客户

一、识别重点客户

（一）重点客户的特征

重点客户是指对企业的利润和发展具有重要战略意义的那一类客户。重点客户曾有过许多不同的名称，比如核心客户、大客户、主要客户、关键客户等。

重点客户管理的最终目的是为了优先满足对企业生存发展具有关键意义的客户，提高企业客户管理的效率，实现企业利润最大化。

对于大多数行业和企业而言，重点客户对企业生产的产品或提供的服务消费量大、消费频次高，通常情况下对企业的整体利润贡献大，占据企业大部分销售量。比如，饭店、宾馆的"金卡客户"，航空公司的"贵宾客户"，以及银行的"高端客户"等等。可以说，在如今的各行各业，都有着自己的重点客户。

重点客户对公司的发展具有重大的作用。因为在所有的客户中，虽然重点客户数量少，但是却贡献着最多的销量和利润。在现阶段，随着市场竞争的加剧，资源的集中使得重点客户在企业的市场销售中扮演着越来越重要的角色。甚至在某些行业，有些普通客户对企业的利润贡献是负数，企业服务这些普通客户仅仅是为了树立社会形象，而重点客户才是创造企业利润的源泉。针对这部分重点客户，企业不仅要花心思经营，而且还要找对方法和策略。甚至有人说，"得重点客户者，得天下"，这句话在某种程度上具有相当大的合理性。

重点客户在购买行为和售后服务要求方面与普通客户有很大不同。综合起来，重点客户具有以下特征：

1. 重点客户承担着大量销售额，是公司的主要利润贡献者。重点客户对于公司要达到的销售目标是十分重要的，现在或者将来会占有很大比重的销售收入。这些客户的数量很少，但在公司的整体业务中有着举足轻重的地位。

2. 公司对重点客户具有很强的依赖关系。公司如果失去这些重点客户将严重影响到公司的业务，并且公司的销售业绩在短期内难以恢复过来，公司很难迅速地建立起其他的销售渠道。公司对这些重点客户存在一定的依赖关系。

3. 公司需要建立长久的合作关系才能维系住重点客户。公司与重点客户之间有稳定的合作关系，而且他们对公司未来的业务有巨大的潜力。

4. 公司需要花费更多的人力和物力来做好客户关系管理。重点客户往往具有很强的谈判能力、讨价还价能力，公司必须花费更多的精力来进行客情关系的维护。

5. 公司需要从战略上重视重点客户,并且和客户结成战略同盟关系。如果重点客户的发展符合公司未来的发展目标,将会形成战略联盟关系。当时机成熟,公司可以进行一体化战略,与客户之间结成战略联盟关系,利用重点客户的优势,将有利于公司的成长。

总之,重点客户对公司贡献巨大,同时也对公司的客户关系管理提出了更高的要求。公司必须采用比管理普通客户关系更强有力的措施才能维系住重点客户。

(二)识别重点客户的方法

有效识别和界定重点客户对企业非常关键,因为它是重点客户管理的基石。识别了重点客户我们就能知道:
- 我们的重点客户都包括哪些人?
- 我们的客户群是如何发展起来的?
- 我们应当从何处开拓市场?
- 我们最有效的销售模式是什么?为什么?
- 我们应当把营销资源投向何处,如何投?

对于如何识别重点客户,不同的企业有不同的标准。目前,很多企业都采用20/80原则,即承担了80%销量或利润的那一类客户,这类客户约占公司客户总数的20%,是公司的重要收入来源,因此也是公司重点的关注对象。这种方法的优点是简便易操作,且形象直观。

但在营销实践中,仅仅凭销量或利润来挑选重点客户的做法往往会有局限,不同的行业和企业还需要参考别的不同指标。这些指标既包括定量的,比如销售增长率、利润贡献率等,也有很多参考指标是定性的,比如公司战略、营销目标、公司的细分市场、竞争对手的客户现状等。

基于不同角度,有多种识别重点客户的方法:

1. 根据企业与客户的互动关系划分。根据企业与客户之间不同程度的关系水平划分,来分析重点客户与企业之间的关系。重点客户往往与企业保持着密切的联系,是企业的"伙伴",在企业客户数量中所占比例小,能给企业带来高边际利润。

2. 根据关系营销对客户忠诚度的分析划分。这种方法认为,重点客户是位于最顶层的"忠实客户",他们愿意与企业建立并保持长期、稳定的关系,愿意为企业提供的产品和服务承担合适的价格,并且还为企业的产品及服务做免费宣传。

3. 根据客户的盈利性划分。这种方法认为重点客户能为企业带来高盈利,却只花费企业较低的服务成本。

基于以上的分析,重点客户是企业的伙伴型客户,是企业忠实的客户,是为企业创造80%利润的客户,是为企业带来高收益而企业只需支付低服务成本的客户,因为他们与企业建立的是长期的可盈利关系。这部分客户为企业节省了开发新客户的成本，为企业带来了长期利润，并且帮助企业诱发潜在客户。

（三）重点客户的类型

企业的客户可分为机构组织客户、中间商客户和消费者客户。其中，机构组织客户又可分为企业组织客户、政府组织客户和非营利组织客户。企业的每一种类型客户中都有重点客户和非重点客户，因此，企业的重点客户类型与其通常意义上的客户类型是一致的。在这里，我们重点讲述几种在企业实践中最为常见的重点客户。

1. 机构组织客户。机构组织客户是指为了自身运转或员工福利而大规模采购的企业、政府部门和非营利组织机构客户。

企业组织客户是指一切购买产品和服务并将之用于生产其他产品或劳务，以供销售、出租或供应给他人的组织。

政府组织客户是指那些为执行政府的主要职能而采购或租用商品的各级政府单位，也就是说，一个国家政府市场上的购买者是该国各级政府的采购机构。由于各国政府通过税收、财政预算等掌握了相当大一部分国民收入，所以在很多市场上，政府往往是企业最大的客户。

非营利组织客户是指不以营利为目的的机构，如学校、医院、慈善组织等。非营利组织同其他组织客户一样，也能形成巨大的购买力。比如，一所大学对于生产办公设备的厂商而言，就极有可能是一个重点客户。

2. 中间商客户。中间商客户是指那些通过购买商品和劳务以转售或出租给他人获取利润为目的的组织。

中间商组织由批发商和零售商组成。批发商是指这样的商业单位：它购买商品和劳务并将之转卖给零售商和其他商人以及产业用户、公共机关用户和商业用户等，但它不把商品大量卖给最终消费者；而零售商的主要业务则是把商品或劳务直接卖给消费者。

找到合适的中间商对企业分销产品是至关重要的。有的企业是由总部直接在各地区挑选经销商作为合作伙伴，有的则是由派往各地区的基层组织挑选合作伙伴。选择经销商建立经销渠道是需要长期维持的经济行为，任何经济行为要想长期良好地维持下去，除了相互友好支持外，更重要的是相互约束、监督、控制，越是追求长期合作，越应加强约束、加强监督、加强控制。

3. KA 大卖场。KA 即 Key Account，中文意为"重要客户、重点客户"。KA 大卖场是属于零售商中的一种，由于其重要性在此进行专门论述。

KA 大卖场就是指营业面积、客流量和发展潜力等三方面都具有强大实力的零售终端。

国际著名零售商如沃尔玛、家乐福、麦德隆等，或者区域性零售商，如上海华联、北京华联、深圳万佳等，都是企业的 KA 卖场。随着传统销售渠道的萎缩，KA 大卖场越来越受厂家重视和青睐，而 KA 大卖场在企业销售渠道中的地位也越来越高，所以进 KA 大卖场销售是一般企业必须面临的问题。

进入 KA 大卖场的程序较为复杂。首先，需要跟 KA 零售商的采购部谈判，关于货品上架，通常都会有一个进场的费用；然后如果能进去，以后遇到店庆、特价活动等可能要支持卖场方面搞活动；最后，促销的话可能还会出现堆头费；等等。总之，虽然众所周知 KA 卖场能够为企业带来快速增长的销售额，但是 KA 卖场进入门槛高，管理难度大。

为了更好地管理好 KA 卖场，现在出现了一个新的职位——KA 经理。概括来说，KA 经理是企业与 KA 卖场合作关系的建立、维护与促进者，通过 KA 经理的努力，协调平衡公司与 KA 卖场的利益点，打造顺畅良好的合作平台，不断创造共同的目标、期望和利益分享，使公司与 KA 卖场的合作不断深入和紧密。

4. 重点消费者客户。对于企业而言，众多的消费者客户中也有重点客户和非重点客户之分。管理好重点消费者客户不仅能维护好对企业利润贡献最大的交易，而且重点消费者客户还能对其他客户产生影响，从而提高企业效益。

消费者中的重点客户更多时候被称为"核心客户"。核心客户往往是企业产品的忠诚客户，消费者中的意见领袖。婴儿奶粉是一个非常明显的例子，婴儿奶粉的核心客户群体是那些正在进行婴儿哺乳的母亲以及那些怀孕的母亲。婴儿的母亲一般会在孩子出生前选好奶粉，而且如果婴儿用了一种奶粉之后，就不会随便换另外一个牌子的奶粉，因为换奶粉可能会造成婴儿腹泻，因此多半情况下会让婴儿坚持吃一种奶粉。

同样的情况在手机行业也是这样，有时候真正的核心客户并不是那些有钱的人，而是那些追求时尚，愿意尝试新鲜事务的客户群体，他们是带动其他市场发展的核心力量。汽车行业、日化行业、旅游行业都有类似的情况。

此外，很多行业的核心客户是那些最为挑剔的客户，因为这样的客户往往对别的消费者具有带动作用。曾经有一位女士，在被问及为什么会选择某种品牌的产品时，她回答说是因为她邻居家的一位大姐选用这个牌子的化妆品。由于这位大姐长得很像张曼玉，因此她使用的化妆品就跟张曼玉联系了起来，并起到了直接带动其他消费者的作用。

二、重点客户管理过程

重点客户管理过程主要包括建立、发展和维系重点客户关系三个方面。

（一）建立重点客户关系

建立重点客户关系的过程包括：

1. 发现重点客户。企业一方面要在现有客户中按照一定的标准筛选出重点客户，另一方面要在开发新客户过程中挖掘潜在的重点客户。

2. 找准客户接触点。企业在发现了重点客户之后，就要考虑采用何种方式与客户进行接触了。对于现代企业来讲，每一个可能的客户接触点，都可能会成为发现客户需求、反映客户意见建议，进而建立牢固客户关系的基点，其重要性不言而喻。企业应当从企业流程的角度先对公司现状、对现有的影响客户关系的运作方法进行分析。企业还应当全面管理自身同客户的接触点，使其保持完整性、系统性、集成性和共享性。为此，企业应当做到以下三点：首先，企业应当加深其各职能和决策部门对客户接触点的认识。要让涉及企业业务前后端的员工都能真正明白客户关系管理的设计和实施。其次，企业在针对客户接触点的改进和管理的过程中，最重要的措施是增加集成度和信息共享，因为事实表明，离散的客户信息或数据，将极大地阻碍企业作为整体向客户提供全部环节的优质服务。最后，接触点的重要性在企业中的体现，要从领导和决策层开始。只有在企业中形成了由上到下都对客户接触点重视的氛围，企业才能真正改进客户接触点管理。

3. 与客户达成和谐共识。重点客户关系的建立需要与重点客户进行零距离接触，并达成和谐一致的共识。事实上，在与客户进行接触后不一定就能够真正建立客户关系。从某种程度上可以说，重点客户关系建立是一个动态的、持续的过程，它不可能一蹴而就。企业应当通过对客户定位、接触点、满意度和忠诚度等的管理来为企业开展全面的重点客户关系管理奠定基础，实现客户关系与企业价值链的良性循环。

（二）发展重点客户关系

与重点客户建立了关系之后，还需要进一步发展重点客户关系。事实上，重点客户管理不仅是一个程序或一套工作方法，更是一种管理理念，一种如何挑选重点客户并发展和他们关系的业务处理方式。公司必须针对重点客户的特点和公司的实际情况制定切实可行的重点客户管理模式，制定关键的管理制度和管理流程，不断发展重点客户关系。其实重点客户的管理是一种投资管理，是公司对未来业务和发展潜力的一种投资，重点客户管理的目的就是要充分利用销售资源做好销售工作，它将影响着公司未来的发展战略和发展目标。发展重点客户关系关键要做到以下几点。

1. 真正关心重点客户的利益。公司要设身处地为重点客户着想，而不是将重点客户关系仅仅看成是一种经营手段。比如在购物时，很多商家都有凭发票保修一定时间的承诺。然而真正到需要保修的时候，消费者才发现诸多不便。经过一年半载的时间，找到当初的发票多半不容易，这样起初的保修承诺就很难兑现。从法律上来看，这也许是消费者自身的责任，但是从为客户利益着想上看，商家就应该设计一种更为人性化的管理技术，让客户减少不必要的麻烦。问题的关键往往在于企业到底把客户的利益放在什么位置上，这是一个理念问题。要想取得客户，尤其是重点客户，就必须从理念上认清楚这个问题。

2. 对重点客户进行差异化的服务。对重点客户，一定要在服务程序和内容上与一般客户有所不同。不仅如此，重点客户之间也应当体现出服务的差异化。因为不同的重点客户关注点不同，只有在服务上有所分别才是真正意义的个性化服务。只有这样，才能够体现对重点客户的重视，从而在感知上使得重点客户获得与众不同的收益。企业可以创造性地采纳各种措施，逐步建立具有自己特色的VIP服务体系，并定期评估和不断修正自己的VIP服务体系，以推陈出新，真正实现与重点客户的良性互动。互动的客户关系的实施可以真正意义上将一个企业改变成以客户为导向、以市场为动力的社会组织，这样的企业才能在市场竞争中占到先机。

3. 让重点客户参与公司的管理。有研究表明，让客户参与企业的生产和管理过程可以有效地提高客户的满意度。第一，在企业进行重大的技术改进或者管理的活动时，不要忘记邀请客户参与和见证活动过程。一方面使客户能够从自己的立场对企业提出要求，让企业一开始就将这种要求考虑到自己的产品中去，这样的产品面市后才不太可能遭到客户拒绝；另外一方面，客户感受到一种尊重和关怀，这种感受将换来长久的忠诚。第二，将公司内部管理过程透明化，这也能提高客户的满意度。如在戴尔网站上订购电脑的客户，可以在网上非常便捷地查询到自己的产品在戴尔的运营系统中进行到了哪个阶段，以及各阶段是否达到了自己的订货要求。精明的面包店，把面包的烤制现场搬到前台，通过玻璃橱窗加以隔离，这样面包购买者可以观察到生产过程、现场的卫生状况。这种将内部过程透明化的做法，让客户对自己的产品形成过程心中有数，感觉到能够融入自己购买产品的生产过程，当然就有利于促进客户的满意度和忠诚度。

4. 采用多样化的沟通手段。众所周知，信息渠道的开拓是销售业务的开端，对每一个销售组织或个体来说，信息渠道的建设与信息的共享至关重要，对重点客户的管理同样如此。作为客户经理，一项重要的工作就是充分获得客户及竞争对手的信息，并对这些信息准确判断。但在现实生活中，往往大多数信息无法通过与客户面对面的交流获得，而是需要多层面、多渠道的信息共享与沟通。作为一名有经验的客户经理，在获取信息时不能只听一面之词，一定要采用多样化的沟通手段才能确定信息的可靠程度。同时，多样化的沟通手段对销售成功具有很大的促进作用。每个人获得信息的途径不同，有的人喜欢面对面谈判，有的则喜欢通过电话邮件等方式交流。对重点客户尤其应该注意沟通方式的多样性，只有多管齐下才能提高成功的几率。许多客户经理很努力，也经常去拜见客户，但业绩并不出色，很可能是因为他采用的沟通方式太单一，对决策层没有多少影响。可见，采用多样化的合适的沟通方式很重要。

5. 防止重点客户背离。提高客户忠诚度对于维系重点客户关系还不够，还必须解决防止重点客户背离的问题。要了解如何防止重点客户背离，必须先知道在何种情况下重点客户会背离。根据经验来看，通常情况下，重点客户背离的原因主要有两大方面：

第一方面：不可控因素。这包括重点客户业务发生收缩或者扩张、重点客户突然遭遇重大意外事故倒闭等。其中，重点客户的业务收缩主要是由于重点客户的经营方向调整、经营范围缩小或由于经营的原因而出售部分企业，导致重点客户对原来的产品需求减少或不再需要；而业务扩张主要是由于重点客户直接进入企业所在的上游领域，成为企业的竞争对手，而与企业终止业务往来。

第二方面：可控因素。这包括竞争对手的进攻、企业提供的产品或服务不能满足重点客户的需求、重点客户的投诉和问题得不到解决等。其中，竞争对手的进攻主要表现在：竞争对手利用更低的价格、更好的产品、更优质的服务，利用强大的宣传推广攻势等各种竞争手段赢得重点客户。企业提供的产品或服务不能满足重点客户的需求主要表现在企业研发力量薄弱，自身产品发展跟不上重点客户需求的发展。重点客户的投诉和问题得不到解决主要表现在渠道冲突、售后服务、产品质量等一系列问题发生后，企业没有及时采取有效的解决方式给予解决，令问题一直悬而未决，导致重点客户背离。

对于不可控因素，我们必须认识到并不是所有的重点客户背离都是能制止的。重点客户管理的重点是应对可控因素带来的客户背离。要正确分析重点客户背离的原因，针对问题的症结采取相应的措施。

（三）维系重点客户关系

维系重点客户关系，就是要提升重点客户的忠诚度，并防止重点客户的背离。而客户忠诚的基础是客户通过企业长期的服务表现产生了信任，以至于即便有多家供应商可以选择，客户仍然心甘情愿一如既往地继续与企业合作。

维系重点客户关系需要做到：

1. 实行重点客户经理制度。客户经理制是为实现经营目标所推行的组织制度，由客户经理负责对客户的市场营销和关系管理，为客户提供全方位、方便快捷的服务，重点客户只需面对客户经理，即可得到一揽子服务及解决方案。可以通过数据分析出某类重点客户是什么类型偏好的消费群，其消费热点是什么，然后派出营销代表在该用户群中进行有针对性的营销活动，这样会增加业务推介成功的机会，提高重点客户服务的工作绩效。客户经理还应为重点客户提供免费业务、技术咨询，向重点客户展示和推广新业务。根据客户的实际需求向重点客户提供适宜的建设性方案，以优质高效的服务提高客户的能力，使客户最大限度地提高工作效率。

2. 建立重点客户管理系统。重点客户管理系统，是在重点客户的整个生命周期中，为重点客户的市场开拓、信息管理、客户服务及营销决策提供的一个综合信息处理平台，它需要企业了解重点客户构成与整个客户群体的构成差异，并按客户自然属性进行分类，挖掘出影响重点客户的关键自然属性特征，使企业能准确地掌握市场动态，并根据市场需求及时调整营销策略。要搞好重点客户服务工作，首先要在纷繁复杂的客户群中找准目标，辨别出谁是重要客户，谁是潜在重点客户。其次，要摸清重点客户所处的行业、规模等情况，建立完善的重点客户基础资料。同时，要依据资料提供的信息，对重点客户的消费量、消费模式等进行统计分析，对重点客户实行动态管理，连续对客户使用情况进行跟踪，为其提供预警服务和其他有益的建议，尽可能降低客户的风险。

3.制订重点客户解决方案。实施重点客户管理是一项系统工程，涉及企业经营理念、经营战略的转变，关系到企业的各个部门、企业流程的各个环节，要求企业建立起能及时进行信息交互与信息处理的技术手段，因此，企业应系统地制订一个重点客户管理的解决方案。

企业采取以客户为中心的经营战略是市场发展的需要。它确定了企业通过与客户建立长期稳定的双赢关系，走上一条既满足客户需求又使企业更具竞争力的发展道路。企业应建立起以客户为中心的更为灵活的组织结构体系，将组织资源投入到最能满足客户需要的方面，并在考核制度、薪酬制度、激励制度方面贯彻以客户为中心的思想。生产制造部门要把好质量关。人力资源部门要培养高素质的员工，完成高水平的服务。销售部门、财务部门、运输部门都应以客户为中心组织各项工作。以客户需求作为流程的中心，重新整合企业流程和业务操作方法，使组织中各部门的行动保持一致性，研发部门、生产制造部门、销售部门以及运输部门、财务部门、人力资源部门都彼此协调行动，积极投入到为重点客户提供最满意的服务中去，从而提高客户服务的效率。基于信息时代的重点客户管理利用了信息时代提供的先进工具。公司应当从硬件、软件、操作技术上都储备足够的满足重点客户需要的服务能力。

如果实施重点客户管理的目的是建立一个以客户为中心的企业，打破部门观念，根据客户的满意程度来衡量业绩，按照重点客户的需要来进行企业决策，那么企业还必须实行组织上的转变，让每个部门及每个员工集中力量向同一方向前进。

这种转变的实质，是构建客户驱动型组织。传统的垂直组织结构把工作划分为职能和部门，然后再划分岗位和任务。这种组织结构对客户的需求变化不能灵敏反应，不能尽快了解客户的变化并做出应对。客户驱动型组织应当是一种水平结构，它是从客户的角度建立的，由几个核心业务流程构成，比如产品开发、生产及客户服务。

在资源上，企业必须把有限的企业资源向重点客户倾斜，提供客户需要的各种附加利益，以使客户的购买得到预期回报，实现利益最大化。在产品特征相近的情况下，提供附加利益还可以使企业形成区别于竞争者的优势，使客户感到企业时刻为他们的利益着想,逐步赢得客户的好感并加深信任。对企业而言,它所做的不仅是接受订单。客户希望企业能在自己身上花费很多时间,能和他们一起准备促销活动、调整产品种类、分析销售数据,甚至实施产品种类管理。

重点客户是企业为自己的未来正确地投入时间、金钱及其他资源的客户。既然重点客户是笔投资,那么就意味着企业要为自身的努力寻求一定的收益,这是重点客户管理的显著特点。同时,重点客户管理不是短期销售的驱动力。重点客户管理从根本上不应被视为一项销售计划,而应被看作是一项与企业整体有关的计划。企业中的每个人都要理解为什么重点客户管理如此重要,以及他们如何能最好地服务于这些客户。一言以蔽之,重点客户管理就是要建立长久的良好的客户关系,因为这种关系是企业最有价值的财产。这份财产会在将来为企业、也为重点客户带来源源不断的红利。

4. 实施重点客户全面服务。重点客户管理是一个苛刻的命题,它不是一项"销售活动",而是一个严肃的、跨部门的管理流程,需要来自公司上层的严格管理。重点客户管理需要计划,要有明确的目标和结果,需要寻求企业资源与市场机会之间的适当平衡。

重点客户管理需要管理人员掌握的知识与技能广泛,除了具备销售人员的基本能力如了解产品与市场、了解客户、处理人际关系、陈述与谈判、自我组织与时间管理、独立的自我激励等之外,还必须能够进行战略规划、管理变革与创新、项目管理、精确分析和监控、帮助客户开发自身市场等。没有一个人可以全知全能,为此,企业可以建立专门的重点客户服务团队,团队成员彼此互补,互相促进,具备跨职能部门的执行能力,同重点客户之间建立方便和有效的联系,确保为重点客户提供及时而周到的服务。

在系统和程序上,企业财务人员和信息技术人员要全力支持重点客户服务团队。对企业而言,要实施"全面"的重点客户管理不是件容易的事。如果没有合适的运营程序和系统,那么交货时间的影响、对灵活性的要求以及一些订制产品的结果,都可能使一个企业从盈利走向亏损。企业应运用客户关系管理系统,为相关的部门和人员提供客户信息的实时分享,以保障部门间的工作衔接,搭建良好的交流平台。还应为客户反馈提供多种渠道,促进企业与客户持续的双向沟通。

在制度规范上,要解决前后台脱节的现象。企业与客户之间的关系,是由企业所属的各个部门和人员,通过不同的事件与方式,在不同的时间、地点与客户的不同部门和人员的接触来形成、发展和维护的,是一种涉及全员的非常具体而又复杂的关系。在一个团结的企业里,客户服务并不只是某一个部门的事,它是一种组织承诺,而且,客户正是通过每一次的接触在验证着企业的这种承诺。

本章小结

客户关系管理(CRM),是指通过培养企业的最终客户、分销商和合作伙伴对本企业及其产品更积极的偏爱或偏好,留住他们并以此提升企业业绩的一种营销策略。CRM系统最基本的功能,主要是满足市场、销售和服务部门需求。对应于这三个部门,CRM有相应的系统,这些系统有相应的功能。企业实施CRM系统可以使用不同层次的模式。

建立客户关系,需要选择客户关系类型,即企业应该选择与客户之间建立什么样的客户关系。企业建立什么样的客户关系类型,取决于企业的产品和对客户的定位。客户数据库的建立分为前期准备和数据库设计两个阶段。

根据客户现有价值和战略价值的不同可以把客户划分为不同的层次:最有价值客户、二级客户和负值客户,应该采取不同的方法挖掘不同层次的客户价值。用RFM法挖掘客户未来价值。RFM法是指销售人员运用最近的购买情况、购买频率和消费金额分析来预测客户行为的方法。

重点客户是指对企业的利润和发展具有重要战略意义的那一类客户。重点客户管理过程主要包括建立、发展和维系重点客户关系三个方面。

案例讨论

从戴尔公司看电子商务时代的客户关系管理

在如今的电子时代,技术革命一日千里,企业可以利用新技术来帮助他们管理客户关系:建立局域网或广域网,建立大规模的数据库,使用更先进的软件技术等。戴尔公司充分利用了新技术。

戴尔是一家以直销为经营模式的公司,也是第一家依顾客的直接回馈来建立组织的个人电脑公司,它主要利用网站、呼叫中心、对话等方法来进行销售。戴尔公司网站在"网上购物"页面上,列有五大类别:"家庭类"、"商业类"、"教育类"、"政府类"以及"特殊类",戴尔可以提供形态各异的电脑产品。以"商业类"而言,针对经营规模差异事先规划不同的硬件需求,以员工400人为界,分别提供400人以上大型企业及400人以下中小企业不同的采购清单;在"特殊类"选项里,该公司目前已在美国以外的45个地区建立起服务网站,提供全球44个国家、18种语言的服务;在家庭用电脑首页,戴尔设计了各种电脑配置,并提供产品详细资讯,针对不同需求的使用者提供售前采购服务;在大中型企业的网页,戴尔除了提供周边产品供搭配选择,还提供工作站、服务器的机型,帮助企业用户在规划公司整体资讯环境及电子商务时参考。戴尔除了预先设想消费者的需求外,还会告诉消费者买什么样的电脑有什么样的好处。同时,戴尔还为消费者提供个性化服务,专业客户可自主选择CPU、硬盘、内存等配置,使每一台计算机都为自己量身定做。公司总裁迈克尔·戴尔认为,公司网站成功的原因,除了销售外,最重要在于服务与技术支援的多样化。他说:"我们不仅提供产品资讯与售后服务,更重要的是,我们提供大量的'售前服务'。"正是因为戴尔这种友好的客户服务,让消费者获得售前的资讯及咨询服务,戴尔从1996年7月开办全球网络销售以来,1998年就创下日平均1 000万美元的线上交易。

调查发现,产品价格其实只占顾客购买原因的1/3,另外2/3是服务与技术支持,这也正是许多顾客选择价格较高的品牌电脑而不是兼容机的原因。所以,要想完成一次交易,并获得终生的顾客,必须为顾客提供优质的售后服务和技术支持。在戴尔公司的网站上也充分体现了这一点,它提供了诸多的售后服务项目。例如:在下载驱动程序页面里,只需输入你的PC号码,即可随时下载最新版本的驱动程序;在常见问题集(FAQ)及疑难问题指南页面,顾客可自行查询产品使用问题解答,可根据参考资料检查与排除产品故障,并决定是否需要送修;在电子邮件答复服务里,利用电子邮件迅速答复顾客的问题。

戴尔公司营销部主管莫里斯指出:"通过为我们的直接顾客提供在线服务和在线支持,戴尔在线给戴尔公司建立一种连续性的关系提供了机会。你购买的戴尔电脑有问题吗?请到我们公司的网站上来吧,键入你的PC代码,网站的网页就会根据你的个人计算机系统重现布置网页的信息。这些措施能够带来长期的顾客。通过因特网,我们使你与戴尔公司交流的经历个性化,在戴尔公司与你之间发展了一种关系——一种吸引力。"

(资料来源:庄嘉琳,《从戴尔公司的案例谈电子商务时代的客户关系管理》,《龙岩师专学报》2004年22卷第4期)

问题:请结合案例说明实施客户关系管理为企业带来了哪些好处?

思考题

1. 客户关系管理系统的基本功能是什么?它有几个子系统,各自具有什么功能?
2. 实施客户关系管理系统的基本模式有哪些?请分别阐述。
3. 企业应该如何选择客户关系类型?
4. 如何建立客户数据库?
5. 在将数据输入到数据库系统之前,如何对客户数据进行整理?
6. 阐述基于价值的客户分类,以及企业不同的应对策略?
7. 在挖掘客户未来价值时如何运用RFM方法?它有什么局限性?
8. 识别重点客户的方法有哪些?
9. 建立重点客户关系的过程是怎样的?
10. 如何维系重点客户关系?

主要参考文献

[1] 威廉·L.科恩,托马斯·E.德卡罗.销售管理[M].9版.北京:中国人民大学出版社,2010.

[2] 杰拉尔德·L.曼宁.销售学:创造顾客价值[M].10版.北京:北京大学出版社,2009.

[3] 李先国.分销渠道决策与管理[M].北京:清华大学出版社,北京交通大学出版社,2009.

[4] 李先国.销售管理[M].2版.北京:中国人民大学出版社,2009.

[5] 孙明贵.顾客管理:原理与应用[M].北京:北京大学出版社,2009.

[6] 杨晶.现代商务谈判[M].北京:中国人民大学出版社,2009.

[7] 郭国庆.市场营销学通论[M].4版.北京:中国人民大学出版社,2009.

[8] 李先国.现代推销理论与实务[M].北京:首都经济贸易大学出版社,2008.

[9] 杰拉尔德·曼宁.当代推销学——创造顾客价值[M].10版.北京:北京大学出版社,2008.

[10] 小奥维尔·C.沃克,约翰·W.马林斯,小哈珀·W.博伊德,等.营销战略:以决策为导向的方法[M].5版.李先国,等译.北京:北京大学出版社,2008.

[11] 戴维·乔布,杰夫·兰开斯特.推销与销售管理[M].北京:中国人民大学出版社,2007.

[12] 李先国.分销渠道管理[M].北京:清华大学出版社,2007.

[13] 托马斯.英格拉姆,等.销售管理:分析与决策[M].北京:北京大学出版社,2006.

[14] Rosalind Masterson,David Pickton.营销学导论[M].李先国,等译.北京:北京大学出版社,2006.

[15] 吴健安,等.现代推销学[M].2版.大连:东北财经大学出版社,2006.

[16] 李先国.销售管理教程[M].北京:北京大学出版社,2005.

[17] 查尔斯·M.弗物勒尔.销售ABC[M].殷戢弘,王锁川,译.北京:企业管理出版社,2005.

[18] 杨晶.商务谈判[M].北京:清华大学出版社,2005.

［19］李先国.市场营销学［M］.北京：中国财政经济出版社，2005.

［20］马克·W.约翰斯顿，格雷格·W.马歇尔.销售管理［M］.漫宇，符大海，译.北京：中国财政经济出版社，2004.

［21］威廉·斯坦顿，罗珊·斯潘茹.销售队伍管理［M］.江明华，总译校.北京：北京大学出版社，2004.

［22］谢鹏.重点零售客户管理［M］.北京：企业管理出版社，2004.

［23］F.V.塞斯培德，等.销售管理［M］.吕一林，邓增永，周科，译.北京：中国人民大学出版社，2003.

［24］韦茨，卡斯特贝瑞，泰纳.销售：建立合作关系［M］.罗汉，王锐，丁洁，等译.上海：上海人民出版社，2003.

［25］拉尔夫·W.杰克逊.销售管理［M］.北京：中国人民大学出版社，2003.

［26］托马斯·英格拉姆，雷蒙德·拉福格，雷蒙·阿维拉，等.销售管理分析与决策［M］.李桂华，主译.北京：电子工业出版社，2003.

［27］威廉姆·J.斯坦顿.销售队伍管理［M］.10版.北京：北京大学出版社，2003.

［28］李先国.营销管理［M］.大连：东北财经大学出版社，2002.

［29］王广宇.客户关系管理［M］.北京：经济管理出版社，2001.

［30］王成.私营公司营销管理与控制精要［M］.北京：中国致公出版社，1999.

［31］李先国.销售管理［M］.北京：企业管理出版社，1996.

［32］John F. Tanner JR., Earl D. Honeycutt JR., Robert C. Erffmeyer. Sales management：shaping future sales leaders［M］.1th Edition, Prentice Hall,2009.

［33］Philip Kotler,Kevin Lane Keller. Marketing management［M］. Pearson education Inc.,13E,2009.

［34］Philip Kotler,Gary Armstrong. Principles of marketing［M］.12th Edition. Prentice Hall,2008.

［35］King. Secrets of selling［M］. Prentice Hall,2007.

［36］Mark W. Johnston,Greg W. Marshall. Sales force management［M］. The McGraw Hill Companies,Inc.,2003.

［37］Kevin Lane Keller. Strategic brand management［M］. Prentice Hall,1998.

［38］Robert E. Hite, Wesley J. Johnston. Managing salespeople：a relationship approach［M］. South-Western College Publishing,an ITP Company,1998.